2014年度国家社会科学基金一般项目
"当代闽台关系发展史研究"
（项目批准号：14BDJ026）

当代闽台关系发展史

吴明刚 著

海峡出版发行集团 | 福建教育出版社

图书在版编目（CIP）数据

当代闽台关系发展史/吴明刚著．—福州：福建教育出版社，2024.4
ISBN 978-7-5334-9939-6

Ⅰ.①当… Ⅱ.①吴… Ⅲ.①福建－地方史－现代②台湾－地方史－现代 Ⅳ.①K295.7②K295.8

中国国家版本馆 CIP 数据核字（2024）第 071861 号

Dangdai Mintai Guanxi Fazhanshi
当代闽台关系发展史
吴明刚　著

出版发行	福建教育出版社
	（福州市梦山路 27 号　邮编：350025　网址：www.fep.com.cn
	编辑部电话：0591-83786915　83779650
	发行部电话：0591-83721876　87115073　010-62024258）
出 版 人	江金辉
印　　刷	福建新华联合印务集团有限公司
	（福州市晋安区福兴大道 42 号　邮编：350014）
开　　本	710 毫米×1000 毫米　1/16
印　　张	31
字　　数	491 千字
插　　页	3
版　　次	2024 年 4 月第 1 版　2024 年 4 月第 1 次印刷
书　　号	ISBN 978-7-5334-9939-6
定　　价	98.00 元

如发现本书印装质量问题，请向本社出版科（电话：0591-83726019）调换。

绪 论

当代闽台关系发展史，是指新中国成立70多年来的闽台关系发展历史。当代闽台关系，是历史的闽台关系的一个发展，是闽台关系悠久历史发展进程中最生动活泼的一个阶段，并具有丰富的历史内涵和鲜明的时代特征。当代闽台关系发展史，是海峡两岸关系发展史的一个缩影和重要组成部分，同时也是影响乃至决定福建发展进程的重要因素之一。

在70多年的两岸关系风雨历程中，与台湾一衣带水的福建，地处对台工作第一线，在中央对台方略的理论与实践中发挥了独特作用，先后成为解放台湾的海防前线、促进祖国和平统一的前沿基地、两岸人民交流合作先行区和两岸融合发展示范区。

新中国70多年来的闽台关系发展史，特别是改革开放40多年来闽台交流合作发展历史，是一部顺势而为、砥砺奋进的历史，在两岸跌宕起伏的发展史上书写了浓墨重彩的篇章，是当代两岸关系发展的一个生动缩影。

长期以来，特别是改革开放以来，国内尤其是福建，闽台关系一直是一个热点、重点研究课题。不过，从史的角度，系统研究当代闽台关系发展历史的研究成果不多。迄今，尚未有一部当代闽台关系发展史的专著面世。总的来看，当代闽台关系发展史的研究尚处于起步阶段，存在很大的研究空间和值得深入探讨的问题。本课题的研究，具有填补空白的尝试性意义。

从史的角度，认真考察、梳理和总结当代闽台关系70多年来的发展历史，不仅对于了解和解读新中国成立70多年来闽台关系在福建发展进程中的地位与作用，为进一步开创新时代闽台关系发展新局面提供有益的历史借鉴，而且对于深刻理解党的对台方针政策的实践经验，准确领会两岸关系历史发展的丰富内涵,坚持"一个中国"原则和"九二共识",努力开创新时代两岸关系和平发展新局面具有重要启示意义。

当代闽台关系发展史时间跨度大、内容丰富,具有历史性、全局性、复杂性、敏感性等特点。作为两岸关系发展历史的重要组成部分,当代闽台关系发展史研究,既是一个严谨的学术问题,又是一个严肃的政治问题。在研究思路上,本课题以唯物史观为理论基础,以辩证法为方法论原则,以两岸关系和福建发展为研究框架,以福建发展闽台关系为主线,从历史与逻辑两个维度,对新中国成立以来跌宕起伏、错综复杂的闽台关系发展历史进行系统考察、梳理和总结,着力总结闽台关系的历史发展规律及特点、福建对台工作的探索实践及其主要成绩和基本经验;并在此基础上,进一步揭示中国共产党对台方略探索与实践的成果及其对推动新时代两岸关系发展的借鉴和启示意义。

在创新研究和编写思路方面,主要体现为:(1)本课题从整体性和系统性的视角对当代闽台关系进行专门研究,既包括对历史进程的总体把握,也包括对有关国内国际局势的发展变化、两岸关系的演进、福建对台工作先行先试等中观层面的研究,同时包括对具体事件和个案的剖析,从而实现宏观、中观和微观的有机结合。(2)以两岸关系、福建发展的框架结构研究当代闽台关系发展历史。(3)在研究方法上,以辩证法为方法论原则,坚持理论与实践结合,重视历史研究的方法,实现历史与逻辑的有机统一。(4)突出特色。在研究中,力争做到三个"突出",即突出中共对台方略在福建的探索实践,突出闽台关系发展的演进及其阶段性特点,突出闽台关系发展对福建发展的影响。

本书在研究和编写中,着力把握好三个方面意涵:一是当代的闽台关系,是历史的闽台关系的一个发展,是闽台关系悠久历史发展进程中最生动活泼的一个阶段,并具有丰富的历史内涵和鲜明的时代特征;二是当代闽台关系发展史,是海峡两岸关系发展史的一个缩影和重要组成部分;三是当代闽台关系是影响乃至决定福建发展进程的重要因素之一。基于此,在谋篇布局上,尽量做到将上述三方面的意涵有机结合起来,进行系统性审视。

本书结构的主体部分,共分为三篇:

第一篇,从1949年新中国成立至1979年1月《告台湾同胞书》发表前,为新中国建设与"解放台湾"阶段。表现在闽台关系上,主要是在两岸军事对峙与和平统一的双重变奏中,福建全力以赴巩固海防和支援解放台湾斗争。

但在具体叙述上，笔者认为，当代闽台关系是与台湾问题的出现紧密相关的。因而追根溯源，从日本侵占台湾谈起，说明闽台关系的历史演变和福建在"一定要解放台湾"战略部署中的地位与作用。在当代福建发展史上，对台军事斗争（准备）渗透于经济社会的各个领域、各个层面，成为历史嬗变的一个重要指针。在新中国成立后相当长时期内，由于受到直接威胁，福建的一切建设工作，都不能不在巩固海防和支援解放台湾斗争的紧张情况下进行。台湾海峡军事对峙，不仅给福建发展造成了极大的影响，同时也对中国沿海地区的经济发展产生了重大影响。如台湾海峡南北航线直航受台湾国民党军队封锁而阻隔，形成以泉州为界的南北两个航区，使福建向海的优势难以发挥，严重制约了福建经济发展，特别是对对外贸易发展产生了重大的影响。

第二篇，从1979年1月《告台湾同胞书》发表至2012年党的十八大前，为改革开放与促进两岸和平发展阶段。表现在闽台关系上，主要是发挥对台独特优势，积极先行先试，踏着改革开放的节拍，克难前行，为推动两岸关系逐步走上和平发展道路发挥了重要作用。十一届三中全会后，地处海峡西岸的福建，由海防前线一跃而成为改革开放的前沿。改革开放后，对台成为福建的独特优势和最大优势，也是影响和决定福建改革开放进程的最生动、最活泼的因素之一。唱响"对台戏"、打好"海峡牌"，成为推动福建改革开放发展的主旋律之一。在对台工作中，福建先行先试，开辟闽台关系新局面，在推动两岸交流合作上创造了数十项全国"最早"和"第一"。如厦门因"台"而成为率先实行改革开放的四个经济特区之一；实现"三通"从福建做起，率先推动福建沿海与金门、马祖地区直接往来，为两岸"三通"的实现提供了有益借鉴；闽台经贸合作蓬勃发展，特别是闽台农业合作持续位居全国第一位等。在改革开放进程中，福建发展战略的探索实践和拓展深化，从大念"山海经"到加快闽东南开放开发，从建设海峡西岸繁荣带到构建"三条战略通道"，从建设海峡西岸经济区到构建两岸人民交流合作先行区，都充分突出"台"的元素，体现对台工作的主动性、责任感强的特点，显示了福建作为推进祖国统一的战略基地的特殊地位和作用。

第三篇，2012年党的十八大以来，为实现中华民族伟大复兴与推进两岸融合发展阶段。表现在闽台关系上，发挥"两岸一家亲，闽台亲上亲"优势，深度推进闽台经济社会融合发展，努力把福建建成台胞台企登陆的"第一家园"。党的十八大以来，面对两岸和平发展经历了从"热络"到"冰冷"转变的新形势，福建以习近平新时代解决台湾问题的总体方略为指引，遵循"两岸一家亲"的理念，充分发挥对台独特优势，推动闽台在经济、文化、社会等方面的深度融合，并把对台的独特优势转化为推动发展的动力，促进福建高质量发展。如今，闽台之间"大合作、大交流、大发展"的格局已经形成，闽台经济社会融合发展的基础条件日益夯实，福建成为两岸直接往来最便捷通道、两岸经贸合作最紧密区域、两岸文化交流最活跃之地、台资农业发展的首选地、台湾青年就业创业的热土、两岸同胞融合最温馨的家园。

此外，贯穿整个课题的一个重要内容是福建双拥工作。双拥工作是福建对台工作的题中应有之义。新中国成立70多年来，福建全省上下自觉站在维护祖国大局的高度，以作好军事斗争准备为重点，走出一条双拥工作新路子；福建双拥工作始终走在全国前列，为改革发展稳定和国防建设作出了重要贡献。福建是全国唯一的各级政府机构中保留拥军支前部门的省份，是所有设区市均被评为"全国双拥模范城"的唯一省份。

特别值得指出的是，福建是习近平总书记的"第二故乡"，是习近平对台工作重要理念的发源地。思想来自于实践，是对实践规律的总结。在福建工作的17年半时间里，习近平始终高度重视对台工作，为党的对台方略在福建的探索实践留下了浓墨重彩的一笔，对习近平新时代解决台湾问题的总体方略的形成产生了深刻影响。其主要体现在：福建是习近平深入了解台湾及两岸关系的重要实践地，是习近平"两岸一家亲"理念产生的来源地，也是习近平总书记最早提出"两岸经济社会融合发展"的所在地。

福建是对台工作大省。新中国成立70多年来，福建对台工作的探索实践，从一个侧面集中体现了中共对台方略演进的历史内涵及阶段性特点，同时也生动反映了两岸关系跌宕起伏的历史进程。

本课题研究试图对当代闽台关系70多年发展历史进行一次全面的系统的梳理和总结，在学术上作一有益尝试，在推动对当代闽台关系发展史乃至两岸关系历史的研究中起到抛砖引玉的作用。由于个人能力有限，不足之处在所难免，敬请读者批评指正。

目 录

第一篇　两岸军事对峙与和平统一的双重变奏
（1949年10月—1979年1月）

第一章　国共内战与台湾问题的出现 …………………………………… 3

第二章　"一定要解放台湾"与攻台作战部署 ………………………… 18

第三章　剿匪斗争与土改运动 …………………………………………… 42

第四章　福建海防前线的角力与备战经济建设 ………………………… 57

第五章　解放台湾战略部署的调整与炮击金门 ………………………… 82

第六章　加强战备与"小三线"建设 …………………………………… 117

第七章　海防前线时期的拥军支前工作 ………………………………… 133

第八章　福建前线的宣传攻防战 ………………………………………… 146

第九章　两岸军事对峙对福建发展的影响 ……………………………… 160

第二篇　新时期闽台关系和平发展
（1979年1月—2012年10月）

第十章　　打破两岸隔绝状态与闽台关系的历史性转变 …………… 179

第十一章　改革开放的起步与对台工作的开展 ……………………… 196

第十二章	两岸开放交流与闽台关系蓬勃发展	211
第十三章	经贸合作成主轴	229
第十四章	建设海峡西岸经济区与闽台关系全方位发展	238
第十五章	实现"三通"从福建做起	248
第十六章	新时期闽台文化交流	262
第十七章	多方助推闽台关系发展	270
第十八章	新时期双拥工作不断深入开展	283

第三篇 新时代闽台融合发展
(2012年11月—2021年12月)

第十九章	闽台经济融合深度推进	299
第二十章	扎实推进闽台文化社会一体化	317
第二十一章	探索海峡两岸融合发展新路	337
第二十二章	新时代军民融合发展	362
第二十三章	习近平与福建对台工作	375

结束语		386
附录一	"海峡"品牌载体平台	389
附录二	当代闽台关系发展大事记	401
重要参考文献		479
后记		489

第一篇
两岸军事对峙与和平统一的双重变奏
(1949年10月—1979年1月)

　　台湾问题既是国共两党内战历史的延续，同时也是世界冷战的产物之一，可以说是内战与冷战交相叠加的结果。解决台湾问题、实现祖国统一，是历史赋予中国共产党人的历史重任。以毛泽东为核心的党中央根据国内国际形势的发展变化，先后提出了"解放台湾""和平解放台湾"的方针，并进行相应的战略部署，同时还着眼于祖国统一大业和中华民族的根本利益，指明了解决台湾问题的一些基本原则和方向。

　　台湾问题是国家的安全问题，是对新中国安全的"一个最大的威胁"[①]。新中国成立后相当长的一个时期，地处海防前线的福建一直处于"解放台湾"的备战状态中，并因此严重制约了福建的经济发展。福建为巩固国防和保卫国家安全作出了重大的贡献。

---

　　① 刘少奇：《中国共产党中央委员会向第八次全国代表大会的政治报告》(1956年9月15日)，中共中央办公厅编《中国共产党第八次全国代表大会文献》，人民出版社1957年版，第55页。

第一章　国共内战与台湾问题的出现

20世纪中叶的中国,是一个风云激荡的国度。

中国国民党和中国共产党是近现代中国历史舞台上最有前途的两大政治力量。在开展反帝反封建的革命进程中,国共两党曾两度合作、并肩作战,反对帝国主义,开创中国革命新局面,但由于以蒋介石为首的国民党集团的反共反人民本性,致使国共两度分裂而展开内战。

特别是以蒋介石为首的国民党集团败退台湾后,造成两岸内战余波未息,祖国统一大业至今难以完成;更严重的是,台湾成为美国等反华势力遏制中国发展的一枚重要棋子,从而给中华民族伟大复兴的历史进程蒙上了一层厚厚的阴云。

一、日本侵占台湾与闽台关系演变

日本侵占台湾后觊觎福建

任何历史问题的形成都不是偶然的,而是其历史发展逻辑的必然结果。因此,要回答国共内战与"解放台湾"的提出这一历史问题,只能从历史发展的脉络中去寻找。

"一个运动是另一个运动的原因。"[1] 追根溯源,台湾问题的出现,要从日本侵占台湾谈起,并与闽台关系密切相关。

---

[1] 《马克思恩格斯全集》第3卷,人民出版社2012年版,第921页。

甲午战争后，1895年中日签订《马关条约》，台湾与辽东半岛同时被割让给日本。其中，辽东半岛的归属引起俄、法、德等西方列强的强力干涉，几经转圜，才由中国以"赎辽费"换回。此后的半个世纪里，台湾则沦为日本殖民地。

日本在筹划对外扩张和侵略战争中，不仅在战略上始终把台湾作为日本安全上的一个屏障和南进发展战略的重要前进基地，而且由于闽台的历史、地理、文化的渊源关系，也将福建纳入其势力范围，福建成为日本侵略者觊觎最早、渗透最深的东南沿海省份。

日本自1895年强占台湾后，为了把福建纳入其势力范围，在经济、文化乃至军事上对福建进行全面渗透和扩张。一是迫使清政府签订《福建不割让来往照会》，答应"不将福建省内之地方让与或租与别国"；派遣大批日籍浪人（其中大多为日籍台湾人）在厦门、福州等福建沿海一带从事破坏和渗透活动。二是1899年，日本与清政府签订《福州与日本专用租界条款》，并在厦门、福州设立"警察所分所"，行使所谓的"警察管辖权"。三是台湾总督府把福建的矿产资源作为展开扩张行动的目标。1903年，台湾总督府就曾企图以华洋合办的名义向清政府提出开采福建矿产的要求。1915年日本提出"二十一条"，其中规定日本在福建省筹办铁路、矿山等特权。四是加强思想文化渗透。为消弭福建人民的排日情绪，清除其支持台湾抗日运动的思想基础，台湾总督府用机密费收购福州《福报》，改名《闽报》，作为"对华南经营的一部分"，成为其在"南方唯一的大报纸"，加紧对福建的舆论控制；先后在福州、厦门、泉州、漳州设立东文学堂、东亚书院、彰化学堂、中正学堂。

九一八事变后，日本更是加紧窥伺福建。1932年，当时福州全市人口不超过30万人，但仅在福州的日本侨民就达2万多人，其中日籍600多人、台湾籍和朝鲜籍1.5万人；随着日本侨民的涌入，日货也大量进入福建，当时国民党媒体惊呼："福州已成为华南第一日货销售最大市场。"[①] 日本设在福州、厦门的领事馆，实际上就是侵略福建的两个指挥部。设在厦门的日本总

---

① 林知渊：《政坛浮生录》，《福建文史资料》第22辑，第35页。

领事馆，管辖范围除厦门外，还包括泉属和漳属20多个县。为了制造侵闽事端，1932年1月，日本特务在福州制造类似上海"一·二八"事变的"水户事件"①；1935年华北事变后，日本还企图在福建制造"闽南自治"运动②。福州"水户事件"和"闽南自治"运动的制造，都充分暴露了日本对福建的狼子野心。可见，在局部抗战阶段，日本侵略福建的活动也是在紧锣密鼓、步步升级，即"隐蔽的干涉也已进到武装占领的前哨战的阶段"③。

日本侵略者对福建的觊觎和侵占，主要是在闽东南沿海地区，尤其是厦门、福州两个重点城市。其中，厦门是日本侵闽的首要目标。究其原因，一是福建是著名侨乡。厦门、福州是南洋华侨的出入口岸，其中厦门是中国向南洋移民的主要出港地，每年输出5万移民。九一八事变后，日本认为爱国华侨"在南洋抵制日货，残酷迫害日侨，还对国民政府进行资助……坚决堵住这个出入口，阻止华侨运动，这是当前最为紧要的大事"④。二是厦门港是上海至香港航线中心点，是福建省的第一商港，也是侨汇的主要接收港。全国抗战爆发前，厦门每年出口贸易额达6000万元，"还是2000万南洋华侨的出入口，也是南洋华侨4000万元汇款的接收港"。全国抗战爆发后，由于有华侨汇款，金融界异常繁荣，国民政府为了弥补战时财政亏空，出台政策鼓励华侨汇款。日本侵略者认为："蒋介石已经在上海失去了财政来源的浙江财阀，如今又失去厦门，与南洋华侨的交易被阻断，可以说命数已尽。厦门岛

---

① 1932年1月，日本台湾派遣军情报官浅井大尉在福州指使台籍人、福州《闽报》记者李炉已，收买洪进玉等台籍杀手，将日本小学校训导水户参雄夫妇刺杀，企图嫁祸中方，进而为日本政府出兵福州制造口实。事件发生后，国民党福建省政府全盘接受了日本方面的无理要求，不仅派代表正式道歉，还赔付日方"抚恤金"等6万元。后由于日本军方内部意见不一，出兵福州的企图没有实现。

② 1935年华北事变后，日本特务利用设在厦门的东亚同盟会，在闽南泉属和漳属各县大规模设立走私机关，收买和勾结民军、土匪、流氓、劣绅和失意官僚，组织各种"自治军""铁血团""救国军"，准备首先在安溪、德化、惠安、海澄、漳浦等地组织傀儡政府，并不断将所谓"自治运动"向福建内地推进。

③ 《闽西南军政委员会关于闽西南目前政治斗争形势和党的任务决议》（1937年2月28日。内部资料）。

④ 厦门市档案局馆编：《见证：1938厦门——日寇入侵厦门前后报刊史料汇编》，厦门大学出版社2015年版，第132页。

如此重要，却是利用公共租界对外以及南洋华侨恶意宣传的舞台，岛上尽是反日标语，从这点看，我海军就该开这一枪。我海军占领厦门还有另外一个重大意义，就是通过断绝与南洋华侨的联系，直掐蒋介石的咽喉。"① 因此，日军侵占厦门，一个重要目的就是"截断（华侨）汇款通道"②，打击国民政府的抗日外援资助。日军侵占厦门后，便公开宣称"占领离台湾最近的福建省要港厦门，杜绝以此为中心的各种策动，是（日本）帝国的必然措施，从国防和作战上看也是必需的"③。

福建抗日活动的开展

闽台关系源远流长，历史文化一脉相承。对于台湾被割让给日本，"闽人尤有切肤之感"④。日本对福建的不断渗透和觊觎，必然激起福建人民的反日情绪，从而使福建成为全国最早开展抗日救亡活动的重要省份。

1919年底在福州发生"台江事件"、1928年在厦门发生"李箕焕事件"等声势浩大的反日运动，震惊全国。1919年11月11日，在福州的日本领事馆蓄意制造事端，组织"敢死队"连续在瀛洲道、台江等地追击殴打和屠杀中国市民、学生，造成"台江惨案"。事件发生后，福州全市人民义愤填膺，纷纷集会游行，掀起罢课、罢市、罢工高潮。日本帝国主义的暴行，激起全省人民的愤恨，厦门、漳州、泉州、莆田等地人民闻讯，连日举行大规模集会和示威游行，通电声援福州人民的斗争，发起更大规模的抵制日货运动，并得到北京、南京等全国各大中城市人民的积极声援。留日学生和华工等20余万人就"台江事件"通电各媒体，通电海内外，决心做福州人民的坚强后盾，力争"闽案"的解决。在全国人民的强大压力下，12月2日，北京政府

---

① 厦门市档案局馆编：《见证：1938厦门——日寇入侵厦门前后报刊史料汇编》，厦门大学出版社2015年版，第165页。
② 厦门市档案局馆编：《见证：1938厦门——日寇入侵厦门前后报刊史料汇编》，厦门大学出版社2015年版，第135页。
③ 厦门市档案局馆编：《见证：1938厦门——日寇入侵厦门前后报刊史料汇编》，厦门大学出版社2015年版，第133页。
④ 汪毅夫：《闽台缘与闽南风——闽台关系、闽台社会与闽南文化研究》，福建教育出版社2006年版，第15页。

不得不就"台江事件"向日本驻华公使发出抗议照会,电会驻日代理公使庄景珂向日本政府交涉,日本帝国主义宣布撤走侵入福州的军舰,并承担道义上的责任。

厦门大学是东南最高学府,"一直以来,屡次在抗日骚动中充当急先锋,校内共产分子上蹿下跳,呼吁各学校学生反日抗日,俨然如同抗日学府"[1]。早在1928年,中共厦门市委就组织成立了由厦门总工会、厦门大学、厦门学联等11个团体组成的"厦门各界反抗侵略国权委员会",并以"李箕焕事件"[2]为契机,开展一场声势浩大的历时两个月之久的反日运动。这场反日运动影响很大,得到全国的广泛响应和支持,对福建反日运动的发展更是有力的推动,如福州成立"援助厦(门)、平(潭)事件大会",泉州成立"反日会",漳州成立"反抗日本侵略者国权后援会"等。

九一八事变之前,福建反日运动历时之长、规模之大、影响之广,在全国是不多见的。九一八事变后,抗日救亡运动迅速在全国各地奔涌。全面抗战爆发后,中国共产党领导的抗日救亡运动的内涵更加丰富、规模更加广泛、层次也不断提升,并汇聚成一股奔腾激荡的抗战文化洪流。

九一八事变后,面对日本侵略势力进一步向福建沿海扩张的危急形势,厦门、福州等沿海地区的中共地方组织不失时机地领导人民群众开展广泛的抗日救亡运动。在中共福建地方组织的领导下,福建抗日救亡运动出现了新的气象,把抗日救亡运动贯穿到工农群众运动中去,并与苏区革命斗争有机结合起来。福建是中央苏区的重要组成部分。在局部抗战阶段,中央苏区革命斗争与全国抗日救亡运动相结合,福建成为中央红军开展抗日军事战略行动的主要活动区域,成为红军北上抗日先遣队的前进基地。在日益高涨的抗日救亡运动激荡下,福建成为抗日活动的重要策源地,爆发了震惊中外的福建事变。值得一提的是,在中央苏区革命斗争中,也活跃着台湾同胞的身影。

---

[1] 厦门市档案局馆编:《见证:1938厦门——日寇入侵厦门前后报刊史料汇编》,厦门大学出版社2015年版,第122页。

[2] 1928年3月2日,日本驻厦门领事馆人员为配合朝鲜当局捕杀共产党人的行动,化装成"中国人"非法闯入厦门相公宫拘捕黄埔军校第四期毕业生、已加入中国籍的原朝共党员李箕焕及其战友李刚等4人。

1932年，毛泽东率领东路军攻打漳州后输送的新生苏区文艺力量中，就包括"活泼伶俐、能唱能跳"的台湾籍"施氏四姐妹"（施英、施月娥、施月霞、施月仙）。

二、福建成为收复台湾的重要基地

在波澜壮阔的中国抗日战争中，台湾同胞除在岛内开展反对日本侵略者的斗争外，还有不少人冒着生命危险回到祖国大陆，工作、求学或参加抗日团体，或在全国范围的进步局势影响下加入中国共产党，从事各种抗日活动，或赴抗日前线参军参战，乃至在沿海组建游击队，为抗日战争的胜利和台湾的光复作出了贡献，为祖国抗战的胜利作出了积极贡献。据统计，抗战时期返回大陆抗战的台胞有5万余人。

抗战时期，地处海峡西岸的福建，是台胞的主要祖籍地和重要抗日活动区域，因而成为祖国对台工作的最前沿和最活跃的抗日活动省份之一。

其一，1937年8月，在厦门求学的台籍青年首先组织起来，成立了"抗日复土同盟会"，提出站在祖国抗日联合阵线一边、收复失地、争取自由的口号，这是抗战时期在大陆的台湾同胞组成的第一个抗日团体。留在福州、厦门、泉州等地的400多名台胞不顾日本人威胁，纷纷申请恢复国籍，并献金救国。

其二，李友邦领导的台湾义勇队，是以台湾同胞为主体、以抗日救亡为目的、经国民政府军事委员会政治部正式批准的唯一由台湾人组织而以光复台湾为号召的武装力量，它是台籍同胞参加祖国抗日的代表，也是台湾同胞拥护并支持祖国抗战的象征。

福建是台湾义勇队的发源地。1938年六七月间，国民党福建当局以"日本特务"嫌疑为由，将散居在全省各地的台胞三四百人集中遣送到闽北崇安县境，"令其垦荒自谋生活"。其间，活动在浙江丽水地区的台湾知名爱国人士李友邦，与以刘英为书记的中共浙江省委建立友好联系。在中共浙江省委统战委员会成员骆耕漠的建议和帮助下，李友邦于是年11月到崇安台民垦殖所进行调查，积极筹备组织台湾义勇队。随后，中共浙江省委统战委员会先后派华白沙、张一之、吴毓等党员充分运用各种合法形式开展工作，坚持党对台湾义勇队的领导，成立中共义勇队支部，并得到国民党闽浙两省当局的支持。1938年11月27日，《福建民报》登载："集中崇安台胞，参加抗战，已组织义勇队救护队，不久当可出发前线。"同年12月1日，金华《东南日报》以《台民奋起》为题报道："集中闽北某地台民，经台湾革命党代表李友邦等前往劝导，诚为感动。内有百余，愿自动参加祖国抗战，正组织义勇救护队出发前线工作。"[①] 台湾义勇队在金华成立后，留崇安的台胞陆续不断地前往金华参加义勇队或少年团，祖国各地的爱国青年也纷纷参加台湾义勇队，担任秘书、《台湾先锋》编辑、少年团指导员等工作。1940年6月，台湾义勇队得到国民政府军事委员会政治部批准，李友邦被任命为少将队长，受军委会政治部领导，归第三战区政治部节制。至1940年8月，台湾义勇队辖3个区队200人，少年团达60余人。皖南事变后，一些失散的新四军人员路过金华或在金华暂时隐蔽，也都参加台湾义勇队或少年团的工作。

闽北、闽西和闽西北地区是李友邦领导的台湾义勇队、台湾少年团有生力量的主要来源地和中后期抗日斗争的重要活动区域。1942年5月浙赣战役爆发后，台湾义勇队奉命撤离金华，经江山，越仙霞岭，再经福建的浦城、建阳、永安，于10月中旬抵达龙岩。进入福建后，台湾义勇队进一步发展壮大，改为台湾义勇总队，李友邦升任中将总队长。到1945年，台湾义勇总队人数达381人，编为4个支队。日本无条件投降后，李友邦于1945年12月8日率全体队员返台。1946年2月，台湾义勇总队解散。

台湾义勇队在福建活动的三年多时间里，充分发挥闽台同胞传统上关系密切的优势，利用闽台两地一水相连的地理条件，做了大量工作。一是大力推进台湾收复运动，举办抗战干部训练班，号召隔海台胞行动起来，打倒日寇、归宗祖国；创办《台湾先锋》《台湾青年》及"台湾革命丛书"等书刊，系统地揭露日本帝国主义对台湾的殖民统治，介绍台湾人民不屈的抗日斗争

---

① 黄胜科、方留章：《孕育于武夷山下的台湾抗日义勇队》，载福建省政协文史和学习委员会编《福建抗日战争纪事》，福建人民出版社2015年版，第301页。

事迹。二是鼓动民众坚持抗战，组织战地工作团深入前线与抗日部队的官兵一起生活、战斗，用演讲会、歌咏会、座谈会等各种形式，讲述亲身经历的亡国之痛，激励官兵奋勇杀敌。三是专门组织对敌巡回工作团，深入敌后，从事对敌伪的反战宣传，瓦解敌军和教化俘虏。四是发挥义勇队中医生多的优势，在建阳成立第四台湾医院，经常派医生到各地、各部门去义务行医和从事卫生防疫工作。

其三，福建是国民党开展对台工作的重要基地。1942年2月，以台胞为主的台湾革命同盟会在漳州成立，后改为中国国民党直属台湾党部，由漳州迁到永安，开展了一系列抗日救亡、光复台湾的活动。中国国民党直属台湾党部还举办台湾史料展览，办《新台湾》和《台湾研究季刊》杂志，编撰"台湾问题丛书"等。这些活动的开展，不仅增进了国人对台湾的认识，激发广大民众爱国抗战热情，而且为政府接收台湾提供重要参考。在抗战胜利前夕，中国国民党直属台湾党部负责人谢东闵作为台胞唯一代表，于1945年5月从永安赴重庆出席国民党第六次全国代表大会。抗战胜利后，中国国民党直属台湾党部全体人员即由永安赴台参加接收工作。与此同时，活动在八闽大地的台湾义勇队，也积极进行台湾复省运动，李友邦多次撰文或发表讲话，阐明台湾复省的意义和措施；台湾义勇队主办的《台湾先锋》第10期专门推出"台湾光复运动特辑"。1944年4月，国民政府成立中央设计局台湾调查委员会，李友邦为专门委员；台湾义勇队多次提供台湾问题资料，为做好接收台湾的准备工作献计献策，不少队员参加了中央训练团举办的台湾党政干部训练班。赴台参加台湾接管工作的人员，主要由两部分人员组成："一部分是设在重庆的台湾行政干部训练班的学员，另一部分是设在福建永安的台湾警察干部训练班的警官"，其中从福建赴台的"约近百人"[①]。此外，国民党海军马尾要港司令李世甲为接收台湾日本海军专员，并被授以海军第二舰队司令，负责接收5.3万日本驻台海军官兵。

1945年10月25日，中国战区台湾省受降典礼在台北市公会堂庄严举行。

[①] 谢真：《抗战胜利后台东接管工作的回忆》，载福建省政协文史和学习委员会编《福建抗日战争纪事》，福建人民出版社2015年版，第439页。

至此，中国将日本从甲午战争后窃据的台湾、澎湖列岛及其所属的南海、钓鱼岛等诸岛收回的一切法律手续均告完成。台湾终于在50年后回归祖国的怀抱，洗却了中华民族在甲午战争后所遭受的奇耻大辱，这是中国人民抗日战争取得的一大胜利成果，也是中国在第二次世界大战中的最大收获之一。

中国人民抗日战争的胜利，成为中华民族走向复兴的历史转折点，对世界文明进步也具有重大而深远的意义。在世界反法西斯战争中，中国因所作出的重大贡献而获得了前所未有的大国地位，从根本上改变了近代以来西方列强联手制华的局面，在战后重建世界政治、经济和国际新秩序中也起到了重要作用，并成为联合国安理会常任理事国，从而奠定了中国在世界政治格局中的重要地位。

但是，第二次世界大战结束后，以美国为首的资本主义国家阵营和以苏联为首的社会主义国家阵营都趁机扩大势力范围，自始就尖锐对立发展着。冷战时期，两大阵营的对抗是全方位的，直接表现为军事对峙、经济对抗、文化对立，尤其是在意识形态和价值观上的对立影响深远，也就是所谓的"没有硝烟的战争"。在世界冷战背景下，因国共内战而产生的台湾问题，本是中国内战的历史遗留问题，是中国的内政，却被蒙上了浓重的东西方冷战色彩，成为世界冷战发展的组成部分，尤其是中美关系发展进程中的焦点和核心问题。

三、解放战争中福建对台工作

早在抗战胜利前夕，1945年8月中共闽江工委成立后，就着手加强党在台湾的秘密工作。12月，闽江工委学委会就派人前往台湾，以开设商行为掩护进行活动。随着工作的开展，又派人去加强领导。

1946年下半年，闽江工委派陆集圣赴台，先后奔走于台北、台中、新竹、台南等城市，通过亲朋故友的多方面关系，进入一家杂志社任总编辑并兼任一家出版社的编辑。陆集圣利用这个身份出入台湾一些国民党党政机关、工厂、学校，接触某些头面人物和学者名流，特别是深入学校，频繁接触学生，在学生中发现和培养积极分子，建立了几个地下党支部及几处秘密据点。当时国民党刚从日本手中收复台湾，白色恐怖极为严重，环境十分险恶。陆集圣凭借着勇敢机智和战友亲朋的掩护，多次摆脱了便衣暗探的盯梢，化险为夷，并筹集经费一万多元，派地下交通员秘密带回交给福建党组织，但后来还是引起了国民党台湾省党部的察觉，陆集圣不得不撤离台湾。

值得一提的是，台湾光复后，抗战中曾任福建省政府主席的陈仪出任台湾行政长官兼警备总司令，邀请故交胡允恭去台湾任职。胡允恭（1902—1991），又名胡萍舟、胡邦宪，中共早期党员。历任国民革命军第四军十二师三十五团政治指导员，中共江苏省委军委秘书，青岛市委宣传部长，济南市委书记，山东省委宣传部长、省委书记等职，后受王明"左"倾教条主义迫害而被排挤脱党，在福建事变中，联络十九路军反蒋。福建人民革命政府成立后，胡允恭被派往新组成的兴泉省任公安局长。福建事变失败后，胡允恭随福建政府的主要领导人撤退到香港，一度转赴日本，不久到上海组建中华民族革命大同盟上海分部，后不幸被捕。全国抗战时期，胡允恭两度到福建，在北伐时期的好友、国民党省政府秘书长程星龄的推荐下，颇受国民党福建省政府主席陈仪及后任刘建绪的赏识和重用，先后被委任为明溪、泰宁、同安、福安等县县长。此间，胡允恭积极支持中共福建地方组织领导的抗日救亡运动，经受严峻的斗争考验，于1946年经福建省委批准恢复了党籍。

1945年底，闽江工委派胡允恭以"台湾全权特派员"名义赴台工作。1946年4月，胡允恭被委任为台湾长官公署宣传委员会委员兼设计组组长，成为陈仪的重要幕僚。1947年台湾二二八事件爆发，胡允恭利用职务之便，悉心搜集和掌握第一手资料。陈仪引咎辞职回大陆后，胡允恭也于当年3月撤离台湾，回到上海，及时撰写《台湾真相》一文，把台湾民众二二八起义的详情登载在黎澍主编的党的地下刊物《文萃》上，为后来对调任浙江省主席的陈仪做策反工作提供了有益参考。1948年底，陈仪出任国民党浙江省政府主席，胡允恭又受命参与策动陈仪起义，做了不少有益工作。

1946年10月至1947年初，孟起在台湾发展组织，布置任务，筹集经费，开展统战工作，并通过胡允恭做争取和团结陈仪的工作，到过台中、台南等地活动约3个月，秘密发展了几个党员。二二八事件中，在台湾发展的关系大都积极参加了反对蒋介石集团暴政的斗争，有的还在起义中英勇牺牲。

1947年1月中共福建省党员代表会议结束后不久，闽浙赣区党委书记曾镜冰在给华中局和党中央的关于福建发动游击战争的报告中，汇报了党在台湾秘密工作的进展情况，指出"台湾县长以下同情民主分子数人与我党取得联系，我组织合法，国语学社及其他团体团结台湾人，现党员同志亦有50人左右，乡村武装数十与我联络，可为我武工队活动据点"①，并决定还将继续加强党在台湾秘密工作的开展。

1947年台湾二二八事件爆发后，中共中央极为关注，于3月20日在《解放日报》发表《台湾自治运动》的社论，以声援和指导台湾人民和平的自治运动。为了声援台湾自治运动，加强台湾人民武装斗争的指导，1947年3月24日，中共中央专门指示华东局、华南局领导人：一是"要预告我党在台同志，应警觉蒋方的欺骗和镇压，估计到运动本身会有挫折和起伏，但只要领导者坚强不屈，继续向小城市及乡村居民中作深入活动，武装斗争决不放手，并力求扩大，则全国形势及台湾人民的要求，决不会使此运动停息的"②；二是"为声援台湾自运，沪港两地及南洋应根据解放社论及此指示广为宣传和声援，尤其在福建，如能利用目前统治力量的空虚薄弱，发动武装斗争，并动员得力的武装干部潜入台湾参加他们的武装组织，将更能给他们以有力援助。望刘方分别向曾镜冰和闽西传达这一方针，并告其根据本身可能设法实施之，你们如何处理及台湾今后情况望告"③。

1947年2月，中共闽浙赣区党（省）委设立城市工作部。城工部是在闽江工委的基础上改建的，把闽江工委时期以学生运动为主的方针转变为"城市为农村服务，为游击战争服务"的方针。随后，派骨干往福建省内各地及江西、台湾、浙东等地发展组织。3月，中共闽浙赣省委城工部又派人在基隆

---

① 《福建曾镜冰致华中局、中央关于福建情况及发动游击战争布置的报告》（1947年1月26日），载中共福建省委党史研究室闽浙赣党史办公室编《闽浙赣党史编写参阅资料》第24期，1990年8月。

② 《中央关于在台湾进行武装斗争的方针及办法给刘晓、方方、林平同志的指示》（1947年3月24日。内部资料）。

③ 《中央关于在台湾进行武装斗争的方针及办法给刘晓、方方、林平同志的指示》（1947年3月24日。内部资料）。

开设了震球商行，继续为党筹集经费。出于开辟地区的需要，赴台的党员都担负发展党员、建立组织的任务。经过一段时间的艰巨工作，先后在花莲港、台中等地发展了党员。5月，郑杰再次前往台湾，成立党支部，郑杰任书记。7月，翁绳金作为台湾工作的负责人赴台。开展活动不久，由于平潭同乡告密，翁住处的主人被捕，商行只得关闭，派去的骨干也于8月被迫撤退回闽。在此期间，曾焕乾亦多次去台湾，在高雄发展了党员，建立了据点。这些工作为党组织提供了相当数量的经费，使几个主要城市有了党员和关系。

1948年秋，中共福建党组织在金门建立了交通站，并发展了十多位党员，开展了一些工作。1949年7月，金门局势紧张，大部分党员都撤回厦门、同安等地。

特别值得一提的是，随着全国解放战争的胜利推进，中共中央也将解放台湾的准备工作问题提上日程。1948年2月，中央军委情报部部长李克农指示华东情报系统，迅速安排东南地区的工作，并提出"重点在台、闽"。① 为此，中共华东局专门成立台湾工作委员会。1949年5月上海解放后，华东局的工作重点转向对台工作，着力开展情报搜集与策反活动，为配合人民解放军的军事行动作积极的准备。此时，"同情共产党领导革命""反对内战，致力于全国解放和祖国统一大业"的吴石将军，刚好抵闽就任国民党福州绥靖公署副主任；中共华东局社会部随即派谢筱迺赴福州，与吴石将军建立秘密工作联系，并专门建立福建情报小组和地下电台。1949年8月，吴石将军离闽去台出任国防部参谋次长，中共华东局情报部又派朱枫由港赴台，协助吴石工作。吴石将军"甘冒危险，为我党工作"，从国民党心脏送出了大陆秘密核心情报：一是蒋介石在京、沪、杭解放后的"全国作战部署"，特别是台湾及东南的部署和国民党军队的军事动向情报；二是国民党军在福建的战斗序列，在福建整编后的主官姓名，福州绥靖公署的兵力统计等情报；三是1949年7月在香港向中共华南局提供了国民政府军事委员会编制的两份绝密材料，即在长江以南川、滇、黔、粤、闽等省的国民党军队建制和兵力总表，国民党在西北各部队番号、驻军地点等；四是在台提供国民党军事机关及部队主

---

① 郑立：《冷月无声——吴石传》，中共党史出版社2012年版，第381页。

官名册、国民党东南地区驻军番号和人员概数,以及飞机、大炮、坦克的数量等重要情况。吴石将军提供的这些秘密核心情报,为全国解放和统一大业作出了重大贡献。后由于中共台湾地下组织遭受严重破坏,吴石将军不幸被捕,于1950年6月10日在台北马场町英勇就义。

四、蒋介石经营台湾

蒋介石经营台湾,始于抗战胜利后。1946年10月21日,蒋介石偕同宋美龄飞抵台北,参加台北中山堂举行的台湾光复一周年纪念大会,并在台逗留8天,游览日月潭等地。此次台湾之行,给蒋介石留下良好印象,他在日记中写道:"台湾尚未被共党分子所渗透,可视为一片干净土,今后应积极加以建设,使之成为一模范省,则俄共虽狡计百出,必欲亡我而甘心者,其将无如我何乎?"[1]

1948年6月26日,蒋经国呈给蒋介石的一封家书,透露出了蒋介石为什么会选择台湾作为负隅顽抗的"复兴基地"的重要原因。蒋经国在家书中写道:

父亲大人膝下:

敬禀者,最近二星期以来,儿曾与沪杭等地之负责官员深谈国事,并私访民间,接近商民、工人,以至乞丐、难民,在各方面所得之感想殊深,经过日夜之考虑,儿不得不忍痛直呈 大人者。

即多数人之心,皆惶惶然而不知如何是好。我政府确已面临空前之危机,且有崩溃之可能,除设法挽回危局之外,似不可不做后退之准备。

儿决非因消极或悲观而出此言,即所谓退者,亦即以退为进之意也。有广东,方有北伐之成功;有四川,才有抗日之胜利;而今后万一遭受失败,则非台湾似不得以立足。望 大人能在无形中从速密筹有关南迁

---

[1] 林桶法:《1949大撤退》,九州出版社2014年版,第59页。

之计划与准备。儿对此考虑或有过分之处，但以目前局势之演变而论，军事与经济并非无崩溃之可能，实不可不作必要之防备也。为儿者心有所思，不敢不直呈于　大人之前也。①

有学者认为，"正因这封信触动了蒋介石的灵魂深处，蒋介石从各个方面预为布置，台湾，成为蒋氏父子亟思东山再起之地"②。

然而，历史的发展是不以人的意志为转移的。败退台湾，与蒋经国说的"有广东，方有北伐之成功；有四川，才有抗日之胜利"的历史大势和时空背景是根本不同的。

历史进入1949年，经过辽沈、淮海、平津三大战役的决战，"国民党军的主力已被消灭。国民党军的作战部队仅仅剩下一百多万人，分布在新疆到台湾的广大的地区内和漫长的战线上"③，以蒋介石为首的国民党政权就此走向分崩离析。1949年1月21日，蒋介石在提出和谈后被迫辞去总统之职"下野"，由桂系军阀首领李宗仁代理总统。桂系、蒋系两大朝野力量争权夺势的斗争，更使国民党政府陷入四分五裂的境地。

1949年1月10日，蒋介石派蒋经国前往上海，把中央银行存金移往台湾；11日，蒋介石致电陈诚，指示治台方针，在台湾实施"三七五减租"，发布戒严令以严整社会秩序，实行币制改革以缓和通货膨胀，为国民党政府败退迁台创造安定局面。

面对人民解放军的全国性大进军，国民党反动派不甘心自己的失败，在美帝国主义的指使下，一方面放出"和平"烟幕，争取喘息时间，一方面积极组织长江防线，妄图阻遏解放军渡江南进，实现"划江而治"，同时加紧经

---

① 王丰：《蒋介石父子1949危机档案》，现代出版社2016年版，第125—126页。
② 王丰：《蒋介石父子1949危机档案》，现代出版社2016年版，自序第Ⅲ页。
③ 《中共七届二中全会决议》（1949年3月13日），载中共中央文献研究室、中央档案馆编《建党以来重要文献选编》（1921—1949）第26册，中央文献出版社2011年版，第202页。

营台湾,作为"最后挣扎的根据地"①。为了拱卫长江防线和京沪杭地区,保障东西部两个军事集团的联系,屏障台湾,还以浙赣铁路以北山地为第二道防线,形成一个固守长江、稳定浙赣线、据守台湾的防御体系。

渡江战役后,国民党的统治大厦将倾,全国解放指日可待。1949年12月5日,"代总统"李宗仁托病自香港远走美国。同时,蒋介石决定把国民政府迁往台湾。

最终,历史和人民的选择是:中国共产党建立了新中国,带领中国人民走上了社会主义道路;中国国民党失去了在大陆的统治地位,不得不败退台湾。不久,随着朝鲜战争爆发和美国侵占台湾,原本属于国共内战延续的台湾问题,演变成为国内与国际因素相互交织的复杂问题。

---

① 《中国人民一定要解放台湾》(1949年3月15日新华社时评),载中共中央文献研究室、中央档案馆编《建党以来重要文献选编》(1921—1949)第26册,中央文献出版社2011年版,第214页。

第二章 "一定要解放台湾"与攻台作战部署

解放台湾、实现全国统一,这是历史赋予中国共产党人的历史重任。中国共产党从诞生之日起,就满怀信心地以改造中国为己任,把实现民族独立、人民解放和国家富强的历史重任扛在肩上,开始了不屈不挠、艰苦卓绝的斗争历程。新中国成立后,我们党就把解放台湾、实现全国统一作为一项坚定政策和基本任务,成为人民解放军的一项重大作战任务。

一、"一定要解放台湾"的决策部署

"一定要解放台湾"的提出

1948年9月至1949年1月,在河北的一个小山村——西柏坡,以毛泽东为核心的中共中央审时度势,策划和指挥了规模宏大的全国解放战略决战。人民解放军以发起济南战役揭开决战序幕后,成功地进行了辽沈、淮海、平津三大战役,使国民党军赖以进行内战的全部精锐兵团被歼灭殆尽。这一决战的胜利,使解放战争预定的进程得以大大缩短,也标志着中国共产党领导的20多年的中国革命战争从此取得了根本性胜利。

1949年1月8日,中共中央在《目前形势和党在一九四九年的任务》中指出"我们必须将革命进行到底,而不容许半途而废"[①],明确指出"一九四

[①] 《目前形势和党在一九四九年的任务》(1949年1月8日中共中央政治局会议通过),载中共中央文献研究室、中央档案馆编《建党以来重要文献选编》(1921—1949)第26册,中央文献出版社2011年版,第24页。

九年夏、秋、冬三季，我们应当争取占领湘、鄂、赣、苏、皖、浙、闽、陕、甘等九省的大部，其中有些省则是全部"①。

巧的是，也是1月8日，国民党政府将备忘录分别递交美国、英国、法国、苏联四国政府，要求四国出面"调停"中国内战，相继被四国政府拒绝。值得一提的是，出乎苏联的意料，西方列强拒绝蒋介石的"斡旋"要求竟然比苏联政府还早。这表明以美国为首的西方列强军事干涉（特别是武装的联合干涉）的威胁已不复存在，而这却是斯大林和毛泽东的主要担心之点。

斯大林在对蒋介石作出反应以前，决定利用秘密渠道摸清毛泽东的立场。1月11日，面对斯大林转来南京政府要求和谈的电报，毛泽东明确答复："中共原则上反对同国民党举行任何谈判，反对任何外国调停"②，"我们倾向于要南京无条件投降"，同时说明"我国革命已胜利在握，不必再用迂回战术，推迟取胜时间"。1月19日，中共中央发出的《关于外交工作的指示》，体现了对原则性与灵活性的恰当把握，明确指出："在原则上，帝国主义在华的特权必须取消，中国民族的独立解放必须实现，这种立场是坚定不移的。但是在执行的步骤上，则应按问题的性质及情况，分别处理。凡问题对于中国人民有利而又可能解决者，应提出解决；其尚不可能解决者，则应暂缓解决……凡问题尚未研究清楚或解决的时机尚未成熟者，更不可急于去解决。"③

1949年1月31日三大战役结束后，解放大军饮马长江，准备向全国进军，将革命进行到底，预示着一个新中国即将在世界东方地平线上喷薄而出。3月5日至13日，毛泽东在西柏坡主持召开中共七届二中全会。在报告中，毛泽东提出促进革命迅速取得全国胜利和组织这个胜利的各项方针。此时，毛泽东已开始筹划解决包括台湾在内的大陆以外的海岛问题。

在解放海岛问题中，香港、澳门和台湾比较复杂。1949年2月初，毛泽

---

① 《目前形势和党在一九四九年的任务》（1949年1月8日中共中央政治局会议通过），载中共中央文献研究室、中央档案馆编《建党以来重要文献选编》（1921—1949）第26册，中央文献出版社2011年版，第26页。

② ［俄］A.M.列多夫斯基：《斯大林与中国》，新华出版社2001年版，第398页。

③ 《中共中央关于外交工作的指示》（1949年1月19日），载中共中央文献研究室、中央档案馆编《建党以来重要文献选编》（1921—1949）第26册，中央文献出版社2011年版，第55页。

东在同秘密来华的苏共中央政治局委员米高扬的谈话中,就指出解决香港、澳门和台湾问题的复杂性及解放的时间和方式问题。毛泽东说:目前还有一半领土尚未解放,大陆上的事情比较好办,把军队开去就行了;海岛上的事情就比较复杂,需要采取另一种方式去解决,或者采用和平过渡的方式,这就需要花较多的时间了。在这种情况下,急于解决香港、澳门问题也就没有多大意义了。利用这两地的原来地位,特别是香港对我们发展海外关系、进出口贸易更为有利些。总之,要看形势的发展再作最后决定。毛泽东着重指出,相比之下,台湾问题最为复杂,解决它更需要时间。他说:"台湾是中国的领土,这是无可争辩的。现在评价局势可以得出结论,国民党的残余力量大概全要撤到那里去,以后同我们隔海相望,不相往来。那里还有一个美国问题,台湾实际上就在美帝国主义保护下。这样台湾问题比西藏问题更复杂,解放它需要时间。"[①] 从国际局势来看,毛泽东认为,乘胜解决台湾问题的国际形势是有利的,全国解放战争"正在胜利声中向前发展,到目前为止,尚未遇到帝国主义的严重干涉和阻拦"。据此,毛泽东判断认为:"美军并不想直接卷入中国内战,只是间接干预,把军火、军用物资(第二次世界大战结束后的剩余物资)大量供应给蒋军,指望这些饭桶起作用。其他帝国主义者目前是泥菩萨过河——自身难保,各自苟且偷安,保全自己,谁也不愿,实际上也没有能力来冒险。目前我们面临的国际形势就是这样。这也是有利于我们把解放战争进行到最后胜利的条件之一。这个形势,在往昔中国是难以得到的。我们绝不会放过这个机会。"[②]

1949年3月15日,也就是中共七届二中全会结束后的第二天,新华社发表时评《中国人民一定要解放台湾》,指出:

> 美国帝国主义经由其走狗国民党反动派在中国的殖民地统治很快就要灭亡了,因此它急欲直接攫取中国的一块领土——台湾作为将来对中

[①] [俄]尤·米·加列诺维奇:《两大领袖:斯大林与毛泽东》,四川人民出版社1999年版,第180页。

[②] [俄]尤·米·加列诺维奇:《两大领袖:斯大林与毛泽东》,四川人民出版社1999年版,第180—181页。

国大陆发动侵略战争的跳板。与此同时，以蒋介石为首的国民党反动派，也梦想托庇于美国帝国主义的军事保护下，把台湾作为最后挣扎的根据地。

……

中国人民（包括台湾人民）将绝对不能容忍美国帝国主义对台湾或任何其他中国领土的非法侵犯，同样地亦绝对不能容忍国民党反动派把台湾作为最后挣扎的根据地。中国人民解放斗争的任务就是解放全中国，直到解放台湾、海南岛和属于中国的最后一寸土地为止。由于中国形势已发生巨大变化，中国人民解放斗争的胜利一定要在不久的时间内全部实现。中国人民一定要解放台湾，一定要解放全中国。①

新华社发表时评《中国人民一定要解放台湾》，主要是一种政治层面上和外交意义上的宣示，而真正从军事战略上进行部署，则是在渡江战役之后。

中共七届二中全会后不久，毛泽东和中央军委任命粟裕负责解放台湾军事任务。为完成解放台湾的战略任务，中央华东局成立了以粟裕为主任的解放台湾工作委员会。1949年11月20日，解放台湾工作委员会召开第一次会议，粟裕作《关于对台工作的几点意见》的报告，全面分析了当时台湾的经济、政治、军事形势，明确了对台工作的方针与原则。其中，针对解放台湾的条件，粟裕指出"解放台湾的条件是陆军登陆，海空配合和开展策反工作"②。

提前解放福建

解放台湾，是将革命进行到底、解放全中国的战略任务之一。而解放台湾，不仅取决于大陆特别是沿海地区的解放进程顺利与否，同时要防止美国

---

① 《中国人民一定要解放台湾》（1949年3月15日新华社时评），载中共中央文献研究室、中央档案馆编《建党以来重要文献选编》（1921—1949）第26册，中央文献出版社2011年版，第213—215页。

② 《关于对台工作的几点意见》（1949年11月20日），《粟裕文选》第3卷，军事科学出版社2004年版，第15页。

的武装干涉，而且还要解决渡海作战中面临的前所未有的制海权和制空权等一系列问题。

1949年5月8日，毛泽东为中央军委起草的《关于预筹对策防备帝国主义武装干涉的指示》要求"在华北、华东部署充分兵力，以防美国海军协同国民党海陆军向我后方的袭击和扰乱"①，并强调指出"攻取福建的兵力，不要超过两个军"。②这说明，此时毛泽东和党中央的关注点仍然放在防御美国的武装干涉方面。而要打破美帝国主义的封锁，毛泽东"强调从军事上迅速占领两广云贵川康青宁诸省，尽量求得早日占领沿海各岛及台湾"③。

1949年5月22日，粟裕、张震致电中共中央军委，请示关于第三野战军入闽部队可否提早出动问题。23日，毛泽东为中共中央军委起草关于各野战军向全国进军的部署问题致总前委，指出："你们应当迅速准备提早入闽，争取于六、七两月内占领福州、泉州、漳州及其他要点，并准备相机夺取厦门。入闽部队只待上海解决，即可出动。"④

6月2日，毛泽东致电华东局、总前委："同意以叶飞三个军入闽，行动时间如能提早至本月下旬更好。"⑤

6月14日，毛泽东在《军委关于注意研究夺取台湾问题给粟裕等的指示》中表示"同意十兵团行动日期延至六月二十五日，如果准备工作尚未做好，

---

① 《军委关于预筹对策防备帝国主义武装干涉的指示》（1949年5月28日），载中共中央文献研究室、中央档案馆编《建党以来重要文献选编》（1921—1949）第26册，中央文献出版社2011年版，第422页。

② 《军委关于预筹对策防备帝国主义武装干涉的指示》（1949年5月28日），载中共中央文献研究室、中央档案馆编《建党以来重要文献选编》（1921—1949）第26册，中央文献出版社2011年版，第423页。

③ 邓小平：《打破帝国主义封锁之道》（1949年7月19日），载中共中央文献研究室、中央档案馆编《建党以来重要文献选编》（1921—1949）第26册，中央文献出版社2011年版，第585页。

④ 中共中央文献研究室编：《毛泽东年谱（1893—1949）》修订本（下），中央文献出版社2013年版，第507页。

⑤ 中共中央文献研究室编：《毛泽东年谱（1893—1949）》修订本（下），中央文献出版社2013年版，第515页。

延至七月上旬亦可"①，强调"请开始注意研究夺取台湾的问题，台湾是否有可能在较快的时间内夺取，用什么方法去夺取，有何办法分化台湾敌军，争取其一部分站在我们方面实行里应外合，请着手研究，并以初步意见电告。如果我们长期不能解决台湾问题，则上海及沿海各港是要受很大危害的"②。

渡江战役后，中国人民解放军三野主力切断宁沪铁路和宁杭公路，围困和歼灭宁、沪、杭地区之敌；二野主力分左、中、右三路直出浙赣线追歼逃敌，切断敌军东西两大军事集团的联系，并准备协同三野粉碎美帝国主义可能的武装干涉。4月底5月初，二野第三、四、五兵团乘胜追击，解放赣东北、浙西南和闽北大片地区。

渡江战役的顺利实施，加快了夺取全国胜利的步伐，推动了福建全境解放的进程。上海战役一结束，三野司令部就决定由十兵团入闽，解放全福建，建立攻取台湾的前进基地。与此同时，中共中央决定组建新的福建省委，由张鼎丞任省委书记，主持福建工作。6月27日，十兵团发布了进军命令，近15万解放大军和南下干部冒着酷暑进军福建。

6月21日，毛泽东为中央军委起草致华东局、粟裕等电："在你们面前目前几个月内有四件大工作：（一）经营以上海为中心的苏、浙、皖、赣新占城乡广大地区；（二）占领福建及厦门；（三）帮助二野西进；（四）准备占领台湾。"③ 这是以毛泽东为首的党中央第一次明确作出要以武力解放台湾的作战计划。电报还特别强调占领台湾的重要性和意义：不占领台湾，则国民党海军、空军基地不能拔除，时时威胁上海及沿海各地；不占领台湾，则数十万吨船只不能取得，沿海沿江贸易受制于外商行业界。并且希望能于夏秋两季完成准备，冬季占领台湾。这是毛泽东和党中央首次提出可能提早解放台湾

---

① 《军委关于注意研究夺取台湾问题给粟裕等的指示》（1949年6月14日），载中共中央文献研究室、中央档案馆编《建党以来重要文献选编》（1921—1949）第26册，中央文献出版社2011年版，第462页。

② 《军委关于注意研究夺取台湾问题给粟裕等的指示》（1949年6月14日），载中共中央文献研究室、中央档案馆编《建党以来重要文献选编》（1921—1949）第26册，中央文献出版社2011年版，第462页。

③ 中共中央文献研究室编：《毛泽东年谱（1893—1949）》修订本（下），中央文献出版社2013年版，第521页。

的设想。

闽北的解放和十兵团大军压境，国民党反动派在福建的统治岌岌可危，但仍妄图死守福州，以屏障台湾，待机反攻。早在5月初，二野一部追敌入闽时，蒋介石就急忙电告省主席兼福州绥靖公署主任朱绍良：福州要构筑半永久性的防御工事，作坚强防卫的准备。为了加强福州防务，整编溃退入闽的残兵败将，安抚军心，在福建开辟"第二战场"，蒋介石于6月21日亲临福州，在义序机场召开临时军事会议，严令训示："台湾是头颅，福建就是手足，没有福建即无以确保台湾"①，"守不住闽江以北，闽南也难以确保"②，"为了大局，福州是必须死守的"③。为此，朱绍良调整了兵力部署，围绕福州组成了北迄水口、东达宁德、南至永泰的防御线。6月底，蒋介石还亲临厦门，召集驻厦门、漳州、金门的高级将领部署漳厦防务。

1949年8月，十兵团各部队在地下党和游击队的协同配合下，解放了福建省会福州市及周边的8个县和三都、马尾2个军港，歼敌5万余人，从而粉碎了蒋介石企图在福建开辟第二战场的军事部署，为进一步攻取莆泉地区和进行漳厦战役奠定了基础。

福州解放后，国民党军残部南逃，国民党福建省政府迁往平潭岛。蒋介石气急败坏，撤销福州绥靖公署和第六兵团建制，由汤恩伯接任福建省主席兼东南军政长官公署厦门分署主任，重新部署刘汝明、胡琏和李良荣所辖的3个兵团，收缩兵力防守厦门、金门、漳州一线，企图凭借海岛的有利地势与厦门军事要塞，负隅顽抗，巩固台湾外围。④

---

① 李以劻：《蒋介石下野后在福州召开军事会议前后》，载中国人民政治协商会议全国委员会文史资料研究委员会编《文史资料选辑》第32辑，中国文史出版社1980年版，第137页。

② 李以劻：《蒋介石下野后在福州召开军事会议前后》，载中国人民政治协商会议全国委员会文史资料研究委员会编《文史资料选辑》第32辑，中国文史出版社1980年版，第137页。

③ 李以劻：《蒋介石下野后在福州召开军事会议前后》，载中国人民政治协商会议全国委员会文史资料研究委员会编《文史资料选辑》第32辑，中国文史出版社1980年版，第138页。

④ 郑锦华主编：《中共闽浙赣边区史》，厦门大学出版社1993年版，第555页。

此时，十兵团除以少数兵力向南追歼逃敌和警备福州外，主力部队转入短暂休整，准备漳厦金战役。

9月10日，十兵团兵分两路南下：兵团主力沿福厦公路运动，二十八军取道海路南下。在福州地区党组织、游击队的支援和配合下，二十八军攻占平潭外围的大小练岛、草屿。16日，解放平潭岛，继而又攻占大小庠岛、塘屿等地，挥师南进。二十九军在南进中首先攻克湄洲岛、南日岛后，接连攻下马巷、集美、石码、澳头，扫清厦门外围之敌。三十一军在游击队泉州团队、同安游击队和闽西南泉州工作团同安大队配合下，19日，解放了同安、长泰；20日，渡过九龙江，攻占海澄、浮宫。漳州守敌无心固守，撤往厦门、金门。25日，三十一军解放漳州，进而攻取角美、东屿、高埔一线厦门外围阵地，完成了对厦门的三面包围态势。

10月15日，解放厦门战斗打响。九十一师和九十三师一部佯攻鼓浪屿，拉开了厦门战斗的序幕，并很快牵制了汤恩伯的预备队1个师。紧接着，在泉州团队所属游击队、闽西南游击武装和沿海渔民的领航下，主力部队扬帆鼓桨，分别从北、西、东北三面直插厦门岛。在西段，突破湖山、寨上一线，占领前沿阵地；在中段的高崎、神山两处，同时撕开了敌军防线；在东北段的钟宅、下马一线登陆，攻占海滩阵地。16日拂晓前，突击队全线突破了国民党在厦门北岛前沿的防御，建立了稳固的登陆场。登陆部队击溃敌人反扑后，由高崎迅速向纵深挺进，汤恩伯带残部夺路逃窜，险些被俘。17日上午11时，厦门全岛解放。

漳厦战役歼敌2.7万余人，取得全面胜利，打破了蒋介石企图凭借海岛屏障台湾的军事部署，为人民解放军进一步攻取台湾提供了可靠的前进基地。

金门战斗失利

金门战斗是漳厦金战役的组成部分。1949年8月福州战役结束后，国民党军以福建省政府主席兼东南军政长官公署厦门分署主任汤恩伯统一指挥第八、第二十二、第十二兵团，在闽南和广东潮汕地区组织防御，企图固守大陆东南一隅，以屏障台湾，待机反攻。配置在闽南地区的有第八、第二十二两个兵团13个师约7万人，其中以第八兵团六十八军及九十六军残部、五十五军一部驻守漳州及厦门外围地区。

解放军三野第十兵团司令员叶飞、政治委员韦国清根据当面敌情，决心首先攻歼漳州地区及厦门、金门岛外围守军，而后攻取厦、金两岛。兵团主力于9月10日前后南下泉州、安溪地区，稍作准备后即于19日发起战斗。当日，第三十一军第一梯队第九十二、第九十三师分别攻占长泰、南靖、同安、漳州，至22日又先后攻占石码、海澄、浮宫、港尾、屿仔尾、镇海等地；第二梯队第九十一师在25日攻占嵩屿半岛。第二十九军第八十六、第八十五师于19—23日先后攻占马巷、刘五店、澳头、集美等要点。第二十八军主力28日到达厦门东北石井地区集结。闽粤赣边纵队也在30日前相继解放了平和、漳浦、云霄等县城。第十兵团歼灭守军1.5万人。这就形成了对金门、厦门岛三面包围之势。

国民党军第八兵团以第五十五军七十四师、一八一师防守厦门岛北半岛，以第五十五军二十九师和要塞守备总队防守厦门市区及鼓浪屿，以第二十二兵团第五军一六六师和第六十八、第九十六军残部防守岛东南部。解放军第十兵团遵照第三野战军关于以一部兵力钳制金门，首先攻打厦门比较稳妥的指示，决定以第三十一军和第二十九军八十五师、八十六师分别在鼓浪屿至石湖山和石湖山东侧至五通道地段登陆突破，首先歼灭北半岛守军，而后歼灭南半岛守军。为迷惑守军，于10月10—13日，以第二十八、二十九军各1个团先后攻歼大、小嶝岛守军3个多团。第三十一军于10月15日15时许开始炮击鼓浪屿。18时起，各突击船队陆续起渡。第三十一军第一梯队右翼2个团因风向不利登陆鼓浪屿未果；左翼1个团在厦门本岛石湖山至薛厝地段登陆也受挫，至16日晨突破石湖山、寨上一线前沿阵地向园山方向扩大登陆场。第二十九军第一梯队3个团15日夜在神山、后莲尾、下马、钟宅一线登陆突破，乘胜向坑园山、园山方向扩大登陆场。到16日中午，第二十九军攻占园山、枋湖，第三十一军攻占湖里、塘边，基本控制了厦门北半岛，后续部队源源登岛。国民党军反击部队被击溃后开始撤退，解放军各登陆部队大胆穿插分割，追歼逃敌。第二十九军直插云顶岩、黄厝、曾厝垵，第三十一军直插厦门市区。17日晨，第三十一军1个营再次攻击鼓浪屿，登陆成功，守军投降。至11时厦门全岛解放，歼守军2.7万人，其第一六六师大部逃往小金门。

厦门守军被歼后，汤恩伯急从潮汕地区调第十二兵团胡琏部增防金门，连同原驻金门的第二十二兵团所部，守军约3万人。解放军第十兵团决定集中使用船只，先夺取大金门岛，后夺取小金门岛。兵团主要领导人因忙于接管城市，将攻金指挥任务交给第二十八军前指。24日20时，第二十八军八十二师二四四团（加强第二四六团三营）、第八十四师二五一团，第二十九军八十五师二五三团，分别从莲河、大嶝岛、后村等地起渡，25日2时分别在古宁头、安岐间和琼林、兰厝间登陆突破。除在古宁头留部分兵力外，登陆部队即向纵深猛插，25日拂晓前攻占西山至埔头一带，给国民党军以严重杀伤，随后向国民党军二线阵地发起进攻。4时30分，国民党守军在炮兵、坦克的配合下，向登陆部队实施全线反击；之后，又出动空军、海军反复轰击登陆部队阵地，摧毁落潮时搁浅在滩头的输送登陆部队的全部船只。登陆部队激战终日，伤亡严重，余部被压缩在古宁头登陆场坚守。第十兵团紧急动员船只，于25日夜装载约4个连兵力启航增援，因风浪太大，仅10个排于26日凌晨在古宁头、湖尾附近登陆成功，却又陷入守军重围。登陆部队虽顽强战斗，连续向敌人反击，终因兵少力薄，后援不继而失败。27日岛上枪声沉寂。

人民解放军攻打金门，英勇作战，尽管使国民党军付出伤亡9000人的代价，但是两批登陆部队3个多团9086人（内有船工、民工350人）几乎全军覆没，其中一部分英勇牺牲，一部分被俘。这是全国解放战争中人民解放军的一次重大损失。

金门战斗失利，既有主观原因，也有客观因素。

1949年12月18日，毛泽东就渡海作战必须注意的问题致电林彪："渡海作战完全与过去我军所有作战的经验不相同，即必须注意潮水与风向，必须集中能一次运载至少一个军（四五万人）的全部兵力，携带三天以上粮食，于敌前登陆，建立稳固滩头阵地，随即独力攻进而不要后援。因为潮水需十二小时后第一次载运船只方能返回运第二次，而敌可用海空军切断我之运输，故非选择时机一次载运一个军渡海登陆，并能独力攻进，建立基地，取得粮食，便有后援不继，遭受重大损失之危险。"① 接着，毛泽东着重以金门战斗失利为例，指出："三野叶飞兵团于占领厦门后，不明上述情况，以三个半团九千人进攻金门岛上之敌三万人，无援无粮，被敌围攻，全军覆灭。你们必须研究这一教训……以免重蹈金门覆辙。"② 其中特别强调，"金门岛是三个不同建制的团又无一个统一的指挥官，由三个团长各自为战"③，这是金门战斗失利的一个重要因素，后来的海南岛、舟山群岛、大陈岛的解放都吸取了金门战斗失利的教训。同时，还值得指出的是，金门战斗失利给筹划中的解放台湾战略部署提供了沉痛的教训，没有强大的海军和空军，解放台湾无疑是一个难以付诸实施的伟大而又艰巨的任务。

解放金门战斗的失利，对解放台湾具有重大警示意义：要跨越台湾海峡解放台湾，必须要有制海权和制空权，建设强大的海军、空军刻不容缓。由此，毛泽东和粟裕以极大的精力探索陆军渡海作战的规律，并在此后指挥解放沿海岛屿的作战中，提出了一系列的重要作战原则，如：必须"以充分准备有把握为原则"，准备重于战机；在作战兵力的运用上，不但总兵力上要占优势，而且主要集中于第一梯队；必须在有足够运载工具的前提下进行，运载工具的集中重于兵力的集中；必须建立以陆军为主的三军密切协同的作战指挥，组织"精密、准确、科学"的协同；等等。

二、寻求苏联支援解放台湾

武力解放台湾，面临许多难题，如美国等帝国主义的封锁、人民解放军海军和空军的弱小等。为了寻求斯大林和苏联的支持、援助，中共中央决定

---

① 《渡海作战必须注意的问题》（1949年12月18日），载《毛泽东军事文集》第6卷，军事科学出版社、中央文献出版社1993年版，第62—63页。
② 《渡海作战必须注意的问题》（1949年12月18日），载《毛泽东军事文集》第6卷，军事科学出版社、中央文献出版社1993年版，第62—63页。
③ 《大力做好解放海南岛的准备工作》（1950年1月10日），载《毛泽东军事文集》第6卷，军事科学出版社、中央文献出版社1993年版，第73页。

第一篇 两岸军事对峙与和平统一的双重变奏
(1949年10月—1979年1月)

由刘少奇率团秘密访问苏联。

1949年6月21日至8月14日，刘少奇率领中共中央代表团秘密访问苏联。7月4日，刘少奇在给联共（布）中央、斯大林的中共中央代表团报告中，也特别提出可能提早解放台湾的设想，并说明理由及存在的问题，指出："人民解放军在今年夏秋两季可占领福建、湖南、江西、陕西等省，冬季可占领广东、广西、云南、贵州、四川、西康、甘肃、宁夏、青海等省。这样就在基本上结束了对国民党的战争。剩下台湾、海南岛、新疆和西藏。其中西藏问题须用政治方式而不能用战争方式去解决。台湾、海南岛与新疆，须待明年方能去占领。"① 而且还特别指出："其中台湾，因为有国民党军队做内应可能提早去占领。"②

1949年7月10日，毛泽东写信给周恩来："据朱德的建议，提出可考虑选派三四百人去苏联学习空军。同时购买飞机一百架左右，连同现有的空军组成一个攻击部队，掩护渡海，准备明年夏季夺取台湾。"③ 这是第一次提出解放台湾的具体时间表。7月19日，邓小平在给中共中央华东局负责人信中传达毛泽东的口头指示："帝国主义的各种花样直到封锁，其目的在于迫我就范，我们的斗争也在于迫使帝国主义就范……打破封锁之道，毛主席强调从军事上迅速占领两广云贵川康青宁诸省，尽量求得早日占领沿海各岛及台湾。"④

由于台湾海峡的阻隔，要解放台湾，必须拥有一定的制空权和制海权，这无疑是当时人民解放军的严重短板。1949年7月25日，毛泽东致电中国代

---

① 《刘少奇代表中共中央给联共（布）中央斯大林的报告》（1949年7月4日），载中共中央文献研究室、中央档案馆编《建党以来重要文献选编》（1921—1949）第26册，中央文献出版社2011年版，第522页。

② 《刘少奇代表中共中央给联共（布）中央斯大林的报告》（1949年7月4日），载中共中央文献研究室、中央档案馆编《建党以来重要文献选编》（1921—1949）第26册，中央文献出版社2011年版，第522页。

③ 毛泽东致周恩来信，1949年7月10日。

④ 邓小平：《打破帝国主义封锁之道》（1949年7月19日），载中共中央文献研究室、中央档案馆编《建党以来重要文献选编》（1921—1949）第26册，中央文献出版社2011年版，第585页。

表团并转斯大林,请求苏联在海、空军两方面给予中国支持。在空军方面,毛泽东指出:"自封锁之时起,上海就更加困难了。但是为了打破封锁,必须占领台湾,而占领台湾没有空军是不行的。我们希望你们同斯大林同志交换意见,苏联能否给予我们这方面的援助,即莫斯科用六个月至一年的时间为我们培训1000名飞行员,300名地勤人员。此外,苏联能否卖给我们100架至200架歼击机、40架至80架轰炸机,用于攻占台湾。"① 在海军方面,"我们还请求苏联给予我们帮助。我们认为最好在明年下半年,即我军攻打台湾时,整个大陆,西藏除外,为我们所占领"②。毛泽东还指出:"如果这些计划大体上可以接受,我们打算现在就派学员前往苏联。飞行员的具体培训计划正在拟定之中,随后我们通知你们。"③ 商谈结果,斯大林表示"可以帮我们在旅顺办一海军学校,并帮我们建立海防"④。

在刘少奇等中共代表团成员向莫斯科提出给予有关解放台湾提供援助时,斯大林对这一请求避而不答。斯大林仍然强调帝国主义对中国革命直接武装干涉的可能性,说:"照历史发展的正常规律说,目前不应该有战争。但历史上有冒险家,有精神失常的人,所以爆发战争的可能性仍是有的。我们对此有准备。"⑤

由此,就如何解放台湾问题,毛泽东不仅在战略上作了缜密的部署,而且在作战方针上也进行了深入的思考并拟定了具体的渡海作战要求。

1949年7月10日,毛泽东在给中央军委副主席周恩来的信中指出,我们必须准备攻台的条件,建立空军,组成一个攻击部队,掩护渡海,准备明年

---

① [俄] A. M. 列多夫斯基:《斯大林与中国》,新华出版社2001年版,第147页。
② [俄] A. M. 列多夫斯基:《斯大林与中国》,新华出版社2001年版,第147页。
③ [俄] A. M. 列多夫斯基:《斯大林与中国》,新华出版社2001年版,第147—148页。
④ 《刘少奇、高岗、王稼祥关于中共中央代表团与联共(布)中央斯大林会谈情况给中央、毛泽东的电报》(1949年7月18日),载中共中央文献研究室、中央档案馆编《建党以来重要文献选编》(1921—1949)第26册,中央文献出版社2011年版,第583页。
⑤ 《刘少奇、高岗、王稼祥关于中共中央代表团与联共(布)中央斯大林会谈情况给中央、毛泽东的电报》(1949年7月18日),载中共中央文献研究室、中央档案馆编《建党以来重要文献选编》(1921—1949)第26册,中央文献出版社2011年版,第583页。

夏季夺取台湾。这一"准备明年夏季夺取台湾",与6月提出的"希望能于夏秋两季完成准备,冬季占领台湾"设想,其实都是从有无内应两种情况来考虑的。能否拥有制空权和制海权,是解放台湾的关键条件。而请求苏联援助不顺,尤其是空军、海军力量薄弱,加上渡海作战所需的大量船只也无法在短时期内征集到等因素,攻占台湾的时间无法确定。8月2日,毛泽东在致粟裕的电报中又提出:"攻台时间,如有内应,则可早日举行,否则必须推迟到我方空海两军(特别是空军)条件充分具备之时,故具体时间目前不能确定。"①

1949年12月,毛泽东在莫斯科与斯大林会谈时,斯大林的态度依然是模棱两可。毛泽东请求"派志愿飞行员和秘密部队,以便早日占领台湾"②。斯大林回答说:"援助是要援助的,但援助的方式需要考虑。这里主要是不要给美国人以干涉的口实。至于参谋人员和教官,我们随时都可以派。其余事项我们也要考虑。"③ 斯大林继而建议"从向共产党投诚的国民党登陆团中挑选一连登陆人员,对他们进行宣传教育,把他们派往台湾,通过他们组织岛上起义"④。斯大林如此这般的"考虑考虑",不过是在"搪塞毛泽东的请求罢了"。斯大林认为:"美国不允许中国共产党人以武力占领台湾,并将采取现有一切手段加以阻止。如果采取军事行动攻占台湾,北京就不得不与美军打交道了。""苏联政府认为:因为台湾而挑起军事冲突对中华人民共和国是极为危险的,而且不想让苏联卷入这场冲突。在以后的年代里,苏联一直持这一立场。"⑤

因此,在解放台湾问题上,中国很难指望苏联能给予多大的实质性帮助。

---

① 《中国人民解放军军史》编写组编:《中国人民解放军军史》第四卷,军事科学出版社2019年版,第111页。
② [俄] A. M. 列多夫斯基:《斯大林与中国》,新华出版社2001年版,第148页。
③ [俄] A. M. 列多夫斯基:《斯大林与中国》,新华出版社2001年版,第148页。
④ [俄] A. M. 列多夫斯基:《斯大林与中国》,新华出版社2001年版,第148页。
⑤ [俄] A. M. 列多夫斯基:《斯大林与中国》,新华出版社2001年版,第148页。

1949 年国共海、空军事力量对比

	海军	空军
人民解放军	国民党海军起义舰艇 97 艘，官兵 3800 余人。	人民空军正式成立于 1949 年 11 月 11 日，初建时仅有飞机 159 架，航空技术人员 2938 人，其中飞行员 202 人。
国民党军	国民党海军有 150 多艘舰船，其中包括美国制造的护卫驱逐舰，兵力 3 万多人。	国民党空军约有 1000 架飞机，其中军用飞机（轻型轰炸机、战斗机、侦察机、双引擎运输机和教练机）500 架，兵力 8.5 万至 10 万人，其中飞行员 1300 名。

三、攻台作战的准备

1949 年 10 月 1 日中华人民共和国成立，标志着我国进入了新民主主义社会。1949 年 9 月，中国人民政治协商会议第一届全体会议通过的《中国人民政治协商会议共同纲领》明确规定中国人民解放军的任务为："保卫中国的独立和领土主权的完整，保卫中国人民的革命成果和一切合法权益。中华人民共和国中央人民政府应努力巩固和加强人民武装力量，使其能够有效地执行自己的任务。"在这个时期，中国人民解放军的任务就是："保卫祖国的社会主义建设，保卫国家的主权、领土完整和安全，随时准备解放台湾，巩固国内和平秩序。"①

新中国成立的当月，毛泽东就开始对全国解放后的国防重点和兵力部署进行筹划。1949 年 10 月 31 日，毛泽东在给第四野战军司令员林彪的电报中，即提出新中国国防部署的基本构想："全国国防重点是以天津、上海、广州三点为中心的三个区域。二野入云、贵、川、康后，三野只能防守华东，置重

---

① 《彭德怀同志的发言》，载中共中央办公厅编《中国共产党第八次全国代表大会文献》，人民出版社 1957 年版，第 217 页。

点于沪、杭、宁区域，以有力一部准备取台湾，没有余力兼顾华北。"① 1949年12月31日，中共中央发布《告前线将士和全国同胞书》，提出1950年的任务是"解放台湾、海南岛和西藏，歼灭蒋介石匪帮的最后残余，完成中国统一的事业，不让美帝国主义侵略势力在我们的领土上有任何立足点"。

解放台湾"是比较困难的，但也是国内战争中最重要和最后的一次战役"②。解放台湾，分两步走："第一步是收复沿海岛屿，第二步是解放台湾。"③ 这是毛泽东和党中央的既定战略。中央军委决定，攻台作战兵力，海军、空军由军委负责建设和准备，陆军主要由第三野战军进行准备。

1950年1月1日，《人民日报》发表元旦社论，将解放台湾作为新中国1950年的主要任务之一；1月17日，中共华东军区暨第三野战军前委作出《关于1950年六大任务的决定》，规定部队首要任务是"彻底歼灭东南沿海及台湾的蒋匪军，并配合各兄弟兵团，完成全国解放的光荣任务"。1950年6月6日，毛泽东在中共七届三中全会上再次提出解放台湾的战略任务，指出："战争已在大陆上基本结束，只有台湾和西藏还有待解放，还是一个严重的斗争任务。"

根据中共中央关于"一定要解放台湾"的指示精神和战略部署，1950年1月1日，中共福建省委书记、省政府主席张鼎丞在《福建日报》上发表《目前福建形势和我们的任务》的新年献词，指出："目前福建仍处在战争状态中，1950年必须以解放战争为中心任务，开展剿匪反霸运动，肃清沿海残敌，协同人民解放军解放台湾。"④ 1月13日，方毅向省委传达华东局第一书记饶漱石的报告，其要点之一：党在1950年的任务是力争战争的胜利，解放台湾、舟山、金门。

---

① 《关于兵力部署的几点意见》（1949年10月31日），载《毛泽东军事文集》第6卷，军事科学出版社、中央文献出版社1993年版，第35页。
② 《一九五〇年华东军区政治工作的任务》（1949年12月），载《粟裕文选》第3卷，军事科学出版社2004年版，第22页。
③ 《台湾海峡形势和我们的政策》（1958年10月5日），载《周恩来军事文选》第4卷，人民出版社1997年版，第407页。
④ 张鼎丞：《目前福建形势和我们的任务》，《福建日报》1950年1月1日。

解放台湾是"海陆空大会战",也就是"大兵团渡海攻台作战,是一场以陆军为主的陆海空三军协同的联合作战,无论在作战方式上、战役力量上,还是在指挥协同上,较之解放大陆的作战都发生了重大的变化,对人民解放军来说是一个全新的课题"①。而且,解放台湾是渡海作战,作战任务极其艰巨,"完全是一个新的问题,是一个现代化的作战,更需要大量人力物力财力武器的供应,需要优良的技术指导"②。

1950年3月,中央军委鉴于对台作战的战备物资需要量非常大,加上海空军的准备无法在短期内完成,决定将攻台作战的时间推迟到1951年。从3月起,根据中央军委和第三野战军的指示,第十兵团组织第二十九军、第三十一军进行海上练兵,准备再战金门,并为解放台湾作准备。为增强攻击金门的兵力、火力,第三十二军入闽(4月21日,第三野战军决定第三十二军归第十兵团建制),第二十四军、第二十五军和炮兵第三师于7月入闽。第三十二军接替第二十八军执行剿匪和警备福州的任务,第二十四军执行修路护路的任务,第二十八、二十五军和炮兵第三师亦先后投入准备执行攻金任务。与此同时,从1949年7月开始,三野第九兵团(辖第二十、二十六、二十七军,后又调第二十三军归第九兵团建制)作为渡海登陆作战的突击力量,在担负淞沪警备任务的同时,进行渡海登陆训练,集中全力进行攻台整训。1950年4月,第三野战军发布《陆海空两栖作战训练纲要》,规定从1950年7月开始,进行陆海空协同登陆进攻合练,然后三军协同解放台湾。1950年5月,鉴于原驻海南岛和舟山的国民党军10万多人撤到台湾,台湾国民党军总兵力增至50万人的新情况,粟裕向中央军委建议,从第四野战军或其他野战军抽出4个军参战的设想,从而使人民解放军攻台总兵力增加到16个军。1950年6月9日,粟裕向中共七届三中全会报告了华东的军事情况,特别是对台作战问题。会上,毛泽东宣布:"解放台湾之战仍由粟裕指挥。"

不过,在攻台作战准备中,也有攻击大担岛失利的教训。1950年5月中旬,舟山群岛解放后,金门之敌调动频繁,似有撤退模样。为了掌握敌人行

---

① 《中国人民解放军军史》第四卷,军事科学出版社2019年版,第116页。
② 《解放台湾的困难与有利条件》(1950年2月7日),载《粟裕文选》第3卷,军事科学出版社2004年版,第43页。

动企图，第十兵团决定以武装侦察手段，攻占大担岛。7月26日，第二十九军第八十六师第二五八团一部乘机帆船渡海攻击大担岛。因掌握敌情不准确，组织战斗不严密，加上冒七级大风逆潮顶浪航行，除漂回300人外，在海上翻船淹亡和遭敌杀伤一部分，实际登岛的部队不足2个连，遂为敌各个击破。此战，人民解放军损失约400人。无论是此前的金门战斗失利，还是海上攻击大担岛失利，都一再说明渡海登陆作战的艰巨性，尤其是海洋水文气象条件对渡海登陆作战有着至关重要的影响。

1950年3月16日，福建省委根据中共中央、华东局的指示，要求以省政府为主组织支前司令部，各方面都要配合，全力以赴搞好支前工作。5月11日，人民解放军第九十一师渡海攻击盘踞在东山岛的国民党残部。12日，解放东山岛，为解放台湾创造了有利条件。6月12日至27日，福建省委扩大会议在福州召开，会议强调：仍以剿匪为中心任务，年底前消灭股匪；积极做好准备解放金门、台湾的任务；大力支前，完成修建公路、机场的任务。

开展情报策反工作，是解放台湾的重要条件之一。此间，为了配合解放台湾，祖国大陆还先后派出1500多名地下工作人员前往台湾秘密开展工作。但是，以蒋介石为首的国民党集团退台后，"对蒋军官兵除以立功选模等方法进行欺骗外，并进行严密的监视与逮捕镇压等毒辣手段，我们对台敌策反工作虽已有些开展，但由于蒋特管制甚严，不易活动与联系，更不易形成一支有力的力量"[①]。在险象环生的残酷斗争条件下，以吴石、朱枫等为代表的隐蔽战线战士，表现最为卓越，帮助中央军委及时准确地掌握了国民党的军事布防情况。吴石，福州仓山区螺洲镇吴厝村人。1936年2月，被授予国民革命军陆军少将军衔；1942年，升陆军中将衔。后历任国民党军第四战区参谋长、第十六集团军副总司令、国防部史料局（后改称史政局）局长。1949年初，任福州绥靖公署副主任，想方设法将298箱国民党军事绝密档案保留给人民政府。赴台前，中共地下组织给他的代号为"密使1号"。抵台后，吴石出任国民党国防部参谋次长，掌握了国民党大量核心机密。1949年11月，中

---

① 《关于对台湾作战问题的报告》（1950年6月23日），载《粟裕文选》第3卷，军事科学出版社2004年版，第46页。

共中央华东局派遣长期在上海、香港工作的朱枫,利用赴台探亲的机会,与吴石取得联系。两人先后会面7次,陆续带回了重要情报,包括《台湾战区战略防御图》、《关于大陆失陷后组织全国性游击武装的应变计划》、舟山群岛和大小金门《海防前线阵地兵力、火器配备图》,以及台湾海峡的海流资料,国民党空军机场、机群数量、飞机架数等。此外,以萧明华为骨干的中共地下党台湾工作组,也通过各种渠道获取了《海南岛防卫方案》《舟山群岛防卫方案》《台湾兵要地志图》等重要军事情报,这些情报对解放海南岛、舟山群岛发挥了重要作用。令人痛惜的是,由于叛徒出卖,吴石、朱枫、萧明华、陈宝仓、聂曦等奋战在隐蔽战线的地下党员,在台湾英勇就义。

四、朝鲜战争爆发与"推迟解放台湾"

正当毛泽东和党中央加紧部署解放台湾的准备工作之际,1950年6月25日,朝鲜战争爆发了。"美国政府立即决定对朝鲜实行武装干涉,并将干涉的范围扩大到朝鲜以外的亚洲地区"[1],其中就包括我国领土台湾。

新中国成立之初,美国对华政策包括对台政策尚未最后确定,甚至还准备进一步从中国"脱身",声明美国承认中国对台湾的主权,目前无意在台湾获取特权,也不打算使用武装部队干预中国现在的局势。可是,随着冷战铁幕的延展,美国政府抓住朝鲜战争的时机,迅速调整对台政策。台湾地处日本、冲绳、菲律宾的中心位置,位于黄海到马六甲之间,战略地位极其重要,是美国亚太战略防线不可或缺的一环。为了防止中国大陆趁机统一台湾,1950年6月27日,美国总统杜鲁门在对外声明中称"已下令第七舰队阻止对台湾的任何进攻"[2],并公然提出台湾"未来的地位的确定,必须等待太平洋

---

[1] 中共中央党史研究室:《中国共产党历史》第二卷(1949—1978)上册,中共党史出版社2011年版,第66页。

[2] 陶文钊主编:《美国对华政策文件集(1949—1972)》第2卷,世界知识出版社2004年版,第44—45页。

安全的恢复、对日合约的签订或经由联合国的考虑"。① 由此，美国政府把侵占台湾作为一项长期政策确定下来，"台湾地位未定论"成为此后美国政府制定对台政策、介入台海事务、干涉中国内政的基础和指导思想，对中美关系和两岸关系发展产生了深远的消极影响。

美国的侵略行径，"不仅严重侵犯了中国的主权和领土完整，威胁了新中国的安全，而且在关键时刻阻挠了中国统一的进程。从此，台湾问题成为中国维护国家主权和实现祖国完全统一而同美国进行长期斗争的一大主题"。② 朝鲜战争爆发后，以蒋介石为首的台湾当局则看到了改变命运的契机，即以阵营对抗取代国共对抗，将自己置于以美国为首的西方阵营，与以苏联为首的共产主义阵营对抗，则台湾的安危将不再是国民党一党之事，美国及其盟友也会随之成为台湾的盟友。由此，倚美抗统成为台湾当局的一项基本政策确定下来。这样，台湾问题由国内问题转变成为国内国际相互交织的问题，从而决定了解决台湾问题的复杂性、艰巨性和长期性。

朝鲜问题给新中国提出了"新的课题"③。鉴于美国在武装干涉朝鲜内战的同时，还将朝鲜问题与中国的台湾问题联系在一起，公然武装入侵台湾海峡，直接支援蒋介石军队阻止人民解放军解放台湾，中共中央冷静分析国内国际形势、权衡各种利弊，迅速作出准备斗争的反应。1950年5月16日，周恩来在全军参谋长会议上指出，这是美国企图在朝鲜打开一个缺口，准备世界大战的东方基地。因此，对于朝鲜问题，不只是山水相连的兄弟国家问题，同时也是"重要的国际斗争问题"，并且把朝鲜问题和台湾问题结合起来对待，指出"只要利用朝鲜战争把美国的阴谋揭破，就可以使美帝国主义动员国内人民和动员它的盟国更加困难；如果朝鲜能够得获胜利，我们的台湾问

---

① 陶文钊主编：《美国对华政策文件集（1949—1972）》第2卷，世界知识出版社2004年版，第44—45页。

② 中共中央党史研究室：《中国共产党历史》第二卷（1949—1978）上册，中共党史出版社2011年版，第67页。

③ 《充分准备，出手即胜》（1950年8月26日），载《周恩来军事文选》第4卷，人民出版社1997年版，第43页。

题也就容易解决了"①。据此，中共中央作出了"支援朝鲜人民，推迟解放台湾"②的重大决策。

"推迟解放台湾"决策的作出，朝鲜战争爆发无疑是关键性因素，但解放台湾面临的诸多问题，也是不可忽视的重要原因。从对台军事作战的角度来看，除了解放台湾之役"是海陆空大会战"，而"陆海空军未经实际作战即投入攻台作战，则有生疏不熟练而欠协同之虞"，何况当时海军、空军对比"我方尚处于劣势"，没有制海权和制空权，加上战勤保障任务繁重等以外，粟裕认为当时解放台湾还面临三个最大具体问题：一是渡海作战所需的大量舰船亟待解决；二是面对国民党军凭恃台湾海岸线的深沟高垒，如何登陆突破问题；三是突破敌人前沿后怎样打退敌人机动及大量坦克反击问题。而且，解放台湾"是全国解放的最后一战"，对新中国发展"关系太大"，"如我攻台作战不能成功，不仅对巩固国防有极大影响，且可能影响太平洋及东南亚局势，使美帝国主义更加疯狂"。因此，粟裕向毛泽东和中央军委建议："我们对攻台作战如无绝对把握，不仅不应轻易发起攻击，而且宁愿再推延一些时间。"③此外，为了解放台湾，百废待兴的新中国还面临着庞大的军费负担。按粟裕的估算，"整个攻台经费预计八百亿至一千亿"④。如此庞大的攻台经费，无疑是一个巨大的经济压力。正如周恩来所说的：1949年，政务院所作的1950年概算中，军费占40％，行政费占30％，用在生产的占20％，预备费占10％；而到1950年，"军事概算增大，这是因为解放台湾需要准备，需要时间，于是把预备费也移到军事费上面，这样就使我们的开支不能减少"⑤。上述客观

---

① 《充分准备，出手即胜》（1950年8月26日），载《周恩来军事文选》第4卷，人民出版社1997年版，第44页。

② 《充分准备，出手即胜》（1950年8月26日），载《周恩来军事文选》第4卷，人民出版社1997年版，第43页。

③ 《关于对台湾作战问题的报告》（1950年6月23日），载《粟裕文选》第3卷，军事科学出版社2004年版，第51页。

④ 《关于对台湾作战问题的报告》（1950年6月23日），载《粟裕文选》第3卷，军事科学出版社2004年版，第50—51页。

⑤ 《在全军参谋会议上的讲话》（1950年5月16日），载《周恩来军事文选》第4卷，人民出版社1997年版，第8页。

存在的诸多问题，无疑也是暂缓解放台湾的又一重要因素。

1950年7月，因美帝国主义扩大朝鲜战争，党中央、毛主席决定推迟执行解放台湾这一任务；中央军委即解除人民解放军准备解放台湾的任务，将军事斗争重点转到抗美援朝战争的准备上来。不久，原定担任解放台湾的主攻部队第三野战军第九兵团解除解放台湾的任务，奉命集结改编为中国人民志愿军第九兵团赴朝作战。

毛泽东认为，美国侵占台湾就像是插在新中国身上的"一把刀"。1950年10月27日，毛泽东在与王季范、周世钊的谈话中，说明了为什么要出兵朝鲜、保家卫国的理由：新中国成立后，"我们急切需要和平建设，如果要我写出和平建设的理由，可以写有百条千条，但这百条千条的理由不能抵住六个大字，就是'不能置之不理'。现在美帝的侵略矛头直指我国的东北，假如它真的把朝鲜搞垮了，纵不过鸭绿江，我们的东北也时常在它的威胁中过日子，要进行和平建设也有困难。所以，我们对朝鲜问题，如果置之不理，美帝必然得寸进尺，走日本侵略中国的老路，甚至比日本搞得更凶。它要把三把尖刀插在我们的身上，从朝鲜一把刀插在我们的头上，以台湾一把刀插在我们的身上，把越南一把刀插在我们的脚上。天下有变，它就从三方面向我们进攻，那我们就被动了。我们抗美援朝就是不许它的如意算盘得逞。'打得一拳开，免得百拳来'。我们抗美援朝，就是保家卫国"。[1] 中国人民抗美援朝的时机选择也是跟美国侵略台湾和台湾海峡紧密相关的，即是"在美国陈兵台湾海峡和对台湾实行军事控制的四个月以后，并且是在美军越过三八线，直逼鸭绿江之后才采取的行动"[2]。

朝鲜战争爆发，尤其是美国舰队侵入台湾海峡，不仅严重威胁着新中国的安全，而且使整个形势发生重大变化：一是朝鲜半岛"已经成为目前世界斗争的焦点"；二是美国"企图在朝鲜打开一个缺口，准备世界大战的东方基地"；三是美国"利用朝鲜战争，将联合国旗帜拿到手，以对付和平阵线"。

---

[1] 中共中央文献研究室编：《毛泽东年谱（1949—1976）》第1卷，中央文献出版社2013年版，第230页。

[2] 《关于中美关系问题同埃德加·斯诺的谈话》（1960年8月30日），载中共中央文献研究室编《周恩来答问录》，人民出版社2016年版，第302页。

有鉴于此，毛泽东和党中央"在全面分析国际国内形势，权衡各种利弊之后，作出了'支援朝鲜人民，推迟解放台湾'的重大战略决策，同时决定首先在外交方面开展反对美国侵占台湾的斗争"①。

朝鲜战争的爆发，如果说是美国插在新中国头上的一把刀开始挥舞的话，那么，美国舰队侵入台湾海峡，就意味着美国插在新中国身上的一把刀随时准备绞杀，妄图把台湾从中国的版图中分裂出去。这一点，以毛泽东为核心的党中央看得很清楚，斯大林也是旁观者清。1952年秋，周恩来率政府代表团访问莫斯科。在谈到朝鲜战争问题时，斯大林说："对美国人要硬。中国的同志们应当知道：如果美国不输掉这场战争，那么中国人永远不能收复台湾……他们想征服全世界，却对付不了小小的朝鲜。"②

解放台湾虽然由于朝鲜战争而不得不"推迟"，但解放台湾的准备工作并未因此而停滞不前。不过，随着形势的发展变化，解放台湾的战略计划作了相应的调整，即由"随时解放台湾"调整为暂缓解放台湾。

1950年7月7日，根据毛泽东的意见，周恩来主持召开军委会议，研究保卫东北边防问题，会上传达中共中央、毛泽东关于成立东北边防军的决定。会议决定，东北边防军以粟裕为司令兼政委。由粟裕担任东北边防军司令兼政委，标志着朝鲜战争爆发后国家安全的主要战略方向，开始由东南沿海转移到东北地区，人民解放军解放台湾的战略部署也必须作出相应的改变。8月11日，中央军委致电陈毅、饶漱石："台湾决定1951年不打，待1952年看情况再作决定。金门岛可决定在1951年4月以前不打，4月以后待命再打。"8月下旬，中央军委正式决定以准备参加攻台作战的第三野战军第九兵团作为东北边防军的二线部队北上，随时赴朝参战。9月29日，毛泽东批示胡乔木："以后请注意，只说要打台湾、西藏，不说任何时间。各党派贺词中1951年任务我已全部删去，因其中有打台湾、西藏一项。"③ 11月11日，聂荣臻向

---

① 中共中央党史研究室：《中国共产党历史》第二卷（1949—1978）上册，中共党史出版社2011年版，第67—68页。

② ［俄］A. M. 列多夫斯基：《斯大林与中国》，新华出版社2001年版，第188页。

③ 中共中央文献研究室编：《毛泽东年谱（1949—1976）》第1卷，中央文献出版社2013年版，第198页。

毛泽东报告关于攻打金门问题。报告说："在目前情况下，攻打金门的任务，似宜暂时放弃，以便集中人力、物力准备应付可能发生的新情况。如同意，则应明示华东解除明年攻打金门任务，同时修建好五个机场妥为保护外暂不增建，船只的修建暂时停止。"毛泽东批示："同意，但在福建的三个军不能减少。"[1] 中央军委作出暂时放弃攻打金门的战略决策，表明"随时解放台湾"的战略计划正式搁置，解放台湾进入从长计议阶段。

随着国家安全的主要战略方向由东南沿海转移到东北地区，中央决定"推迟解放台湾"。此后毛泽东和党中央对解放台湾问题的重点，主要聚焦在剿匪和沿海防务方面。

---

[1] 中共中央文献研究室编：《毛泽东年谱（1949—1976）》第 1 卷，中央文献出版社 2013 年版，第 240 页。

第三章　剿匪斗争与土改运动

在解放之后的头三年间，福建各级党组织和人民政府放手发动群众，驻闽部队执行"既是战斗队又是工作队"的任务，把剿匪、镇压反革命和土地改革三个运动结合进行，终于根绝了福建历史上几千年的匪患，将反革命分子的猖狂活动镇压下去，彻底打倒了封建势力，顺利完成了土地改革，从而解放了农村生产力，巩固了人民民主政权，实现了人民当家作主站起来的历史性飞跃。在此基础上，恢复和发展了工业和农业生产，医治了长期战争的创伤，同时开展了农业互助合作运动，为进行社会主义建设奠定了基础。

一、全力开展剿匪斗争

从1949年到1950年，福建的支前、剿匪、反霸、抗美援朝、土地改革等斗争任务十分艰巨，许多工作同时展开、相互促进。其中，福建省委、省人民政府和福建军区一开始就把剿匪斗争摆到压倒一切的中心任务的位置，将新政权五项主要任务的第一、第二项列为支前和剿匪。

福建匪患猖獗

福建历来匪患严重。依山傍海、山多海阔是福建的显著地理特征，境内峰岭耸峙，山势崎岖，丘陵连绵，河谷、盆地穿插其间，山地、丘陵占全省总面积80%以上，素有"八山一水一分田"之称；陆地海岸线3324公里且十分曲折，岛屿众多、星罗棋布，共有岛屿1500多个。福建是汉语方言最复杂的省份之一，全国各大方言中，福建占有5种；宗教信仰多样，有佛教、道教、伊斯兰教、基督教等；民众生产生活方式也是复杂多样，属于典型的山区型或沿海型的传统自给自足自然经济，民风既淳朴又彪悍。福建这一独特的地理人文特点，给盗匪滋生提供了有利条件。

从本质上看，福建土匪不仅是些以抢劫为生的经济惯匪，有的如林青龙等祖宗三代为匪，有的如刘午波、刘子宽、严正等为匪数十年，而且具有丰富的反革命武装斗争经验，农村里有相当部分的群众被其欺骗与压迫，因而其历史性社会基础较强，可以说是一个政治上极为反动的反革命武装。在革命战争时期，福建人民革命力量就与之进行过长期的尖锐的斗争。

特别是民国时期，福建很少有正规军队长期驻扎，基本上是地方土著和杂牌部队割据称雄，各种土匪和封建武装更是形成割据，互相侵夺。特别是渡江战役后，国民党反动派鉴于在全国大陆上的失败，梦想延长其反动统治和妄图复辟，在其逃跑前预先组织散兵游勇，欺骗部分为生活所迫的农民，结合原来的惯匪与地霸武装组成特务武装，致使"地主恶霸、地痞流氓、散兵游勇、帮会头子、惯匪特务"结合在一起，形成了一股股较强大的反革命武装。福建解放前夕，国民党反动派又有计划地扶植土匪，授予各种番号，供给武器弹药，要他们在解放后开展所谓"敌后游击战"。早在解放军渡江前后，国民党特务机构保密局就在福州部署"应变"计划，1949年5月又提出组织各种"反共救国军"，开辟所谓"敌后战场"，幻想"第三次世界大战爆发"时东山再起。加上残余分子和散兵游勇均流窜于深山和海岛为匪，致使福建匪患更加严重，土匪遍及全省，气焰嚣张。朝鲜战争爆发后，"美帝更加注意对大陆土匪的直接支援，因此匪特不仅是国内反动派的残余，而且是美帝作为侵略中国之爪牙"[①]。

1950年台湾国民党当局修订颁布"惩治叛乱条例"；5月16日，蒋介石在《为撤退海南、舟山国军告全国同胞书》中声称，要集中兵力确保台湾，提出"一年准备，二年反攻，三年扫荡，五年成功"以及"复兴中华民国"的口号。值得一提的是，"蒋介石是从中国历史的格局，看待他的'反攻大

---

① 福建军区：《闽省匪情演变总结（节录）》（1951年6月15日。内部资料）。

陆'行动，而不是仅仅局限于军事眼光"①。蒋介石深知：这一"反攻大陆"行动，要在军事上取得多大"斩获"是不现实的，但是"只要有特务人员不断踏上大陆的土地，大陆人民就会发现，原来蒋介石领导的国民政府还在，这对共产党的统治会产生严重的威胁"②。这也就是蒋介石后来总结的所谓"七分政治，三分军事"的"反攻复国"理论。

在美国的帮助下，国民党军对大陆进行武装侵扰，北从山东半岛，南到海南岛，特别是东南沿海地区，进行了一波接着一波的"反攻"行动，严重影响了大陆经济的恢复发展和新生人民政权的安全。解放初期，福建"土匪遍地，反革命分子十分猖狂"③。据不完全统计，全省有土匪200多股，加上其他散匪，共有5万余人。

朝鲜战争爆发后，台湾"国民党当局对台湾、澎湖、金门的国民党军实行整编，将原有的20个军的番号缩编为12个军又6个独立师，将海匪武装'东南人民反共救国军'改编为'中华反共救国军'，准备伺机'反攻大陆'。经过整编，国民党军在福建、浙江沿海尚未解放的20多个岛屿上部署7万余人的兵力，其中金门、马祖两岛即有正规军6万余人，其余为台湾当局掌握的海匪武装"④。1951年开始，为配合美军在朝鲜战场的全线进攻，美国政府与台湾国民党当局在密谋对厦门等地进行大规模进犯的同时，台湾国民党军还把登陆窜扰活动的主要目标从沿海地区转向内陆山区，并在金门岛组建"福建反共救国军总指挥部"，在台湾组建"敌后工作委员会"和"大陆游击总指挥部"，举办"游击首领训练班"。

不彻底消灭匪患，就谈不上人民的安居乐业，谈不上新福建的建设。1950年1月1日，《福建日报》发表张鼎丞《新年献词》，指出："全省境内的

---

① 金石：《我所认识的国民党特务谷正文》，载凤凰周刊编《机密档》（一），中国发展出版社2011年版，第63页。

② 金石：《我所认识的国民党特务谷正文》，载凤凰周刊编《机密档》（一），中国发展出版社2011年版，第63页。

③ 《叶飞同志的发言》，载中共中央办公厅编《中国共产党第八次全国代表大会文献》，人民出版社1957年版，第750页。

④ 《中国人民解放军军史》编写组编：《中国人民解放军军史》第四卷，军事科学出版社2019年版，第149页。

特务土匪,仍甚猖獗,他们乘我军集中全力于消灭蒋匪正规军时,在农村中到处杀人放火,奸淫抢掠,阻碍人民政府法令的推行,破坏交通贸易……不肃清这些敌人和反动势力,人民就无法安居乐业,工农商各业生产及文化教育就不能迅速恢复与发展,人民政权就难以巩固。"①

1951年4月30日,《福建日报》发表《再接再厉彻底肃清散匪》的社论,再次指出:"福建解放后,帝国主义及蒋介石匪帮又有计划地留下组织与布置大批土匪、特务,勾结封建恶霸,打家劫舍,烧杀淫掠,造谣破坏,无恶不作,举其大者,如:一年半内即杀害了翻身人民数千人和人民政府工作人员千余人,劫去公粮三百多万斤,茶叶货款五十亿元(旧币)等等。"② 社论号召全省军民为人民的安居乐业,为建设新福建,为巩固海防,彻底肃清散匪而斗争。

在此期间,作为福建省委机关报——《福建日报》,大量剿匪斗争的新闻和通讯都以重要篇幅揭露匪首的罪恶,为推动剿匪斗争的胜利开展营造宣传舆论氛围。如:1950年6月4日报道同安县公审大土匪叶金泰时揭露"叶匪在同安、南安、安溪、长泰等地横行28年,其中杀害活埋人命46条,群众遭毒打致死的76起";1950年10月30日,报道大土匪"东南人民反共救国军闽南军区副司令兼闽中军分区指挥官"刘子宽被捕获的新闻中,揭露"刘子宽所属匪部在晋江、安溪、南安、永春、德化、大田、仙游等县边沿地区,强派粮款,杀害我干部、民兵、群众,无恶不作";1951年7月19日,报道揭露闽南大土匪头子林青龙、林荣春父子血腥罪恶和走向灭亡的长篇通讯——《四十年的血泪仇》,在社会上引起强烈反响,并受到张鼎丞的表扬。

福州、漳厦两大战役结束后,国民党在福建陆上的主力部队已被基本消灭,残余分子和散兵游勇均流窜深山和海岛为匪。这些残余分子、散兵游勇与当地地主、恶霸勾结,在美蒋特务支持下,到1949年底竟发展至大小239股4万多人,拥有长短枪27700余支、机枪300余挺,盘踞在永安、将乐、

---

① 《福建日报社史》编辑委员会编著:《福建日报社史》第一卷,福建人民出版社2002年版,第12页。

② 《福建日报社史》编辑委员会编著:《福建日报社史》第一卷,福建人民出版社2002年版,第13页。

光泽、三元、建宁、泰宁、屏南、东山等县城和若干乡镇，胁迫和利诱落后群众进行多种形式的骚扰破坏，以至武装暴乱。漳厦战役结束不久，一些被匪徒占据的边远城乡就是在主力部队、地方武装和民兵的协同剿匪中解放的。但因具体情况不同，在采取军事解放和瓦解相结合的方法上各有侧重。

侧重军事解决的有德化、光泽和闽西北匪情严重的地区。1949年11月16日，八十七师兵分两路进入德化剿匪。26日，一路在永德仙游击队和闽西南八支四团三营二十六连配合下解放德化县城，一路在闽西北游击纵队四支队配合下于1950年1月28日解放三元、永安，2月2日又接管了明溪县城。与此同时，八十四师一部追歼残匪，于1950年1月31日解放将乐；2月9日和12日，又先后解放泰宁、建宁。2月17日，十兵团和四野各一部协同进军光泽，消灭匪帮，解放了光泽县城。

侧重政治瓦解而解放的有屏南。1949年10月，由闽屏人民游击队编成的屏南县大队在古田县大队的协助下，发动政治攻势，促使守敌放下了武器。28日，南平地委副书记黄辰禹带领部队和工作人员，收复并解放了屏南县城。

大规模剿匪作战

1949年福建解放后，在全省5万多的土匪中，大部分是国民党逃台前有计划地布置留在大陆的党政军骨干分子，纠集国民党的散兵游勇和收编地方自卫团队等组成的政治土匪，受台湾"国防部敌后工作委员会"控制，一部分是地方豪绅恶霸掌握的武装队伍，少数是以抢劫为生的惯匪。这些土匪特务武装袭击基层人民政权，破坏城乡交通，杀害地方党政干部，残害人民群众，骚扰和妨碍人民解放军的作战行动，制造谣言，发展反动武装，组织暴乱等。广大人民群众强烈要求人民解放军剿灭土匪，根除匪患。

其实，早在中国人民解放军第十兵团入闽解放沿海重要城镇时，就重点打击了主要交通线两侧和重要产粮区内的土匪。1949年12月，福建军区作出在1950年上半年基本消灭大股土匪的决定，从第二十八、二十九、三十一军抽调近10个团的兵力，在各军分区警备团及县区武装配合下，于1950年1月全面开展剿匪，先后解放被土匪占据的光泽、建宁、泰宁、将乐、永安、三元（今三明市三元区）、宁洋（今属漳平市）等7座县城和部分沿海岛屿，并消灭其他地区一批股匪。3月,第三十二军入闽,以2个师兵力接替第二十八军担任闽北剿匪任务。至7月底,全省共歼灭土匪36265人。但因当时群众尚未充分发动,加上执行镇压与宽大相结合的政策中存在偏差,以致未能给主要股匪以歼灭性打击,匪势仍很嚣张。

从1950年初开始,人民解放军驻闽部队转入大规模的剿匪斗争;8月,转入重点清剿,主要消灭那些最反动、最猖狂、危害最大的股匪;而后进行全面清剿;最后彻底搜捕,清除那些狡猾、分散、隐藏的匪特,以根绝匪患。

1950年7月,张鼎丞代表省委向毛泽东等报告1950年上半年的工作情况:半年以来,福建用10个主力团进行剿匪,消灭了惯匪刘午波、邓震及国民党从台湾派到大陆的"闽粤边游击总队漳泉挺进支队""漳厦游击队"等130多股共2.8万多人(其中匪首数百人),缴获长短枪12346支,轻重机枪263挺。目前尚有土匪440多股,任务还很艰巨,必须尽快消灭。

1950年7月开始,福建军区确定"军事清剿、政治瓦解、发动群众三者相结合"的剿匪方针,在全省划了10个重点清剿区,以第三十二军大部和第二十四、二十九、三十一军各一部,共约12个主力团兵力及各军分区警备团,担任重点清剿任务。其余地区由各军分区组织剿匪委员会,统一领导各种剿匪力量,坚持面上的清剿。在重点清剿阶段,福建军区提出了"重点清剿,面上控制,联防会剿"的战法;在全面清剿阶段,又提出"猛打穷追,驻剿挖根"的战法。10—12月,第二十四军、第三十二军(除第九十六师外)陆续调离福建,福建军区又抽调第二十八军八十二师和第二十九军、第三十一军各2个团参加剿匪。剿匪部队在民兵、人民群众和地方基层组织的配合下,4个月中共歼匪14281人,10个重点清剿区内股匪大部被歼,重要匪首刘子宽、郑长吉等多人被活捉或击毙。

1950年11月,中央军委主席毛泽东电令福建军区,限于6个月内消灭福建全省股匪,普遍实行土地改革。① 为此,福建军区与广东、江西、浙江军区组织了6个省与省、军分区与军分区的联防会剿区,集中5个师的兵力清剿

---

① 《福建军区司令部1949年8月至12月剿匪工作总结》(1950年3月23日),载中国人民解放军历史资料丛书编审委员会编《剿匪斗争·华东地区》,解放军出版社2004年版,第677页。

股匪，另以3个师担任海防和进剿海匪，切断海陆匪之间的联系。在进行军事清剿的同时，广泛发动群众开展政治瓦解工作，镇压了一批罪大恶极的匪首和反革命分子。

1951年1月12日，剿匪部队某团侦悉"中国人民自卫军"闽赣边区总指挥、中将司令严正，窜逃至泰宁西南之举岚山区，该团即以6个连兵力，并有二分区（南平分区）、泰宁弋口乡民兵主动积极配合，冒着大风雪，向该山展开搜剿。指战员们奋不顾身地翻山越岭搜剿前进，于1月15日下午2时，在该区横路下地带，活捉闽北著名的罪大恶极的反革命匪首严正。至1951年3月底，歼匪18277人，重要匪首唐宗、严正、廖其祥等亦被活捉或击毙，全省股匪已告肃清。

经过四个阶段的英勇斗争，福建剿匪斗争取得辉煌战绩。截至1951年4月，基本肃清全省境内的股匪，福建军民共歼匪73600余名，毙俘重要匪首1670名，缴获长短枪27000余支，轻重机枪300余挺。到1951年底，福建全省基本平息了匪患，保卫了革命胜利果实，巩固了新生人民政权。如：作恶40多年，欠下永春、德化人民累累血债的大土匪头子、"伪省府参议员"、匪"中国反共救国军副司令兼德（化）大（田）指挥官"林青龙，在我围剿震慑下于1951年1月13日吓死在深山，其土匪儿子林荣春也被我追剿的民兵击毙；盘踞在闽赣边沿7县的反共反人民的老惯匪严正被我泰宁民兵活捉；集军警匪于一身的闽南著名土匪刘子宽，作恶20多年，在厦门解放前夕被特务头子毛森委任为"东南人民反共救国军闽南军区副指挥"兼"闽中纵队司令"，1951年1月19日被我进剿的人民解放军战士生擒，匪部被歼；被蒋介石委以重任潜入大陆、企图在闽赣边建立"敌后第二战场"进行"长期的游击战争"等待国民党军"反攻大陆"的"中国人民自由军总司令"唐宗，潜入不到一年时间，便于1950年12月3日被我进驻连城的剿匪部队擒获；等等。

大规模剿匪斗争的历史性胜利，实现了毛泽东和党中央限期肃清福建一切股匪的要求，铲除了历史匪患，保障了社会的安宁，为巩固新政权、建设新福建创造了有利条件。1951年2月26日和4月10日，毛泽东两次发来嘉勉电，华东军区也通电表扬。

第一篇　两岸军事对峙与和平统一的双重变奏
(1949年10月—1979年1月)

在对台军事斗争中，厦门是福建前线的重点，可以说是重中之重，是"务必长期确保"的区域。1951年1月，毛泽东知悉蒋介石计划用20万至25万兵力攻占厦门、汕头等情报后，强调指出："福建、广东两省剿匪工作务须加紧督促，早日完成，不得迟误。"①

1951年2月26日，毛泽东就继续剿匪问题致电叶飞等福建领导人，指出："剿匪成绩甚大，极慰。望继续不懈，坚持到底，于3月底以前肃清福建一切股匪。如那时尚有残匪未清，仍须以地方武装及民兵继续坚持清捕，直至完全消灭匪众为止。在清匪斗争中，对于一切为民众痛恨的匪首、惯匪及恶霸，必须在人民同意下坚决迅速地处以死刑，是为至要。"②

1951年4月1日，毛泽东就福建剿匪等问题，复电陈毅、饶漱石、邓子恢等，指出："只要消灭了土匪，镇压了反革命分子，在大部分地区完成了土改，厦门、平潭的防御工事又做好了，福建的形势就改变了，台匪如敢进攻，你们就有完全的胜利把握了。广东现已集中了六个军，全省也在做这些工作。你们两省互相配合，力量是很雄厚的。"③

在人民解放军强大的军事压力和不断打击下，以及全省土改、镇反的同时展开，土匪无法再成股活动。许多股匪遂化整为零，化匪为民，就地分散隐蔽，匪首则潜藏深山，等待时机。1951年4月后，福建的剿匪斗争由大规模的围剿股匪，转入彻底肃清散匪的新阶段。根据福建省委的指示精神，福建军区对剿匪工作作了重新部署，参加剿匪的大部野战军集结备战，留下5个团又1个营的兵力继续剿匪，除坚持德化、大田、永春、漳平、尤溪、永泰、永安、仙游等8县联防会剿外，新组织了龙岩、永安、瑞金（属江西）3个军分区接合部以长汀为中心的5县联防会剿，并组织了部分地区之县与县的小型联防会剿。剿匪部队贯彻"以清匪支持土改，以土改根绝匪患"的指

---

① 中共中央文献研究室编：《毛泽东年谱（1949—1976）》第1卷，中央文献出版社2013年版，第280页。
② 中共中央文献研究室编：《毛泽东年谱（1949—1976）》第1卷，中央文献出版社2013年版，第308页。
③ 中共中央文献研究室编：《毛泽东年谱（1949—1976）》第1卷，中央文献出版社2013年版，第322页。

导方针，既是战斗队又是工作队，直接参加土改、镇反和群众工作。在作战方式上，剿匪部队采取以分散对分散的策略，驻剿、搜剿土匪；同时充分发挥地方武装和民兵的作用，加强内部控制，村村联防，查户口，设路卡，断匪粮，挖耳目，断绝土匪与外界的联系，继续掀起清剿高潮。

随着清匪运动的普遍开展，残匪相继被歼，从 1951 年 5 月上旬开始，参加剿匪的野战军逐步集结休整，"肃清残匪的任务转以地方武装、公安部门和民兵为主，在地方党委统一领导下进行，并自县至村均成立党政军民一体的清匪委员会（沿海地区称海防清匪委员会）"①。1951 年 11 月，全省各地在少数镇反运动不够彻底的地区开展了深入的斗争。1952 年 12 月，又在沿海及偏僻山区等地区重点打击了反动会道门组织和潜散匪特。1953 年底，福建土匪基本肃清。潜逃散匪在随后的两三年内亦被捕获。至 1956 年底，全省散匪也被彻底肃清。据统计，从 1949 年 8 月至 1956 年底，福建党政军民紧密配合、协同作战，共歼灭土匪 73450 人（另剿灭海匪 1300 余人），其中中将以下、大队长以上匪首 1670 人，缴获各种武器 33145 件。②

剿匪斗争是一场包含军事、政治、经济、文化等方面错综复杂的综合性斗争。在剿灭国民党残留的土匪特务武装的作战行动中，福建党政军民完成了彻底解放福建大陆的历史使命，"并在剿匪斗争中发展地方武装、壮大民兵队伍，完成基层政权建设、土地改革和镇压反革命的任务，为巩固海防、建设新福建创造了有利条件"③。

二、土地改革和剿匪结合进行

封建地主、恶霸是一切土匪、特务的社会基础，要根绝匪患，必须深入

---

① 《毛泽东与福建剿匪》，《福建党史月刊》2009 年第 19 期。
② 参见福建军区、第十兵团司令部：《（一九）五○年至五二年剿匪及匪情整理资料》第 57 页，《进军福建以来剿匪战绩统计表》；福州军区司令部作战处《解放福建以来战绩统计表（1949—1956）》中之《福建解放以来大陆剿匪战绩统计表》。
③ 《毛泽东与福建剿匪》，《福建党史月刊》2009 年第 19 期。

开展土地改革、反对封建恶霸、镇压反革命的斗争；要完成土地改革，摧毁反动的社会基础，必须先剿灭土匪，安定社会秩序。

1950年6月6日至9日召开的中共七届三中全会，作出了实行土地改革的决定。6月30日，中央人民政府颁布实施《中华人民共和国土地法》的命令。福建的土地改革原来计划在1952年冬、1953年春进行。后来根据国际、国内斗争形势的新发展，决定提前进行土地改革。

福建省委、省人民政府和福建军区一开始就把剿匪斗争摆到压倒一切的中心任务的位置，将新政权五项主要任务的第一、第二项列为支前和剿匪，揭露匪患危害，动员军民投入剿匪斗争。

福建是解放台湾的前进基地，福建的剿匪、土改等工作直接关系到解放台湾战略部署的开展。因此，毛泽东极为关注福建剿匪工作。1950年11月18日，中央军委主席毛泽东电令福建军区，分析了美国悍然发动朝鲜战争，支持台湾国民党军妄图进犯大陆的严峻局势，限于6个月内消灭福建全省股匪，普遍实行土地改革。毛泽东在"关于加强华东地区领导做好剿匪工作的电报"中指出："目前军事工作极为重要，除军队的整训，海、空、炮、工各兵种的建设，公安部队、地方部队与民兵的建设等项重要工作外，闽、浙两省剿匪工作极为重要，特别是福建匪患必须使用四五个主力师用全力穷追猛打、限期肃清，该省剿匪成绩较他省为差，必须检讨原因。"[1] 为此，毛泽东要求"从现在起，和广泛展开土地改革工作相配合（福建必须迅速实行土改），限六个月内剿灭一切成股土匪，责成叶飞、鼎丞全力以赴，做出成绩。只要福建的土匪消灭，土改完成，即令蒋介石登陆进犯，也是容易对付的"[2]，并强调"华东一切工作要以美国和蒋介石登陆进犯为假想的基础去作布置"[3]。据此，中共福建省委迅速作出有力部署，要求福建全党把"消灭土匪肃清特

---

[1] 中共中央文献研究室编：《毛泽东年谱（1949—1976）》第1卷，中央文献出版社2013年版，第244页。
[2] 中共中央文献研究室编：《毛泽东年谱（1949—1976）》第1卷，中央文献出版社2013年版，第244页。
[3] 中共中央文献研究室编：《毛泽东年谱（1949—1976）》第1卷，中央文献出版社2013年版，第244页。

务和进行土地改革同时并进，结合进行"，"要集中一切力量、全力以赴，限时完成并做出成绩"。①

1950年11月22日，毛泽东在转发中共福建省委11月19日关于剿匪和土改的报告中批示："在时局紧张的情况下，必须限期剿灭股匪，加速进行土改，发展地方武装和坚决镇压反革命活动，我党我军方能取得主动，否则有陷入被动的危险。福建是和两广同样解放较晚，土匪甚多而尚未肃清的省份，过去福建省委认为今冬明春不能大规模地进行土改，现在他们接受了中央及华东局的意见，决定于11月25日召集地委书记及军分区司令会议，重新布置工作，将土改和剿匪相结合，扩大土改县数至三十六个县。此种计划很值得广东、广西两省仿行……"②

从1950年秋起，福建土地改革首先在闽侯专区重点试验、局部开展，接着在福州市郊和各专区重点乡也进行了土改试点。取得经验后，全省土地改革从平原到山区，从沿海农业地区到山林、渔、盐地区分三批全面展开。福建土地改革组织有力，在典型试验取得经验的基础上，"全省集中抽调地方干部和军队干部2.7万多人，组成土地改革工作队进驻乡村。当时福建土改工作队的人数，在全国各省中是较多的省份之一"。③

福建军区从1949年12月至1950年11月的不到一年时间里，先后召开了4次军区扩大会，分四个阶段调出主力部队达49个团次，同各军分区、警备团及县武装部一起投入剿匪，特别是军区四届扩大会议后，组织了六省联防，集中5个主力师进剿股匪、3个主力师进剿海匪，还抽调800名干部和27个建制连，编入各军分区地方武装，抽调12000多名干部、战士组成工作队，在地方党委统一领导下，分赴各地发动群众。剿匪与土改、镇压反革命三管齐下。

1951年3月中旬，福建军区召开剿匪部队高干会议，提出肃清残匪与土

---

① 中共中央文献研究室编：《毛泽东年谱（1949—1976）》第1卷，中央文献出版社2013年版，第246—247页。

② 中共中央文献研究室编：《毛泽东年谱（1949—1976）》第1卷，中央文献出版社2013年版，第246页。

③ 何少川主编：《当代福建简史》（1949—1999），当代中国出版社2001年版，第31页。

改、镇反相结合的方针，口号是"以清匪支持土改，以土改根除匪患"。战术指导上，在有残余股匪的地区仍以主力部队为主，率领地方武装、民兵，发动群众组织联防会剿，贯彻重点清剿方针；在残存散匪的地区，则以地方武装为主，支持民兵骨干，发动群众开展群众性清匪运动，以挖断匪根，根绝匪患；同时还将清匪与管制地主、恶霸、收缴民枪结合进行。在抗美援朝、土地改革与镇压反革命三大运动开展时，都体现剿匪与这些运动的结合，从深度、广度上推进剿匪斗争的开展。

在全省党、政、军、民的共同努力下，从1951年4月至10月，共歼匪3194名，毙、俘了长期进行反革命活动而高度隐蔽潜伏中的大队长以上匪首322名，并使残匪内部益趋动摇恐慌，瓦解、自杀等现象不断增多。

由于地处对台斗争前沿，加上在美蒋特务支持下，匪患猖獗，各种反革命势力乘机兴风作浪，福建土地改革运动的斗争十分复杂、尖锐。国民党统治在八闽大地崩溃之后，他们有计划地布置与组织土匪武装，妄图进行所谓"长期的游击战争"。地主阶级早有应变准备，他们对土地改革进行顽固的反抗，到处造谣惑众，制造宗派斗争，分散财产，隐瞒土地，破坏农具，宰杀耕牛，组织假农会，勾结土匪特务，阴谋武装暴动。因此，在土地改革进行中，各级党组织和政府采取放手发动群众，开展阶级斗争，把土改与剿匪、镇压反革命、海防对敌斗争以及生产救灾工作紧密结合的方针，同时部署、同时开展，相互推动，给土匪、恶霸、特务、反革命分子以严厉的打击，为土地改革的顺利进行扫除了障碍，同时又彻底肃清了土匪和反革命分子。在农忙时，各级党组织和政府全力以赴领导群众生产，鼓舞农民的生产热情，发展生产；农闲时，则以土地改革为中心任务，结合做好生产工作；对沿海渔农、盐民则在开展反封建斗争的基础上，组织他们武装下海捕鱼，实行劳武结合。平潭县的土改特别是小海岛的土改更是以战斗队姿态执行工作队的任务，同时为了彻底消灭封建统治阶级，斩断残敌爪牙，在土改斗争的各个阶段和各个侧面，都结合继续镇压反革命的斗争。

土地改革运动给福建农村带来了翻天覆地的变化："摧毁了封建剥削制度，解放了农村生产力，极大地提高了农民的阶级觉悟，调动了农民的生产积极性，纷纷订立爱国增产计划，组织劳动互助，购买牲畜，添置农具，积储肥料，兴修水利，串换良种，大力发展生产，广大农村出现崭新的面貌。"①土地改革的完成，"使全省广大农民在政治上、经济上获得翻身，农村生产力也获得解放，从而进一步巩固了工农联盟和人民民主专政"②，为福建国民经济的全面恢复和发展创造了条件，从而也为国防建设奠定了良好基础。

土地改革与剿匪等中心工作有机结合，相互促进，成为福建土地改革运动的一大特色；特别是"发动最广大群众参加镇反工作和派遣工作组下去巡视镇反工作"的经验，得到毛泽东的高度肯定，并予以推广。

三、大力开展镇压反革命运动

新中国成立后，"革命与反革命之间的斗争出现了新的形势：一方面，国民党反动政权被推翻了，帝国主义从中国大陆上被赶出去了；另一方面，国内还有大量的反革命残余势力，蒋介石集团还盘踞在台湾，帝国主义也还站在旁边窥伺着我们"③。面对这一严峻的形势，毛泽东有着清醒的认识，指出："帝国主义者和国内反动派决不甘心于他们的失败，他们还要作最后的挣扎。在全国平定以后，他们也还会以各种方式从事破坏和捣乱，他们将每日每时企图在中国复辟。这是必然的，毫无疑义的，我们务必不要松懈自己的警惕性。"④

中华人民共和国成立前7年里，在中国共产党和人民政府领导下，中国人民"同反革命展开了紧张的、剧烈的斗争，集中地表现为两次巨大规模的

---

① 《福建日报社史》编辑委员会编著：《福建日报社史》第一卷，福建人民出版社2002年版，第22页。
② 何少川主编：《当代福建简史》(1949—1999)，当代中国出版社2001年版，第38页。
③ 《罗瑞卿同志的发言》，载中共中央办公厅编《中国共产党第八次全国代表大会文献》，人民出版社1957年版，第272页。
④ 《中国人民站起来了》(1949年9月21日)，载《毛泽东选集》第五卷，人民出版社1978年版，第5页。

镇压反革命运动"①。

在福建,镇压反革命运动实际上是剿匪斗争的继续和深入。

福建解放后,由于地处对台斗争前线,成为反革命活动的重灾区。台湾的国民党军凭借盘踞的沿海岛屿,不断派遣特务潜入福建各地,与城乡各地的土匪及各种地方反动势力勾结起来,利用人民政权初建,情况不熟、人心未稳之机,进行各种形式的破坏活动。有的利用帮会势力制造事端,破坏生产或造谣惑众,纵火放毒,企图制造社会混乱;有的改换姓名,掩饰面目,混入新政权的各机关团体,搜集情报,伺机破坏;有的大肆抢劫和偷盗物资、残杀干部,乃至制造反革命暴乱。反革命活动的猖獗,严重危害着人民的生命财产安全和社会稳定,阻碍了民主改革和国民经济恢复工作的进行。因此,坚决镇压一切反革命分子,成为福建解放后人民政府的一项刻不容缓的重要任务。

新中国成立后,在中国共产党领导下,人民政府同反革命展开了紧张的、剧烈的斗争,开展了大规模的镇压反革命运动。

第一次镇压反革命运动始于1950年,是在"抗美援朝、土地改革和国民经济恢复工作紧张进行的时候开始的"②。1950年3月和10月,中共中央相继发出迅速开展一场镇压反革命的运动的指示,要求集中地打击当时还压在人民群众头上的土匪、恶霸、特务、反动党团骨干分子和反动会道门头子等五个方面的反革命分子,严厉惩办一批对人民、对祖国犯有严重罪行的首恶分子。③

从1950年11月起,福建省按照党中央的统一部署,大张旗鼓地开展了一场镇压反革命运动。中共福建省委根据福建的实际情况,采取镇反与剿匪、土改相结合,决定在不同地区采取不同方法:在已进行土地改革、群众充分

---

① 《罗瑞卿同志的发言》,载中共中央办公厅编《中国共产党第八次全国代表大会文献》,人民出版社1957年版,第273页。

② 《罗瑞卿同志的发言》,载中共中央办公厅编《中国共产党第八次全国代表大会文献》,人民出版社1957年版,第273页。

③ 《罗瑞卿同志的发言》,载中共中央办公厅编《中国共产党第八次全国代表大会文献》,人民出版社1957年版,第273页。

发动起来的地区，由群众检举揭发反革命分子，经审查批准后逮捕；在尚未进行土地改革、群众尚未发动的地区，一边发动群众，一边开展镇压反革命运动；在土匪、恶霸等反革命势力严重的地区，先镇压反革命分子再发动群众。至 1951 年 5 月，全省共逮捕各种反革命分子 8.5 万余人，处决 2.6 万余人，其中匪首、惯匪和犯有血债者居多。

1951 年 4 月 7 日，毛泽东在《福建省公安厅镇反情况报告》上作出重要批示，充分肯定福建镇反的工作成绩，指出："福建方面最值得重视的经验是发动最广大群众参加镇反工作和派遣工作组下去巡视镇反工作。关于工作组，我认为各省都应当注意，即由省级机关组织几个有训练有能力的工作组，分往各专区，直到县级去巡视，存偏差者帮助纠正，积案太多者帮助清理，不敢放手者帮助开展工作，发动群众不足者告知发动群众的办法。这样的工作组，对于坚决而正确地开展镇反工作，当有很大的帮助，请你们研究执行为盼。"[①]

镇压反革命运动的大力开展，基本上扫除了遗留在福建的反革命分子，有力地巩固了新生的人民民主政权，使社会秩序迅速获得前所未有的安定，同时有力地支持和配合了正在如火如荼进行的抗美援朝、土地改革等各项改革建设工作的开展，从而也有力地配合了福建海防斗争的开展。

[①] 中共中央文献研究室编：《建国以来毛泽东文稿》第二册，中央文献出版社 1988 年版，第 233 页。

第四章　福建海防前线的角力与备战经济建设

新中国成立初期，中国大陆上的解放战争基本结束，但沿海岛屿和海上重要航线仍控制在国民党军手中，其中东南沿海地区是国民党军进犯和窜扰最频繁的区域。福建沿海经常爆发激烈的海空战事，国民党武装特务不断进犯，使得福建沿海地区长期处于紧张状态，闽台成为内战的延续地带。福建处在解放台湾和解放沿海岛屿的前线，当时人民海军力量还很弱小，主要是进行反袭扰斗争。

一、毛泽东对东南沿海防御的指导

福建海域辽阔，面积达 13.6 万平方公里，比全省陆地面积还大，是我国的一个重要海洋省份。全省大陆海岸线绵延曲折，长达 3324 公里，位居全国第二。海岛资源丰富，全省共有海岛 2214 个，数量居全国第二位。

1950 年 10 月 19 日，中国人民志愿军秘密进入朝鲜战场，开始了中国人民伟大的抗美援朝战争。为了争取抗美援朝战争的胜利，毛泽东等党中央领导人运筹帷幄、决胜千里之外，同时也为了防御台湾当局乘朝鲜战争之机进袭东南沿海地区，多次指示福建等地党政军负责人，要加强防御、准备国民党军进攻，并明确提出了战略防御指导思想。

其一，巩固海防工作，必须具有充分的敌情观念，但不宜进行战争的紧急动员。1953 年 1 月 13 日，毛泽东在审阅修改关于福建应进行巩固海防工作，但不宜进行战争的紧急动员给华东局并福建省委的电稿中提出："在福建工作中，必须具有充分的敌情观念，必须估计到敌人今后对于沿海的骚扰可能更加频繁，也应该估计到敌人登陆作战的可能，因而必须克服麻痹思想，并在实际工作中做好对付敌人的各项准备，使我们立于有备无患的主动地位。"① 毛泽东进而强调："建筑坚守海岛的坑道工事，建筑某些海岸要地的战术性野战工事及少数几处的一些坑道工事。"②

其二，我军的好传统不能丢，一定要搞好军民关系，发挥人民战争的威力。1953年2月24日，毛泽东视察舰艇部队时说："我们国家穷，钢铁少，海防线很长，帝国主义就是欺负我们没有海军。一百多年来，帝国主义侵略我们都是从海上来的，不要忘记这一历史教训……海军是有自己的特点的，但是不能强调海军特殊。我军的好传统不能丢！"在谈到海军同人民群众关系时说："海上也有群众，渔民就是群众。要依靠渔民，不要脱离群众。要到渔民中去，和渔民打成一片，一定要搞好军民关系。"③

其三，厦门等海岛是"必须确保"的海防要地。在对台军事斗争中，厦门、平潭两岛是福建前线的重点，甚至可以说是重中之重，是"务必长期确保"的区域。特别是对厦门的防务工作，毛泽东极为重视，强调厦门是"必须确保，不令侵入"的海防要地。

1951年1月8日，大陆获悉蒋介石准备用20万至25万兵力攻占厦门、汕头等情报。1月13日，毛泽东致电陈毅、饶漱石、邓子恢、谭政、叶剑英、方方，转告这一情报，指出："蒋匪进攻厦门、汕头可能性很大，望迅速研究对策。""请陈毅同志考虑对厦门增加防御兵力，加强防御工事，加强炮兵及高射炮，储备粮食弹药，派去得力指挥人员，并须预筹由大陆向厦门的增援计划，务达击退进犯匪军，确保厦门之目的。请通知叶飞速筹对策电告。"

---

① 中共中央文献研究室编：《毛泽东年谱（1949—1976）》第2卷，中央文献出版社2013年版，第10页。

② 中共中央文献研究室编：《毛泽东年谱（1949—1976）》第2卷，中央文献出版社2013年版，第11页。

③ 中共中央文献研究室编：《毛泽东年谱（1949—1976）》第2卷，中央文献出版社2013年版，第38页。

"汕头及海陆丰必须迅速部署两个军,其办法为从广东三个军中以一个军的全部(三个师及军部)集中于该区域,湖南的四十六军立即出动直开该区域,并设立指挥两个军的指挥机关。请邓、谭筹划电告。""福建、广东两省剿匪工作务须加紧督促,早日完成,不得迟误。"①

1951年1月16日,毛泽东就确保厦门和加强江浙沿海防务等问题,提出七点具体指示:"(一)同意你的第一步和第二步计划,福建有四个军已很够了。厦门必须确保,有三十一军全部位于厦门及其附近当能担负这个任务。该军战斗力如何盼告。(二)厦门必须多储粮弹,布置积极防空(不是消极防空),对守军指战员进行深入的政治动员,加强纵深工事,务必长期确保厦门。(三)空军准备赴朝鲜参战,不能顾及华东。(四)除福建首先是厦门为敌人进攻重点已有部署外,江浙两省沿海亦须准备对付敌人进袭,因此二十四军应在常州地区照常整训,不要去福建。华东全军除剿匪者外,均须提高警惕,加强整训,准备对敌。(五)请督促福建担任剿匪的四个师两个团积极动作,每星期要有成绩,成绩多者应受奖励,少者应受批评,犯错误应受处罚,务必早日肃清匪祸。(六)华东全军应完全自力担负歼灭蒋匪进攻部队,不要希望外援。(七)江浙散匪必须限期肃清。"②

根据朝鲜战局和蒋军妄图"反攻大陆"的动向,中央军委主席毛泽东命令第二十五军、炮兵第三师入闽,归第十兵团指挥。同时,兵团根据中央军委和华东军区的意图,制定了"确保重点(厦门、平潭),集中兵力,诱敌深入,聚而歼之"的作战方针。

根据毛泽东和党中央指示,驻厦部队立即作出《巩固海防,歼灭来犯之敌,确保厦门》的决议。厦门市委、市政府全力以赴投入战备,全市沿海工作以加强战备为压倒一切的中心任务。梁灵光市长在全市战备动员万人大会上表示:"厦门必须确保,全市20万人民要竭尽全力备战支前。必须时我们

---

① 中共中央文献研究室编:《毛泽东年谱(1949—1976)》第1卷,中央文献出版社2013年版,第280页。

② 中共中央文献研究室编:《毛泽东年谱(1949—1976)》第1卷,中央文献出版社2013年版,第282—283页。

市委、市政府领导也要拿起武器和解放军一起作战。"① 会后，厦门市抽调干部和驻军共同组成"厦门市人民支援前线司令部"；储备粮食、弹药和各种副食品可供全岛军民用半年以上。由于严密戒备，严阵以待，加上中国人民志愿军在朝鲜战场节节胜利，国民党军终未敢轻举妄动。

其四，不要到处修工事，畏敌如虎，而要诱敌深入、聚而歼之。1951年1月24日，毛泽东就防备台湾国民党军队侵犯东南沿海而构筑工事问题，致电东南沿海负责人，说："汕头至大亚湾一线及其他海岸线与内地，根本不要修筑什么工事或要塞，敌来让其登陆，并须诱其深入，然后聚而歼之。"② "只有虎门、厦门、舟山、吴淞四处及珠江口外某些海岛必须确保，不令侵入。其余一切海岸线，都不要守而要让他进来，以利聚歼。"③ 毛泽东强调指出："许多共产党员打了二十几年的仗，忽然把经验都忘了，到处修工事，畏敌如虎，你们应加教育，叫他们不要如此。"④

其五，修建防御工事，要加强勘察指导设计、避免浪费。1951年1月24日，毛泽东在批示防备台湾国民党军队侵犯东南沿海而构筑工事问题时，指出："在厦门、舟山、吴淞三处修建阵地及福建、浦东等地修理道路桥梁……注意只择十分必要者好好设计修建之，务须避免浪费。"⑤

1951年1月29日，毛泽东致电陈毅并告饶漱石及中南军区、广东省军区、广西省军区、华东军区，鉴于广东方面过去时期未经中南军区勘察指导设计，到处做工事，结果无用，浪费极大的情况，要求"此次华东在厦门、平潭、舟山、吴淞四处修筑要塞或工事，在福建修南平、同安公路，务请你

---

① 《厦门的对台工作》，载中共厦门市委党史研究室编《中共厦门地方史专题研究（社会主义时期Ⅲ）》，中共党史出版社2005年版，第351页。
② 中共中央文献研究室编：《毛泽东年谱（1949—1976）》第1卷，中央文献出版社2013年版，第289-290页。
③ 中共中央文献研究室编：《毛泽东年谱（1949—1976）》第1卷，中央文献出版社2013年版，第290页。
④ 中共中央文献研究室编：《毛泽东年谱（1949—1976）》第1卷，中央文献出版社2013年版，第290页。
⑤ 中共中央文献研究室编：《毛泽东年谱（1949—1976）》第1卷，中央文献出版社2013年版，第290页。

们注意事先给以指导。第一，不要在指定地区不经研究设计随便修建，以致无用浪费；第二，在指定地区内亦只择最需要者做，不要到处做；第三，大陆海岸线及内地根本不要做；第四，大陆兵力，位于纵深地区，敌来应让其登陆然后相机歼击之，不要到处防守，不要阻其登陆；第五，建筑材料，必要者不可吝惜，照需要支给，但仍须防止浪费，注意废物利用，注意节省"。①

1951年3月10日，华东军区兼第三野战军司令员陈毅到福建视察。12日，陈毅给毛泽东、中共中央报送《关于巡视福建工作的报告》，肯定了福建在整训、防御部署、海防工作等方面的成绩。毛泽东阅后，将这一报告批转给邓子恢、谭政、赵尔陆并叶剑英："兹将陈毅同志关于福建军队整训、厦门防御部署及核减海防经费七百多亿等项情况的电报发给你们参考。广东现在集中了六个军，虎门修了防御工事，希望你们加以检查，做出像福建那样的成绩。"②

二、窜扰与反窜扰斗争

国民党军窜扰活动

国民党军撤逃台湾后，在美国的怂恿和支持下，不断派遣正规部队、海匪和武装特务对大陆沿海，特别是闽、浙两省沿海进行窜犯、袭扰活动。其中，盘踞在福建沿海岛屿的海匪达3000多人。尤其是朝鲜战争爆发后，在美国支持下，国民党军对重要匪首进行专门训练，金门、马祖的国民党军轮训了各小岛土匪，并不断加强装备，除在沿海抢劫袭扰外，还企图钻隙内窜，支持大陆残匪。1949年冬至1953年7月，台湾当局利用大陆军民致力于清剿土匪、进行土地改革和抗美援朝等中心任务，海防力量相对薄弱的时机，不断指使国民党军对大陆东南沿海地区进行中小规模的登陆窜犯。

---

① 中共中央文献研究室编：《毛泽东年谱（1949—1976）》第1卷，中央文献出版社2013年版，第296页。

② 中共中央文献研究室编：《毛泽东年谱（1949—1976）》第1卷，中央文献出版社2013年版，第329页。

这些沿海匪特"抢截商船，抢劫渔船，甚为嚣张，使闽、浙沿海近百万渔民几不能下海捕鱼，影响生产。特别是福建沿海渔民，生活无着，嗷嗷待哺，且时常被蒋海匪捕去，加以短期训练将老弱放回，使我处于被动"①。在20世纪50年代初，福建有沿海县市22个，沿海区115个，沿海乡923个，直接参加生产的渔民14万人，渔业人口44万人，大小渔船18000只；福建沿海的"三分之二渔场为海匪控制"，以致渔民埋怨"人民政府是农民政府，不是渔民政府"，"陆上农民翻了身，我们只翻了两只眼睛"。②

在两岸军事对峙时期，国民党军及匪特的窜扰活动，经历了从猖獗到式微的过程，大致可分为三个阶段。

第一阶段，自1949年底以后，国民党军多次组织中、大规模的登陆窜犯，大部被我击退或歼灭。在开始阶段，台湾当局以海匪武装入窜内地，妄图支援陆上土匪；武装登陆内窜活动屡遭失败后，从1952年起，台湾当局又变换手法，采取所谓"以大吃小，速进速退"的战术，以海匪和正规军在局部地区形成绝对优势兵力，在海、空军的配合下，突然袭击大陆防御力量薄弱的海岸突出部或沿海岛屿，企图歼灭解放军一些守备部队，以扩大政治影响。其登陆窜犯活动，也曾有几次一度得逞。1952年，国民党军先后突然对福建莆田县湄洲岛、南日岛发动袭击，使人民解放军的驻守部队和当地人民群众遭受一定的牺牲和损失。1952年1月28日，蒋军驻金门之敌1000余人，分乘军舰1艘、登陆舰3艘、炮艇3艘、帆船数只，于傍晚在湄洲岛登陆。负有机动控制湄洲岛任务的第八十八师侦察连，一面将情况上报师部，一面组织登岛反击。9时30分抵岛上陆，战至10时30分，伤亡较大，被迫分散隐蔽。29日10时，敌全部撤离，抓走岛上群众近300人。2月25日，蒋军南海指挥部集训总队和突击大队1000余人，分乘军舰2艘、炮艇1艘、汽船4只、帆船3只，在漳浦赤湖至东浦之间登陆。26日5时30分，敌已登陆约400人时，我九十一师第二七二团三营七连英勇反击，敌见势不妙，狼狈逃

---

① 《对海军建设的意见》(1953年6月15日)，载《粟裕文选》第3卷，军事科学出版社2004年版，第112页。

② 《福建情况调查报告》(1953年6月15日)，载《粟裕文选》第3卷，军事科学出版社2004年版，第114—115页。

窜。1953年2月，国民党军再次窜犯湄洲岛。国民党军以一个加强团的兵力窜犯湄洲岛，人民解放军第八十二师指挥所率第二四五团和第二四四团两个营，在军区榴弹炮第十二团和师山炮营的火力掩护下，于14日16时50分登岛反击，敌惧于被歼，狼狈逃窜。

总的来看，在此阶段，这些登陆窜犯活动，在大陆军民的沉重打击下，尤其是在以上万兵力窜犯东山岛遭到惨败后，不得不收敛。但是，小股武装袭扰破坏仍没有间断。

从1954年年初开始，国民党军又派遣小股匪特对我进行袭扰，到1955年7月共达28次之多。袭扰时间一般在夜晚，登陆地点大部选在易进易退的突出部、孤立岛屿和我设防地段侧后或内港；行动诡秘突然，速来速回，"抓一把"就走。针对其行动规律、特点，守岛部队研究了对策，加强了军民联防，8月份起就取得明显效果。如：1955年8月11日，金门第八军搜索团数人在榕霞登陆，遭我军民伏击，击毙其连长1人，俘2人；15日，金门海匪侦察中队10余人，在崇武登陆，被我守备部队毙、俘各2人；16日，金门第六十八师成功队4人在大嶝岛登陆，当即被我守岛部队和民兵包围，被迫全部向我投降。1956年至1960年，国民党军的袭扰活动逐年减少。

第二阶段，1962年，台湾当局妄图利用大陆经济困难时期对东南沿海进行大规模军事进犯的阴谋破产后，改变策略，进一步掀起小股武装袭扰高潮，作为所谓的反攻大陆的"先期作战"和"政治登陆"。一开始，"小股武装特务利用夜暗偷渡登陆和空中渗透，企图建立'游击根据地'，以等待时机、配合反攻"①。小股武装渗透接连被歼后，则"又改变手法，在沿海进行所谓'两栖突击'和'海上袭击'，企图抓一把就走，以扩大其政治影响。结果仍迭遭失败，被迫于1966年偃旗息鼓"②。

第三阶段，1967年以后，台湾当局仅派零星特务潜入大陆，进行搜集情报、发展反革命组织等破坏活动。

---

① 叶德：《克敌制胜的特殊战线——皮定均狠抓技侦工作》，《福建党史月刊》2006年第8期。

② 叶德：《克敌制胜的特殊战线——皮定均狠抓技侦工作》，《福建党史月刊》2006年第8期。

1949年冬至1966年的17年，是国民党军窜扰活动最为猖獗的时期。据统计，"台湾国民党军对福建沿海进行中小规模（100人以上）登陆窜扰22次，共投入兵力28656人，被歼5419人，进行小股武装登陆袭扰和海上袭击等活动116次（不含个别派遣和袭扰未遂又未遭打击者），共投入兵力2838人，被歼177人"。①

福建前线军民反窜扰斗争

面对国民党军猖獗疯狂的窜扰活动，福建前线军民团结一致，进行了坚决有力的反窜扰斗争。在防御台湾国民党军进犯的战斗中，既有1952年南日岛反登陆作战的失利，也有1953年东山保卫战的重大胜利。

对于内窜的国民党军，福建军民采取迅速追击、就地歼灭的作战方针，使用精干部队堵击、围剿、追歼成股武装；组织民兵联合清剿，搜捕流窜分子，力求将其全歼。晋江地区军民成功围歼登陆内窜的国民党军"泉州纵队""永安纵队"，就是执行这一作战方针的典型战例。1951年9月4日至5日，国民党军"福建省反共救国军"泉州纵队、永安纵队500多人，在晋江、惠安沿海潜渡登陆，越过福厦公路西进，企图进入戴云山区，建立"游击根据地"，"遂行反攻大陆之先遣任务"。经过半个多月的围剿，人民解放军第七十四师、第八十七师和地方武装的23个连队、9个区中队，以及几个县的上万民兵布下多层"大口袋"，这两支经过美国军事顾问精心训练、号称"全美式装备万能情报员"的武装纵队，除8人乘隙从海上逃跑外，其余全部被歼，其中泉州纵队司令陈令德被活捉，永安纵队司令陈伟彬被击毙。

——歼灭国民党小股武装特务

20世纪50—60年代，国民党军在不断派出正规部队、海匪对大陆沿海进行窜犯、袭扰的同时，经常派遣小股武装特务潜入大陆，进行刺探情报、发展反革命组织和策动反革命暴乱等活动。

---

① 福建省地方志编纂委员会编：《福建省志·军事志》，新华出版社1995年版，第267页。

在经常性的对敌斗争中，1956年福建取得了显著成绩。在对空作战中，击落敌机6架，击伤敌机41架，沉重打击了敌机的猖狂气焰，保卫了各种重要军事目标的安全。在护渔护航斗争中，保护了渔业生产的安全，掩护国家船队完成了大批物资的运输任务。在边防斗争中，歼灭潜入的美蒋特务19起41人。在内陆肃清残余匪特的斗争中，俘获残匪39人；闽赣两省并有蒋军少将以下的残余分子和反革命分子共15000多人，在党的宽大处理反革命分子政策的感召下自首。

国民党小股武装特务的渗透活动在1963年达到高潮。当年就有30股武装特务先后在北起山东、南至广东的沿海地区登陆和从空中渗透着陆。台湾"国防部"特种情报室6月21日派遣"反共挺进军"第71支队武装特务7人、第61支队武装特务10人，10月20日又派遣"反共挺进军"第141支队武装特务9人，台湾"国防部"情报局10月24日派遣"反共救国军"独立第9纵队武装特务5人，分别在漳浦、诏安、福清、莆田等地登陆，企图潜入内地山区建立"根据地"，进行反革命活动。在驻闽部队、基干民兵及人民群众的合力围追堵截下，这些特务全部被歼灭。台湾"国防部"情报局12月29日派遣"反共救国军"独立第25纵队5支队6大队武装特务4人，企图在霞浦东冲半岛登陆内潜，被解放军海军护卫艇在海上捕获。台湾国民党当局的小股武装渗透接连失败后，又在沿海进行所谓"两栖突击"和"海上袭击"，企图"抓一把"就走，以扩大其政治影响。

1964年5月1日、15日，台湾"国防部"情报局先后派遣"两栖行动大队海狼队"（海上袭击队）、"反共救国军"第43纵队1支队（武装特务17人），企图袭击大陆船艇和偷袭大陆沿海地区；1966年9月、10月间又连续5次在从马祖到闽江口一带海面布放水雷、施放"飞鱼"，企图诱爆解放军船艇，均遭解放军海军护卫艇部队沉重打击。1966年底，国民党小股武装特务的袭扰活动终止。

——南日岛反登陆作战失利

1952年后，国民党敌特袭扰沿海地区的形式又有了新变化，表现在：一是选择我守备薄弱的岛屿或突出部，以优势兵力进行突然袭击，如袭击我莆田之南日岛、湄洲岛；二是以小股匪特偷行登陆内窜，如1952年1月31日在南安十一区之溪东登陆20余人，2月18日在惠安九区南埔、时花港登陆20余人；三是大围拉船（只）和抓丁，1952年初被匪特拉去船只26艘，抓去青壮年30人；四是在沿海利用秘密匪特造谣破坏，如在晋江九区等地割电线，张贴反动标语、纵火等；五是在福建内陆空降特务。

南日岛是福建省东部莆田县的一个较大的岛，位于莆田东南海面，是兴化湾与平海湾交界处，离大陆约7海里。中华人民共和国成立初期，离南日岛约18公里远的乌丘屿为国民党军队所占领。南日岛战略地位突出，是东南沿海的门户和屏障之一，因而成为国民党军袭击的重要目标。1951年冬到1952年夏，国民党军多次袭击南日岛，企图以南日岛为跳板，实现"反攻大陆"计划。面对国民党军的武装袭扰，人民解放军驻岛部队在岛上民兵的配合下反击，国民党军占领南日岛的企图一直未能得逞。如1951年12月7日凌晨，国民党军"福建省反共救国军"南海纵队参谋长黄炳炎率4个中队500余人，乘军舰在福建省南日岛岩下登陆，向第二十八军第八十三师二四九团侦察排扼守的尖山及167.2高地进攻。面对凶猛的敌人，侦察排的勇士临危不惧，英勇抗击，坚守阵地。6时半，第二四九团1个多营上岛增援，向敌实施反击，歼敌150余人，余敌登舰逃跑。

国民党军以小股匪特登陆内窜活动遭受不断打击后，开始改变袭扰的规模，采取"以大吃小，速进速退"的战术，对我守备兵力薄弱的沿海岛屿实施突然袭击。加上由于国民党军进犯南日岛过于频繁，而又屡遭失败，解放军驻岛部队也滋长了轻敌麻痹思想，对金门、乌丘等敌占岛的一些异常迹象没有引起足够重视，也没有及时上报。在南日岛战斗发生的前3天，即1952年10月8日，驻金门的国民党军派遣特务假冒收海鲜、理发和做小买卖的老百姓上岛侦察，甚至夜间向乌丘屿方向发射电光信号等，均未引起地方政府与守备部队的警惕。

在探知南日岛只有解放军一个加强连的兵力守岛后，经过一番精心筹划，国民党"金门防卫司令"兼"福建游击军区司令"胡琏认为这是偷袭的好机会。1952年10月11日，驻金门岛的国民党军纠集第七十五师、第十四师9000余人，分乘10艘舰艇，在8架飞机掩护下，从万湖、土地坪、岩下村和东户、西户一线登陆,大举窜犯南日岛。守岛的人民解放军第八十三师二四九团1个连匆忙应战,依托有利地形顽强阻击,终因寡不敌众,大部壮烈牺牲。

二十八军和福建军区闻讯后,先后派出步兵二四九团一营三连、水兵第三团陆战营2个连和八十三师侦察队2个班,试图登陆反击,无果。登陆成功的陆战营1个排,在海匪部队围攻下,除8人被俘外,全部阵亡。陆战营2个连在坑口白沙洋强行登陆后,已伤亡过半,仅剩1个连的兵力,也被国民党军包围于草埔村地区。在全排战友阵亡情况下,机枪手李中志冲入敌群,拉响了手榴弹。由于国民党军已基本上占领了全岛,解放军登岛部队兵力不足,且三面受敌,虽顽强奋战,不但未奏解危之效,反遭严重伤亡。

南日岛被蒋军进犯占据,令中央军委领导震惊。人民解放军陆军第二十八军奉命组织力量,收复南日岛。12日晚先以2个营的兵力在坑口后埋头登陆,随即遭国民党军优势兵力的围攻,鏖战至13日18时,兵力严重受损。13日上午,解放军部队开始用远程炮炮击南日岛周边海域,封锁南日岛通往金门岛的海上通道。面对大军压境,国民党军在大肆抢掠一番后,仓皇逃往乌丘屿。

南日岛反登陆战斗,人民解放军尽管杀伤进犯的国民党军800余人,但由于寡不敌众,加上增援部队指挥不当,守岛部队大部牺牲,遭受严重损失,计伤亡1300余人;岛上党政机关和人民群众也遭到很大摧残。

南日岛防御失利,暴露出反登陆作战的诸多问题,如守岛部队敌情观念不足,力量薄弱,尤其是因指挥不当,遭受严重伤亡,全岛一度被国民党军占领。这一沿海防御的重大失利,引起毛泽东和中央军委的高度关注。1952年12月28日,毛泽东为中共中央、中央军委起草给华东局、华东军区、福建省委、福建军区,并告中南军区的指示,对沿海岛屿的防御工作作出全面的具体的部署,以避免"再犯南日岛那样的错误",指出:"一、为了配合美军在朝鲜的作战,台湾、金门敌人有以一部兵力(据报一个军)攻我福建岛屿并向福建大陆攻占我二三个县的阴谋冒险计划。二、我福建军区有以现有兵力(不要依赖任何外援)粉碎上述敌军进攻的任务。三、为此必须:(甲)迅速地坚决地加强必守岛屿的防御工事,预储充分的粮弹饮水,鼓励守军作长期坚守的准备，不许再犯南日岛那样的错误，否则须予负责者以应得的处罚。（乙）预计敌攻岛屿的几种可能，决定明确的增援计划。（丙）预计敌在大陆上某些可能登陆的海岸要点，做好若干非永久的战术性的防御工事，例如最近我以一排坚守海岸工事，赢得时间，以一个连增援，歼灭了登陆敌人百余那样。这种以排以连以营为单位的战术性的若干防御工事，是必须做的，不是要你们做大规模的和永久性的大陆海岸防御工事。而在选定必守的岛屿上则必须是永久性的和十分巩固的工事。"① 同时，对福建军政方面的领导人分工问题作了相应的调整："张鼎丞同志即回福建担任省委书记和省府主席，叶飞同志专任军事。在张鼎丞同志未到福州前，由他人暂行主持省委、省府工作，叶飞同志立即抽出身来全神贯注于对敌作战方面。从目前起两个月内是至关重要的时机，务必唤起福建全军及沿海要地党政及人民群众充分注意对敌斗争，不得疏忽大意，致遭不应有的损失。你们的部署望即告。"②

为贯彻落实党中央及毛泽东的指示精神，1953年1月，福建省委、福建军区专门召开了紧急扩大会议，制定了"诱敌深入、关门打狗"的积极防御方案，并得到华东军区和毛泽东的批准。随即，福建军民采取有力措施，加强备战工作，对国民党军可能登陆进犯的地方，都相应制定了具体的作战方案，从而为后来东山保卫战的伟大胜利创造了有利条件。

——东山岛反登陆战

也称东山保卫战，是指1953年中国人民解放军粉碎国民党军进犯东山岛的战斗。

东山岛处于东南海防前线，东濒台湾海峡，为闽西南有力屏障，自古以来为兵家必争之地，攻者可据此作为进攻大陆之跳板，守而即为屏障大陆之要地。

1953年6月，为了配合美国在朝鲜边打边谈的策略，在美国中央情报局

---

① 中共中央文献研究室编：《毛泽东年谱（1949—1976）》第1卷，中央文献出版社2013年版，第644—645页。

② 中共中央文献研究室编：《毛泽东年谱（1949—1976）》第1卷，中央文献出版社2013年版，第645页。

控制的台湾"西方公司"策动下，蒋介石加紧"反攻大陆"的步伐，把福建东山岛作为主要袭击目标，并首次使用了伞兵，进行所谓的"国民党退出大陆以来的最大一次进攻""反攻大陆的前奏"。

1953年7月15日午夜，国民党军金门防卫部上将司令官胡琏率驻金门第四十五师、第十八师1个团及海匪大队共1万多人，分乘13艘舰艇、20余辆水陆坦克，在其海、空军配合下，于16日拂晓突袭东山岛。当时，担负守岛的是人民解放军福建军区公安部队第八十团，只有1200余人，在数倍于己的强敌进攻面前顽强地坚守住了核心岛上的公云山、牛犊山、王爹山等主阵地，有力地迟滞了国民党军的进攻行动。7月16日上午，"奉命增援的人民解放军第三十一军九十一师二七二团一部首先抵达东山岛，在岛上守军的配合下，歼灭了国民党军的伞兵部队400余人，控制了渡口，并连续打退了国民党军对守卫渡口部队的多次攻击，为后续增援部队入岛歼灭来犯之敌创造了有利的条件"。[①] 驻广东的第四十一军一二二师三六五团及三六一团一部奉中央军委命令疾速赶到，20时开始渡海进岛；17日4时起，第二十八军八十二师步兵二四四团等陆续上岛，军炮兵团在云霄陈岱占领阵地，以火力支援岛上部队反击作战。

17日5时，两支增援部队开始出击。7时，国民党军开始动摇，匆忙收缩兵力，其主力于10时向湖尾方向撤退。福建军区司令员叶飞决定不待增援部队全部到达即发起全面反击。10时30分，解放军分3路全面反击，18时逼近湖尾沙滩。登岛的国民党士兵，眼见大势已去，"纷纷夺船逃命，舰艇不等装满即匆匆启航，丢下的国民党军只好缴枪投降"[②]。而前来接应的国民党海军舰艇上的官兵，见状也慌了手脚，有的未等装满溃逃的士兵，便抢着起航急驶。19时战斗结束。

东山保卫战，"共歼灭国民党军3379人（内毙伤2664名、俘715名），击落飞机2架，击沉小型登陆艇3艘，炸毁坦克2辆，缴获随伴步兵火炮及

---

① 福建省地方志编纂委员会编：《福建省志·军事志》，新华出版社1995年版，第272—273页。

② 福建省地方志编纂委员会编：《福建省志·军事志》，新华出版社1995年版，第273页。

火箭筒 46 门（具）、轻重机枪 109 挺、长短枪 512 支，和大批弹药以及军用物资。解放军伤亡、失踪 1250 人"①。东山保卫战，是新中国成立后在大陆境内发生的一次规模最大、影响最深远的战役，也是军民并肩战斗保卫海防的典范。

对东山保卫战的胜利，毛泽东给予高度评价，指出："东山战斗不光是东山的胜利，也不光是福建的胜利，而且是全国的胜利。"② 中央军委于 7 月下旬发电报嘉奖参加东山岛反登陆战的部队。水兵第一团一连荣立集体二等功，坚守公云山同进攻之敌进行殊死搏斗的公安第八十团二连被授予"东山战斗守备一等功臣连"称号，第三十一军九十一师二七二团十二连二排被授予"增援公云山守备模范排"称号，第二十八军八十二师步兵二四四团二连二排五班长张学栋重伤后以身体堵住枪眼，掩护战友冲击，被追授华东军区战斗英雄称号。

国民党军进攻东山岛，是蒋介石军事集团退踞台湾后对大陆沿海发动的规模最大的一次登陆窜犯。东山保卫战的胜利，意义重大，不仅显示了加强海防建设的必要性和重要性，极大地提振了海防的信心，而且沉重打击了国民党军"以大吃小"的登陆窜犯活动，打破了蒋介石联合美国"反攻大陆"的梦想，也使美国企图破坏朝鲜停战谈判的阴谋破产。

——对金门等岛进行越海侦察

为了查明金门等岛的敌情、地形和设防情况，第三十一军曾组织侦察分队先后进行 20 多次越海侦察。通过越海侦察，特别是几次越海捕俘的成功，比较准确地掌握了大、小金门和大担岛等岛的情况。其中较为突出的有：1953 年 7 月 2 日夜，第九十一师侦察连两个班渡海到大金门古宁头，毙敌 2 人，俘敌 1 人；1953 年 7 月 6 日夜，第九十二师侦察分队渡海到小金门北侧之鼠屿，歼敌 1 个班，俘敌上尉军官 1 名、中尉军官 2 名；1954 年 8 月 23 日夜，第九十一师两个侦察组，渡海到古宁头附近，以机智灵活和勇敢、迅速

---

① 福建省地方志编纂委员会编：《福建省志·军事志》，新华出版社 1995 年版，第 273—274 页。

② 福建省地方志编纂委员会编：《福建省志·军事志》，新华出版社 1995 年版，第 274 页。

的战斗行动，一举歼敌 2 个班，俘敌副班长 1 名，我无一伤亡，出色地完成了任务。此间，第二十八军也曾组织过越海侦察，如 1954 年 11 月 17 日夜，第八十四师侦察组渡海到高嶝岛，查明了敌船只停泊位置和航行时间及该岛工事构筑情况。

三、解放初期闽台海上走私偷运贸易活动

经贸活动是人类交往历史的生动写照。闽台经济贸易交往的历史就像两地人员交往历史一样，可谓源远流长。自古以来，闽台两地互通有无、互惠互利，经贸关系密切。福建是台湾劳力、资金、技术的主要输出地，又是台湾物产的主要市场，特别是台湾的食米历年大量输闽，使台湾享有"福建谷仓"之称。

1945 年台湾光复后，闽台之间的客货运输一度很繁忙，有十几家航运公司开辟福州至台湾再至上海的航线和厦门至高雄的航线。1946 年 3 月 26 日，台湾省主席陈仪限制大陆人员到台湾；5 月 20 日，台湾戒严，除基隆、高雄、马公三港外，其余港口全部封锁，并颁布《台湾省准许入境军公人员及旅客暂行办法》。1949 年 10 月 17 日，厦门解放，自此，闽台两岸正常的货物运输全部中断。

当时，有关部门为争取和利用台湾等国民党军占据岛屿的物资，缓和大陆沿海地区物资供应紧张的局面，准许解放区与未（待）解放区间的货运往来，只是制定了特殊的规定和进行了严格的限制。如华东财政经济委员会于 1949 年 9 月 22 日公布《华东区与未解放区间往来货物管理暂行办法》（10 条），准许商贩利用船舶转载非禁运出口物资——卷烟、酒类、化妆品、手工业制品等，运往未解放区，换取并运回同等价值的解放区所急需的物资——煤油、柴油、汽油、化肥等。但由于国民党当局采取各种限制手段，驶往解放区进行以货易货的船舶中，虽有一部分运回等值货物，却有不少一去不复返。为避免解放区运往待解放区的物资遭受损失，1951 年 9 月 21 日，华东军政委员会又颁布了《修正华东区与待解放区间往来货物管理暂行办法》，规定

了"先进后出"的原则,即必须先由待解放区运进货物,然后方准由解放区运出等值的货物往待解放区,否则以走私论处。而当时的实际状况是,闽台间这种海上贸易货物往来,往往突破上述有关规定的限制,逃避海关监管,经常处于非公开和不正常的状态,走私偷运情况严重。

盘踞在福建沿海一带岛屿上的国民党军队,利用处在大陆前沿的便利条件,经常勾结走私惯犯、不法奸商,引诱大陆沿海渔民、农民进行各种形式的偷运,形成了这一时期十分突出的沿海走私活动。尤其是闽江口处的白犬岛距大陆仅五六个小时的风帆航程,且可利用闽江口的宽阔海域、纵横交错的水道,回避绕越,一时成为走私者最大的转运站。岛上的国民党驻军为走私商人提供大量台、港货物,高价收购大陆木材、土产等。海船从台湾运货来,通常先驶向白犬岛,再另雇小船换装,正常渠道的货物系转运福州港报关纳税,走私货物偷运则是在长乐、琅岐等沿海港汊内将货卸下分散藏匿于乡间,而后零星盘运至福州等地贩售。出口货物则多为私运,且走私的花样繁多。有以小船载货,先卸藏于沙洲、芦苇间,伺机转运出去的;也有向海关谎报有大批货物(主要是木材)运往沿海地区,骗取合法证件后,再偷运至白犬岛,最终运往台湾的。1950年至1951年间,闽台间此类海上走私偷运活动几乎终年不断。私运货物,运入的多为煤油、白糖、五金杂货、西药等,运出的则以木材、毛边纸、瓷器、土产等居多,尤以禁止输出的木材为大宗。华东财经委员会为严禁木材出口,实行保结制度,但未收到预期效果。据福州海关统计,中华人民共和国成立初期的4年间,仅福州关区内缉获的往来于大陆与待解放区间的走私货物总值就达60多亿元(旧人民币,折合新人民币60多万元),查获走私出口木材70多万立方米。①

闽台间的这种以走私偷运为主的海上贸易货运往来活动,在这一时期曾一度活跃,但未能持久,旋因大陆相继开展沿海军民联防、土改、肃反和"三反""五反"运动而渐趋消沉,往来船舶越来越少。1954年,大陆方面重新提出"解放台湾"的口号后,两岸双方剑拔弩张,处于战争戒备状态,闽台间贸易往来、海运交通完全断绝,走私偷运也随之匿迹。

---

① 刘启闽主编:《福建航运史(现代部分)》,人民交通出版社2001年版,第103页。

四、以支援解放台湾为中心的经济建设

新中国成立初期,福建紧扣海防斗争这个特点布局建设。一是 1953 年至 1954 年,中央拨款 1300 多亿元(旧人民币,折合新人民币 1300 多万元),修建厦门海堤。二是 1955 年至 1957 年,解放军铁道兵入闽,修建鹰厦铁路,改变了福建没有一寸铁路的历史,解决了战备运输的问题。三是 1955 年至 1957 年,福建还修建了 7 个飞机场,准备了空军转场入闽的地面条件;建设三都澳等军港,由海军南下闽海驻防;加强防空部队火力,布置了强大的海岸炮兵,布设了千里雷达网。短短几年,从根本上改变了福建海防状况。

围绕支前备战的福建"一五"计划

由于两岸军事对峙和美国侵占台湾,地处东南海防前线的福建受到直接威胁,因而在新中国成立后的相当长时期内一直处于战备状态,以致"福建的一切建设工作,都不能不在巩固海防和支援解放台湾斗争的紧张情况下进行"[①]。

当全国开始执行第一个发展国民经济的五年计划(1953—1957)时,地处海防前线的福建省海运还受敌舰封锁,城市常常受敌机轰炸袭扰,机关、工厂和城市居民有时还要疏散备战。同时地方财力不足,地下资源不清,全省尚无一寸铁路,国家"一五"计划中又没有在福建安排重点建设项目。1953 年,福建省委、省政府在研究制定福建"一五"计划时,不仅考虑到福建地处亚热带,又是一个沿海山区省份,经济发展不平衡等特点,同时还充分考虑到地处海防前线这一独特情况。

特别是在工业建设和发展交通运输方面,更是优先保证国防建设的需要,如在工业建设的具体项目安排上,以支前备战完成军工建设为主要任务,以

[①] 《叶飞同志的发言》,载中共中央办公厅编《中国共产党第八次全国代表大会文献》,人民出版社 1957 年版,第 750 页。

鹰厦铁路和古田溪水电站一级电站为重点投资工程。"福建'一五'计划列入国家计划的基本建设投资总额为 4.45 亿元……其中中央投资 3.1 亿元。全部投资的 60% 用于修建鹰厦铁路和公路干线，20% 用于兴办农田基本建设、轻工业建设项目和修建古田溪水电站一级电站，其他用于发展文教、科研、卫生和城市公用事业。"①

福建"一五"计划，主要是与修建福州等地机场和其他战备工程紧密相关的。1954 年 10 月，国务院、中央军委批准修建福州等地机场。当月，在中共福建省委、福建省人民政府、福建军区的领导下，成立福建省四〇四工程修建委员会，组织大量军工、民工担负此项任务。工程分两期进行：第一期，修建福州、漳州、晋江、龙田机场；第二期，修建连城、惠安、厦门和改建龙田机场。1956 年 5 月 16 日前竣工。后又增修崇安机场，于 1958 年 10 月竣工。与修建机场同时，为了做好解放沿海岛屿的准备工作，又确定修建三都澳海军基地，连江县城至黄岐的公路，厦门等地指挥所、道路及岸炮阵地等战备工程。为完成上述机场及其他战备工程，总参谋部和华东军区又调集大批工程兵部队和汽车部队，于 1955 年内先后入闽参加施工。

"一五"期间，福建"建筑部门主要担负支援前线的工程建设任务，曾组织 6 万多名精干的建筑队伍，建设军用机场和其他军事设施。在一年半时间内，完成了漳州、连城、福清、福州 4 个军用机场的修建工程，得到中央军委的表彰"②。

大规模修建支前公路

福建境内山峦耸峙，溪河密布，历史上交通十分闭塞。民国时期全省残留公路 3384 公里，解放前夕能通汽车的公路只有 945 公里。经济上，福建是个十分落后的省份，工业器材、农用化肥和日用百货等，都得仰赖外省输入。在两岸军事对峙中，海上航运难以开展，物资交流只能依靠公路，全省人民渴望改变闭塞落后面貌；而福建又是解放台湾的海防前线，加快公路建设显

---

① 何少川主编：《当代福建简史》，当代中国出版社 2001 年版，第 90 页。
② 何少川主编：《当代福建简史》，当代中国出版社 2001 年版，第 100 页。

得尤为迫切。

在两岸军事对峙时期，福建支前公路建设大致可分为三个阶段。

第一阶段，1949年至1957年，为优先修建支前公路阶段。以服务对台军事斗争为主，结合经济发展需要，修建支前公路一马当先，走在其他经济建设的前头。

由于福建地处海防前线和对台军事斗争前沿，中央将福建列为恢复改建公路的重点省份，优先修建支前公路。1949年10月，华东区召开第一届公路会议，决定：福建要立即改建崇安分水关到南平（接闽江水运南下福州），建瓯到马尾和福州经角尾到厦门嵩屿（厦门岛对面）三大干线。1950年2月，华东军政委员会交通部拟定了修建华东支前公路三个计划草案，路线涉及江西、福建、浙江及广东4省，共分为4期进行。

第一期：上饶至建阳、江山至建阳、建阳至福州马尾、福州至厦门嵩屿及建瓯至南平，限1950年8月底完成。后来又增列福厦间水头经石井、莲河到新店，石狮到围头，官桥到安海3条通海支线恢复工程。

第二期：杉关至建阳、水吉至建瓯及古田通谷口支线，限1950年9月底完成。

第三期：南平经永安至朋口、朋口至瑞金、朋口至角尾、新泉至岩前、永安至泉州、漳州至汕头等线，限1950年底完成。

第四期：由福州的马尾经赛岐、霞浦、福鼎分水关至浙江绍兴线，先行测量，限1951年2月建成。

1950年4月，政务院财经委员会下达《关于修建华东支前公路之决定》，批准修建以三大干线为骨干、以福州为中心的12条公路，共长3500公里，并对工程标准作了原则规定。5月，华东支前公路修建委员会在江西上饶成立前方指挥所，并召集闽、浙、赣、粤四省有关部门，分别组成华东支前公路指挥分所，分担支前公路的修建任务。同月5日，福建指挥分所以福建省人民政府公路局为基础成立，将公路局所属的工程队改归指挥分所领导，从此福建境内支前公路改建工程全面展开。为此，福建在经济恢复时期（1950年至1952年），全省其他基本建设暂时让路，全力修建第一期支前公路，由此也翻开了福建公路发展史新的篇章。

至 1951 年底,福建第一期支前公路工程完成,各线工程总投资近 3000 亿元(旧人民币,折合新人民币近 3000 万元),[①] 将狭窄崎岖的老路改建为晴雨通车、能行驶 35 吨重车的双车道公路,使南北交通主动脉迅速提高通过能力,克服了海运被封锁的困难局面,不仅在军事上密切了海防前线的联系,便利了支前补给,同时也在经济上缩短了省内外交通的时间,扩大了省际交流。时任福建省人民政府主席张鼎丞为第一期支前公路竣工题词:"提高工作效率,按照工程标准修好公路,为支援前线、繁荣经济而努力!"此间,1951 年 2 月,福建沿海军事形势突变,中共福建省委决定:第一期工程可以暂缓的,先将力量立即转入抢修闽西南公路,恢复南平经永安至朋口、晋江经南安至德化和南安至安溪 3 条不能通车的路线;加固同安至大田的桥梁;开辟安溪官桥至长泰炮车道,里程共 680 公里。到 1953 年初,福建形成 3 条支前公路干线:"(一)北自分水关经建瓯、古田、福州、晋江至厦门(晴雨通车),这是闽省与浙赣各地最主要交通线;(二)中自建瓯至南平(晴雨通车)再经永安、德化至晋江(晴通雨阻或勉强通车);(三)西自长汀经龙岩、龙海至厦门(晴雨通车)。"[②]

进入"一五"时期,特别是 1955 年 2 月浙江沿海岛屿全部解放后,巩固闽浙沿海国防,加强沿海交通,成为当务之急。在服务军事的前提下,公路建设逐步与经济建设相结合,着力发展沿海公路,有计划地改造闽西南干线,并新辟闽东福州至温州干线,以及整修经济路线和发展山区公路。为海防需要,加紧了渡口改桥步伐和沿海支线建设,使汽车直通厦门岛。1955 年 7 月,闽西南主要干线的改建任务完成,旧有公路恢复改造基本完成。各线公路面貌焕然一新,海防前线的交通战备渐趋完善。到 1957 年底,全省公路通车里程达 6034 公里,没有公路的县份只剩下松溪、政和、周宁、尤溪、寿宁 5 个县,奠定了福建公路交通网的基本骨架。

第二阶段,1958 年至 1965 年,为调整公路建设阶段。根据平战结合的原

---

① 福建省公路局史志编辑组编:《福建公路史》第 2 册,福建科学技术出版社 1993 年版,第 26 页。

② 《福建情况调查报告》(1953 年 6 月 15 日),载《粟裕文选》第 3 卷,军事科学出版社 2004 年版,第 115 页。

则，加强干线公路的养护，做到通得过、联得上，有迂回路线。

1958年5月，中共中央提出建设社会主义总路线后，全国掀起了"大跃进"和人民公社化运动高潮。面对新形势，交通部提出"全党全民办交通"和"地群普"①修路方针，以期在全国迅速地、大量地普及地方公路，负起"大跃进"的先行官职能。6月，福建省交通厅提出《第二个五年基本建设计划草案》，积极贯彻"地群普"方针，依靠地方党政领导，以民办公助方式，发动群众修路。此时，福建广大乡村"正迫切希望实现车子化，解放肩膀，促进生产"，形成一股群众修路运动，公路里程猛增。1958年，福建基本实现了县县通公路。1959年，福建获得"全国养路红旗"称号。至1960年底，全省公路通车里程达到13268.6公里，大多数的人民公社和生产队都通了汽车。在面向山区普及县乡公路的同时，省公路局还提出"哪里有厂矿，哪里修公路"的口号，抽出60%以上专业筑路队承担修建工矿区、林区、水电站，特别是煤铁专用公路的任务，使工业基地与鹰厦、外福铁路及干线公路相贯通。

解放后，全省公路建设基本上是各地分头修建，公路分布不平衡，尤其是干线，沿海多、山区少，缺乏迂回和补充线，不能形成网络，不适应经济发展和国防需要。特别是在1962年交通战备考验中，福建公路设施暴露出不少薄弱环节，必须抓紧省际联络干线、后方迂回路线及前沿补给路线的建设。有鉴于此，根据平战结合原则和国防需要，1960年3月，福建对全省公路布局进行全面研究调整，提出四经六纬的10条省际干线公路规划，共4863公里。其中，经线主要是北接浙江，南通广东，为纵贯省境的4条干线；纬线主要是由江西省通到福建沿海的主要港口，在福建沿海地带有6个控制点，即赛岐、马尾、涵江、泉州、厦门、东山。这一公路网规划，得到福州军区的重视和支持，对20世纪六七十年代的公路建设起到主导作用。即便在"文化大革命"中，这一公路建设规划仍然得以坚持贯彻实施，并取得了一定成绩。到1965年底，全省通车里程达到14250公里，且质量标准有所提高，路线布局也得到比较合理、系统的调整。

第三阶段，1966年至1976年，为公路建设在曲折中前进阶段。重点是养

---

① 即"依靠地方、依靠群众、普及为主"。

护好既有公路，维持交通顺畅，对必要的新的改建工程，在"文化大革命"中继续施工，并加大新建桥梁和老桥永久化建设。

"文化大革命"前夕，福建公路已经形成公路网的基本骨架，许多县境内也修建了不少县乡公路，但是一些县与县之间还缺乏直接通达的公路干线，不少内地县际的交通运输须迂回到达，对巩固国防、加速"小三线"建设、发展山区经济，都带来不利影响。因此，加强内地干线建设，将一些县与县、边县与邻省之间的断头公路加以联通，成为公路建设的重点。

"文化大革命"期间，福建桥梁建设较为突出。"1962年以后，福建省开始致力桥梁永久化建设，逐步改建危桥。1965年根据战备要求，提出在'三五'期中全省公路桥梁基本实现永久化，并将6处重要渡口改为桥梁。1966年6月，曾发生永安西门大桥因木桥面年久腐朽，群众在桥上观看洪水时，桥栏杆折断，百余人坠入水中，死亡20余人的重大事故。……1966至1976年间新建改建大中桥779座，其中大桥142座"[1]，如漳平卓宅大桥、上杭南门大桥、沙县西门大桥、福州闽江大桥、福州乌龙江大桥、华安金山大桥、龙海郭坑大桥、闽清大桥等。

"文化大革命"期间，公路事业尽管受到冲击，但当时干线公路及重要桥梁建设多属战备工程，在战备要求下，公路建设仍然得到较大的发展，先后修建8条接通邻省的边县公路，修建完成近万公里的县乡公路。"截至1976年底止，全省公路通车里程达到25752公里，其中县乡公路占15293公里。……路面建设大力推广黑色化，柏油路铺设工作逐渐由试验过程摸索出科学发展的道路。……桥梁建设则在大踏步向永久化、现代化迈进，建筑技术和结构型式不断推陈出新，乌龙江、龙海郭坑、闽清等大桥，均于此时建成。到1976年底，全省已建成桥梁4688座。"[2]

新中国成立后，福建支前公路建设的发展，既有力地促进了国防建设，便利了前沿交通，也改变了过去山区人民"千年扁担万年筐，压得背驼腰又

---

[1] 福建省公路局史志编辑组编：《福建公路史》第2册，福建科学技术出版社1993年版，第154页。

[2] 福建省公路局史志编辑组编：《福建公路史》第2册，福建科学技术出版社1993年版，第191—192页。

弯"的困苦落后面貌。

修建鹰厦铁路

中华人民共和国成立初期，台湾国民党军对海上的封锁，加上沿海交通闭塞，既严重制约沿海经济的发展，也影响解放台湾的备战。为此，1954年，中共中央决定抢建鹰（潭）厦（门）、黎（塘）湛（江）两条铁路，以开辟新的港口，巩固东南海防。是年7月，中央军委向铁道兵部队下达了快速修建黎湛、鹰厦铁路的命令。

不过，对于福建来说，修建鹰厦铁路不仅仅是党中央的战略考虑，也是近代以来福建人民的梦想，并且是与著名爱国侨领陈嘉庚的不懈努力分不开的。

"筹建铁路以图自强"是福建人民和闽籍华侨多年来的愿望。孙中山在《建国方略》中也规划了福建铁路的建设。1905年，商办福建全省铁路有限公司向华侨募集资金，于1907年动工修建从嵩屿到江东桥的漳厦铁路，全长28公里。当时，主持铁路修建的是解职归里的陈宝琛，不久，陈宝琛赴京，这条铁路只修了一段便半途而废，成了"前不过海，后不过江"的"盲肠路"。就是这样一段铁路，全国抗战爆发后，也被国民党当局将路轨全部拆毁变卖，车辆、器材被洗劫一空；到厦门解放时，留下的只有几段杂草丛生的废弃路基。直到50年代初期，福建还是没有一寸铁路的省份之一。这种落后的交通状况，对巩固海防和发展经济都造成严重影响。

福建人民和闽籍华侨"修筑闽路"的迫切心愿，在中华人民共和国成立初期受到中共福建省委、省人民政府的重视。1949年9月，闽籍爱国侨领陈嘉庚在北京出席全国政治协商会议第一届全体会议，就向大会提交了修建福建铁路的提案，并获得通过。陈嘉庚这一提案，与党中央正在积极谋划解放台湾的战略方针相契合，引起毛泽东的高度关注。在美国发动侵朝战争以后，毛泽东明确批示："此事目前虽一时不能兼顾，但福建筑路的正确意见，当为彻底支持。"[①] 之后，周恩来总理在第一个五年计划酝酿我国主要建设项目设

[①] 转引自《梁灵光回忆录》，中共党史出版社1996年版，第329页。

想时，就列入修筑一条从南昌到厦门的铁路。据此，铁道部提出了东、西、中三个线路走向方案，并明确修路的目的是"以国防为主，结合经济发展"①。经过勘测、比选，选定东线方案，并分两段建设：第一段由鹰潭到南平，第二段由南平以西的来舟通到厦门，并正式命名为鹰厦铁路。

1951年10月，福建省委书记张鼎丞在建议建筑鹰潭至南平铁路给中央、华东局的报告中，正式把筹建鹰厦铁路提上福建工作日程："关于鹰潭至南平之铁路，中央曾拟建筑，后因朝鲜战争爆发，计划中止，现拟请争取时间，提前建筑，正式列入1952年计划，并即进行筹备。"② 同年12月，党中央和毛泽东批准修建福建铁路，并强调"时间应提早，请考虑能否于三年内修好，以利军事运输"③。周恩来总理强调说："一个海南，一个福建，面对太平洋，靠近台湾，位置很重要。"④

1952年初，陈嘉庚获悉毛泽东和党中央同意并支持修建鹰厦铁路喜讯后，就满腔热情地亲赴闽西、闽北实地考察，提出线路规划建议。特别是在考虑铁路线如何进入厦门的方案问题上，陈嘉庚提出修一条从杏林到集美的不透水的海堤进入厦门的建议，非常具有建设性意义。

1953年6月，厦门海堤修建工作正式启动，1955年10月，高崎至集美海堤建成；1955年11月开始，又用1年时间筑成一座2820米长的杏林至集美海堤。厦门海堤建设，先后组织近万名干部、技术人员和民工，是在顶着台湾国民党飞机空袭扫射情况下完成的，有150多名员工在施工期间被炸死。厦门海堤的建成，是一项移山填海的壮举，使厦门岛变成与内陆连接的半岛，鹰厦铁路成为中国第一条跨海铁路。

鹰厦铁路是福建"一五"计划的重点建设项目之一，由人民解放军铁道兵部队承建，于1955年2月11日动工，是华东地区出海的一条铁路干线。

---

① 舒风：《走进福建六十年》，福建省文史研究馆编印，第212页。
② 中共福建省委党史研究室：《中共福建地方史（社会主义时期）》，中央文献出版社2008年版，第194页。
③ 中共中央文献研究室编：《建国以来毛泽东文稿》第3册，中央文献出版社1987年版，第664页。
④ 舒风：《走进福建六十年》，福建省文史研究馆编印，第212页。

在鹰厦铁路建设过程中，福建全省动员组织了10多万民工参加修建。"1956年12月9日铺轨到厦门，铁路全长694公里，沿途打通46个隧道，构筑1973座桥梁、涵洞。全部工程历时1年零10个月，比原计划提前1年完成；全线修建费用原计划5.5亿元，实际费用近4亿元。"[1] 接着，又一鼓作气，南（平）福（州）铁路也建了起来。从此，福建结束了"省无寸轨"的历史。

在修建鹰厦铁路的同时，福建水陆交通部门在铁路两侧修建了1000多公里的公路和简易公路；整治和开辟了600多公里内河航道。连同过去几年修建的公路和航道，至1957年3月，全省已有可通汽车的公路5000多公里，通汽轮和木帆船的航道4000多公里。全省67个县市有62个县市可通汽车，另外5个县也有帆船可通达。福建新的水陆交通网初步形成，历史上交通落后的情况已有根本改变。

鹰厦铁路的建成通车和水陆交通的初步改善，极大地提高了福建前线战备条件，尤其是提高了战时军事调动的机动能力，坦克、大炮等重型武器也可以迅速运抵海防前线。

---

[1] 《修建鹰厦铁路　助推经济发展》，《福建党史月刊》2009年第19期。

第五章　解放台湾战略部署的调整与炮击金门

国民党的失败使美国大伤脑筋，让美国认为"失去"中国是美国对华政策和对华外交的重大失败。"美国在中国大陆上的赌博已经彻底输光，剩下一个台湾，似乎还想在那里打点什么主意。"① 自此，"在国际舞台上，围绕中国的斗争进入一个新的阶段，这一斗争在煽起亚洲乃至全世界的冷战中起了有力的推动作用"②。

一、美台关系加强与准备解放台湾

美台"共同防御条约"

1953 年 7 月 27 日，《朝鲜停战协定》在板门店签订。抗美援朝战争的伟大胜利，"雄辩地证明：西方侵略者几百年来只要在东方一个海岸上架起几尊大炮就可霸占一个国家的时代是一去不复返了"③。自此，站起来的中国人民在中国共产党的领导下，开始了民族复兴的新征程。

朝鲜战争结束后不久，1953 年 9 月，不甘心失败的美国即与台湾国民党

---

① 《驳斥艾奇逊的无耻造谣》（1950 年 1 月 19 日），载《毛泽东外交文选》，中央文献出版社、世界知识出版社 1994 年版，第 127—128 页。
② ［俄］A. M. 列多夫斯基：《斯大林与中国》，新华出版社 2001 年版，第 398 页。
③ 彭德怀：《关于中国人民志愿军抗美援朝工作的报告》（1953 年 9 月 12 日），载中共中央文献研究室编《建国以来重要文献选编》第 4 册，中央文献出版社 1993 年版，第 379 页。

集团签订了《军事协调谅解协定》,加强对台湾国民党军的控制,在美国的主导和协助下,对中国人民志愿军2万名被俘人员进行"反共义士争夺战",有1.4万多人被"收买、分化和煽动"而选择去了台湾,其中"绝大部分都是原国民党官兵"。① 1954年12月2日,美国与台湾当局签署了"共同防御条约",规定:美国帮助台湾当局维持并发展武装部队;台湾遭到"武装攻击"时,"美国将采取行动",对付"共同危险";美国有在台湾、澎湖及其附近部署陆、海、空军的权利,还可扩及经双方协议所决定的"其他领土"。1955年3月3日条约生效。②

美台"共同防御条约"的签订和实施,旨在使美国侵略中国领土的行为"合法化",将台湾长期作为美国的军事基地,企图制造"两个中国"和"一中一台",长期霸占中国神圣领土台湾。为了围堵新中国,1954年9月,美国还借口实际不存在的所谓"共产党侵略",又拼凑澳大利亚等8个国家缔结"东南亚集体防御条约","任意散布恐惧和疑虑,在亚洲制造分裂,唆使一些亚洲国家反对另外一些亚洲国家"③。

20世纪50年代初,以美国为首的侵略集团"曾经企图从台湾、朝鲜、印度支那三个战线上进行对中国的武装干涉和对亚洲的威胁"④。至1954年初,随着朝鲜战争和印度支那战争的战火被"先后扑灭","美国侵略集团就更加加紧利用盘踞台湾的蒋介石卖国集团,扩大对我国大陆和沿海的骚扰性的和破坏性的战争,以企图进一步加强对中国的干涉和对亚洲的威胁"⑤。

不仅如此,为了阻止苏联扩张,争夺全球霸权,保护自身利益,美国纠

---

① 徐宗懋、闻达:《志愿军战俘在台境遇》,载凤凰周刊编《机密档》(一),中国发展出版社2011年版,第113页。
② 1978年12月15日,美国政府就美利坚合众国和中华人民共和国建交发表的声明宣布,美台"共同防御条约"将予以终止。1980年1月1日起该条约正式废除。
③ 《中国人民一定要解放台湾》(1954年9月23日),载《周恩来军事文选》第4卷,人民出版社1997年版,第351—352页。
④ 《中国人民一定要解放台湾》(1954年9月23日),载《周恩来军事文选》第4卷,人民出版社1997年版,第353页。
⑤ 《中国人民一定要解放台湾》(1954年9月23日),载《周恩来军事文选》第4卷,人民出版社1997年版,第353页。

集其西方伙伴和盟国在全球范围构筑起一道反共的围墙，全力对抗苏联与新中国。为了获得道义上和理念上的正当性，美国还创造了各种反共理论，其中最典型的就是"以自由民主对抗共产极权是人类生存的圣战，罪恶帝国必须摧毁"。

朝鲜战争爆发后，为了拉拢蒋介石台湾当局，美国右派、《时代》杂志等联合鼓噪，将蒋介石塑造为"反共英雄"和"反共先知"，使本已跌到谷底的蒋介石、宋美龄夫妇在美国声望再度回升。台湾当局抓住时机，开动宣传机器，将蒋"总统"树立为"民族救星"及"世界反共巨人"。1957年，蒋介石回忆录——《苏俄在中国》出版，书中指责"中共为苏共之傀儡"，说斯大林和赫鲁晓夫有"赤化世界之策略"，大受美国欢迎。蒋介石成为台湾军民的反共领袖；"反共抗俄"的宣传人员，是那个时代台湾最活跃的队伍，各式标语在台湾四处飘扬。20世纪50年代到60年代，在台、澎、金、马地区，"反共抗俄""反攻大陆，解救同胞""消灭共匪""反共必胜，复国必成"等各式海报标语四处飘扬。为了政治目的，学术探讨和思想自由不被允许；看电影要捐"反共税"，放电影前先播"国歌"，彰显娱乐中不能忘了"反共爱国"。自此，美国政学界以"自由中国"称呼台湾，而以"红色中国"称大陆；美国政府从基本放弃蒋介石政权到朝鲜战争后的协助防卫，将台湾作为冷战战场的一部分。

在美国的指使和援助下，以蒋介石为首的台湾当局以台湾为基地，"整编军事力量，叫嚣进攻大陆，并蓄意挑起世界战争"①，日益猖獗地袭击大陆沿海岛屿，轰炸大陆沿海城市，劫掠大陆沿海渔民，打劫和扣留大陆的商船和同大陆通商的各国船舶，并派遣特务潜入大陆进行破坏活动。

美台"共同防御条约"的签订，意味着中美两国的关系"将会长期紧张下去，更难寻求缓和与转弯的余地"②。

---

① 《中国人民一定要解放台湾》（1954年9月23日），载《周恩来军事文选》第4卷，人民出版社1997年版，第353页。

② 中共中央文献研究室编：《毛泽东年谱（1949—1976）》第2卷，中央文献出版社2013年版，第263页。

第一篇 两岸军事对峙与和平统一的双重变奏
(1949年10月—1979年1月)

重提"解放台湾"

解放台湾，完成祖国统一大业，是以毛泽东为核心的党中央始终铭记在心的一大历史使命。解放台湾的准备工作，虽然受朝鲜战争影响而耽搁了，但"一定要解放台湾"的意志和决心并没有任何动摇。抗美援朝战争的胜利，不仅打破了美国不可战胜的神话，而且还"摸了一下美国军队的底"，即"美帝国主义并不可怕，就是那么一回事"。[1] 朝鲜战争结束后，毛泽东又把谋划解放台湾问题提上党和国家的议事日程。

1954年7月27日，中共中央致电在波兰访问的周恩来。这个电报是邓小平根据毛泽东的指示精神起草的，首次全面系统地阐述了当前对台斗争的形势和任务。其一，人民解放战争的任务仍未结束，因为"在我国大陆解放战争胜利结束和朝鲜战争胜利停战之后，现在我们面前仍然存在一个战争，即对台湾蒋介石匪帮之间的战争，现在我们面前仍然存在一个任务，即解放台湾的任务"[2]。其二，抗美援朝战争结束，必须重提"解放台湾"，党中央认为："在朝鲜停战之后，我们没有及时（约迟了半年时间）地向全国人民提出这个任务，没有及时地根据这个任务在军事方面、外交方面和宣传方面采取必要的措施和进行有效的工作，这是不妥当的。如果我们现在还不提出这个任务，还不进行一系列的工作，那我们将犯一个严重的政治错误。"[3] 其三，重提解放台湾意义重大。党中央指出："提出这个任务的作用，不仅在于击破美蒋军事条约，而更重要的是可以提高全国人民的政治觉悟和政治警惕心，从而激发人民的热情，以推动国家建设任务的完成，并且可以利用这个斗争来加强我们的国防力量，学会海上斗争的本领。"[4]

---

[1] 《抗美援朝的胜利和意义》（1953年9月12日），载《建国以来毛泽东军事文稿》中卷，军事科学出版社、中央文献出版社2010年版，第175页。

[2] 中共中央文献研究室编：《毛泽东年谱（1949—1976）》第2卷，中央文献出版社2013年版，第263页。

[3] 中共中央文献研究室编：《毛泽东年谱（1949—1976）》第2卷，中央文献出版社2013年版，第263页。

[4] 中共中央文献研究室编：《毛泽东年谱（1949—1976）》第2卷，中央文献出版社2013年版，第263页。

在"解放台湾"采取的措施方面，从政治、军事及海军、空军建设等领域进行周密部署。在政治上，开始"必须收复台湾和揭露美蒋的宣传"，"以外交部长的名义就台湾问题发表一个公开声明，接着由各党派发表一个联合声明，然后根据两个声明，在全国人民中进行广泛深入的、长期经常的宣传教育工作。此外，我们正在组织专门对台湾的广播工作"①。在军事上，由军委发出专门指示，"加强沿海对蒋匪的海空斗争，同时严格规定我海空军的作战目标只能限于蒋介石的军用飞机和军舰，对于美国飞机和军舰除了它们向我军攻击的情况之外，不许向它们作任何主动的攻击"②。在加强海军、空军建设上，指出"鉴于我们与美蒋在沿海的斗争是一个很长期的事情，而我们的军队在海上斗争的能力和经验又极缺乏的情况，加强海空军建设，成为我国军队建设的一个长期任务"③，其中"海军拟采取'先艇后舰'的建设方针，我们的空军必须学会在海上作战的本领"④。为了适应目前时期对台紧急斗争的需要，"拟在今后三年内向苏联增加一批海空军装备的订货，军委已提出约五亿卢布的货单，在财政预算上没有困难，但在外汇上还须多想办法"⑤。

解放台湾需要有强大的军事准备，也是一项长期的复杂斗争，既要重视军事准备，特别是要加强海军和空军建设，"海、空两军搞强大起来了，就能够收复台湾"⑥，又不能单纯从军事出发，而必须把军事、政治、外交、经济等因素同时加以考虑。

1953年12月4日，毛泽东在中共中央政治局会议上审查海军建设五年计

---

① 中共中央文献研究室编：《毛泽东年谱（1949—1976）》第2卷，中央文献出版社2013年版，第263—264页。

② 中共中央文献研究室编：《毛泽东年谱（1949—1976）》第2卷，中央文献出版社2013年版，第264页。

③ 中共中央文献研究室编：《毛泽东年谱（1949—1976）》第2卷，中央文献出版社2013年版，第264页。

④ 中共中央文献研究室编：《毛泽东年谱（1949—1976）》第2卷，中央文献出版社2013年版，第264页。

⑤ 中共中央文献研究室编：《毛泽东年谱（1949—1976）》第2卷，中央文献出版社2013年版，第263—264页。

⑥ 中共中央文献研究室编：《毛泽东年谱（1949—1976）》第2卷，中央文献出版社2013年版，第268页。

划时，指示："为了肃清海匪的骚扰，保障海道运输的安全；为了准备力量于适当时机收复台湾，最后统一全部国土；为了准备力量，反对帝国主义从海上来的侵略，我们必须在一个较长时期内，根据工业发展的情况和财政的情况，有计划地逐步地建设一支强大的海军。在第一个五年计划时期内，国家机构经费（军政两项经费）占全部国家支出，最后要达到不超过百分之三十。"① 在会上，朱德建议解决台湾问题可以分两步走：第一步是"清理门户"，就是把沿海那些还被国民党军队占领的岛屿夺取过来，把我们的门户打扫干净；第二步集中力量攻击台湾，一举拿下。1954年5月15日至20日，人民解放军先后攻占了大陈列岛的东矶山、头门等岛屿。与此同时，根据毛泽东和中央军委的部署，人民解放军的海军、空军部队开始向东南沿海地区集中，精锐力量自朝鲜撤军后，也陆续调入这一地区。

1954年8月，毛泽东在《对海军党委报告的批语》中指示：鉴于解放台湾战争的长期性，"要在准备解放台湾的战争中建设海军"②。1954年8月11日，在中央人民政府委员会第三十三次会议上，毛泽东发表了关于解放台湾问题的讲话。这次讲话，全面系统阐述了解放台湾的有关问题。其一，为什么要强调解放台湾？他说："解放台湾，这个方针不是今天才提出的，它是早已就提出过了。现在把它提出来，是为了强调它。从前在抗美援朝的时候，我们讲过边打边建，现在还是边打边建，在现在更应该是建。"③ 其二，强调解放台湾是一项长期的斗争。他说："解放台湾的时间也不会很短。要知道，蒋介石有两种。一种是过去在大陆上的蒋介石，一种是在水里的蒋介石。过去在没有水的地方打仗，我们有经验，但是在水里打仗的经验就缺乏了。我们不应该轻视现在的蒋介石。"④ 其三，指出收复台湾不是单纯的军事问题，

---

① 《有计划地逐步地建设一支强大的海军》（1954年4月15日），载《周恩来军事文选》第4卷，人民出版社1997年版，第331页。

② 参见《对海军党委报告的批语》（1958年4月）注释，载《建国以来毛泽东军事文稿》中卷，军事科学院出版社、中央文献出版社2010年版，第225页。

③ 中共中央文献研究室编：《毛泽东年谱（1949—1976）》第2卷，中央文献出版社2013年版，第268页。

④ 中共中央文献研究室编：《毛泽东年谱（1949—1976）》第2卷，中央文献出版社2013年版，第268页。

还涉及外交、宣传、政治、经济等方方面面。他说:"我们要搞海军、空军。台湾能不能收复?……海、空两军搞强大起来了,就能够收复台湾,这里面有军事工作、外交工作、宣传工作、政治工作。政治工作,主要是讲团结,特别是沿海各省的团结。宣传也是件很大的工作,各民主党派都要做。同时,收复台湾也是个经济工作,如修建铁路,现在福建的经济和对国外的通商,因为有蒋介石,是个很大的障碍。……我们是可以收复台湾的,因为台湾是我们的,美国在这个问题上是最孤立的。"①

1954年8月11日,中央人民政府委员会通过决议,号召全国人民和中国人民解放军,从各方面加强工作,为解放台湾、消灭蒋介石卖国集团,完成我中国人民的神圣解放事业而奋斗。8月22日,中国各民主党派各人民团体为响应中央人民政府的号召发表了关于解放台湾的联合宣言,强调"台湾是中国领土不可分割的一部分","解放台湾是中国内政,决不允许任何外国干涉",表达了中国人民不可动摇的共同意志。

与此同时,为加强福建前线军事战备,中央军委决定由朝鲜回国的高炮第六十四、六十三、六十五师和炮兵第九师入闽,执行对空作战任务。1954年8月1日,朱德在纪念中国人民解放军建军27周年大会的讲话中,要求陆、海、空三军指战员加强政治、军事训练,为解放台湾、保卫祖国而斗争。从1954年9月份起,福建军区部队积极进行解放台湾的准备工作。其一,进行普遍、深入、持久的政治动员,充分说明解放台湾的重大意义,明确解放台湾是一个长期、全面、复杂、艰巨的斗争任务,说明我们的有利条件和困难情况。其二,积极主动地对国民党军实施全面斗争。不断寻找战机,主动打击敌人,争取一切可能,逐次攻占沿海国民党军盘踞岛屿;同时,加强沿海、岛屿守备,加强防空,加强海上斗争和边防斗争,加强对敌政治攻势,分化瓦解敌人。其三,加紧进行部队革命化、现代化、正规化建设,积极贯彻"边打边建"方针。

1954年10月18日,毛泽东在主持召开国防委员会第一次会议上指出:

---

① 中共中央文献研究室编:《毛泽东年谱(1949—1976)》第2卷,中央文献出版社2013年版,第268页。

第一篇　两岸军事对峙与和平统一的双重变奏
(1949年10月—1979年1月)

"蒋介石卖国集团现在还盘踞在台湾，全国解放战争在台湾这一部分还没有完成。……除了工业问题以外，还有建军问题和作战问题。我们现在的作战任务是解放台湾，将来的作战任务是防御帝国主义的侵略。"①

1955年1月，中国人民解放军胜利地解放一江山岛之后，美国政府一面加紧军事行动，进行战争挑衅，另一面策动通过联合国进行所谓停火的诡计，来干涉中国人民解放台湾。对此，在外交上，中国政府宣告"解放台湾是中国的主权和内政，决不容他人干涉"②。"中国人民必须解放台湾，美国必须停止对中国内政的干涉，美国的一切武装力量必须从台湾和台湾海峡撤走。"③在策略上，把握好两点：一是"即使夺取马祖和金门的准备工作作好，是否就发起军事行动，也还要看当时美国军队在沿海岛屿地区的具体情况再定"④；二是"我们宁可让美国人在一个时期内事实上占领台湾而不去进攻台湾，但不能承认美国的占领合法化，不能放弃解放台湾的口号，不能承认两个中国"⑤。为了打破美国搞"两个中国"的阴谋活动，人民解放军继1953年初小规模炮击金门后，又在1954年9月3日、22日，两次重炮轰击金门，向世界表明：中国政府有能力解放台湾，坚持祖国统一的原则立场和坚决打破外部势力分裂中国图谋的决心。

为了加强福建前线军事领导工作，1955年6月，根据中央军委电示，以福建军区司令部为主，南京军区予以加强，组建福建前线指挥所，下设空军前指、海军前指。叶飞为司令员兼政治委员，皮定均、聂凤智、彭德清为副司令员，刘培善为副政治委员，王德、黎有章为正、副参谋长。

---

　　① 中共中央文献研究室编：《毛泽东年谱（1949—1976）》第2卷，中央文献出版社2013年版，第300页。
　　② 中共中央文献研究室编：《毛泽东年谱（1949—1976）》第2卷，中央文献出版社2013年版，第339页。
　　③ 中共中央文献研究室编：《毛泽东年谱（1949—1976）》第2卷，中央文献出版社2013年版，第339—340页。
　　④ 中共中央文献研究室编：《毛泽东年谱（1949—1976）》第2卷，中央文献出版社2013年版，第349页。
　　⑤ 中共中央文献研究室编：《毛泽东年谱（1949—1976）》第2卷，中央文献出版社2013年版，第349页。

1955年9月3日，国防部长彭德怀到福建军区视察，主要了解和指导福建军区的战备工作。通过调查研究，确定了"确保福（州）厦（门）、夹路（铁路）夹江（闽江）设防"的方针。

二、"和平解放台湾"的提出

朝鲜战争结束后，以美国为首的帝国主义阵营和以苏联为首的社会主义阵营之间的对峙以及冷战的世界格局并未改变，战争危险依然存在。1954年12月，美国与蒋介石集团签订"共同防御条约"后，加大干涉台湾问题的力度，不断向岛内派驻军事力量，使我武力解决台湾问题的风险挑战急剧增加。同时，美国为使台湾问题复杂化、国际化，还企图说服台湾当局放弃金门、马祖等沿海岛屿，并在联合国策动"一中一台""两个中国"议题，从而达到"划峡而治"的图谋。

但从整个国际局势来看，世界和平力量超过战争力量，国际战略形势趋于缓和。尽管朝鲜停战后美国继续执行扩军备战政策，在中国周边建立军事基地，中国的国家安全仍然面临美国的威胁，但是，随着世界和平运动的日益发展，毛泽东和党中央认为美国发动战争的可能性不大。基于此，中共中央果断决定将国家工作的重心逐渐转到经济建设方面。1953年底1954年初召开的全国军事系统党的高级干部会议，明确了军事建设的总方针和总任务，即"建设世界上优良的现代化革命军队，以保卫我国的社会主义建设，防御帝国主义侵略，主要是防御美帝国主义和日本军国主义的侵略"，为和平时期人民解放军建设指明了方向。

随着国际国内形势的逐步好转，"和平解放台湾的可能性正在增长"。主要体现在：一是因为"我们是一个新中国，虽然号称大国，但是力量很弱。在我们面前站着一个强大的对手，那就是美国。美国只要有机会，总要整我们"①；二是"国际局势趋向缓和，美国使用武力侵占台湾和干涉中国内政的行为，遭到了越来越多爱好和平的国家和人民的反对"②；三是朝鲜战争后，中央军委决定"力量向前伸"，进行浙东沿海岛屿的解放战争，到1955年1月解放了除台湾、澎湖、金门、马祖以外的全部沿海岛屿，新中国的沿海安全也有了基本保障；四是从1955年下半年起，随着党的对台政策的调整和中美大使级会谈的开始，台海剑拔弩张的局势趋于缓和。

有鉴于此，以毛泽东为核心的党中央在思考解决台湾问题上，考虑得更务实、更全面、更长远，逐步把对台大政方针从"武力解放台湾"调整为"和平解放台湾"。也就是毛泽东所说的："我们跟蒋介石就是先礼后兵，有这么两手，和平一手，战争一手。"③

1954年12月5日，周恩来在接见缅甸总理吴努时，表达了"和平解放台湾"的愿望，指出"解放台湾问题，对我们来说，如果能和平解决，何必诉诸战争。但是，和平解放台湾的前提条件一定要肯定台湾是中国的。中立化台湾、台湾独立国、公民投票都是行不通的"④。1955年2月3日，周恩来在向出席全国计划工作会议代表所作的报告中，讲到中央关于台湾问题的方针时指出："台湾可以和平解放。我们要提出这样的响亮口号。这个口号什么时候公开提出，要看形势的发展。就是谈判和平解放，也要有力量才能实现。"并且强调："解放台湾的斗争，既是军事斗争，又是政治斗争和外交斗争。这个斗争是很复杂的，也是长期的。对此，我们应该做全面的估计，从各方面来配合进行，来承担这个历史还没有完成的解放全中国领土的任务。"⑤

---

① 中共中央文献研究室编：《毛泽东年谱（1949—1976）》第2卷，中央文献出版社2013年版，第390页。

② 《台湾的解放一定能够实现》（1956年6月28日），载《周恩来选集》（下卷），人民出版社1984年版，第200页。

③ 中共中央文献研究室编：《毛泽东年谱（1949—1976）》第3卷，中央文献出版社2013年版，第360页。

④ 中共中央文献研究室编：《周恩来年谱（1949—1976）》上卷，中央文献出版社1997年版，第428页。

⑤ 中共中央文献研究室编：《周恩来年谱（1949—1976）》上卷，中央文献出版社1997年版，第428页。

1955年3月，中国共产党全国代表会议在北京召开，刘少奇在会上向全党系统阐述了我们党"和平解放台湾"的方针。他说："解放台湾是长期的、复杂的斗争。不经过长期的、各方面的、首先是军事方面的努力，这个任务是不可能完成的。我们解放台湾的斗争，是中国人民解放战争的继续……但是，由于美国事实上占领着台湾，并且公开干涉我国解放台湾，因而解放台湾的斗争便又包含着复杂的外交斗争。"而用和平方式解放台湾是有前提的，那就是"这只有美国从台湾和台湾海峡撤走了它的武装力量之后，才是可能的。而且这完全是中国的内政，只能完全由中国自己处理，不容任何外国来干涉"。为此，他同时表示"我们不放弃任何对我们有利的举行国际谈判的机会，我们也要坚决地有把握地进行解放沿海岛屿和台湾的军事斗争"。[①]

1955年4月，周恩来在亚非会议上发表声明，中国人民愿意在可能的条件下，争取用和平方式解放台湾。中国愿意同美国坐下来谈判，以消除台湾地区的紧张局势，以后就通过英国与美国达成了大使级谈判协议。这就是毛泽东所说的："用谈判来解决问题，试试看。况且朝鲜战争和印度支那战争最后都是用谈判解决的，台湾问题也可以用谈判解决。"[②] 周恩来在亚非会议上的声明，是中国政府向外界表达中国在可能的条件下和平解放台湾的信息。5月13日，周恩来在全国人大常委会会议上报告亚非会议情况时明确指出，解放台湾有两种可能的方式，即战争的方式和和平的方式。中国人民愿意在可能的条件下，采取和平的方式解放台湾。7月30日，周恩来在第一届全国人大第二次会议的报告中进一步指出，"只要美国不干涉中国内政，和平解放台湾的可能性会继续增长"，"如果可能的话，中国政府愿意同台湾地方的负责当局协商和平解放台湾的具体步骤"。[③]

1956年1月29日，毛泽东在中央政治局扩大会议上在谈到台湾问题时，总结近年来争取和平解放台湾的可能性："我国政府一年来再三指出：除了用

---

① 《建国以来刘少奇文稿》第7册，中央文献出版社2008年版，第136—137页。
② 《和平为上》（1955年5月26日），载《毛泽东外交文选》，中央文献出版社、世界知识出版社1994年版，第211页。
③ 中共中央文献研究室编：《建国以来重要文献选编》第7册，中央文献出版社1993年版，第4页。

战争方式解放台湾以外,还存在着用和平方式解放台湾的可能性。这样,我国大陆人民和台湾人民就有一种共同的爱国责任,这就是除了积极准备在必要的时候用战争方式解放台湾以外,努力争取用和平方式解放台湾。"① 1月30日,周恩来在《中国人民政治协商会议第二届全国委员会常务委员会工作报告》中正式发出"为争取和平解放台湾,实现祖国的完全统一而奋斗"的号召,并代表中国人民和中国政府宣布:凡是愿意走和平解放台湾道路的,不管任何人,中国人民都将宽大对待,不咎既往,也不管他们过去犯过多大的罪过。2月,中国共产党进一步提出"为争取和平解放台湾而奋斗"②的口号。

香港、澳门是新中国对台工作一个重要而又特殊的宣传统战基地。1956年5月28日,毛泽东和谭震林、罗瑞卿、杨尚昆等在广州小岛招待所听取中共广东省委关于港澳问题的汇报。毛泽东强调指出:香港暂时还是不收回来好,我们不急,目前对我们还有好处,现在拿过来不见得有利。提到宣传工作时,毛泽东说:"能够利用香港一些报纸登一些对我们有利的东西,透到台湾去,这就很好了。要他们不骂我们是不可能的,这样它就会起不了这个作用。一条消息又骂又帮是可以的,七分骂我、三分帮我这才对头。"③ 在经济上,为了配合和平解放台湾工作,党中央明确开展对台贸易的方针,即通过香港、澳门同台湾进行贸易,"通过贸易配合解放台湾的任务。在贸易上争取同台湾方面人士,特别是同台湾实力派人士建立联系,以减少对立情绪,增加了解"④。由于当时不可能与台湾开展直接贸易,大陆开展对台贸易的渠道主要有两个:一是鉴于港澳华商是两岸共同争取的重要目标,"主要是通过香港,以间接或直接的方式同在香港的台湾办庄和其他台湾商人进行业务联

---

① 中共中央文献研究室编:《毛泽东年谱(1949—1976)》第2卷,中央文献出版社2013年版,第522页。

② 《为争取和平解放台湾而奋斗》,《人民日报》1956年2月4日社论。

③ 中共中央文献研究室编:《毛泽东年谱(1949—1976)》第2卷,中央文献出版社2013年版,第580—581页。

④ 欧阳湘:《从广交会看两岸的经贸关系(1957—1991年)》,《当代中国史研究》2020年第1期。

系"，并"通过他们的联系逐步同台湾方面的有力人士挂钩"；① 二是充分利用广交会及其前身中国出口商品展览会作为开展对台贸易的重要平台，通过港澳开展对台转口贸易，一些台商以侨商或港商的身份参与广交会，在一定程度上推动了两岸军事对峙状态下间接贸易的发展。

1956年6月28日，周恩来在第一届全国人大第三次会议上，代表中国政府正式表示："我们愿意同台湾当局协商和平解放台湾的具体步骤和条件，并且希望台湾当局在他们认为适当的时机，派遣代表到北京或其他适当的地点，同我们开始这种谈判。"② 7月29日，中共中央专门发出《关于加强和平解放台湾工作的指示》，强调要努力做好台湾国民党军政负责人员的工作，以促成台湾的和平解放。

作为新中国成立后的第一次全国党代会，中共八大把"实现国家工业化""完成解放台湾的任务""维护世界和平"，作为党和人民建设新中国的三大任务，并写入新修改的党章。1956年9月，中共八大郑重宣告："我国政府应当争取用和平方式解放我国的领土台湾，但是也要准备在不能和平解决的时候，采取其他的方式达到解放台湾的目的。"③ 这是党的正式文件首次提出和平解决台湾问题。

1957年5月25日，毛泽东会见伏罗希洛夫一行时，说明为什么要提出"和平解放台湾"的原因，他说："现在要使蒋介石和美国的矛盾发展起来，使我们和蒋介石的矛盾缓和一下。我们提出了愿意和台湾和平的口号，我们不急于和美国建立外交关系。"④

1958年金门炮战后，毛泽东和党中央仍然竭力争取和平解决台湾问题。毛泽东说："解决台湾问题是中国的内政，这点我们是要坚持的。虽然如此，

---

① 欧阳湘：《从广交会看两岸的经贸关系（1957—1991年）》，《当代中国史研究》2020年第1期。

② 《台湾的解放一定能够实现》（1956年6月28日），载《周恩来选集》（下卷），人民出版社1984年版，第202页。

③ 《中国共产党第八次全国代表大会关于政治报告的决议》（1956年9月27日），中共中央办公厅编《中国共产党第八次全国代表大会文献》，人民出版社1957年版，第817页。

④ 中共中央文献研究室编：《毛泽东年谱（1949—1976）》第3卷，中央文献出版社2013年版，第162页。

我们不打。美国人在那里,我们去打吗?我们不打。美国人走后,我们就一定打吗?那也不一定。我们要用和平方法解决台湾问题。我国好多地方就是用和平的方法解决的。"①

在推动和平解放台湾的进程中,以毛泽东为核心的中共中央曾提出不少富有创造性的新思路新思想。

其一,台湾问题是国共两党内战的延续。对这一两岸性质的认定问题,毛泽东旗帜鲜明地指出:"在台湾国民党没有同我们举行和平谈判并且获得合理解决以前,内战依然存在。"② "台、澎、金、马整个地收复回来,完成祖国统一,这是我们六亿五千万人民的神圣任务。这是中国内政,外人无权过问,联合国也无权过问。"③

其二,进行第三次国共合作的可能性。台湾问题是国共内战的遗留问题。1956年9月30日,毛泽东在中南海勤政殿会见印度尼西亚总统苏加诺,首次谈到进行第三次国共合作的可能性:"我们要同蒋介石恢复友好和合作关系,我们过去合作过两回,为什么不能合作三回呢?但是蒋介石反对。"④ 这是毛泽东首次公开提出进行第三次国共合作的倡议。1956年12月,周恩来在印度加尔各答记者招待会上谈到台湾问题时说:"中国政府正在尽一切努力来争取和平解放台湾,并且努力争取蒋介石。"周恩来还特别指出:"如果台湾归还中国的话,那么蒋介石就有了贡献了,而他就可以根据他的愿望留在他的祖国的任何一个地方。"⑤

其三,提出统一台湾进程中的合作交流、制度安排等设想问题。1956年

---

① 《同斯诺谈台湾问题及其他》(1960年10月22日),载《毛泽东外交文选》,中央文献出版社、世界知识出版社1994年版,第453页。
② 中共中央文献研究室编:《毛泽东年谱(1949—1976)》第3卷,中央文献出版社2013年版,第463页。
③ 《中美两国没有开战,无火可停》(1958年10月),载《毛泽东外交文选》,中央文献出版社、世界知识出版社1994年版,第359页。
④ 中共中央文献研究室编:《毛泽东年谱(1949—1976)》第2卷,中央文献出版社2013年版,第642—643页。
⑤ 《在印度加尔各答记者招待会上的答问》(1956年12月9日),载中共中央文献研究室编《周恩来答问录》,人民出版社2016年版,第222页。

10月3日，毛泽东在中南海颐年堂会见新闻记者曹聚仁时，首次谈到一旦实现第三次国共合作，统一台湾进程中的合作交流、制度安排等设想问题。他说："台湾只要同美国断绝关系归还祖国，其他一切都好办。现在台湾的连理枝是接在美国的，只要改接到大陆来，可派代表参加人民代表大会和政协全国委员会，台湾一切照旧。台湾何时进行民主改革和社会主义改造，则要取得蒋先生的同意后才做，现在可以实行三民主义。可以同大陆通商，但是不要派特务来大陆破坏。"① 接着，毛泽东进一步谈到推动两岸联系交往的想法："最近他们派特务从香港运了几十个定时炸弹来，企图破坏八大和国庆节。我们也不派'红色特务'去破坏他们。谈好了可以定个协定公布。我们现在已不骂蒋介石了。大陆上的人民对蒋的仇恨也慢慢淡了。我们也不会拿从前蒋对我们的办法对付他，因为没有必要。目前台湾为了对付美国和内部，可以反共，因为他们要生存。台湾可以派些人来大陆看看，公开不好来可以秘密来。"② 毛泽东这一创造性设想，可以说是对"和平解放台湾"方针的生动诠释，并对后来"和平统一、一国两制"方针的提出具有导向性意义。

其四，解决台湾问题是中国的内政，反对"两个中国"。而且，中国的两岸问题与东、西两个德国，南、北朝鲜及苏联的远东共和国等问题的性质不同，因为"台湾和中国大陆的分裂，并无任何国际协定来规定"③。

其五，"要尽快收回台湾"，关键是"我们要把自己建设强大"。④ 1963年，周恩来根据毛泽东的对台工作思想和中央对台政策精神，结合自己的实践体会，科学地概括出"一纲四目"思想，并得到毛泽东及中央其他领导人的认可。其中，"'一纲'即台湾必须统一于中国。'四目'为：(1) 台湾统一于祖国后，除外交必须统一于中央外，台湾之军政大权、人事安排等悉委于

---

① 中共中央文献研究室编：《毛泽东年谱（1949—1976）》第3卷，中央文献出版社2013年版，第4—5页。

② 中共中央文献研究室编：《毛泽东年谱（1949—1976）》第3卷，中央文献出版社2013年版，第5页。

③ 《关于台湾问题》（1959年5月、10月），载《毛泽东外交文选》，中央文献出版社、世界知识出版社1994年版，第381页。

④ 中共中央文献研究室编：《毛泽东年谱（1949—1976）》第2卷，中央文献出版社2013年版，第643页。

蒋介石。(2) 台湾所有军政及经济建设一切费用不足之数，悉由中央政府拨付（当时台湾每年赤字约 8 亿美元）。(3) 台湾的社会改革可以从缓，必俟条件成熟并尊重蒋的意见，协商决定后进行。(4) 双方互不派特务，不做破坏对方团结之举"[①]。"毛泽东一再表示，台湾当局只要一天守住台湾，不使台湾从中国分裂出去，大陆就不改变目前的对台关系。"[②] 周恩来总结概括的"一纲四目"，把毛泽东用和平方式解放台湾构想进一步明确和具体化了，实际上体现了在一个国家里实行两种制度的意涵。"一纲四目"既维护了民族大义，又尊重了台湾的现实，可以说是一个合情合理地解决台湾问题的方针，为争取实现第三次国共两党合作指明了方向。

解决台湾问题，完成祖国统一，成为全体中国人民一项庄严而神圣的使命。新中国成立的前 30 年，经历了从"一定要解放台湾"到"随时解放台湾"，从"推迟解放台湾"到"和平解放台湾"，但总的来看，中国共产党和中国政府解决台湾问题的主流是争取"和平解放台湾"，并为之进行了不懈努力。这种不懈努力，为后来"和平统一，一国两制"对台方针的提出和实施奠定了良好基础。

三、炮击金门

炮击金门，是中国人民解放军于 1953 年 1 月至 1979 年 1 月，在福建对当时国民党踞守的岛屿，采取有计划、有目的断续进行的特殊炮击行动。这一重大而特殊的军事行动，是中央军委和毛泽东主席亲自指挥的，是以地面炮兵为主，海军、空军共同参加的三军联合作战。这一作战行动，巧妙运用军事手段与政治、外交斗争相结合的斗争策略，始终掌握斗争主动权，赢得了胜利。

[①] 中共中央台湾工作办公室、国务院台湾事务办公室编：《中国台湾问题》，九州图书出版社 1998 年版，第 65 页。

[②] 中共中央台湾工作办公室、国务院台湾事务办公室编：《中国台湾问题》，九州图书出版社 1998 年版，第 65 页。

组建福州军区

中华人民共和国成立后,台湾国民党当局在美国支持下,不断派遣陆海空军以金门、马祖等岛屿为前哨据点,对大陆东南沿海地区进行袭扰和破坏活动,妄图进而"反攻大陆"。从 1955 年下半年中美大使级会谈开始,台海的剑拔弩张局势有所缓和,但是,"美帝国主义侵略集团没有放弃军事侵略计划,坚持仇视我国人民的政策,霸占我国领土台湾,在我国邻近组织军事侵略集团,建立军事侵略基地,并且正在用新式武器加强这些基地,因此,防御帝国主义的侵略,保卫我国建设的安全,就成为我军今后最主要的任务"[①]。就像毛泽东说的:美国把"它的防线摆在南朝鲜、台湾、印度支那,这些地方离美国那么远,离我们倒很近。这使得我们很难睡稳觉"[②]。

为了加强对台军事斗争和防御帝国主义的侵略,保卫东南沿海的安全,也为了适应平时领导国防建设和战时指挥作战的需要,1956 年 7 月 1 日,根据中华人民共和国国务院 4 月 22 日命令,将南京军区所辖福建、江西两个省军区划出,专门成立福州军区,直属国防部建制、领导;叶飞任司令员兼政治委员,皮定均、刘永生为副司令员,黎有章为参谋长。福州军区兼福建省军区,辖江西军区和军区炮兵、工程兵、公安军及驻两省的陆军、特种兵等部队。军区机关驻福州市。1957 年 5 月,福州军区免兼福建省军区,以军区公安军机关改编为福建省军区。1958 年 8 月组成军区空军司令部,10 月组成海军驻闽部队领导机关。辖区内海、空军的作战行动归军区指挥。1959 年,组建守备部队。1969 年 8 月,军区工程兵机关缩编为军区司令部工程兵部。12 月,组建福建、江西生产建设兵团(1974 年撤销)。1974 年 2 月,组建军区军政干部学校(后改为南昌陆军学校)。1982 年 11 月,军区炮兵机关与军区司令部装甲兵部合并为军区司令部特种兵部。

[①] 《彭德怀同志的发言》,载中共中央办公厅编《中国共产党第八次全国代表大会文献》,人民出版社 1957 年版,第 217 页。

[②] 转引自杨会清:《建国初期毛泽东的周边外交战略》,载《湖南第一师范学院学报》2014 年第 5 期。

隶属福州军区的福建前线部队,是1956年至1985年进入人民解放军序列的一支英雄部队,是海峡两岸军事对峙时期关系发展的"晴雨表"。这支曾经让台湾国民党当局如坐针毡的英雄部队,完成了震惊世界且经历时间最长的特殊战争——金门炮战。

1985年6月,中央军委决定将全国11个大军区合并整编为7个大军区;福州军区与南京军区合并,整编为新的南京军区。福建、江西两省军区和辖区内的野战军、地方部队及院校等,随之划归南京军区建制。8月30日,福州军区机关停止办公。至此,因解放台湾而设、历时29年的福州军区成为人民解放军的光辉历史。

八二三炮战

以蒋介石为首的国民党集团败退台湾后,不甘心其在大陆的失败,不断派出空军飞机对大陆沿海城市和东南地区"进行侦察、轰炸、扫射、空降、空投等破坏活动,并以海军舰艇和武装船只在台湾海峡炮击、抓捕、劫夺大陆渔船、运输船、商船和与中国通商的外国海轮。同时,以其占据的金门、马祖等沿海岛屿为基地,不断对大陆沿海地区进行登陆窜犯和武装袭扰,频繁炮击过往的大陆船只及其岛屿附近的大陆沿海地区"。而美国侵占台湾后,把它的势力渗透到台湾的政治、军事、经济、文化各个方面,并且施展它所惯用的分裂阴谋,在台湾内部制造猜疑倾轧,企图加强控制,从中渔利,实际上"把台湾当作自己的殖民地,同中国讨价还价"。①

1954年日内瓦会议和平解决朝鲜和印度支那问题后,世界紧张局势逐步走向缓和,中国政府审时度势调整对台政策,提出争取解决台湾问题的愿望,并与美国召开大使级会谈。但是,朝鲜停战以后,美国采取"遏制中国"的政策,出席会谈主要是迫于世界和平舆论压力,无意解决原则性的实质问题,甚至无理要求中共必须先放弃"武力犯台",于1957年12月单方面宣布中止中美大使级会谈,企图事实上将海峡两岸分裂的状况永远固定下来。在此期

---

① 《台湾的解放一定能够实现》(1956年6月28日),载《周恩来军事文选》第4卷,人民出版社1997年版,第380页。

间,美国还公然在台湾部署了可携带核弹头且可深入数百公里以打击中国大陆腹地目标的"斗牛士"导弹,妄图以武力威胁中国,迫使中国就范。

在美国的支持下,台湾国民党当局的反共气焰日益高涨,加紧"反攻复国"步伐。1957年11月28日,蒋介石下令出动11万国民党军,在台湾全岛范围内进行代号为"昆阴"的军事大演习,随后,又将三分之一的地面作战部队重新布置到金门、马祖等前沿岛屿。在金门,设立防卫部,以胡琏为司令,下辖6个步兵师和特种兵部队,共9.6万余人,其中特别加强炮兵力量,共有地面炮兵31个营又2个连,火炮达380门;在马祖,集结了32个步兵师、4个独立炮兵营、2个高炮营,计4万人。① 与此同时,国民党海军也收缩集结于金、马地区。此间,金门国民党炮兵还经常对厦门岛及福建前沿阵地、广播站、雷达、船只等目标实施射击。

为了配合国民党台湾当局的"反攻复国"计划,福建的残余匪特还多次组织反革命暴乱。一是1958年4月19日,江西上饶县白塔乡反革命组织"中国大陆军"30余人进行暴乱,经我民警和民兵围捕,21日即告平息。二是1958年5月,反革命组织"中国和平军"100余人,在福建长汀、宁化、清流、连城4县接合部进行武装暴乱,经我地方武装、民警及4县基干民兵7天围剿后平息。三是1959年1月13日,南平军分区与公安部门配合,将1958年11月20日于建瓯、政和、屏南交界地区暴乱的股匪"顺天会""保民军"全部歼灭。四是1959年7月7日至14日,福建龙岩军分区和当地公安部门密切配合,破获上杭县反革命组织"中国人民革命建国党",捕获匪首及骨干分子38人,另有30余人自首,粉碎了其组织武装暴动的阴谋。

面对国民党军的军事挑衅,福建前线军民也积极加强战备。一是抢修了一批空军机场、海军港口和其他战备工程。如:1955年至1957年,修建了7个飞机场,准备了空军转场入闽的地面条件;建设三都澳等军港,由海军南下闽海驻防;加强防空部队火力,布置了强大的海岸炮兵,布设了千里雷达网。二是解放军铁道兵入闽,修建鹰厦铁路,改变了福建没有一寸铁路的历

---

① 中共福建省委党史研究室:《中共福建地方史(社会主义时期)》,中央文献出版社2008年版,第442页。

史,解决了战备运输的问题。三是根据福建地区防空作战需要,1955年9月14日,国防部决定在福州组建防空军第一军,统一领导防空部队。这是中国人民解放军成立的首个防空军军部。1957年6月12日,防空军第一军改称空军第一军。这样,从根本上改变了福建海防状况。

为粉碎以蒋介石为首的国民党集团"反攻大陆"的梦想和严惩国民党军各种军事挑衅破坏活动,打击美国在台湾海峡的侵略气焰,避免台湾问题的永久化和固定化,中共中央决定加强对台海方向的军事斗争——炮击金门。中国人民解放军在福建前线对据守金门诸岛的国民党军进行惩罚性炮击封锁行动,先后进行了4次炮战,即1954年的"九三"炮战、1957年的"六二四"炮击小金门、1958年的"八二三"炮击金门、1960年的"六一七"反美炮击示威。其中,1958年8月23日"万炮轰金门"的炮战,是这四次炮战中规模最大、持续时间最长、影响最大的一次。

第一次较大规模炮击金门是在1954年9月,是为了揭露美台策划签订"共同防御条约"的阴谋,表明反对美国干涉中国内政的严正立场。福建前线炮兵部队奉命于3日和22日,对金门实施两次大规模炮击:第一次是9月3日,主要炮击敌舰艇;第二次是9月22日,主要炮击敌指挥机关、军事设施和压制敌炮兵。两次炮击,共击沉、击伤国民党军舰艇7艘,摧毁敌炮阵地7处,毙伤国民党军1000余人。国民党军遭我沉重打击后,利用其暂时空中优势,对我进行报复性轰炸,仅在炮击金门后的20天内,就出动飞机555架次侵入大陆。我高炮部队协同作战,使敌空中力量亦遭严重损失,有力打击了国民党空军轰炸袭扰。

第二次炮击金门是在1957年6月,是为了反击金门国民党军的破坏、扰乱射击,炮击目标是小金门的国民党军的军事设施。自1954年9月3日炮击金门后,金门国民党军就经常对我实施破坏性的扰乱射击,平均每天射击炮弹达五六十发,严重影响人民群众的生产生活和部队训练。6月24日,福建前线部队以3000余发炮弹,对驻小金门岛的国民党军第八十一师师部和经常活动的炮兵阵地实施突然的火力急袭,杀伤国民党军50余人,毁火炮1门及其他武器1部,并配合进行了政治攻势,有力地打击了国民党军炮火破坏活动的嚣张气焰。

第三次炮击金门，就是震惊中外的八二三炮战，这是一次重大而特殊的军事行动。八二三炮击金门，大致可分为三个阶段。

一是决策部署阶段。1958年7月，美国、英国先后武装入侵黎巴嫩、约旦，为台湾当局"加速进行反攻大陆的准备"提供了有利时机，国民党军连日出动飞机对闽、粤沿海地区进行侦察挑衅，大、小金门岛上的炮兵不断炮击福建沿海村镇，美国驻台的军政要员与台湾当局昼夜保持密切接触，一时间，台湾海峡战争阴云密布。中东事件的爆发，促使中共中央、中央军委决定，对金门国民党军进行封锁和惩罚性的大规模炮击。这一炮击金门作战行动，具有军事、政治、外交三重意义，既是严惩国民党军长期对大陆东南沿海地区的军事挑衅活动，又可以打击美国当局的侵略气焰，还能够与当时阿拉伯人民反对美国侵略的斗争遥相呼应。正如毛泽东所说的："支援阿拉伯人民的反侵略斗争，不能仅限于道义上的支援，还要有实际行动的支援。"[1] 毛泽东同时指出，选择打金门、马祖，是因为"金门、马祖是中国的领土，打金门、马祖，惩罚国民党军，是中国的内政，敌人找不到借口，而对美帝国主义则有牵制作用"[2]。

根据中共中央、中央军委炮击金门的决策部署，人民解放军总参谋部和海军、空军、炮兵及福州军区，迅速调动部队，调整部署。其一，加强福建前线海岸炮兵力量。中央军委决定，除福建地区原有海岸炮兵外，另增调机动海岸炮袭击国民党军金门锚地舰艇，封锁港口，断其海上交通。其二，7月27日起，空军部队逐次转场入闽，经过4次空战，至8月14日，基本夺取了东南沿海的制空权，有效保障了前线陆、海军部队的集结与展开。其三，东海、南海海军快艇部队入闽待机。

二是全面封锁阶段。自8月23日开始，至10月5日暂停炮击为止，历时44天。这一阶段的作战，"是以地面炮兵火力为主，在海、空军协同下，对金

---

[1] 福建省地方志编纂委员会编：《福建省志·军事志》，新华出版社1995年版，第281页。

[2] 福建省地方志编纂委员会编：《福建省志·军事志》，新华出版社1995年版，第281页。

门诸岛实施全面封锁"①。

8月23日17时30分,福建前线部队集中炮兵对蒋军金门防卫部和炮兵阵地等重要目标,以及停泊在料罗湾的国民党军舰船,实施突然、准确、猛烈的火力突击,不到1个小时,近500门大炮一起开火,打了近2万发炮弹,金门岛上的国民党军被打得惊慌失措、狼狈不堪,一举击毙金门防卫部中将副司令3人,毙伤少将参谋长以下官兵600余人,击伤大型货轮1艘。24日,解放军炮兵和海军鱼雷快艇、护卫艇配合作战,击沉击伤国民党军大型运输舰各1艘。26日,国防部长彭德怀指示福建前线部队,严密封锁金门诸岛。

八二三炮击金门使国民党军的海上运输补给被迫停顿,台湾当局告急,美国急调海、空军,加强对台湾海峡地区的侵略活动,并无视中国政府9月4日关于"中国领海线为12海里"的声明,悍然于9月7日派军舰侵入中国领海为国民党军运输船队护航。中华人民共和国外交部发言人发表声明,向美国政府提出严重警告。9月8日,福建前线部队以42个炮兵营又6个海岸炮兵连,对停泊在料罗湾的国民党军舰艇和金门岛上重要军事目标,实施持续5个多小时的炮击,击沉登陆舰"美乐号"、击伤登陆舰"美珍号",迫使护航的美国军舰仓皇撤至外海。9日,金门炮击厦门。11日又有4艘美国军舰出动护航。解放军遵照周恩来总理的指示,当日对金门进行3个多小时炮击,十余处军事设施被摧毁、1架运输机被击伤,在料罗湾码头卸载的国民党军运输舰船见状赶快逃跑,而在一旁护航的美国军舰也慌忙逃离金门海域。至10月初,福建前线地面炮兵除继续集中火力打击国民党军的海运船团和空投飞机外,并对金门诸岛各种军事目标实施昼夜不停的零炮射击。

三是打打停停阶段。金门被全面封锁,国民党守军陷入严重困境。台湾当局扬言要轰炸闽、赣,力图拖美国与其并肩作战;美国政府想在两岸炮战中尽快脱身,却又不愿放弃侵略政策,于是又玩弄起制造"两个中国"的阴谋,试图要台湾当局放弃金门、马祖,退守台湾本岛。

为反对美国政府这一阴谋,扩大美、台矛盾,10月5日毛泽东决定实行

---

① 福建省地方志编纂委员会编:《福建省志·军事志》,新华出版社1995年版,第281页。

"打而不登，封而不死"的方针，拖住美国使其不得脱身。6日拂晓，国防部长彭德怀发布《告台湾同胞书》，宣布暂停炮击7天，台湾当局可以向金门运送物资，但以没有美国人护航为条件。13日，彭德怀又宣布炮击再停两星期。

　　美国对此得意扬扬，认为福建前线部队停止炮击是由于它的"强硬"政策带来了台海地区的"和平"，美国海军4艘军舰于19日竟然放肆侵入金门海域，为国民党军运输舰护航。中共中央军委毅然决定提前于10月20日恢复炮击，共发射炮弹8800余发，击中国民党军运输舰3艘、大型货船1艘、运输机1架及炮兵阵地和观察所十余处。21日，美国国务卿杜勒斯抵达台湾。会谈中，由于蒋介石强硬要求坚守金门、马祖，杜勒斯只好改变要国民党军从金、马撤退的打算，并与蒋介石签署联合公报。对此，彭德怀于25日发表《再告台湾同胞书》，进一步揭露了美国政府的所作所为，并宣布为了一致对外，炮击金门双日"四不打"，即逢双日不打金门的飞机场、料罗湾的码头、海滩和船只。31日，中央军委又决定双日不进行炮击。

　　9月和10月间，毛泽东密集主持召开了一系列会议，对炮击金门的方针政策及有关的领海、外交等问题作了明确的规定和说明，并阐明了炮击金门的战略意图和作战方针。

　　9月3日，《中共中央军委对台湾和沿海蒋占岛屿军事斗争的指示》及附件《关于海军、空军对付敌机敌舰沿海活动的几项规定》经毛泽东审阅后下发。《指示》指出：台湾和沿海蒋占岛屿是目前国际阶级斗争中最严重最复杂的焦点之一。解放台湾和沿海蒋占岛屿虽然属于国内问题，但实际上已变成一种复杂严重的国际斗争，我们不要把这个斗争简单化，而要把它看作是包括军事、政治、外交、经济宣传上的错综复杂的斗争。台湾和沿海蒋占岛屿问题的全部、彻底解决，不是短时间的事，而是一种持久的斗争，我们必须有长期的打算。《指示》强调：一切重要的行动和宣传（文告、谈话、口号、社论、新闻、广播）都必须遵守集中统一的原则，不得自作主张。《指示》对包括炮击金门在内的沿海蒋占岛屿的军事斗争方针作了四点规定：一、继续炮击封锁金门，但目前我军不宜进行登陆作战。二、炮击封锁金门的活动，必须有节奏，打打看看、看看打打，保持完全主动。三、目前海军、空军不得进入公海作战。蒋机不轰炸大陆，我也不轰炸金、马；蒋军轰炸大陆，我即轰炸金、马,但不轰炸台湾。四、我军陆、海、空不准主动攻击美军。如果美军侵入我领海、领空,我必须坚决打击。

9月4日,《中华人民共和国政府关于领海的声明》发表。声明宣布:"中华人民共和国的领海宽度为12海里。这项规定适用于中华人民共和国的一切领土,包括中国大陆及其沿海岛屿,和同大陆及其沿海岛屿隔有公海的台湾及其周围各岛、澎湖列岛、东沙群岛、西沙群岛、中沙群岛、南沙群岛以及其他属于中国的岛屿。""一切外国飞机和军用船舶,未经中华人民共和国政府的许可,不得进入中国的领海和领海上空。""台湾和澎湖地区现在仍然被美国武力侵占,这是侵犯中华人民共和国领土完整和主权的非法行为。台湾和澎湖等地尚待收复,中华人民共和国政府有权采取一切适当的方法,在适当的时候,收复这些地区,这是中国的内政,不容外国干涉。"

9月5日,周恩来会见苏联驻中国大使馆参赞苏达利柯夫,谈了中国对台湾海峡形势的分析、美蒋矛盾以及中国的立场、策略和所采取的行动,着重说明"中国炮击金门、马祖并不是就要用武力解放台湾,只是要惩罚国民党部队,阻止美国搞'两个中国',如果打出乱子,中国自己承担后果,不拖苏联下水"[①]。

9月6日,毛泽东在中南海勤政殿主持最高国务会议第十五次会议。在讨论周恩来准备发表的《关于台湾海峡地区局势声明》时,毛泽东阐明了炮击金门的战略意图——"绞索政策":"我们整金门,这是我们国内的事,当然整台湾也是,不过那个地方有你美国的兵,我还是暂时不去。"炮击金门而不去登陆金门,美国"是被那个索子套住了,使它难办。台湾是一根大索子把它套住,金门、马祖也算一根索子"。"美国要拿金门、马祖交换台湾,我们原则上是不能交换台湾。你把金门、马祖交我们,台湾就成为独立国,这总不可以吧!至于哪一年解放,我们又没有定日期,人民代表大会、人大常委会都没有作决议。但是,原则上台湾一定要解放。现在好处就是我们这一打,打出美国想谈了,它敞开了这张门了。看样子它现在不谈,也是不得下地,

---

① 中共中央文献研究室编:《毛泽东年谱(1949—1976)》第3卷,中央文献出版社2013年版,第436页。

它每天紧张，不晓得我们要怎么样干。跟美国的事，就大局上说还是谈判解决，还是和平解决。"①

10月3日，毛泽东主持召开中央政治局常委扩大会议，专门分析讨论杜勒斯9月30日的谈话。"周恩来说：杜勒斯的谈话，表明美国想趁目前这个机会制造'两个中国'，要我们承担不用武力解放台湾的义务。杜勒斯的政策，一句话就是以金、马换台、澎，这同我们最近在华沙中美大使级会谈中侦察美方底牌的情况是一致的。毛泽东说：侦察任务已经完成，问题是下一步棋怎么走。对于杜勒斯的政策，我们同蒋介石有共同点，都反对'两个中国'。蒋介石是不愿撤出金、马的，我们也不是非登陆金、马不可。可以设想，让金、马留在蒋介石手里如何？这样做的好处是：金、马离大陆很近，我们可以通过这里同国民党保持接触，什么时候需要就什么时候打炮，什么时候需要紧张一点就把绞索拉紧一点，什么时候需要缓和一下就把绞索放松一下，不死不活地吊在那里，可以作为对付美国人的一个手段。我们一打炮，蒋介石就要求美国人救援，美国人就紧张，担心蒋介石给他闯祸。毛泽东最后说：方针已定，还是打而不登，断而不死，让蒋军留在金、马。但打也不是天天打，更不是每次都打几万发炮弹，可以打打停停。"②

10月5日，中央军委决定：为减轻对金门、马祖的军事压力，使金门、马祖的蒋军能够生存下去，人民解放军炮兵"对金门各岛，在一定时期内，停止大规模的炮击，只作袭扰性的打击"，"但是，为了打破美国停火的阴谋，在必要时，我仍可组织过去那样的大打。灵机应变，主动在我"。③

10月13日，《人民日报》发表了毛泽东起草的国防部长彭德怀给福建前线人民解放军的《中华人民共和国国防部命令》。命令指出："在台湾国民党没有同我们举行和平谈判并且获得合理解决以前，内战依然存在。台湾的发

---

① 中共中央文献研究室编：《毛泽东年谱（1949—1976）》第3卷，中央文献出版社2013年版，第438—439页。
② 中共中央文献研究室编：《毛泽东年谱（1949—1976）》第3卷，中央文献出版社2013年版，第456—457页。
③ 中共中央文献研究室编：《毛泽东年谱（1949—1976）》第3卷，中央文献出版社2013年版，第457页。

言人说：停停打打，打打停停，不过是共产党的一条诡计。停停打打，确是如此，但非诡计。你们不要和谈，打是免不了的。""美国人想在我国的内战问题上插进一只手来，他们叫作停火，令人忍俊不禁。美国人有什么资格谈这个问题呢？请问他们代表什么人？什么也不代表。""台、澎、金、马整个地收复回来，完成祖国统一，这是我们六亿五千万人民的神圣任务。这是中国内政，外人无权过问，联合国也无权过问。""金门海域，美国人不得护航。如有护航，立即开炮。"[①]

10月21日，毛泽东在中南海颐年堂召开会议，在谈到杜勒斯到台湾与蒋介石会谈，"共商台、澎、金、马军机，进一步实施美蒋条约"问题，《人民日报》社论认为这是"美国和台湾当局在扮演双簧"时，毛泽东一针见血地指出："这次杜勒斯跑到台湾去，是要蒋介石从金、马撤兵，以换取我承诺不解放台湾，让美国把台湾完全掌握在自己手中。蒋介石不答应，反而要求美国承担'共同防御'金、马的义务。两人吵了起来，结果各说各的，不欢而散。这完全不是唱双簧戏。"[②] 接着，毛泽东进一步阐明利用美蒋矛盾联蒋抗美、炮击金门的政治意义和斗争策略："美蒋关系存在着矛盾。美国人力图把蒋介石的'中华民国'变成附庸国甚至托管地，蒋介石拼死也要保持自己的半独立性，这就发生矛盾。这次杜勒斯同蒋介石吵了一顿，说明我们可以在一定意义上联蒋抗美。我们不登陆金门，但又不答应美国人的所谓'停火'，这更可以使美蒋吵起架来。我们的方针现在仍然是打而不登，断而不死，更可以宽一些，以利于支持蒋介石抗美。我们索性宣布，只是单日打炮，双日不打炮。这是政治仗，政治仗就得这样打。"[③]

11月3日，福建前线部队向金门同胞作了广播预告后，向金门发射2万余发炮弹。此后，按照"单打双停"的规定对金门实施中、小规模炮击。

[①] 中共中央文献研究室编：《毛泽东年谱（1949—1976）》第3卷，中央文献出版社2013年版，第463页。

[②] 中共中央文献研究室编：《毛泽东年谱（1949—1976）》第3卷，中央文献出版社2013年版，第473页。

[③] 中共中央文献研究室编：《毛泽东年谱（1949—1976）》第3卷，中央文献出版社2013年版，第473页。

1959年1月3日,"大金门岛上的国民党军炮兵突然向大嶝岛滥施轰击,造成山头村托儿所31人死亡、17人受伤"①。1月7日,解放军还击炮弹2.6万余发,击中金门炮兵阵地12处、观察所15个。

八二三炮击金门,"从1958年8月23日至1959年1月7日的4个半月中,解放军共进行7次大规模炮击,多次中小规模炮击和零炮射击,以及13次空战、3次海战,共击落击伤国民党军飞机36架,击沉击伤舰船27艘,摧毁各种工事320余个、各种火炮30余门,毙伤国民党军中将以下官兵7000余人。解放军也伤亡官兵460余人,被国民党军击落击伤飞机11架,损失鱼雷快艇3艘,毁坏火炮32门"②。

1959年1月9日,中共中央军委决定"今后逢单日不一定都打炮"③。从此,"炮击金门的作战行动,由初时全面封锁,经过打打停停,转入零星炮击、让其固守的状态。美国制造'两个中国'的阴谋被中国人民挫败了"④。

第四次炮击金门是1960年6月,在金门前线举行反美武装示威,打炮"迎送"艾森豪威尔。6月17日,解放军福建前线司令部发表《告台、澎、金、马军民同胞书》,宣布:按照单日打炮的惯例,在6月17日、19日美国总统艾森豪威尔到达台湾的前夕和离开台湾的时候,在金门前线举行反美武装示威,打炮"迎送"。这次打炮有意不打金门的军事目标,以分化瓦解美蒋关系。这次炮击金门行动,史称"第四次炮击金门"。

1961年12月中旬起,"遵照中央军委关于保持台湾海峡局势稳定,不主动打击金门守军的指示,福建前线部队主动停止实弹射击,只在单日打宣传

---

① 福建省地方志编纂委员会编:《福建省志·军事志》,新华出版社1995年版,第289页。
② 福建省地方志编纂委员会编:《福建省志·军事志》,新华出版社1995年版,第290页。
③ 福建省地方志编纂委员会编:《福建省志·军事志》,新华出版社1995年版,第289页。
④ 福建省地方志编纂委员会编:《福建省志·军事志》,新华出版社1995年版,第290页。

弹"①。金门的国民党军似乎也很默契，除了偶尔打些零炮外，主要是以宣传弹进行回击。这种局面一直持续了17年多。

纵观金门炮战的发展历程，特别是八二三炮击金门，表明了维护我国领土和主权的坚定意志与决心，又体现了"高屋建瓴，势如破竹"②的斗争艺术。这就是毛泽东所说的"绞索政策"③："美国现在在我们这里来了个'大包干'制度，索性把金门、马祖，还有些什么大担岛、二担岛、东碇岛一切包过去，我看它就舒服了。它上了我们的绞索，美国的颈吊在我们中国的铁的绞索上面。台湾也是个绞索，不过要隔得远一点。它要把金门这一套包括进去，那它的头更接近我们。我们哪一天踢它一脚，它走不掉，因为它被一根索子绞住了。"④

毛泽东在后来会见外宾时，多次谈到炮击金门问题，说：中国人民解放军炮击金门，"这是真打，但是基本上还是文打"⑤。也就是说，"我们在金门打了炮，实际上并不是战争"⑥，而是"打而不登，断而不死，使敌昼夜惊慌，不得安宁"。

对美国，其实也是"文打"，是一种"战争边缘政策"，旨在摸清美国对台政策的底牌。毛泽东说：美国有战争边缘政策，主要是为台湾问题而想出来的。1958年炮击金门过程中，"我们也采取'边缘政策'"⑦，用战争边缘

---

① 福建省地方志编纂委员会编：《福建省志·军事志》，新华出版社1995年版，第291页。

② 《外交斗争必须高屋建瓴，势如破竹》（1958年9月19日），载《毛泽东外交文选》，中央文献出版社、世界知识出版社1994年版，第353页。

③ 《在第十五次最高国务会议上谈国际形势》（1958年9月），载《毛泽东外交文选》，中央文献出版社、世界知识出版社1994年版，第341页。

④ 《在第十五次最高国务会议上谈国际形势》（1958年9月），载《毛泽东外交文选》，中央文献出版社、世界知识出版社1994年版，第341页。

⑤ 《杜勒斯是世界上最好的反面教员》（1958年10月2日），载《毛泽东外交文选》，中央文献出版社、世界知识出版社1994年版，第355页。

⑥ 《关于台湾问题》（1959年5月、10月），载《毛泽东外交文选》，中央文献出版社、世界知识出版社1994年版，第381页。

⑦ 《关于台湾问题》（1959年5月、10月），载《毛泽东外交文选》，中央文献出版社、世界知识出版社1994年版，第379—380页。

政策对付美国人的战争边缘政策,因为"美国知道我们不准备同它打仗,美国掩护了蒋介石的船只,我们并不打它"。

八二三炮击金门,其实也是在帮助蒋介石来反对美国的"两个中国"分裂阴谋。美国侵占台湾后,由于以蒋介石为首的台湾当局不愿意跟随美国"两个中国"的政策起舞,以致"想搞垮蒋介石,它正在扶植一派人,想用这派人来代替蒋介石。现在我们需要帮助蒋介石来反对美国"①。因为,"反对'两个中国'这一点,台湾和我们是一致的"②。对这一点,正如毛泽东所说的:"我们打金、马是为了帮助蒋介石,因为美国想把金、马让给我们,自己占据台湾。我们放弃金、马,都给蒋介石。蒋介石一困难,我们就打金、马,美国就可以让蒋介石继续做总统。"③

八二三炮击金门,意义重大。毛泽东和党中央明确指出:我们的对策是让蒋介石集团继续占据金门、马祖,拖住美国,不让它脱身,这样不仅便于"我们教育人民,锻炼部队和孤立美国","也有教育世界人民的作用"④。

上述四次炮击金门,尽管背景、目标、规模、影响等不同,但都具有"重大而特殊的军事行动"特点,构成了人类战争史上的一大奇观,生动体现了毛泽东军事战略思想的精髓和高超的斗争艺术。

争夺制空权

以蒋介石为首的国民党集团败退台湾时,由大陆撤往台湾的国民党空军拥有各型飞机 330 余架,"在美国的支持和援助下,凭借其暂时的空中优势,仍控制着东南沿海地区的制空权,炸福州,扰江浙,基本上无所顾虑。据不完全统计,自 1949 年 10 月至 1958 年 2 月,国民党空军对福建境内的轰炸,

---

① 中共中央文献研究室编:《毛泽东年谱(1949—1976)》第 3 卷,中央文献出版社 2013 年版,第 247 页。

② 中共中央文献研究室编:《毛泽东年谱(1949—1976)》第 3 卷,中央文献出版社 2013 年版,第 125 页。

③ 《关于台湾问题》(1959 年 5 月、10 月),载《毛泽东外交文选》,中央文献出版社、世界知识出版社 1994 年版,第 379—380 页。

④ 《吸取历史教训,反对大国沙文主义》(1956 年 9 月),载《毛泽东外交文选》,中央文献出版社、世界知识出版社 1994 年版,第 253 页。

就出动飞机 686 架次，投下 1680 余枚炸弹，扫射 180 次，炸死炸伤 1400 余人，炸沉炸毁各种船艇 91 艘，还炸毁许多房屋"①。而 1958 年 7 月以前，"福建尚未进驻航空兵部队，仅部署了一些高射炮兵部队担任防空。从台湾出动的飞机，只要避开高炮设防要点，即可自由进出大陆。国民党军用飞机窜入大陆纵深活动，有 80% 以上是以高炮未设防地区为进出口"②。因此，夺取福建地区的制空权成为对台军事斗争的一个亟待解决的重大战略任务。

新中国成立初期，刚刚创建的人民解放军空军，就投入到烽火连天的抗美援朝战争，并在实战中锻炼成长。由于人民解放军空军力量有限，在华东地区的空军作战和防御重点，主要"在浙江、上海一线，无暇南顾"③。但鉴于福建空中防御的紧迫性，1954 年，福建党政军主要领导人叶飞就向党中央提出建议，要求派空军入闽参战。此后，中央军委着手空军入闽参战的准备工作，陈赓、许世友、刘亚楼等领导人前往福建实地调查研究福建沿海地区关乎空军作战的各项基本情况，如选址修建机场等。1955 年 5 月，中央军委电令成立福建前线指挥所，叶飞为司令员兼政委，皮定均、彭德清、聂凤智为副司令员，刘培善为副政委，王德为参谋长。

1957 年 12 月 18 日，毛泽东指示"考虑我空军 1958 年进入福建"④。

1958 年 1 月，空军、福州军区和福建省委向中央军委报告了空军转场入闽的方案。1958 年 7 月 18 日，毛泽东和中央军委命令航空兵部队紧急转场入闽参战，配合陆、海军炮击封锁金门。主持中央军委工作的彭德怀特别强调四点：一是炮击金门"虽然主要是使用炮兵，但焦点在空中"；二是除非复杂气候限制，空军一定要在 7 月 27 日进入福建、粤东作战机场；三是为了稳妥可靠，应采取"以小进求大进"的方法，逐步推进；四是要严格掌握作战政策，空军不要进入公海上空作战。

---

① 福建省地方志编纂委员会编：《福建省志·军事志》，新华出版社 1995 年版，第 295 页。
② 福建省地方志编纂委员会编：《福建省志·军事志》，新华出版社 1995 年版，第 295 页。
③ 聂凤智：《战场——将军的摇篮》，解放军出版社 1989 年版，第 224 页。
④ 聂凤智：《战场——将军的摇篮》，解放军出版社 1989 年版，第 225 页。

当日深夜，空军司令员刘亚楼根据中央军委的指示，对空军入闽作战进行周密的具体作战部署："（一）组建强有力的前线指挥机构，由我负责抽调有作战指挥经验的人员，立即建立福州军区空军指挥机关。（二）使用有空战经验、战斗力较强的部队，力争打好第一仗；第一批入闽的歼击航空兵应于7月24日紧急转到待机位置；27日分别隐蔽进入汕头、连城基地，另调部分高炮和雷达部队入闽。（三）健全各机场的保障机构，从东北、华北和华东地区调进3个场站，紧急调运保障车辆、弹药和各种器材物资。（四）明确作战指导思想，即在战略上以少胜多，在战术上以多胜少；严格执行中央军委规定的作战政策，军事斗争一定要服从政治斗争。（五）大力开展政治动员工作。"最后，刘亚楼还特别要求，"有关命令正在起草，你们可以先行动起来"[①]。这一空军入闽作战部署，充分体现了刘亚楼的非凡军事素养和大局意识，即闻令而行、果断实施，部署周密细致、环环相扣而又灵活机动的特点，同时又准确把握了炮击金门这一重大而特殊的军事行动要求。

震惊中外的八二三炮战，是一次重大而特殊的军事行动。在炮击金门中，空军的任务是：在不越出公海线上空作战的前提下，坚决打击敢于进入大陆上空的敌机。这对空军入闽作战，无疑"是一个新的课题，也是夺取制空权的唯一手段"[②]。对此，福州军区空军司令部"反复向部队讲述中央军委的意图蕴藏着高度的策略性，空军必须在全局下行动，不仅要求功，而且要无过，努力使铁的作战纪律变成每一个人的自觉行动"，同时，有针对性地将以往空战的有益经验，特别是抗美援朝战争中"运用声上击下的方法，调开敌歼击机，专打其运输机"等成功经验，"于实战中加以发展，主动创造歼敌的条件"，如"欲擒故纵，将敌机放进来打""奇正相辅，将敌机分开来打""关门打狗，将敌机包起来打"等战法，取得了较好的效果和战绩。

7月24日，国防部决定组建福州军区空军司令部，聂凤智为司令员。中国人民解放军空军部队进驻福建、粤东地区，与台湾国民党空军争夺福建地区制空权，配合陆、海军炮击封锁金门的军事行动。为隐蔽战役意图，给国

[①] 聂凤智：《战场——将军的摇篮》，解放军出版社1989年版，第223—224页。
[②] 聂凤智：《战场——将军的摇篮》，解放军出版社1989年版，第230页。

民党军以出其不意的打击，入闽的航空兵部队以逐步推进的方式，于8月13日前，在沿海一线机场展开了6个歼击航空兵团的兵力。8月下旬至9月中旬，歼击航空兵、轰炸航空兵和侦察航空兵3个团又2个大队、1个中队，分别转场至闽、赣两省一、二线机场。

7月27日，第一批参战部队进驻连城、汕头机场后，国民党空军毫无察觉。29日，国民党空军F-84G飞机4架，仍按惯例飞至粤东沿海上空活动。驻汕头机场空军歼击航空兵部队4架米格-17飞机，突然出现于战场，以奇袭手段，一举击落其2架、击伤1架，自己无损伤。8月14日，解放军空军歼击航空兵部队8架米格-17飞机，在平潭岛上空与国民党空军11架F-86飞机遭遇，解放军飞行员周春富单机与十倍于己的敌机格斗，击落F-86飞机2架、击伤1架，但他自己也被击落，光荣牺牲。至22日，双方空战4次，解放军空军4战4捷，共击落国民党空军飞机4架、击伤5架，而自己仅被击落1架。四战四捷，标志着解放军空军在福建前线站稳了脚跟、初步夺取了制空权，国民党空军再也不敢无所顾忌地到福建上空横行了。由此，福建军民才深切感受到"福建的天空现在是真正解放了"。

8月23日解放军炮击金门后，空战规模增大，斗争更加激烈复杂。美国不断向台湾增兵，驻台美机由15架增至150架，并接替了台湾本岛的防空任务，经常出动飞机在台湾海峡上空巡逻。国民党空军有恃无恐，每天出动飞机由100架次增至200多架次，除直接掩护向金门空投海运外，不时窜至大陆附近上空活动，伺机入陆寻战，企图夺回福建地区制空权。对此，福州军区空军指挥机关和参战部队严格遵守作战政策，即对美机坚持有理、有利、有节的斗争方针，对国民党空军的飞机则力争在其一进入大陆上空时即予以歼灭性打击。八二三炮战后至10月10日，台湾当局为稳定军心，多次发动大规模的空中攻势，台海上空又进行了八二五、九八、九一八、九二四、十十等5次空战，解放军空军击落国民党飞机10架、击伤4架。国民党空军迭遭打击，特别是10月10日空战后，国民党空军再也没有出动大量飞机与解放军空军争夺制空权。自此，福建前线的空中斗争形成了双方对峙的局面。

空军入闽作战，是继抗美援朝后，又一次规模较大的作战行动。自1958年7月18日受领作战任务至10月底的3个月零13天中，共出动飞机691批

3778 架次,空战 13 次,高射炮兵作战 7 次,共计击落国民党空军飞机 16 架、击伤 11 架(其中高炮击落、击伤各 2 架),俘敌飞行员 1 名。参战空军部队飞机被击落、击伤各 5 架。

1959 年 1 月,中央军委空军总部又决定,凡是具备参战条件的歼击航空兵部队和师(校)以上指挥员及指挥班子,都要轮番入闽参战锻炼。截至 1979 年 7 月的 21 年中,共组织 27 批航空兵部队,计有 110 个师部(指挥班子)次,122 个团次,飞行员 4339 人次和部分军以上指挥员、指挥班子入闽轮战锻炼。

1961 年 8 月 2 日,空军高射炮兵第一〇五师五二七团和五〇三团一营,在福州地区上空击落蒋军美制 RF-101 型侦察机 1 架,首创高炮部队击落这种低空、超音速飞机的范例。据有关部门统计,高射炮兵协同歼击航空兵,在其他防空部队密切配合下,1961 年全年对空作战 8 次,取得了击落击伤敌机 4 架的战果,有力地打击了敌机的侦察骚扰活动,继续巩固了福建沿海地区的制空权。

入闽轮战的航空兵部队,21 年来,战斗起飞 57350 架次,击落蒋军飞机 16 架,击伤 9 架(其中 1958 年击落 14 架,击伤 8 架),击落"心战"空飘气球 176 个,生俘蒋军飞行员 1 名。我军被击落 5 架,伤 5 架,牺牲飞行员 4 名。同期,我空军高炮、地空导弹部队击落蒋军飞机 3 架,击伤 7 架,生俘飞行员 1 名。轮战是有成绩的,有收获,有战果,锻炼了部队。

空军入闽作战的主要战例及国民党空军飞行员驾机起义在福建情况分述如下。

——龙田击落 F-86 飞机战斗　1958 年,中国人民解放军驻闽空军在福清龙田上空成功反击入闽窜扰的国民党空军的战斗。10 月 10 日,国民党空军 F-86 飞机 2 批 10 架,从台湾起飞,其中一批 6 架经马祖到闽北沿海窜扰,另一批 4 架至马祖东南约 50 公里海域上空策应待战。福州军区空军航空兵部队起飞 8 架米格-17 飞机迎击。当 6 架 F-86 飞机由闽北折返,经马祖南飞时,米格-17 编队 1 号机李振川(副师长)率队在敌右侧沿海岸飞行,监视其行动。到福清龙田附近,米格-17 编队向大陆方向转弯,国民党空军 6 架 F-86 飞机突然右转窜入大陆,企图偷袭米格-17 编队 1 号机。福州军区空军指挥所及时向带队长机通报敌情,并令坚决反击。此时,F-86编队中的前双机已抵近米格-17编队1、2号机尾后约2000米处,后4机也从左前方约4000米处向1、2号机冲去。米格-17编队一、二梯队(各4机)交替掩护,对敌进行猛烈反击。空战中,米格-17编队的4号机飞行员杜凤瑞为掩护3号机,单机英勇顽强地同4架敌机格斗,击落F-86飞机2架,其中1架飞行员跳伞被生俘。杜凤瑞在飞机受伤后跳伞,遭敌机袭击牺牲。驻龙田空军高射炮兵部队又将该敌机击落。此战给国民党空军以沉重打击,此后入陆挑衅活动锐减。

——福州击落RF-101飞机战斗 1961年,福州军区空军高射炮兵击落入闽侦察的国民党军RF-101飞机的战斗。1960年初国民党空军加强对大陆的侦察,启用性能先进的RF-101飞机。这是美国制造的超音速战斗侦察机,侦察设备完善,可实施垂直和倾斜照相。采取100—150米低空隐蔽出航,并实施空中无线电静默,每次入窜活动时间只有一两分钟,行动诡秘,数次入陆均未遭到打击。福州军区空军高射炮兵部队根据历次作战经验,制定了一整套相应的对策,并按照作战预案组织部队训练。1961年8月2日9时许,高射炮兵部队设在闽江口的地面观察哨首先发现国民党空军RF-101飞机1架,贴着海面高速向福州机场飞来。位于前沿的空军高射炮兵第五〇三团二连首先捕捉目标,向其射击,首发命中,击毁RF-101飞机左发动机,随后其余高炮连集中火力猛烈射击,将其击落,少校分队长吴宝智跳伞后被活捉。这次战斗,从发现目标到将其击落,历时1分零5秒。参战部队受国防部通令嘉奖;1964年9月空军授予高射炮兵第五〇三团二连"神炮连"称号。

——漳州击落U-2飞机战斗 1964年,中国人民解放军驻闽地空导弹部队在漳州上空击落国民党军高空侦察机的战斗。国民党空军U-2高空侦察机自1962年9月在江西南昌首次被击落后,加装了反地空导弹的电子预警系统,借此曾数次逃脱打击。人民解放军地空导弹部队潜心研究创造了一套新的战法。1964年7月7日,台湾出动2架U-2飞机进入大陆侦察,分别在上海、广州侦察后向漳州方向飞来,一度出海又重新入陆。在漳州地区机动设伏的人民解放军空军地空导弹部队第二营,当时只有4个导弹发射架、4枚导弹,仅能对付其中1架。当2架U-2飞机接近漳州100多公里时,第二营营长岳振华沉着指挥,果断地决定打从南面进入的1架。在距离目标32.5公里时，指挥部队突然打开制导雷达天线抓到目标，3 秒钟内完成导弹发射前的操纵动作，接连发射导弹 3 枚，这架 U-2 飞机猝不及防，中弹坠地。驾机的国民党空军少校飞行员李屏南，曾 12 次驾驶 U-2 飞机侦察大陆而安然逃脱，这次终于随机毙命。毛泽东主席在空军战斗报告上批示："很好，向同志们致祝贺！" 1964 年 7 月 23 日，毛泽东、周恩来、朱德、彭真、李先念等国家领导人，在北京人民大会堂亲切接见了第二营全体指战员。

国民党空军飞行员驾机起义在福建情况一览表

时间	起义情况	备注
1953 年 12 月 18 日	蒋空军飞行员陶开福、通信机械士秦保尊驾驶 AT-6 教练机 1 架起义，降落在漳州附近的官田村。	
1955 年 1 月 12 日	蒋空军第六联队第二十九大队上尉训练参谋郝隆年驾驶 C-46 运输机 1 架在福州机场降落起义。同机还有少校参谋王钟达、机械士唐镜。	
1955 年 2 月 23 日	蒋空军飞行员刘若龙、宋宝荣驾驶 PT-17 三九三号初级教练机 1 架起义。	
1956 年 1 月 7 日	台湾民用航空局台北旅行社飞行员韦大卫、业务员梁枫、事务员翟笑梧 3 人，驾驶蒋纬国的旅行游览专机 1 架起义，在福建南安着陆。	
1956 年 8 月 15 日	台湾蒋军空军军官学校少校飞行教官黄纲存，驾驶 AT-6 高级教练机 1 架起义，在福建仙游着陆。	
1963 年 6 月 1 日	蒋军空军上尉飞行员徐廷泽驾驶美制 F-86F 喷气式战斗机起义，在龙田机场着陆。	
1981 年 8 月 8 日	蒋空军第五联队少校考核官黄植诚，驾驶 F-5F 战斗教练机（机号 5361）起义，在福州机场着陆。	
1983 年 4 月 22 日	蒋陆军航空队第一大队观测中队一分队少校分队长李大维驾驶 U-6A8018 号校用观测机起义，在三都降落。	

第六章　加强战备与"小三线"建设

20世纪60年代，国民党台湾当局在美国的支持下，利用大陆处于经济困难时期和中苏关系破裂的局势，一度掀起"反攻大陆"的新高潮。福建前线军民根据中共中央和中央军委的战备部署，全民动员，全力以赴，严阵以待，粉碎台湾国民党军妄图大规模窜犯大陆的阴谋及小股武装渗透和海上袭扰活动。特别是历经"八六海战"和崇武以东海战，台湾国民党军丧失了台湾海峡制海权的优势。福建进而围绕战备需要，兴起了轰轰烈烈的"小三线"建设，有力地增强了国防力量，同时也带动了山区内地的生产建设事业。

一、袭扰与反袭扰斗争

国民党军掀起袭扰高潮

进入60年代，国内国际形势出现了重大变化：一是国际上出现了一股反共、反华的逆流，中苏关系也日趋恶化；二是大陆由于"大跃进"的错误，加上1959年至1961年连续三年自然灾害，经济出现了前所未有的严重困难。蒋介石认为"反攻大陆"的最好时机已经来临，叫嚣1962年将是"反攻大陆决定年"。1962年元旦，蒋介石在《告全国军民同胞书》中声称，"我们国军对反攻作战，已经有了充分准备，随时可以行动"，"国民革命反攻复国的总决战即将来临"。蒋介石强调"与美国的协防条约中，并没有规定不准台湾反攻，台湾发动反攻是实行'国家主权'"①，这在客观上对维护一个中国原则是有积极意义的。为此，台湾国民党当局还进行了一系列的战争动员和军事部署，专门成立了以蒋介石、陈诚为首的"反攻行动委员会"，以作为"反攻大陆"的决策机构。

1962年3月，台湾当局下达了"征兵动员会"，下令提前开始1963年度的现役征集，并宣布无限期延长退伍军人的服役时间，要求士兵一律不准离开营房，随时待命。一些士兵的鞋子和皮带上也印上了"光复大陆"的字样。紧接着于4月27日公布了征收"国防特别捐"，准备"征收20亿元台币预备采买作战所需各项装备"。②规定征收额为各类货物税的30%，娱乐税的50%，筵席税的50%，地价税的40%，铁路公路票价的30%，电报、电话价的30%。规定从5月1日起，在14个月内征收相当于6000多万美元的"特别捐税"。同时，台湾当局还通过了"国防特别预算"，大量增加军事开支；还特别下令，将台湾地区的各种轮船、渔船和车辆，全部纳入"船舶、车辆动员编组"，以备战时之需；并向各方订购了大量武器装备，从日本购买了大量血浆。蒋军空军还改进了战斗机的储油设备，以延长续航时间等。此外，台湾当局甚至成立了"战时政务局"，准备"国军"在沿海登陆后建立政权。

蒋介石对"反攻大陆"的指导设想是：先登陆福建地区，打下厦门，建立稳固的进军基地，然后局部反攻；登陆初期要先截断鹰厦铁路，使解放军无法适时增援；立足厦门后，迅速建立攻势基地，"国军"的增援部队则可立即从金门登陆，再依情势发展推进。③台湾国民党军队频繁地进行各种军事演习。"1962年2月，美蒋海空军进行了'攻防演习'；3月，美蒋海空军进行了'联合侦潜演习'和布雷、扫雷的'混合演习'；4、5月间，进行了商民船舶紧急装载兵员演习；6月初，又在台湾南部进行了海陆空军联合登陆作战演

---

① 高智阳：《胎死腹中的反攻大陆计划——1960年代初"国光计划"秘辛》，载凤凰周刊编《机密档》（一），中国发展出版社2011年版，第99页。
② 高智阳：《胎死腹中的反攻大陆计划——1960年代初"国光计划"秘辛》，载凤凰周刊编《机密档》（一），中国发展出版社2011年版，第99页。
③ 高智阳：《胎死腹中的反攻大陆计划——1960年代初"国光计划"秘辛》，载凤凰周刊编《机密档》（一），中国发展出版社2011年版，第98页。

习。一时间，台湾沿海一带和澎湖、金门等岛屿，部队的调动和军事物资的运输非常忙碌。"①

在这一波"反攻复国"活动中，蒋介石秘密制定了周密的"国光计划"。据台湾方面披露，在1950年至1954年间，国民党台湾当局致力于防卫台澎金马，巩固"复兴"基地，创造有利"反攻"形势，此间并未制定详细的"反攻大陆"计划。在1955年后，蒋介石开始研拟对闽粤"自力反击作战构想"，但基本上是有想法、有筹划而未形成战略计划。1962年中美大使级华沙会谈中，中国政府"几番要求美国施压，要台湾立即停止'沿海骚扰'"②，蒋介石"反攻大陆"的希望更加渺茫。于是，蒋介石不得不瞒着美国政府，在暗中策划"反攻计划"——"国光计划"。

随着新中国军事力量尤其是海军的不断增强，人民海军取得了反敌袭扰作战的重大胜利，让蒋介石认识到丧失制海权的优势，标志着蒋介石的"反共复国"梦想被击碎，所谓的"国光计划"也就随之偃旗息鼓了。此后，特别是20世纪70年代后，随着国际局势骤变，台湾退出联合国，加上蒋介石年事已高且为疾病所累，台湾国民党军在福建沿海还断断续续进行了10余次袭扰活动，但均被人民解放军舰艇部队歼灭在海上。

粉碎国民党军冒险进犯阴谋

20世纪50年代末60年代初，世界总体局势趋于缓和，但局部动荡加剧，我国安全环境中的不确定因素有所增加，其中东南沿海、中印边境等边海防军事斗争形势日趋紧张。对此，毛泽东冷静指出，我们的主要敌人是在东边；周恩来强调，我们的主要注意力仍应在海上。中央军委明确指出，"在未来战争中，应坚持和遵循毛泽东提出的积极防御战略方针和关于反击、追击的战

---

① 中共福建省委党史研究室：《中共福建地方史（社会主义时期）》，中央文献出版社2008年版，第459页。

② 张平宜：《台湾特种兵袭扰大陆秘密档案》，载凤凰周刊编《机密档》（一），中国发展出版社2011年版，第46页。

略思想，实行'北顶南放'方针"①。即准备在遭受美国等国家大规模入侵时，于东部沿海地区实施积极防御，其中在浙江以北地区采取坚守式的"顶"，以南地区则准备放敌人入境，诱敌深入再予以歼灭。为了全面贯彻落实积极防御的战略方针，防止帝国主义可能的突然袭击，人民解放军进行了积极准备，加强防敌陆上袭击、海上袭击、空中袭击三种样式的研究和演练。1962年，台湾情报部门组织了一支海上特种部队，专门突击大陆。这项海上特攻行动，效法明代"倭寇"，代号"海威计划"，取其扬威海上之意。"海威计划"的特点是：每次突击，因时因地性质不同，都是一个独立的专案，涵盖范围北到山东莱阳，南到广东阳江。从1962年至1964年间，台湾情报部门突击大陆的"海威计划"共执行任务二十几次。②

针对海峡对岸蠢蠢欲动的国民党军队，1962年5月31日，中央军委发出《关于加强东南沿海地区战备工作指示》；6月10日，中共中央向全党全国发出《关于准备粉碎蒋匪帮进犯东南沿海地区的指示》，要求全党全军全国人民提高警惕，从各方面做好准备，决不让蒋军的罪恶阴谋得逞。《指示》指出："盘踞在台湾的蒋介石残余匪帮，在美帝国主义支持下，准备向我东南沿海地区进行一次冒险进犯。今春以来，蒋匪帮就积极地进行各种作战准备和军事部署。据判断，他们很可能在最近期间，即台风季节前后，对我福建省和闽粤、闽浙接合部地区发动一次二三十万人的登陆作战，妄图在大陆上建立一块反革命根据地，作为它实行反革命复辟的立足点。美帝国主义也想利用蒋匪帮这次军事冒险，对我进行试探。"③《指示》要求"全党和全国人民必须提高警惕，从各方面做好准备，决不让美蒋这一罪恶阴谋得逞。如果蒋匪帮敢

---

① 《中国人民解放军军史》编写组编：《中国人民解放军军史》第五卷，军事科学出版社2019年版，第201—202页。

② 张平宜：《台湾特种兵袭扰大陆秘密档案》，载凤凰周刊编《机密档》（一），中国发展出版社2011年版，第43—45页。

③ 《关于准备粉碎蒋匪帮进犯东南沿海地区的指示》（1962年6月10日），载中共中央文献研究室编《建国以来重要文献选编》第十五册，中央文献出版社1997年版，第481页。

于来犯,就坚决、全面、彻底、干净地消灭它"①。《指示》同时强调,粉碎蒋匪帮的冒险进犯,"是为了保卫我国人民革命胜利果实,是伟大人民解放战争的继续"②;"打胜了这一仗"意义重大,"不但可以鼓舞军心民气,为我解放台湾统一祖国的斗争创造有利的条件,而且还可以打击美帝国主义的气焰和各国反动派的反华阴谋,有力地支援东南亚和世界人民的革命斗争"③。为此,中央要求"人民解放军立即动员起来,完成一切战斗准备"④;"东南沿海准备作战的地区要立即作好战备动员工作,大力支援军队作战"⑤。

根据中共中央、中央军委的指示和部署,全军迅速进入紧急战备,展开各项战备工作。处于海防前线的驻闽部队,从1962年初开始,即进入紧急战备状态。一是进行以控诉美蒋罪行为中心内容的思想政治教育,大大激发了战士对美帝、蒋军的仇恨;接着掀起了群众性的杀敌练兵热潮。二是调整了福建原有陆军部队的部署,以部分二线机动部队加强了第一线重点地区的守备,补充了兵员(全区共补充老兵15000名,新兵13000名)和部分武器装备,运补了战备物资,并加紧进行战场准备。根据作战需要组建了闽北指挥部,还组建和充实了一批后勤保障机构和野战医院。三是中央军委从其他大军区调动2个陆军军的前指、7个陆军师和一批铁道兵、工程兵部队先后入闽执行战备任务。各参战部队"迅速制定作战方案,加固沿海地区和岛屿的防

---

① 《中共中央关于准备粉碎蒋匪帮进犯东南沿海地区的指示》(1962年6月10日),载中共中央文献研究室编《建国以来重要文献选编》第十五册,中央文献出版社1997年版,第481页。

② 《中共中央关于准备粉碎蒋匪帮进犯东南沿海地区的指示》(1962年6月10日),载中共中央文献研究室编《建国以来重要文献选编》第十五册,中央文献出版社1997年版,第482页。

③ 《中共中央关于准备粉碎蒋匪帮进犯东南沿海地区的指示》(1962年6月10日),载中共中央文献研究室编《建国以来重要文献选编》第十五册,中央文献出版社1997年版,第482—483页。

④ 《中共中央关于准备粉碎蒋匪帮进犯东南沿海地区的指示》(1962年6月10日),载中共中央文献研究室编《建国以来重要文献选编》第十五册,中央文献出版社1997年版,第483页。

⑤ 《中共中央关于准备粉碎蒋匪帮进犯东南沿海地区的指示》(1962年6月10日),载中共中央文献研究室编《建国以来重要文献选编》第十五册,中央文献出版社1997年版,第484页。

御工事,抓紧进行战备训练,积极做好后方勤务工作,保证粮弹的运输和供应。要大力加强部队的政治思想工作,鼓舞战斗意志,发扬英勇顽强、艰苦奋斗的传统战斗作风,紧紧地和人民群众团结在一起,保证坚决而迅速地完成歼灭敌人的战斗任务"[1]。

1962年的战备行动,党中央明确提出"一切服从战争、坚决保证前线需要"的号召,要求从中央到省市各级、各部门采取有力措施,党、政、军、民密切结合,全力以赴,及时快速地解决支前保障工作。福建省委根据中央部署,在"一切服从战争、坚决保证前线需要"的号召下提出"以战备为中心、支前第一、生产第一"的方针,全省人民群众和民兵,在地方党委统一领导下,紧急动员起来,投入支援前线和巩固后方的战备工作,"各级政府抽调3000多名干部,充实支前机构,全省进行紧急战备"[2]。在省委的统一部署下,全省的战备工作随之全面展开。一是深入发动群众,开展群众性的拥军支前运动。随着部队源源不断地开赴福建前线,福建省迅速成立了各级支前委员会,发动群众对部队进行热烈欢迎和慰问。二是坚持工、农业生产,做好市场供应工作。省委要求把"动员战备支前,准备粉碎蒋匪帮进犯,作为推动生产的动力,在任何情况下,都要坚持生产,努力完成生产任务"[3]。三是做好民兵、治安保卫工作,巩固后防。为了搞好支前工作,"各级党委加强了对民兵工作的领导,整顿和健全民兵组织,特别是武装基干民兵组织"[4]。在沿海地区,基干民兵负责协助解放军做好战勤工作,带领群众作好防空、防炮准备,并加强值班、巡逻制度,严防匪特潜入;在后方,积极维持社会治安,保护交通、桥梁、仓库,防止反坏分子进行破坏;在山区,作好反空降斗争的准备,建立防空监视哨,加强民兵联防制度,发现敌情立即互相通

---

[1] 《中共中央关于准备粉碎蒋匪帮进犯东南沿海地区的指示》(1962年6月10日),载中共中央文献研究室编《建国以来重要文献选编》第十五册,中央文献出版社1997年版,第483页。

[2] 何少川主编:《当代福建简史》,当代中国出版社2001年版,第174页。

[3] 中共福建省委党史研究室:《中共福建地方史(社会主义时期)》,中央文献出版社2008年版,第461页。

[4] 中共福建省委党史研究室:《中共福建地方史(社会主义时期)》,中央文献出版社2008年版,第461—462页。

报情报,尽快地组织民兵配合解放军及时予以围歼;在城市,做好防空、防火、防特等组织准备和物资准备,保卫机关、工厂、企业、学校的安全。地处东南海防前哨的闽东,组建起143个武装基干民兵连,对7000多名基干民兵进行了强化训练,并组织了担架队、运输队、抢修队和海上救护队等战勤队伍2000多人。福建沿海地区26个岛屿,出现村村设岗、处处放哨的全民皆兵的态势。在海岸线和设防的岛屿,都实行军民联防,部分重要岛屿建立了统一的指挥所,并进行了军民合练和战斗演习。

紧急战备期间,部队的调动和物资筹备同时展开,仅在东南沿海方向就筹措了"34万吨战备物资,其中利用库存解决了18万吨"[①]。铁路部门迅速调整了运输计划,优先保证战备物资的运输。解放军总部在鹰潭设立军运司令部;福州军区与福建省统一铁路、水路的组织指挥。

由于全国军民严阵以待和新华社的公开揭露,台湾国民党当局未敢冒险进犯。从8月开始,我军开始逐步调整部署,恢复到经常战备状态。

福建全省军民常备不懈,并肩坚守海防,歼灭或击溃了数百起小股来犯的台湾国民党军队。福建前线军民百倍警惕投入战备的实际行动。从1962年紧急战备开始到1965年,人民解放军击落蒋军美制U-2高空侦察飞机4架、无人驾驶侦察飞机5架,击落蒋军美制F-104、RF-101、P2V等飞机多架;东南沿海军民全歼15股美蒋武装特务,仅福建沿海就在漳浦、长乐、福清等地区歼灭10多股;前线海军在东山、崇武海域击沉、击伤美制国民党军舰"章江"号、"剑门"号、"永昌"号等。

此后,台湾国民党当局转而积极策划对大陆实施小股武装渗透和海上袭扰活动,其"暴力性质锐减,取而代之的是一些象征意义的任务,比如,派特务到大陆沿海城市过个几天几夜,再不然就是要特务去看几场电影,然后设法退回台湾。为了表功,有关方面总是在特工人员回台后,安排蒋介石接见他们。特工拿出大陆的电影票票根,或者大陆的火车票、粮票之类的凭证,

---

[①] 《中国人民解放军军史》编写组编:《中国人民解放军军史》第五卷,军事科学出版社2019年版,第313页。

让老蒋看看，逗老先生开心"①。台湾情报部门组织的"偷袭大陆"的"反共救国军"共 2000 人，结果"死亡、失踪者过半，约四分之一被俘及入中共监狱"②。

在对台军事斗争中"必须确保"的厦门市，更是把战备工作作为一项重大任务来抓，地方与部队紧密配合，军民协同联防，在厦门地区建立开展对敌斗争、坚固海防前线的四道防线。

——以渔民为基础，配合海军艇队护卫海域的海上防线。在沿海渔区开展一系列工作：组建渔民基干民兵，仅同安县在编渔民民兵就有 333 人，1961 年又扩大到 423 人，渔民出海既捕鱼又从事对敌斗争，船上配备轻武器，并有海上巡逻船，专责沿海海域监视敌人；在渔村广泛进行反抓靠、反破坏、反心战、反下海投敌的教育，做好国民党军政人员在厦亲属的调查摸底和教育感化工作，粉碎国民党策划的"政治登陆"阴谋；加强渔区户籍管理，配合公安部门防范和打击潜入、潜出特务和流窜、外逃刑事犯罪分子；加强渔船管理，对船只进行登记、编队、编号、发证、发牌，指定船只集中停泊点，严格管理"三宝"（桨、舵、帆），建立船只检查站，严禁未经批准载客和带人出海。到金门岛屿沿海附近捕鱼生产的船只，还要通报海军部队加强观察，以便保护。船队出海归来要报告海上有无敌情，并根据船只大小采取不同监管措施，做到大船有人管、中船收"三宝"、小船抬上岸。

——以民兵为主体，配合守备部队严守海防的海岸防线。据 1960 年海防工作大检查统计，同安县时有民兵固定哨、流动哨、潜伏哨和海上哨共 67 处，每晚值勤民兵 508 人。至 1978 年，厦门全市还有民兵哨所 42 个，每天值勤民兵 488 人。1950 年至 1980 年，以民兵为主或配合守备部队在沿海共捕获特务 25 起、36 人。

——以治安保卫工作为主的陆地防线。充分发动民兵和广大群众，监视反革命分子、坏分子，开展护桥、护路、护电线、护仓库和防特、防炮、防

---

① 金石：《我所认识的国民党特务谷正文》，载凤凰周刊编《机密档》（一），中国发展出版社 2011 年版，第 63—64 页。

② 张平宜：《台湾特种兵袭扰大陆秘密档案》，载凤凰周刊编《机密档》（一），中国发展出版社 2011 年版，第 46 页。

毒、防火、防盗的"四护五防"治安保卫工作。据 1957 年统计，全市先后有 214 个工厂、企事业单位组织 1513 个民兵执勤小分队，参加城区夜间巡逻执勤，计捕获流窜犯 65 人，行凶、盗窃案犯罪分子 88 名。

——以公安机关为主，"防上防下"打击敌特活动的隐蔽防线。厦门公安机关把"防上防下"作为经常性战备任务，与厦门水警区、守备区划分海域，分片包干，加强海上警戒巡逻，建立情报网，把紧沿海口子，使敌特分子难逃法网。仅 1975 年全市就破获下海外逃案件 23 起、抓获 25 人。

二、争夺制海权

在两岸军事对峙中，台湾国民党当局仍占据着大陆东南沿海许多岛屿，国民党军以此为基地，不断掀起袭扰高潮。驻闽海军从无到有、从小到大，在保卫东南沿海 3000 公里海岸线上，创造了新中国海战史上近战夜战、以小艇打大艇、以劣势装备战胜优势装备敌人的传奇战例，书写了一曲曲保卫祖国东南海疆的慷慨壮歌。

1949 年 11 月 11 日，海军驻福州办事处成立。办事处一成立，就立即投入到抗击敌空、海袭扰的战斗中。从 1949 年筹建到 1958 年正式组建，驻闽海军共参加作战 80 余次，击沉、击伤敌舰 12 艘，击落、击伤敌机 80 架、水陆两用战车 8 辆，毙敌 90 余人，取得了令人瞩目的辉煌战绩。

1958 年 12 月，海军福建基地正式成立后，原本只有 2 个巡逻大队和以部分观通、海岸炮兵为主的基地部队，迅速成长为下辖 2 个水警区、1 个鱼雷快艇支队、1 个巡防区和若干个岸勤、观通部队的可以独立完成作战任务的战斗集团。

在 1954 年至 1965 年间，"人民海军舰艇部队与国民党海军经历 18 次海战，击沉敌舰 8 艘，击伤 10 艘，俘获 2 艘，毙敌 265 人，俘获 105 人"[①]。其中，1965 年 8 月的八六海战和 11 月的崇武以东海战影响最大。八六海战是新

---

① 驻闽海军军事编纂室编：《福建海防史》，厦门大学出版社 1990 年版，第 448 页。

中国成立后最大的一次海上歼灭战。此役，人民解放军舰队一举击沉了敌舰"章江"号和"剑门"号，国民党军少将司令胡嘉恒以下170多人沉入海底；"剑门"号中校舰长王韫山及中校参谋黄致君以下33人被俘。在八六海战中，"解放军海军牺牲4人，伤28人，损伤护卫艇、鱼雷艇各2艘"①。而在崇武以东海战中，"人民解放军海军击沉国民党海军护航炮舰和击伤猎潜舰各1艘，俘9人。人民解放军海军牺牲2人，伤17人，轻伤护卫艇和鱼雷艇各2艘"②。八六海战使台湾国民党海军付出有史以来最为惨重的损失。历经八六海战和崇武以东海战，台湾国民党军丧失了台湾海峡制海权的优势。

从1959年至1978年的20年间，海军福建基地部队先后实施100余次海战、炮战，用累累战果书写出"以小打大、以劣胜优"的辉煌篇章，如炮击金门中的3次海战以及1965年的五一海战、八六海战和崇武以东海战等。

——击毁"美乐"号登陆舰战斗 1958年，中国人民解放军在炮击金门中击毁国民党海军"美乐"号登陆舰的战斗。1958年8月23日开始炮击后，台湾国民党当局对金门的运输补给异常困难，请求美国支援。9月7日，美国政府无视中华人民共和国政府9月4日关于12海里领海宽度的声明，悍然派出军舰侵入中国领海为台湾国民党海军运补护航。中华人民共和国政府对此提出严重警告。美国政府无视警告，于8日上午又派巡洋舰1艘、驱逐舰4艘，护送运载兵员及物资的国民党海军登陆舰"美乐"号和"美珍"号驶抵金门料罗湾。11时许，"美乐"号、"美珍"号先后于双打街、沙头抢滩卸载。美舰位料罗湾东南8海里处警戒掩护。中国政府再次向美国政府提出严重警告。12时43分起，人民解放军福建前线部队以42个炮兵营又6个海岸炮兵连，对停泊在料罗湾的国民党军舰艇和金门岛上的重要军事目标实施第三次大规模炮击。其中，海岸炮兵第一四九、一五〇连集中打击"美乐"号登陆舰，至13时40分，该舰中弹8发，起火爆炸成两段后沉没。随后，海岸炮兵第一〇七、一四九、一五〇连又对"美珍"号实施炮击，该舰中弹2发，

---

① 福建省地方志编纂委员会编：《福建省志·军事志》，新华出版社1995年版，第307页。

② 福建省地方志编纂委员会编：《福建省志·军事志》，新华出版社1995年版，第307页。

仓皇外逃。炮战于 18 时结束。炮击开始，美舰即向外海逃遁。美舰为国民党军舰直接护航运补金门的企图再次未能得逞。

——八六海战 1965 年，中国人民解放军福建海军配合南海舰队在东山岛东南海域击沉入侵的国民党海军巡防第二舰队 2 艘猎潜舰的战斗。8 月 5 日晨，国民党海军巡防第二舰队大型猎潜舰"剑门"号和小型猎潜舰"章江"号由台湾左营出航，当日傍晚驶至东山岛东南兄弟屿海域，企图向大陆输送特务。17 时 45 分，福建海军某观通站发现敌情，向南海舰队通报。18 时 34 分，南海舰队令汕头水警区部队进入一级战斗准备。23 时 13 分，护卫艇 4 艘及鱼雷艇 6 艘奉命出击。6 日 1 时 50 分，"剑门"号、"章江"号首先开火，双方随即展开激战。解放军护卫艇队集中优势兵力猛烈攻击，3 时 33 分将"章江"号击沉于东山岛东南 24.7 海里处。3 时 35 分，正在待机的第二梯队鱼雷艇 5 艘前往增援，与护卫艇群协同追击"剑门"号，发射鱼雷 10 枚，5 时 22 分将其击沉于东山岛东南 38 海里处。战斗中击毙巡防第二舰队少将司令胡嘉恒以下 170 余人，俘"剑门"号中校舰长等 33 人。战后，中华人民共和国国防部通令嘉奖南海舰队参战部队，福建海军某观通站也荣立集体二等功。

——崇武以东海战 1965 年，中国人民解放军福建海军在崇武以东海域击沉击伤国民党海军"永昌"号、"永泰"号军舰的战斗。11 月 13 日中午，解放军福建海军部队领导机关获悉国民党海军巡防第二舰队"永昌"号护航炮舰和"永泰"号猎潜舰，由澎湖马公出航企图袭扰福建沿海，当即决定以高速护卫艇、远航鱼雷艇各 6 艘组成突击群，在乌丘屿正南面 8 海里附近对敌实施打击。22 时 16 分，艇队由东月屿出击。23 时 33 分，护卫艇群在距国民党军舰 0.5 海里时，集中火力攻击前导舰"永泰"号。"永泰"号中弹后仓皇逃往乌丘屿。"永昌"号边还击边向南逃窜。鱼雷艇群冒着密集炮火高速追击，于 14 日零时 31 分逼近至距"永昌"号约 300 米处，发射鱼雷命中其尾部，该舰开始下沉。护卫艇群继续以猛烈炮火射击其水线部位。1 时 06 分，"永昌"号沉没于乌丘以南 15.5 海里处。战斗中，俘获国民党海军 9 人。解放军牺牲 2 人、伤 17 人，轻伤护卫艇和鱼雷艇各 2 艘。战后，中华人民共和国国防部通令嘉奖参战部队，授予 588 号护卫艇以"海上猛虎艇"称号。

三、"小三线"建设

20世纪60年代初,中共中央从战备需要出发,根据战略位置的不同,将全国各地区分为一、二、三线。一线,指处在战略前方的一些地区,主要是东北和沿海各省;三线,指全国的战略大后方,主要是长城以南、京广线以西的西南、西北地区,包括云、贵、川、陕、甘、宁、青、晋、豫、鄂、湘十一省区;二线,指处于一线和三线之间的省区。其中的三线也称为"大三线"。同时,各省区又都划分了自己的一、二、三线,其中的三线称为"小三线",指各省区自己的小后方。

三线建设从1964年到1980年,跨越三个五年计划,是这三个五年计划的"核心",其旨在"立足于打仗,抢时间,改变布局"。一是加快国防建设,包括国防工业和同国防有关的基础工业、交通运输和"小三线"建设,其中工业的布点"要注意靠山近水";二是大力发展农业,"大体解决吃穿用"问题;三是加快建设以钢铁和机械为中心的基础工业;四是猛攻科学技术关,有目标、有重点地掌握20世纪60年代的新技术。[1]

按照中共中央关于三线建设的战略部署,福建省属于战略前方的沿海"一线"省份,但由于福建地处海防前线,加上经济发展基础差、底子薄、交通落后、能源短缺,尤其是工业基础薄弱,三线建设的侧重点是"小三线"。福建"小三线"建设,主要围绕"战备"这个中心来展开。

1964年8月,福建省委专门召开扩大会议,对"小三线"建设和战备支前作了全面的动员和部署。会议强调,"'小三线'建设不能仅仅局限于建设几个军工厂、修几条公路、盖几个仓库,应该按照建设'大三线'就是建设大边区、建设'小三线'就是建设小边区的要求,建设一个政治上、军事上、

---

[1] 《加快三线建设》(1965年3月12日),载《周恩来军事文选》第4卷,人民出版社1997年版,第504—505页。

经济上、文化上能独立自主的巩固后方"①。

福建省"小三线"区域划分:"第一线为福、厦、漳、泉沿海地区;第二线为鹰厦线南段,由建瓯、南平至漳平、龙岩地区;第三线为闽赣边区,武夷山以南,鹰厦线以西,包括长汀、连城、清流、宁化、建宁、泰宁、光泽、邵武、顺昌、建阳、松溪、政和一带。"②

1964年10月,福建省委以省委常委梁灵光为组长的"三线"建设领导小组,加强和统一指挥福建省的"小三线"建设,并逐步将重要的工厂迁往"三线",同时新建了一批军工厂,加强国防建设力量,带动内地山区的工业生产建设。从1964年底至1965年初,"省委组织省计委、经委和省军区的主要负责人到后方山区进行实地踏勘选点,先后4次实地勘察了202个点,对军工厂选址,根据分散、靠山、隐蔽的原则,结合运力、交通等条件……提出了比较方案……制订沿海工厂、企事业单位的内迁及内地建设的具体方案"③。

福建"小三线"建设的规划贯彻了分散、靠山、隐蔽的方针;以隐蔽为主,三者结合。隐蔽的方法主要有三种:"一是进洞;二是充分利用地形,实行村落化、民房化,不易暴露目标;三是人工伪装和绿化。"④ 对于已经建成的工厂、仓库,如果防护隐蔽不够的,要求从最坏情况着想,立即采取补救措施,坚决把主要设备、主要生产线,选择好地形进行打洞,或适当调整车间,以及发动本厂职工种树绿化,伪装墙身、屋面,用竹帘盖玻璃窗,注意夜间灯火管制;建设时期被破坏的地形地貌要尽快恢复;要求设计、施工部门都学会打洞和以村落化、民房化进行设计、施工的本领。除组织专业打洞队伍外,更重要的是开办训练班,培养一批技术骨干,发动各单位职工自己

---

① 中共福建省委党史研究室:《中共福建地方史(社会主义时期)》,中央文献出版社2008年版,第469页。

② 中共福建省委党史研究室:《中共福建地方史(社会主义时期)》,中央文献出版社2008年版,第469页。

③ 中共福建省委党史研究室:《中共福建地方史(社会主义时期)》,中央文献出版社2008年版,第471—472页。

④ 中共福建省委党史研究室:《中共福建地方史(社会主义时期)》,中央文献出版社2008年版,第472页。

动手打洞,并要求在"小三线"建设中,提倡穷干、苦干、实干、巧干,精打细算,发扬"一厘钱"的精神,真正少花钱,多办事;提倡小而专,反对大、洋、全;特别强调因地制宜,尽量不占农田,确实需要占用农田的,要贯彻占一亩、开两亩的要求。"新建单位除不搞高标准建筑外,办公用具和生活家具,都一律从简,不得购买高档用品。迁建、新建企业都要充分利用现有停建、下马厂房和附近社、队的祠堂、庙宇。"①

1965年6月,总参正式批复福建省地方军工厂的建设项目,以地方军工建设为主的福建的"小三线"建设正式展开。

在公路方面,"按计划第一步先修建战时首脑机关通至各主要干线的公路。先后修建漠源(将乐)至夏茂(沙县)、南口(将乐)至明溪、房道(建瓯)至洋口(顺昌)、顺昌至浦上(顺昌)、仁寿(顺昌)至书坊(建阳)等5条战备公路,共167公里。第二步,修建武夷山东麓各主要干线相互联络的路线,即岚口(崇安)至永兴(浦城)、均口(建宁)至安远(宁化)、曹坊(宁化)至新桥(长汀)至尧山(武平)的公路,共128公里"②。在铁路方面,加强对骨干线鹰厦铁路的整治工程,并加强对原有森林铁路的整修管理。

在邮电通信方面,为了保证战时首脑机关的通信联络,有线通信联络除依托南平、永安、龙岩三线网与省外联络外,改建邵武、南平、永安、漳州等通信枢纽点。三线新增木干线路572公里、铜线1185公里、12路载波电话6套。福州、厦门设大型无线电台,各专区配设中型电台,各县配设小型电台,三线首脑机关附近设无线电通信枢纽电台。此外,配设保密小型电台24座,以备战时流动通信联络。

在物资储备和仓库建设方面,投资100万元建设战备粮仓,以保证战备所需储备的1亿斤粮食全部存放在山区,供应20万人一年的粮食。同时考虑到全省每年库存粮食5亿斤—6亿斤,60%存放在山区,为此,投资6300万元建设9万平方米的粮库,并投资10万元修建盐坑和盐库。考虑到福建离产

---

① 中共福建省委党史研究室:《中共福建地方史(社会主义时期)》,中央文献出版社2008年版,第472—473页。

② 中共福建省委党史研究室:《中共福建地方史(社会主义时期)》,中央文献出版社2008年版,第473—474页。

油区远，战时运输紧张，需要储足军用民用半年的用量约 8 万吨，投资 660 万元修建 9 万平方米的油库。另外，还投资 160 万元修建储存 5000 吨生铁、2000 吨优质铜、200 吨合金钢、5000 吨橡胶及 5000 吨其他有色金属的储库。

在煤炭建设方面，除龙岩煤矿外，以天湖山煤矿为开发重点，力争"三五"末期煤炭自给，并提供部分外调。为此，1966 年煤炭部给福建追加煤炭投资 100 万元，地质部也积极支持福建加强煤炭地质勘查力量。

在钢铁建设方面，国家计委和冶金部积极支持福建发展地方小钢铁，并要求三明钢铁厂及矿山建设，要集中力量打歼灭战。1967 年，首先建成潘田年产 50 万吨的铁矿，恢复三明一座高炉，形成铁 10 万吨、钢 8 万吨、钢材 6 万吨的生产能力。为了加快潘田铁矿的建设，国家计委追加投资 200 万元。同时，国家计委和冶金部还同意开发阳山铁矿。为了解决三明钢铁厂粉矿烧结问题，冶金部及时提供了资料和图纸，并安排技术人员到鞍山钢铁厂学习取经。为了开发天湖山煤矿和阳山、潘田铁矿，国家计委还同意修筑大深至天湖山全长 55.5 公里的铁路。

在电力建设方面，根据新的工业布点，国家计委同意龙岩扩建 6000 千瓦机组，追加投资 100 万元；新建庙前 750 千瓦机组，追加投资 80 万元；国家计委和水电部还将水头水电站、南靖二级水电站、交溪水电站、长汀童屋水电站列入 1967 年计划项目。

在对工业进行大举迁移的同时，也对文教、卫生、新闻、出版、广播等事业进行了较大规模的地区性调整。在文教方面，对沿海全日制中学的发展进行适当控制，加强山区文教事业的建设，要求山区多办"半工半读、半农半读"的学校；将一些一线地区的部分大中专院校迁往内地，福州果树研究所、水利研究所、水土保持研究所等科研院所也迁往内地。在医疗卫生方面，对鹰厦沿线及二、三线地区中心医院加强充实配备，并在三明、邵武一带建立粗具规模的省立第一医院、森林医院和省卫生防疫站等机构。在广播新闻方面，在沙县夏茂建一个全省广播台和转播站，将厦门日报社的圆印刷机迁往南平地区，充实南平报社，为福建日报社战时搬迁作准备。

从 1964 年开始的大规模"小三线"建设，是中华人民共和国建立以来福建最大的一次经济布局的大调整，目的是要把"小三线"建设成为能够独立坚持的巩固后方。为此，国家对山区投入了大量的资金，调动了大量的人力、物力。这些资金投入，"对于山区经济的发展起到了重要的促进作用，特别是对于改变山区交通、通讯等基本建设的落后面貌起到了重要的作用……但由于三线建设上得过急、铺得过大，挤掉一部分其他方面的资金，对于解决人民的吃穿用问题带来了一定程度上的影响。由于偏重于地区性的投入，相对忽视了产业结构的调整，使调整适宜的国民经济比例受到一定的冲击。更重要的是，随着'小三线'建设的展开，更强化了福建特别是沿海地区'前线'的意识，影响了投资导向，给福建经济今后的发展打下了很深的'前线'烙印"[1]。

---

[1] 钟健英：《六十年代福建的"小三线"建设》，《福建党史月刊》1998年第5期。

第七章　海防前线时期的拥军支前工作

新中国成立后的相当一段时期，盘踞台澎金马的国民党军队，在蒋介石鼓动的"反攻大陆"声浪中，不断对福建沿海地区和岛屿进行登陆窜扰活动。福建因此成为祖国的东南海防前线，军事斗争十分尖锐复杂。从肃清国民党在大陆残留的土匪到千里海防线上反击国民党军的窜扰，从炮击金门到沿海紧急战备，从反击国民党小股武装特务的渗透到反对国民党军的"心战"策反活动，从反轰炸反侦察骚扰到夺取制空权的斗争，从护航护渔到同国民党海军进行一定规模的海战，战斗一个接着一个。同时由于美国政府把台湾视为其在亚洲"不沉的航空母舰"，从军事上直接支持台湾国民党军对大陆的各种骚扰破坏活动，福建不仅成为与国民党军进行军事斗争的焦点地区，而且也成为国际斗争的一个热点地区。这个特点，不仅决定了驻闽人民解放军长期以来处于作战和战备状态，而且促成全国各地经常有大批部队奉命前来福建参战或执行战备任务，使福建在某种意义上成为全军的一个练兵场。

一、加强拥军支前工作

福建双拥传统源远流长，并具有深厚的群众基础。双拥运动，正规说起来，始于1943年毛泽东等老一辈无产阶级革命家在延安倡导开展的"拥政爱民和拥军优抗"运动。但是，双拥作为一项运动，早在土地革命战争时期就已经开展起来了。福建是全国著名的革命老区，据不完全统计，全省有10万多人参加了红军、新四军，3万多人参加了二万五千里长征，2000多个革命基点村一直坚持斗争到全国解放,为夺取全国革命胜利而英勇献身的共产党员、红军战士、革命群众达 13 万多人。在土地革命战争中,毛泽东、周恩来、朱德等老一辈革命家都曾在八闽大地领导过轰轰烈烈的革命运动,留下了许多可歌可泣的斗争事迹和宝贵的革命传统。其中一个优良传统就是拥军优属和拥政爱民。

在艰苦卓绝的战争年代,福建父老乡亲踊跃支前,用血汗养育了红军,养育了革命,军民结下了生死与共、鱼水相依的深厚情谊。特别是在迎接和配合南下大军解放福建的战斗中,率先解放的闽北、闽东等地的广大人民群众,在建瓯军管会支前委员会的组织下,发扬拥军支前的光荣传统,迅速掀起了支前热潮,倾力筹集大批粮秣,为福州战役和漳厦战役的顺利开展提供了有力的战勤后勤保障,为提前解放福建作出了重大贡献。

新中国成立后,党中央及华东局一再发出指示,解放台湾为全党最重要的战斗任务。[①] 福建军民继承和发扬拥军优属、拥政爱民的光荣传统,同守千里东南海疆,为维护国家的安全与发展作出了重要贡献。

海峡两岸的军事对峙,必然总是把军队推到冲突的最前沿。因此,在我国党和政府的对台工作中,对台军事斗争准备始终是一项紧抓不懈的战略任务,从而也就赋予与台湾一衣带水并有着悠久历史人文渊源关系的福建,在海峡两岸关系发展中具有十分重要的战略地位,在实施中央对台政策和把握对台关系中处于特殊重要的地位,在祖国统一大业中担负着特殊重要的使命。

对台军事斗争准备是一项带有全局性和战略性的工作。作好对台军事斗争准备,双拥工作是至关重要的一环。其主要任务是服务于对台军事斗争准备,重点放在提高部队"打赢"能力上,扎扎实实做好支持部队全面建设,保障部队军事演习,加强战场建设等工作,把福建建设成为东南沿海军事斗争的前进基地、动员基地、保障基地和战役机动通道,为早日实现祖国统一作贡献。

新中国成立后,福建省是全国唯一保留支前机构的省份。1949 年 11 月

[①] 《关于对台湾作战问题的报告》(1950 年 6 月 23 日),载《粟裕文选》第 3 卷,军事科学出版社 2004 年版,第 48 页。

25日，基于台海局势和剿匪反霸的需要，中共福建省委批准成立福建省支前委员会。1950年省委决定成立以方毅为司令的支前司令部。各地市支前委员会及办公室设在各级人民委员会内。支前机构配合部队搞好剿匪和解放沿海岛屿作战的后勤物资供应，组织民工建设战备公路、铁路、机场、港口及重点国防工程设施，保障部队完成战备任务。

协助作好对台军事斗争准备，是福建双拥工作的主线。不过，党的对台方针政策是随着国内国际局势和两岸关系的发展变化而不断调整的，在不同历史阶段，对台军事斗争准备的工作重心是不完全一样的，双拥工作的侧重点也是有所不同的。纵观福建前线时期双拥工作的发展历程，大致可分为以下两个阶段。

第一阶段，从1949年10月至20世纪60年代初。其特点是两岸紧张军事对峙，冲突对抗军事行动不断。

国民党军队败退台湾后，不甘心在大陆的失败，在蒋介石鼓噪的"反攻大陆"声浪中，不断对福建等东南沿海地区和岛屿进行登陆窜扰活动。尤其是1950年朝鲜战争爆发后，美国把台湾视为其在亚洲"不沉的航空母舰"，公然派第七舰队封锁台湾海峡，从军事上直接支持国民党军进犯大陆，潜伏在内陆沿海的散匪、海匪也乘机蠢蠢欲动，企图里应外合，致使福建在中华人民共和国成立后相当长一段时期处于战争气氛之中，成为祖国的东南海防前线，军事斗争十分尖锐复杂，既是人民解放军与国民党军进行军事斗争的焦点地区，也是国际斗争的一个热点地区。

为了肃清残敌，解放全中国，毛泽东和党中央对台湾这一国内革命战争遗留问题，一度决定采取"武力统一"的战略方针，抓紧军事部署，成立以粟裕为总指挥的前线指挥部，并指示福建省委加强战备，防止美舰庇护台湾国民党军队侵入东南沿海；限期肃清匪患，巩固新生人民政权；搞好拥军支前工作，为解放台湾创造有利条件。据此，中共福建省委强调"以战备为当前压倒一切的中心任务"，提出"支前第一、生产第一"的战备方针，号召福建人民动员起来，各级党委政府迅速建立健全支前机构，做好各项支前工作，协助和支援大军尽快肃清匪患，加强海防建设，作好对台军事斗争准备。

因此，在这一阶段，福建双拥工作的主要任务有：一是拥军支前，组建各级支前委员会,协助驻闽部队加强战备;二是配合大军剿匪反特,巩固新生人民政权;三是组建基干民兵团,实行军民联防,反击国民党军的登陆窜扰和破坏活动;四是积极参与支援东山保卫战、炮击金门等重大军事行动。

第二阶段,从 20 世纪 60 年代初至 1978 年 12 月。其特点是两岸在对峙中相互调整策略,台海局势相对平静,但暗潮汹涌,具有冷战性质。

进入 20 世纪 60 年代后,以蒋介石为首的国民党台湾当局鉴于爆发第三次世界大战的可能性不大,国民党军在"军事反攻大陆"的历次作战中不是被歼就是受到重创这一现实,加上美国政府亦认为台湾当局"军事反攻大陆的计划"难以实现,遂将"反攻大陆"改为"反攻复国",确定"反攻复国"总体战略方针是"七分政治,三分军事;七分敌后,三分敌前"。1961 年,蒋介石指示台湾"国防部"秘密研究并制定所谓的"国光计划"("反攻大陆作战计划"),后因台湾于 1971 年被逐出联合国,"反攻大陆"难获国际认同而成为泡影。与此同时,由于大陆经济困难,中美关系又无法缓和,加上中苏矛盾激化,毛泽东和党中央的对台方针政策也相应作了调整,认为台湾问题错综复杂,靠军事手段一时难以解决,宜长期等待争取,决定解决台湾问题由以战争的方式为主改为以和平方式为主,即"中国人民愿意在可能的条件下,争取用和平的方式解决问题",军事打击成为促成和平解决的辅助手段。从 60 年代初开始,海峡两岸虽然仍处于紧张的军事对峙状态,但总的来说,台海局势还是相对平稳的。除了小规模接触,互打宣传弹和海飘外,直接的军事冲突很少。

当然,这种相对平静的台海状态只是表面现象,其实平静的气氛中暗潮汹涌,双方都在积极备战,等待时机。具有强烈忧患意识的以毛泽东为核心的第一代中央领导集体多次指出,帝国主义势力还包围着我们,我们必须采取积极防御的思想,随时应付可能的突发事变。为此,毛泽东先后提出"整军备战"、进行"三线"建设加强后方战略基地、"备战备荒为人民"、"深挖洞、广积粮、不称霸"等一系列国防建设方针政策。在此阶段,对台军事斗争准备主要是围绕这一系列国防建设方针政策来展开的。服务于对台军事斗争准备的福建双拥工作,也主要是贯彻毛泽东和党中央关于积极防御的国防建设方针政策,协助驻闽部队做好对台军事战备和前线基地建设。"文革"初期,福建双拥工作曾一度受到冲击,各级支前机构几乎名存实亡,处于瘫痪状态,直到1972年后才陆续恢复办公。

二、构筑海防钢铁长城

新中国成立后,盘踞台澎金马的国民党军队,不甘心在大陆的失败,以"反攻大陆"为名,不断对福建沿海地区和岛屿进行登陆窜扰活动。尤其是1950年朝鲜战争爆发后,美国派第七舰队封锁台湾海峡,公然侵犯中国领土、领空和领海,支持国民党当局进犯大陆,国民党军队更是有恃无恐,乘机派遣特务、军队加紧袭扰活动,致使福建省在相当长一段时期处于战争气氛之中。据国民党统计,1950年至1989年的39年里,仅国民党派出的情报人员就在大陆地区建立了3193个单位,组织成员9367人,因执行任务而失事者有624人,其中有380人死亡。

面对严峻的海防斗争形势,福建党政军民齐心协力,共同战斗,固守千里海疆,为海防建设和人民安居乐业创造了有利条件。

中华人民共和国成立后,根据《中国人民政治协商会议共同纲领》关于全国实行民兵制度,以保卫地方秩序,建立国家动员基础的规定,福建普遍建立民兵组织。面对紧张的东南海防前线形势,1951年1月,党中央指示福建省委要加强战备,防止美舰庇护台湾国民党军队侵入东南沿海。同年6月,福建省委决定成立海防工作委员会,由叶飞任主任。10月,福建省委指出,对台斗争的方针是:继续深入并加强经常的、全面的解放台湾的形势教育,进一步发动群众,加强渔盐民工作及海岛工作,开展全面的群众性政治攻势及反奸防特斗争,密切配合武装打击消灭台湾国民党方面的破坏活动。11月,福建省委召开紧急扩大会议,指出:"朝鲜战争尚未取得彻底胜利,还要准备打击台湾当局的袭扰,要求沿海4个专区应以备战为压倒一切的中心工作,其他地区则以备战为中心。"① 1953年1月，福建省委作出《关于海防工作指示》，要求"沿海地区必须明确以发动群众，加强对敌斗争，巩固海防，整顿民兵组织，镇压反革命，捕捉特务，加强敌情侦察，保卫生产为中心任务，其他工作应结合这一中心进行"②。2月9日，福建省委又发出关于海防工作的意见，要求把海防工作当成沿海县、区的中心任务，加强各级党委对海防工作的领导。

为使漫长的海防线和众多岛屿得到有效防守，从1950年开始，驻福建沿海一线部队"就同当地地方党委和政府建立了军民联防委员会，实行军民联防"③，"组成以部队为骨干、以民兵为基础、军民一体、密切协同的防卫体系"④。据统计，全省"沿海一线711个乡镇的民兵实行联防，建立了800个民兵海防哨所，每天有1.09万多名民兵执勤。随后，在民兵联防的基础上发展到军民联防。在以部队为主防守的重要方向，民兵按建制编入部队序列；在以民兵为主防守的方向，军队与民兵挂钩，定期联系，遇有敌情，军队驰援并统一指挥作战"⑤。

1958年后，根据福建省委第四次海防会议提出的"建立海上防线，改进陆地前沿防线，加强纵深防线"⑥的海防斗争方针，福建军民总结多年军民联防的实践经验，建立健全了"四道防线"。"第一道海上防线，以渔民为基础，配合海军艇队、海上武工队和护航炮营开展海上斗争。这道防线有渔民民兵9万多名，600多艘机帆船，2.6万多条木帆船。第二道海岸防线，以守备部队

---

① 中共福建省委党史研究室：《中共福建地方史（社会主义时期）》，中央文献出版社2008年版，第170页。

② 中共福建省委党史研究室：《中共福建地方史（社会主义时期）》，中央文献出版社2008年版，第170页。

③ 福建省地方志编纂委员会编：《福建省志·军事志》，新华出版社1995年版，第507页。

④ 福建省地方志编纂委员会编：《福建省志·军事志》，新华出版社1995年版，第507页。

⑤ 福建省地方志编纂委员会编：《福建省志·军事志》，新华出版社1995年版，第508页。

⑥ 福建省地方志编纂委员会编：《福建省志·军事志》，新华出版社1995年版，第508页。

为骨干,民兵为主体,群众为基础,严守海防一线乡村和岛屿。这道防线有数百个海防哨所,每天有1万多名民兵执勤,每个哨所都由一个武装基干民兵连负责。第三道陆地防线,由民兵监视反革命分子和坏分子,加强以护桥、护路、护电线、护仓库和防特、防炮、防毒、防火、防盗为内容的安全保卫工作。第四道隐蔽斗争防线,以公安机关为主,专门机关和群众相结合,加强民兵侦察情报工作,及时打击敌特破坏活动。"① 四道防线的建立,在祖国东南千里海防线上筑起了一道人民战备的钢铁长城。据台湾安全部门统计,1949年至1988年台湾特务在大陆活动最频繁的一段时间里,共有2189名特工在大陆"阵亡"。②

三、重要战事中的拥军支前工作

在海防前线时期,福建党政军民在维护和建设祖国东南海疆中,同呼吸、共命运、心连心,不仅让双拥之花常开不败,而且能与时俱进,不断创新,谱写了一曲发展军政军民团结的历史新篇章,为福建乃至全国的社会主义现代化建设提供强有力的支撑。

在东山保卫战中,军民携手,英勇阻敌。1953年7月,台湾当局派军队1万多人进犯东山岛。这是国民党军败逃台湾后对大陆沿海发动的规模最大的一次登陆窜犯。东山保卫战打响后,"岛上和邻近地区群众全力以赴、投入支前,奋起协助解放军作战,组织运输队、担架队、救护队上火线,参加支前的共2万多人",为取得战斗的胜利作出了重大贡献。其中,八尺门渡口是双方争夺的战略要地。八尺门渡口的90多名民兵船工,不顾敌机扫射,坚决勇敢地完成运送援军和战勤物资的任务。国民党军400余名伞兵在后林村空降,企图抢占八尺门渡口,阻止人民解放军增援。后林村民兵迅速奔赴各个战斗

---

① 福建省地方志编纂委员会编:《福建省志·军事志》,新华出版社1995年版,第508页。

② 郭策:《台湾特务的苍凉悲歌》,载凤凰周刊编《机密档》(一),中国发展出版社2011年版,第33页。

岗位，分守各重要路口，配合部队守住八尺门渡口，对取得东山保卫战的胜利起到了关键性作用。东山战斗后，福建进一步加强海防建设，在全省3300余公里的海岸线上，逐步建立起海上、沿岸、陆上秘密工作的四道防线，先后歼灭国民党军及海匪部队5000余人。

在八二三炮战中，拥军支前热情高涨。在1958年至1960年激烈的炮战期间，福建沿海广大群众、民兵，特别是晋江、南安、同安、龙海等战区的民兵，奋勇承担起参战支前的光荣任务。在战斗最紧张的日子里，"战区每日有2万多名民兵参加支前，1800多名民兵直接参战。仅厦门前线每天出动民兵就达4000多人。全省共动员各种支前民工（其中绝大部分是民兵）48.5万人次，仅构筑工事就支援了56万个劳动日。水陆输送各种作战物资36万吨"①。

时任中共福建省委副书记兼福建省军区政委的伍洪祥，负责动员组织厦、漳、泉地区群众的支前工作，他在回忆时写道：

> 前线人民拥军支前热情非常高涨，各地民兵、群众都送上决心书，表示"头可断，血可流，海防门户不可丢"，"只要前线部队需要，要什么有什么，何时要何时有"！全省沿海共组建了75个民兵师，下属957个团，其中基干民兵就有170多万人。我在厦、漳、泉前线就动用了支前民工48万人，投入抢修公路40多条，运送炮弹12万多箱，搬运石料2万多立方米，装卸汽车7000多辆次，还组织一批年轻妇女为参战部队救护、洗衣、烧茶水。②

在八二三炮战中，全省有413名民兵荣立战功，厦门市前线人民公社民兵师及晋江县围头和南安县小嶝岛的民兵队伍，受到国务院的嘉奖。前线女民兵英雄洪秀枞、"英雄小八路"、"战地八姐妹"等战斗事迹传遍全国。其中

---

① 福建省地方志编纂委员会编：《福建省志·军事志》，新华出版社1995年版，第505页。

② 伍洪祥：《"8·23"炮战的支前工作》，载福建省新四军研究会编《八·二三炮战》，解放军出版社2008年版，第240页。

"英雄小八路"的战斗事迹尤为突出，影响深远。"英雄小八路"是厦门市思明区何厝小学的一个英雄群体。何厝小学所在的厦门岛东南部的何厝村，经常遭受金门国民党军的炮击。1958年8月23日炮击金门前夕，当地政府决定将妇幼老弱疏散到后方，只留部分干部和基干民兵从事生产和支前工作。何厝小学的学生却坚决要求留在前线，一边学习，一边支前。该校164名少先队员组成"厦门前线少年支前活动大队"，由吴潮注老师负责领导。炮击金门战斗开始后，只留下13名队员坚持在前线，队长何明全，副队长黄水发，队员何大年、何阿猪、何佳汝、何锦治、郭胜源、何亚美、黄网友、黄友春、黄火旺、林淑月、何星赞，都是年仅12—16岁的少年。他们一面坚持在碉堡里上课、学习，一面活跃在前沿阵地上，修公路、筑掩体、擦炮弹、送茶水、接电话线、洗军衣，还参加站岗放哨，监视防范不法分子的破坏活动。在敌人的炮火打断电话线，两端无法接续时，他们手拉着手，让电波通过自己的身体，把指挥员的命令传达到前沿阵地。这些英雄事迹见报后，迅速传遍军营内外和祖国大地，受到部队各级首长和社会各界的鼓励和表彰。1958年9月10日，共青团厦门市委领导到这个支前大队队部，把一面绣着"英雄的小八路"字样的锦旗奖给他们，并宣读了团市委授予何明全等13名队员"优秀队员"光荣称号的决定。1959年，"小八路"成员何大年光荣出席第二次全国青年社会主义建设积极分子大会。1964年，何佳汝、黄水发光荣出席全国共青团"九大"，受到毛泽东主席和中央领导人的亲切接见，黄水发还被选为共青团第九届中央委员会候补委员。他们的事迹被编成话剧，拍成电影。1978年10月27日，共青团十届一中全会通过决议，把电影《英雄小八路》的主题歌《我们是共产主义接班人》定为中国少年先锋队队歌。

在护渔护航中，军民联防守护海疆。这是社会主义建设时期，福建军民协同配合，保护渔业生产和海上航运安全的联合军事行动。国民党军逃往台湾后，以盘踞的福建沿海岛屿为军事基地，频繁地窜入沿海渔场和航道，破坏大陆的渔业生产和航运事业。

在20世纪50年代初期，福建军民"采取进剿海匪，组建海边防武工队配合海军、水兵加强海上巡逻，发动渔、船民实行劳武结合等形式，保证渔业生产和海上航运的安全"①。

1952年4月23日,霞浦松山乡1艘护渔船同侵入渔场骚扰的国民党海匪激战2小时,掩护了数百艘渔船安全转移,5名民兵壮烈牺牲。

1954年福建军区召开的海防会议提出"全面巩固,积极进攻"的方针,在乌丘屿海面击沉、击伤敌艇,当年完成了护送417艘次货船任务。

1955年,各巡逻船艇部队"除积极加强海上巡逻外,基本上采取直接伴随商船的办法护航。以护航炮兵为主的所有岸炮则保证射程内航运安全并支援艇船部队作战"②。

1957年福州军区划分了沿海护航护渔区域,并加强统一指挥和协调行动。

1959年2月2日,平潭民兵配合海军3艘护卫艇及空军,将被渔民称为"海上霸王"的国民党军"六三"号炮艇击沉,受到中国人民解放军海军通令嘉奖。2月13日,福建海军领导机关召开闽中、闽南护渔护航会议,提出了为保证我方一侧海域,在有组织有通报的条件下,不让敌人抓走一条船而采取的一系列措施。23日,福州军区召开闽北护航护渔座谈会,提出开展全面对敌斗争,把国民党军的活动压缩至其占据岛屿附近,确保大陆近海航运和渔业生产安全。当年得到护航的运输船13172艘次,武装掩护出海渔船11.469万船次,未遭任何损失。

1960年3月1日,海军护卫艇第二十九大队在东引岛西南8海里马刺岛海域,击沉经常在海上袭击大陆船艇的国民党军"远征517"号炮艇,受到福州军区通令嘉奖。

1963—1965年间,福州军区先后7次组织海军、空军和炮兵较大规模的作战行动,取得了击沉国民党军"永昌"号护航炮舰、击伤"永泰"号大型猎潜舰和重创"东江"号猎潜舰的重大胜利,从根本上扭转了被动局面,夺得了海上斗争的主动权。海军艇队已前出30海里以外护航,近海区域的航运和渔业生产的安全基本上得到了保证。

---

① 《福建党史月刊》编辑部:《构筑四道防线 联合镇守海疆》,载《福建党史月刊》2009年第19期。

② 《福建党史月刊》编辑部:《构筑四道防线 联合镇守海疆》,载《福建党史月刊》2009年第19期。

1974年1月，福州军区组织海军、空军、炮兵掩护护卫舰编队安全通过台湾海峡，为开辟金门以东航线并逐步形成一条习惯性航线提供了经验。1980年2月，国务院、中央军委批准民用船舶可以自由过往台湾海峡和金门以东航线。福州军区通知自4月1日起，民用船舶过往台湾海峡和金门以东航线，由各自组织实施。1985年后，根据台海形势和大陆舰船通过台湾海峡的实际情况，适当减轻了掩护任务。

四、驻闽部队支援地方建设

在保卫东南海疆的同时，驻闽中国人民解放军积极参与地方建设。举其要者如下。

——支援三明钢铁厂等厂矿建设　　1958—1959年，驻闽中国人民解放军支援地方工业重点项目建设的行动。1958年7月，第二十八军八十二师二四六团奉福州军区之命开赴三明，支援福建省重点项目三明钢铁厂的建设。全团官兵与地方技工、民工一道，艰苦创业，于1959年3月完成第一期基建任务，共建高炉3座、热风炉烟囱和锅炉房各1个，浇灌高炉地基4处，建桥19座，修道路60余公里，运送物资10190余吨，挖填土石44.58万立方米，挑沙8900余担，保证了三钢第一期工程按时投入生产。该团于1959年4月17日归建。与此同时，第二十八军还先后派出部队参加永春、顺昌、邵武、福安等地建厂建矿，至1959年4月，共帮助地方建厂24座，建矿6个，采煤97640吨，采矿石6300余吨。

——打捞日本"阿波丸"号沉船　　中国人民解放军海军和交通部的打捞队伍，在台湾海峡水域，打捞日本沉船"阿波丸"号运输船。"阿波丸"号运输船，总吨位11249吨，船体钢质，航速20.8节，船长滨田松太郎。1945年3月28日，日本"阿波丸"号运输船满载着从占领地掠夺的战略物资和归国的日本人，从新加坡驶往日本。4月1日23时，该船被正在台湾海峡水域巡逻的美国"皇后鱼"号潜艇击沉于福建省平潭县牛山岛以东10.7海里处，船上2000余人除1名厨师幸存外，其余全部死亡。20世纪70年代初，先后有日、美、西德等国 30 多家公司来华要求打捞沉船。为了维护中国领海权益，国务院和中共中央军委决定由中国人民解放军海军和交通部组织打捞。1977 年 4 月 5 日，由福州军区副司令员朱绍清等 12 人组成的打捞"阿波丸"号沉船工程领导小组成立。

在福州军区统一领导下，由海军和交通部上海救捞局组成的两支打捞队伍，于 1977 年 4 月至 1980 年 8 月在沉船沉没海域实施季节性施工作业。为保障打捞工作的安全进行，驻闽陆、海、空军部队担负掩护任务。4 年间，共作业 418 天，潜水 13604 人次、6138 小时，水下电氧切割 2329 米，揭盖 4974 平方米，捞获各种物资（锡锭、橡胶、云母片、铌钽矿石等）5418 吨，价值人民币 6000 多万元。执行掩护任务的部队，坚持在高山、哨所、机场、码头值勤。海军派出舰艇 431 艘次，巡逻 418 昼夜，劝离进入打捞作业区的渔船 683 艘次和台湾渔轮、外国商船 300 余艘；空军组织战斗起飞 353 批 1384 架次，其中到作业区上空巡逻 211 批 811 架次。

此次在台湾海峡的深水打捞作业，规模大，在中国是首次，在世界上也少有，显示了中国海洋深水作业能力，维护了国家主权；将捞获的遗骨、遗物移交日本，促进了中日两国人民之间的友谊；培养了一支深水打捞队伍，600 名潜水员，经常在 57 米至 66 米深的水下进行空气潜水作业，在中国潜水史上从未有过；改进作业手段，采取多船同时作业，深水分段解体沉船，突破了传统的作业方式，减少了水下繁重的劳动；还摸索了台湾海峡水文、气象规律。担负掩护任务的部队，严格执行作战政策，保持了台湾海峡的稳定，保障了作业区的安全。

——抢险救灾　中国人民解放军驻闽部队和民兵预备役人员支援地方抗击自然灾害的行动。福建是自然灾害频发省份，台风、洪涝、森林火灾等灾害连年不断。每当福建人民遭受灾害时，驻闽部队官兵和民兵预备役人员均立即出动，积极协助地方政府，同灾区群众一道抢险救灾，把灾害造成的损失减至最低程度。1952 年 7 月下旬，福建 59 个县市遭遇大水灾，福建军区立即发出《抗洪救灾紧急指示》，军区机关、福州警备部队、第十兵团工兵团、福建军区高炮营及步兵第八十二师官兵共 5800 多人立即投入抗洪救灾，救出灾民 340 多人和大批物资。第八十二师文化教员竺培国在救灾中光荣牺牲。

1958年和1959年，闽南地区多次遭强台风和暴雨袭击，驻闽部队出动大批人力、物力投入抗灾抢险第一线。灾后，部队又协助群众恢复生产。1968年6月中旬，福州地区出现历史上罕见的洪灾，驻闽江沿岸的部队全力投入抗洪斗争。1971年3月25日下午，清流县郊区山林失火，威胁着大片松林安全，福州军区通信总站通信连立即赶到现场救火，年仅18岁的战士张江献出了生命。1977年5月中旬，特大洪水使闽侯甘蔗镇防洪堤决口50多米，外洋—福州铁路路基被冲垮40余米。福州军区政治委员李志民组织指挥就近4个团的3000多人抢修，很快就使铁路恢复通车，并帮助被洪水围困的1万多名群众脱险。

1979年1月，随着中美两国建立外交关系和全国人大常委会适时发表《告台湾同胞书》，台海局势趋向缓和，海峡两岸的军队基本停止了敌对行动。双拥工作亦随之进入一个新的发展阶段。

第八章　福建前线的宣传攻防战

一、对台宣传统战工作

对台宣传工作的调整

作为海防前线的福建,既是对台军事斗争准备的前进基地,也是对台宣传统战工作的前沿阵地。

加强备战,巩固海防,保卫社会主义建设正常进行,这是新中国成立后相当长时期内福建一切工作的大局和建设任务的中心。

在武力解放台湾阶段,加强军事宣传,坚定"一定要解放台湾"的意志和决心,加强海防斗争,强调备战支前;朝鲜战争爆发后,大力开展反对美国侵占台湾、阻挠中国统一进程的斗争。1951年1月5日,《福建日报》发表《粉碎美帝阴谋,坚决解放台湾》的社论,揭露美国正在与台湾当局订立一项专门的秘密协定,"企图阻碍中国人民解放台湾,变台湾为侵略中国大陆与反对亚洲人民的战略基地"[①],号召福建人民动员起来,支援大军解放台湾,彻底粉碎美帝的阴谋。

进入"和平解放台湾"阶段,对台宣传的基调是加强军事宣传,保卫海防,保卫社会主义建设,但随着形势的发展变化,宣传的内容、侧重点有了

---

① 《福建日报社史》编辑委员会编著:《福建日报社史》第一卷,福建人民出版社2002年版,第96页。

相应的调整：一是继续加强战备支前，作好对台军事斗争准备，"继续大力支援前线，加强军民团结，为最后解放台湾而奋斗"①；二是突出宣传保卫海防和福建军民反击台湾蒋介石当局图谋窜犯大陆的斗争，同时揭露、谴责和警告美国对我领海、领空的侵犯及唆使、支持蒋介石台湾当局军事冒险的阴谋；三是保卫社会主义建设，强调"以战备为中心，支前第一，生产第一"；四是加强对台统战方面的工作。

根据中央对台宣传统战工作的部署，1955年7月8日，彭德怀在主持中央军委总参谋部召开关于福建沿海作战问题时指出：我们在研究沿海作战时，必须把军事、政治、外交等因素同时加以考虑，不能单纯从军事出发，而在采取军事行动时必须紧紧掌握战必胜的原则，必须谨慎，不能急躁。福建沿海民兵积极开展对台宣传，利用风筝、气球、竹筒、塑料袋、礼品船等器材，向国民党军占领的岛屿和海上渔民飘（漂）送了数以万计的宣传品和礼品，宣传社会主义建设成就，宣传爱国主义，宣传统一祖国的方针政策，以促进祖国的早日统一。据有关资料统计，"仅小嶝岛1949年10月至1956年9月，就飘（漂）送气球、竹筒、瓶罐等9000多个，装带各类宣传品95万份"②。

（一）在八二三炮战宣传中，根据毛泽东和党中央的决策部署，福建前线军民紧密配合、协同作战，出色完成了"文打"的任务。金门炮战打响之前，《福建日报》等媒体就开始揭露台湾当局对大陆的骚扰破坏罪行，揭露美帝国主义制造中东紧张局势和对我国台湾海峡的侵略活动，同时以显著版面报道人民解放军的示威性演习和海、空军歼敌的胜利战报，表明福建前线军民齐心协力，严阵以待，形成随时准备痛击敢于来犯之敌的态势。

金门炮战期间，《福建日报》等大量刊登新华社发出的炮击战况电稿。10月6日、13日、26日，先后全文刊登了毛泽东亲自撰写、以中华人民共和国国防部部长名义发表的《告台湾同胞书》《再告台湾同胞书》和"彭德怀部长向福建前线部队下达的对金门炮击再停两周的命令"三个重要文告，并发表

---

① 《叶飞同志的发言》，载中共中央办公厅编《中国共产党第八次全国代表大会文献》，人民出版社1957年版，第755页。
② 福建省地方志编纂委员会编：《福建省志·军事志》，新华出版社1995年版，第516页。

了两岸军民对文告强烈反响的大量报道。

（二）在战备时期，主要是揭露、谴责和警告美帝国主义对我国领海、领空的侵犯及唆使、支持蒋帮军事冒险的阴谋。从1962年开始，台湾国民党当局在美国的唆使和支持下，企图利用大陆处于经济困难时期窜犯东南沿海地区。我国政府从1958年9月8日起至1966年6月27日发出警告404次。其中，1962年6月、7月间最为集中，党和国家领导人接连发表关于坚决反击美蒋军事冒险的重要谈话和世界许多国家谴责美蒋的舆论。这方面的报道，《福建日报》共发39篇。①

面对这一严峻形势，福建省委根据党中央、中央军委的决策和部署，提出"以备战为中心，支前第一，生产第一"的方针，全力以赴抓好战备和生产建设。福建前线军民齐心协力、严阵以待，形成随时准备痛击敢于来犯之敌的态势。当党中央和中央军委作出对国民党军队妄图窜犯大陆进行坚决反击的决策后，福建省委和省政府抽调3000多名干部，充实支前机构，抓好前沿一线的战备教育和落实战备措施。1964年，福州军区还专门派出军代表进驻《福建日报》等新闻媒体部门，以协助加强军事宣传。

（三）在"文革"时期，对台宣传统战工作一度中断，后随着中美关系的改善而逐步恢复。1966年6月，祖国大陆提出"中国人民一定要解放台湾，一定要把五星红旗插到台湾省"②。此后，在一片"反修防修""阶级斗争"的喧嚣声中，两岸和平统一工作中断，大陆对台工作陷入瘫痪状态。一直到20世纪70年代后，随着中美关系解冻和国际形势的变化，特别是九一三事件发生后，毛泽东开始纠正一些内外政策上的"左"的错误，"和平解放台湾"又被提上议事日程，对台工作开始出现转机。

1970年3月，福州军区召开对台工作会议，重申毛泽东在1958年10月提出的"台、澎、金、马的中国人中，爱国的多，卖国的少。因此要做政治工作，使那里大多数的中国人逐步觉悟过来，孤立少数卖国贼。积以时日，

---

① 《福建日报社史》编辑委员会编著：《福建日报社史》第一卷，福建人民出版社2002年版，第96页。

② 《一定要把五星红旗插到台湾省》，《人民日报》1966年6月27日。

成效自见"① 的指示,要求加强对台宣传工作。

1971年九一三事件后,周恩来主持中共中央日常工作,着手纠正"左"的做法,海防对敌斗争工作才逐步恢复。1973年2月,由于漳浦县发生杨丹连偷船私渡事件,周恩来总理指示要"进行边防人保教育"。对此,福建省委高度重视,要求"认真贯彻执行总理对漳浦发生下海投敌事件的批示"精神,加强船只管理、民兵岗哨和"下嫌对象"("下海投敌嫌疑对象")控制工作的检查落实。

1973年7月9日,为进一步贯彻中央对台工作指示,加强对台工作的领导,福州军区党委、福建省委和江西省委联合发出通知,决定成立闽赣对台工作委员会,李志民任主任。7月12—15日,闽赣对台工作委员会第一次会议在福州召开。会议主要学习中共中央和毛泽东关于对台工作的指示和方针政策,传达贯彻总政治部召开的全军联合工作会议精神,讨论闽赣两省对台工作机构和当前工作问题。会议认为,"当前国内外形势大好,对解放台湾的斗争非常有利","和平解放台湾的可能性正在增大"。会议要求各地"不失时机地充分运用有利条件,大力开展对台工作","对台工作,既要积极主动、不能消极等待,又要长期打算、不能急于求成;要做艰苦细致的工作,不能有侥幸心理"。② 会议明确对台工作的范围是:对台宣传,向人民群众进行解放台湾的教育,广泛发动沿海渔民和与台湾有关系的人民群众开展对台工作;瓦解敌军工作,进行解放台湾的统战工作;接待回祖国大陆探亲、参观的台湾渔民、台湾人民,并做好对他们的宣传工作;指导沿海军民开展群众性的对敌斗争和反敌"心战"。

在两岸军事对峙中,厦门等沿海地区是对台宣传统战工作的重中之重。

(四)厦门对台宣传统战工作先行一步。厦门是台胞居住较为集中的地区。根据1972年上半年的调查,厦门全市共有去台军政人员亲友924户、台胞333户,对台有影响的民主人士和爱国华侨30人、投诚人员1人、在台人

---

① 江山主编:《世纪档案:影响20世纪中国历史进程的重要文章(图片增订版)》,团结出版社1998年版,第471页。

② 闽赣对台工作委员会:《闽赣对台工作委员会第一次会议纪要》,1973年7月15日(内部资料)。

员 1794 人。这是开展对台工作的一支重要力量。1973 年 8 月，经全国中共台湾籍党员协商选举，厦门市高山族同胞谢贺当选为中国共产党第十次全国代表大会代表。这是台湾高山族党员代表第一次出席中国共产党全国代表大会，也是厦门市台籍党员第一次参加党的全国代表大会。

随着党中央"把台湾回归祖国、完成祖国统一大业提到具体的日程上来"①，1978 年 11 月，中央要求除西藏以外的省、自治区都要成立对台机构，要把对台政策教育和对台宣传作为主要任务。而 1977 年，厦门涉台机构先于全国由海防对敌斗争领导小组改称市委对台办公室。1979 年，邓小平明确指出："现在最大的统一战线问题，是台湾回归祖国、实现祖国统一问题。"②

值得指出的是，在台海形势宣传中，受"大跃进"等"左"的思想影响，也存在浮夸失实问题。如《福建日报》编委会对"大跃进"以来宣传中的浮夸失实问题作了检查，并于 1959 年 7 月 7 日向省委宣传部作了报告。其中，在政治报道方面，形势宣传中有些数字夸大了，如 9 月份报道台海问题示威游行时编辑推算报道了"全省八百万人大示威""千万人大游行"。③

《渔盐民报》

福建省地处祖国的东南沿海，与台湾省隔海相望，海岸线长达 3324 公里，有 1500 多个岛屿。在沿海 24 个县市和岛屿上生活的渔盐民有数十万人。

根据沿海对敌斗争形势和恢复发展生产的需要，1955 年 7 月 1 日福建省委批准创办《渔盐民报》。其任务是：对广大渔盐民进行形势教育，以对敌斗争作为报道的主要任务；宣传党在渔盐区工作的路线、方针、政策；反映渔区人民社会主义改造和社会主义建设方面的成绩和经验；宣传党的海防对敌斗争的政策和斗争事迹。

---

① 《邓小平文选》第 2 卷，人民出版社 1994 年版，第 154 页。
② 习近平：《在与省各民主党派、工商联、台联负责人座谈会上的讲话》（1997 年 12 月 9 日），载中共福建省委办公厅等编《新时期统一战线文献选编》（1998 年 9 月），第 355 页。
③ 《福建日报社史》编辑委员会编著：《福建日报社史》第一卷，福建人民出版社 2002 年版，第 86 页。

在《渔盐民报》创刊一周年后的 1956 年 10 月 13 日，报社编委会对该报的性质和方针、任务又进一步作了明确规定：《渔盐民报》是党的一种专业性的报纸，其总的方针任务是根据我国的外交政策的原则与立场，突出地宣传时势形势和解放台湾问题，用社会主义思想教育广大群众并大力报道渔盐区生产合作工作，为国家社会主义工业化建设和完成祖国统一而奋斗。

《渔盐民报》为五日刊，1959 年 1 月 3 日又改为《渔民报》，为隔日刊。该报创刊初期发行两三千份，1958 年发行量达到最高峰，有一万多份。由于《渔盐民报》是面向沿海渔盐民群众的专业性报纸，当时在全国是独一无二的，所以，它的发行范围除以福建省沿海地区为主外，也进入邻省广东、浙江沿海地区。后因各地区和部分县（市）相继办了报纸，内容与《渔盐民报》有些重复，加之人员力量不足及经费和管辖部门不明确等原因，该报于 1960 年 12 月 29 日停刊。《渔盐民报》历时 5 年半，是在福建海防前线斗争最激烈的时期为渔盐民这一特定群体而创办的一份专业性报纸，发挥了独特的作用。

协作遣返特赦释放回台人员

1975 年 3 月，第四届全国人大常委会第二次会议讨论并通过了毛泽东主席及中共中央提出的关于特赦释放全部在押战争罪犯的建议，决定由最高人民法院执行，释放在押的全部 293 名战争罪犯，其中原国民党军官 219 名、党政人员 21 名、特务 50 名。这样，从 1959 年到 1975 年，新中国共分 7 批特赦战犯 589 名。[①]

特赦国民党战犯，其实也是争取以蒋介石为首的国民党集团人员、促进祖国和平统一的一大举措。1959 年 9 月 14 日，毛泽东向全国人大常委会提出关于特赦一批确已悔过自新、改恶从善的国民党战争罪犯的建议。12 月 14 日，周恩来接见第一批特赦战犯溥仪、杜聿明等 11 人时，真诚表达了和平统

---

① 其中"文化大革命"前特赦了 6 批，共 296 名，其中蒋帮战犯 263 名（将级：113 名，校级：119 名，党政：23 名，特务：8 名），伪蒙战犯 5 名，伪满战犯 28 名。这 6 批特赦战犯占总数 856 名的 34.5%，除 1960 年和 1965 年没有特赦外，基本上是每年特赦一批。

一祖国的愿望,他说:"海峡两岸人民的心是连在一起的,我们是一家人。""希望蒋介石、陈诚、蒋经国团结起来,反对美帝国主义。"这些战犯被释放后,许多人自愿加入到为争取祖国和平统一而奋斗的行列中来。

1975年3月19日,大陆宣布全部特赦战犯的消息,在台湾引起了巨大反响;3月20日,台湾当局及香港台属机构立即有所反应。

1975年9月21日,继特赦全部战犯后,祖国大陆司法机关决定对在押的95名蒋帮武装特务和49名武装特务船船员,全部宽大释放。至此,自1962年到1965年期间捕获的美蒋特务及武装特务船船员,已全部处理完毕。

对这批宽大释放人员,大陆的政策是,每人都给公民权,并根据具体情况安排就业。愿意回台湾的可以回去,给足路费,提供方便。其中,要求回台湾同家人团聚的有65人(有30余名是台湾省籍人),包括1963年3月在平潭海面搞骚扰破坏活动被捕的蒋帮伪国防部特种军事情报室马祖站"成功四号艇"特务队员高纯昌、陈兆灼、陈金妹等,1963年10月从福建沿海登陆时被捕的蒋帮伪国防部特种军事情报室"反共挺进军第一四一支队"少校副支队长卢广坨。

1975年10月8日,按照中央的安排,这65名要求回台人员分别从福建沿海厦门港和深圳动身回台湾,其中从福建沿海回台湾的宽大释放人员有60人。其中从厦门遣返大担33人,从连江遣返马祖27人。后由于连江海面风大,原定由连江遣返的27人被转送厦门一并遣返。12月4日,被公安部宽大释放的13名原国民党县团级以上人员,也陆续被厦门有关部门妥善安置。

二、"心战"——一场没有硝烟的战争

在内战中遭到挫败的中国国民党退台后,在意识形态浓厚的冷战之风激荡下,以蒋介石为首的台湾当局掀起了"反共抗俄"的序幕,全台响起了"打倒万恶共匪"的口号,到处贴满"检举匪谍,人人有责"的标语。此后数十年,"共匪""匪谍"等名称就变成了中共的代称,直到冷战结束。同样地,海峡彼岸的中共,也曾把台湾定位为"蒋帮""国特",敌对的双方,就此隔

海相互指控较劲，并不时展开各种激烈的斗争。

在两岸各种激烈的斗争中，"心战"即攻心战的影响持久而深远。

作为内战与冷战交叠的历史产物，台湾问题关涉中国的政治、军事、经济、外交等各个方面，可以说是全方位的。正如毛泽东所说的：解决台湾问题，"这里面有军事工作、外交工作、宣传工作、政治工作"，其中"宣传也是件很大的工作"①。因此，毛泽东和中央军委在研究和制定福建沿海作战部署问题时，强调"必须把军事、政治、外交等因素同时加以考虑，不能单纯从军事出发"②。

"心战"由大陆率先发起。1953年3月5日，在福建厦门的角屿岛设立了大陆第一个对金门广播点——"对金门广播组"，天天对金门的国民党守军喊话。1954年8月，中央人民广播电台对台广播开播。为配合炮击金门，福州军区党委和福建省委决定，由福州军区政治部负责筹建"中国人民解放军福建前线广播电台"。1958年8月24日，中国人民解放军福建前线广播电台在福州组建，正式开始向金门广播。③ 此后，福建前线广播电台的发射装备不断加强，广播范围扩大到台、澎、金、马地区。大陆这边的亲情劝导，效果显著。厦金海峡空中"对话"的历史见证者陈菲菲在回忆中说："那时的对金门广播是以有线的形式进行的，通常是白天休息，晚上工作，只要是三级风以下，风平浪静的时候就要对着金门'喊话'。如果天气好，有时候一整个晚上都要不停地对着广播，对着金门喊。"④

在此期间，台湾方面也不甘示弱，开展"反攻心战"。1953年8月，"国民党金门守军也成立了马山广播站，进行'反攻心战'。马山是金门岛与大陆最接近的地方，距离厦门的角屿不过2100米，退潮后更只有约1800米。马山观测站是窥探大陆军事布防的最前线，播音站则是长期对大陆开展'心战'

---

① 中共中央文献研究室编：《毛泽东年谱（1949—1976）》第2卷，中央文献出版社2013年版，第268页。
② 中共中央文献研究室编：《毛泽东年谱（1949—1976）》第2卷，中央文献出版社2013年版，第398页。
③ 1964年8月，解放军总部正式授予"中国人民解放军福建前线广播电台"番号。
④ 颜艺芬、龚洁：《讲述福建前线故事》，《中国国家地理》2009年第4期。

广播的最主要宣传基地。台湾'中央广播电台'（简称'央广'）专门成立了大陆广播部；1998年，成立70周年的'央广'改制为独立的财团法人，随后呼号也改为'台湾之音'"①。

两岸对峙时期，"心战"攻势成了日常工作，主要手段是广播、空飘与海漂。到了20世纪70年代中后期80年代初，台湾方面循"三分军事、七分政治"的口号，宣传攻势更是愈演愈烈。

"心战"基本方式，一是前线用喇叭喊话，后方凭短波"攻心"，主要是政治宣传和音乐等宣导。

台湾方面，"心战"攻势主要是打宣传弹、放气球发传单、大喇叭喊话。

国民党对大陆宣传的重要工具，也主要是广播，电台有金门前线电台、"中央广播电台"和"中国广播公司"的"自由中国之声"。其中"'中央广播电台'发射功率强，电波可以覆盖整个大陆。冷战期间，祖国大陆方面所说的'收听敌台广播'，指的多是'中央广播电台'的广播"②。为了扩大"央广"在大陆的收听范围，台湾当局"想了很多方法，如在投向大陆的传单上，印上'央广'的收听频段、书信联络方法以及暗号，有时还会在空飘、海漂到大陆的物品里，塞进短波收音机"③。广播的内容包罗万象，主要是攻击共产党、美化国民党。

在空飘、海漂方面，携带最多的是台湾国民党当局的旗帜标语和传单，内容多是宣传反共，或国民党在台湾的建设工作，或是对大陆时局的评论。

厦门沿海地区是台湾当局对大陆开展"心战"的最前沿。台湾方面一是加大广播宣传力度。除加强无线广播外，还将设在小金门和大担的有线广播加大功率，延长播音时间。"因音量增强，音波辐射面广，如遇到顺风时，清晨或深夜在厦大至何厝一线都听得清楚，鼓浪屿甚至市区某些地方也能隐约听到。"④ 二是空飘海漂宣传品。每天从空中施放的气球多则五六百个，少则

---

① 《两岸"攻心"60年：一场没有硝烟的战争》，https：//www.xzbu.com.
② 《两岸"攻心"60年：一场没有硝烟的战争》，https：//www.xzbu.com.
③ 《两岸"攻心"60年：一场没有硝烟的战争》，https：//www.xzbu.com.
④ 中共厦门市委对敌斗争办公室：《关于加强当前沿海对敌斗争工作意见》，1966年9月3日（内部资料）。

几十个，除前沿地区常捡到外，连市区、同安城关和集美、海沧、灌口也都有捡到。据统计，全市仅 1966 年 7—8 月由群众捡交的"心战"宣传品就有六七千张之多，8 月份群众捡交的从海上漂来的装宣传品的酒瓶也有 5142 个。1966 年，同安县群众拾缴的反动宣传单有 57 种共 86529 份。三是炮击宣传弹。1966 年 1—7 月，共发射宣传弹 237 发，数量与上年相比没有增加，但纵深加大。四是通过港澳邮寄"心战"宣传品。多数是印刷品，有的还夹带"心战"物资。五是抓靠渔船，并以小恩小惠利诱拉拢为手段，直接进行"心战"。"心战"除了惯用的陈词滥调外，主要集中攻击"文化大革命"，利用"文化大革命"造谣挑拨，甚至指名策动大陆军政领导干部和红卫兵等。

直到 1992 年 11 月，台湾当局解除"战地政务"，金门才回归地方自治并开放旅游观光，成为两岸开放交流的前沿。

大陆方面，新中国成立后，支援前线、解放台湾、粉碎封锁、建设新福建，成为福建军民的两大任务。20 世纪 50 年代，针对台湾国民党当局在福建沿海渔民和民兵中加强"心战"的做法，福建军民也采取种种方法，与之进行针锋相对的斗争，利用气球、木排等工具，向国民党军队占据的岛屿飘（漂）放宣传品达几百万份。不过，当年国家比较穷，没有钱买气球，就用猪小肚、风筝来代替。

在 1958 年的八二三炮击金门中，"福建前线部队在对金门发射实弹的同时，兼向金门发射宣传弹，散发《告台湾同胞书》《中华人民共和国国防部命令》和《再告台湾同胞书》等文告"[①]。1958 年，福建前线部队向金门发射宣传弹近 6000 发。"那时厦金前线只有两种声音，一种是炮声，一种就是大喇叭广播声"；特别是 1958 年厦金炮战中，"广播站都是双方炮兵的首要攻击目标，双方都是将'把敌人的大喇叭打哑了'作为重大战果"。[②]

金门炮战后，在福建海防前线的阵地上，"每逢单日，一发发宣传炮弹排空而去，在大金门、小金门、大担等敌占岛屿上空爆炸；每当刮起西风，一

[①] 福建省地方志编纂委员会编：《福建省志·军事志》，新华出版社 1995 年版，第 290 页。

[②] 颜艺芬、龚洁：《讲述福建前线故事》，《中国国家地理》2009 年第 4 期。

组组系着宣传品的气球,飞向敌占岛屿"①。一位福建厦门前线老兵回忆说:

> 这种"宣传炮弹"是把炮弹里面的炸药换成用弹性钢板夹套裹着宣传印刷品,再用细微螺旋扣的尾盖拧好,外观上同真炮弹没区别,发射操作规程也同真炮弹发射一样,区别就是"宣传炮弹"飞行到目标上空时,利用定时引信引燃微量炸药的爆炸威力将裹着宣传印刷品的钢板夹套连同炮弹尾盖一同推出去,夹裹宣传印刷品就像天女散花一样从空中飘落下来,空炮弹壳继续向前飞行,仍然具有杀伤力,遇到障碍物就打进去,遇不到障碍物就以抛物线的形式钻进土里一两米深,所以,炮击时人员必须到坑道、地堡里面隐蔽防炮,有时防炮不及时也造成人员伤亡。
>
> 这种炮击,有时相隔十几天或一个月,有时你打,我不打;我打,你不打。在那个特定的历史年代里,这种炮击的对话方式和接触形式,与其说是对抗,其实更是对话的纽带和渠道,是检验在一个中国框架内的两岸政治气候的风向标,更是古今中外战争史上的奇观。②

这些宣传品的内容,主要是"向蒋军官兵传播马克思主义、列宁主义、毛泽东思想的革命真理,宣传我党我军对蒋军官兵的政策,介绍祖国社会主义建设的成就,揭露美日反动派制造所谓'两个中国''一个中国、两个政策''台湾地位未定''台湾独立'等各种阴谋,表达祖国人民对台湾同胞的深切关怀和一定要解放台湾的坚强决心"③。随着"和平解放台湾"方针政策的提出和实施,对台宣传工作的内容也相应作了调整,"特别注重通过各种形式反复宣传周总理在全国人民代表大会第三次会议上关于解放台湾的政策精神;宣传我军欢迎和宽待国民党归来人员,以密切配合解放台湾的斗争"④。

---

① 丁固:《一个军事记者的足迹》,海风出版社 2004 年版,第 99 页。
② 孔繁雅:《劫波余后兄弟在 两岸同胞一家人——亲历从互打"宣传炮弹"到密切交流》,《台声》2021 年第 15 期。
③ 丁固:《一个军事记者的足迹》,海风出版社 2004 年版,第 100 页。
④ 丁固:《一个军事记者的足迹》,海风出版社 2004 年版,第 268 页。

1972年中美关系开始改善后,周恩来总理认为以往对台宣传过于简单生硬,提出两项改进措施:一是增加天气预报节目,二是节目结束时要说"台湾同胞,祝您晚安"。

"心战"基本方式之二是各种日用品、食品等"糖衣炮弹"到处飘(漂),以配合"心战"宣传。20世纪60年代,是两岸"糖衣炮弹"的空飘和海漂最热闹的年代。台湾来的"糖衣炮弹",多为毛巾、肥皂、背心、尼龙丝袜等日用品,甚至还有收音机等电子产品。大陆三年困难时期,台湾的"糖衣炮弹"则以食物为多,连糯米饭都有。大陆的"糖衣炮弹"多为土特产品,如贵州茅台、山西老陈醋、金华火腿、西湖龙井茶等。

在"心战"中,"大陆和台湾之间不管是广播对广播的相互'吹嘘',还是糖衣炮弹的相互诱使,都让海峡两岸对各自的彼岸心存向往。于是,有些大陆的民众就想方设法私渡金门,大陆称他们为'投敌分子';同样地,台湾的民众也费尽心思私渡大陆,大陆称他们为'投诚分子'。同样是私渡,称呼各异,这就是国共对峙时期海峡两岸所演绎的私渡史。当年私渡的方式主要有驾驶飞机和泅水两种方式,如果泅水的话,大陆这边一定要从厦门走,台湾那边一定要从金门出发。于是当年,全国各地想泅水私渡台湾的人,便都到厦门来了。当时厦门白城和椰风寨一带的海域树木茂盛、地形隐秘,成了私渡金门的首选之地。当初私渡的人很少借助船这样的海上交通工具,而是在腰间系上三条充足了气的自行车轮胎,借助车胎的浮力铤而走险。这两处海域的潮汐呈螺旋形流动,懂得潮汐规律的人,会利用潮汐的走向,轻易游到金门"[①]。

两岸之间的"心战",是两岸政治作战的一环,既是一场没有硝烟的战争,同时也是一种在特定历史条件下心照不宣的对话交流。从历史发展的角度看,"心战"其实是一种特殊的两岸文化交流形式,也是国共内战的某种延续。这一剑拔弩张的"心战"之音,在人类战争史上可以说是一大奇观。这一"心战"交流是全方位的,涵盖军事、政治、经济、文化等方面。其中,体现在文化方面的主要是政治性的文化宣导,再就是中华传统文化的宣传品,

---

① 颜艺芬、龚洁:《讲述福建前线故事》,《中国国家地理》2009年第4期。

三是音乐等文化艺术的交流,如曾被大陆称为"靡靡之音"的台湾歌手邓丽君的歌曲,在两岸"心战"中可谓影响巨大而深远。

三、闽台渔民交往

闽台渔民更是骨肉情深,他们历来在同一渔场作业,"船头撒渔网,船尾话家常"。即便在两岸严重对峙的岁月里,闽台渔民仍然保持着藕断丝连般的接触和联系。

在两岸军事对峙紧张时期,福建沿海有些渔民出海打鱼的时候,碰到国民党军的船只,国民党军就用大钩钩住渔船,把渔民强行带到台湾。

进入 20 世纪 70 年代后,随着中美关系的逐步改善,台湾海峡的紧张气氛也有一定程度的缓和,台湾渔民到福建沿海避风修船和冒险前来福建探亲访友的越来越多。对此,福建省委、省政府和驻闽部队一贯予以支持和关心,并采取了一些积极措施,为闽台关系的恢复和发展创造有利条件。1975 年,福建省有关部门专门颁发了《关于接待台湾渔民工作的暂行规定》和《台湾与福建省物品往来的试行管理办法》,放宽了对到大陆探亲访友的台湾同胞携带物品的限制,并予以免税优待。同时,福建各级政府和有关部门还鼓励和教育本省渔民以祖国统一大局为重,主动与台湾渔民交往,互相帮助、互相救援。

为了满足日益增多的台湾渔民避风、修船、补给的需要,福建省政府自 1978 年起,先后在平潭、东山、惠安、霞浦、福州、泉州、漳州、厦门、莆田建起了 9 个台胞接待站,并陆续开放了 24 个港口作为台湾渔轮的停泊点和避风点。

在闽台渔民海上交往日趋频繁的同时,一些台湾同胞耐不住长期思乡怀亲的煎熬,不顾台湾当局的种种禁令和限制,绕道海外或港澳,辗转到福建探亲旅游。据不完全统计,在 1979 年以前,也就是两岸隔绝对峙的年代,便有 40 多位台湾同胞历尽艰难险阻回闽探亲。其中,厦门属于设防地区,台轮并不能直接靠岸,但从上世纪 70 年代起,一些思乡思亲的台湾渔民率先突破政策规限，通过各种途径来厦探亲。1975年2月28日，台轮"东源一号"轮机手曾贻煌从惠安转道来厦，探望其在厦门的82岁老母亲及兄弟，对台部门本着"热情接待，做好工作，了解情况，注意保密"的精神，以沿途交谈、家庭座谈和陪同参观等形式，热情做好接待工作，使曾贻煌高兴而来，满意而归。1976年1月，厦门市还接待了一批从海上渠道来厦门观光旅游的旅日台胞。

闽台人员不间断的秘密接触和联系，表明悠远深长的闽台历史情缘是割不断的，同时在一定程度上增进了闽台人民的相互了解和民族感情，为闽台关系乃至整个两岸关系的恢复和发展创造了有利条件。

第九章　两岸军事对峙对福建发展的影响

台湾海峡，简称"台海"，位于东海及南海之间，不仅军事上战略地位重要，而且自古以来就是台湾与福建两省的航运纽带，也是重要的国际航运通道。

1949年国民党败退台湾后，以蒋介石为首的台湾当局在美国支持下，依仗其海空优势，军事封锁台湾海峡，致使台湾海峡南北航线直航受人为隔阻，形成以泉州为界的南北两个航区，福建向海的优势难以发挥，严重制约了福建经济发展，特别是对外贸发展产生了重大的影响。

在新中国成立后相当长一段时间内，福建处于两岸军事对峙的第一线，经济建设和人民生活等深受影响。服从于台湾海峡军事形势以及服务于海防前线对敌斗争需要，是这一时期福建经济建设的显著特征。加强备战，巩固海防，保卫社会主义建设正常进行，成为新中国成立后相当长时期内福建一切工作的大局和建设任务的中心。

一、台湾海峡交通中断

国民党军事封锁台湾海峡

1949年12月10日，台湾国民党当局宣布彻底封锁大陆沿海各港，对过往台湾海峡的船只，不论是大陆的或是外国与大陆通商的船只，一律视为军事行为阻挠通行，使两岸出现军事上严重对峙的局面。从此，闽台海上交通中断。不过，之后的闽台两地间或也有个别的、零星的、临时的、试探性的不同形式直航事件发生。

中华人民共和国成立初期,由于大陆与台湾处于严重的军事对峙状态,台湾海峡遭到国民党当局的军事封锁,位于闽东南沿海的中国少有的天然深水良港三都港和厦门港均被辟为军港,全省海港的商业性建设几乎停顿,海运无法正常进行。其中,千吨级以上海运轮船禁止航行闽南航线,较大吨位的海船被迫移交外地海运部门经营(1953年,福州港13艘较大的轮船奉命调往上海,改隶南洋运输部),到1950年全省仅剩30艘2303吨位海船。特别是台湾海峡南北航线直航受人为隔阻,形成以泉州为界的南北两个航区,福建大部分沿海进省货物运输及闽南部分海上外贸货物运输是在军事武装护航的条件下,勉强靠木帆船、小机动船艰难维系着。福州港外贸运输则完全依赖外国籍轮船承运。整个海运可谓极度萧条。

1950年至1951年间,鉴于沿海军事封锁、海运开展艰难的实际情况,福建部分行政机关和部队为保障军事、民用物资的及时运输和发展生产,先后组建了一批海运生产单位,如十兵团后勤处闽海船务行、中共福建省委行政处榕光船务行、福建省边防局福达船务行、闽侯军分区后勤处建明船务行及生产股、福安军分区裕生轮船公司、福安专署新闽东船务行、福建省航务局安达船务行、第三野战军驻闽联络处闽东北运输行等。这些公营船务行、轮船公司,集中于福州、赛岐等地,依托各自主管机关,利用直接或间接掌握武装部队的便利,购置船舶,组织武装护航,经营沿海运输,并受托代理私营轮船业务,成为冲破海上封锁禁运、沟通沿海物资交流的一支生力军。

此间,福建作为海防前线,一些重要的船舶修造企业均为人民解放军接管。特别是福州、厦门两地原有的主要造船厂成为人民海军部队的船厂,直接从事军用船舶的维修和制造。从1958年开始,为适应福建水上运输"大跃进"的发展形势,福建重要船舶修造企业先后从为军事服务向民用转型。1958年5月,福州军区后勤部马尾修船一厂(原福州军区水兵师第一船厂),移交福州(区)航管局经营管理,与下游船舶修造厂(原福州港务局船舶修造厂)合并,改组为福建省交通厅福州(区)航管局马尾造船厂。同年,海军福建基地将其在厦门的"海军103厂",同鼓浪屿福州军区水兵师第二船厂、地方国营厦门修造船厂、厦门港务局修造船厂等合并,改组为厦门造船厂。

1952年初,福建省军区针对国民党军对福建海上运输进行的多种形式的骚扰破坏活动,提出"护航三原则",即陆上护、海上护和船上护,并开始派武装部队对福建北线航运船舶实行军事武装护航。但由于军事力量有限,早期的海运护航主要由驻船护航战士和部署于沿海北茭、黄岐、定海等地的海岸炮兵部队承担,而船上护航纯属自卫,对付零星乌合之众性质的海上游匪的骚扰尚有一定的把握,一旦遇上国民党正规军略具规模的海上袭扰活动,则往往颇感力不从心。海岸炮兵部队的地点部署和火力配置也存在一个渐次增设和加强的过程。更重要的是,1953年以前,福建沿海地区尚无人民海军舰艇部队,仅陆军水兵师配有为数不多的小型炮艇和武装机帆船,间或为海运轮船提供一些海上保护,然其航行设施、武器装备,与依靠美式装备武装起来的国民党海军舰艇部队相比简陋、落后得多,制海权完全掌握在国民党军队手中。因此,福建沿海小轮船运输的安全性较低。

1953年2月9日,福州利民运输公司的"鸭绿江""协兴""闽光"3艘轮船,在飞云江东南方齿头山与四屿间海面遭国民党军炮艇轰击,虽经船上护航战士及船员奋力反击,仍造成"协兴"一船沉没和其余两艘被劫及数十人死亡的重大损失,暴露了护航力量严重不足。福州港海运轮船因此而停航达两个月之久。在惨痛的教训面前,有关部门着手加强了对敌情的侦察和了解,并增加护航武装力量。1953年,华东公安护航团成立,其中第一营驻在福州,专门负责对福州港的北线航运轮船提供驻船武装护航。通常每船分派护航战士数名,配备机枪、小口径火炮等轻重武器。厦门港百吨以上货船也配备枪支弹药,以便自卫。6月,省军区开始派遣炮艇,对福州港出海小轮船提供护送,只是最初因炮艇数量少而运输任务多未能做到专送,且经常无法及时护送,造成船队联系、等候炮艇护航往往费时颇长,影响了船舶营运率和周转率。不久,人民海军力量向南发展,华东军区海军抽调人员在上海组建的福州、厦门巡逻艇大队,分别于10月、11月南下福建,并先后进驻福建沿海的琯头、厦门及沙埕、东冲、东山等地,逐渐夺取福建沿海的制海权。此后,福建海运小轮船航行沿海口岸,既有护航队驻船护航(限福州北线),

又有驻闽人民海军炮艇必要时提供不同形式的护航,[①] 同时还得到沿岸海防炮兵部队岸炮火力的有力保护。此外,出海船员自身的自卫反击护航防御装备也得到加强,如增设船艏船艉主炮等,船员则强化军事训练,做到全船皆"兵",船队与舰艇协同护航,作战能力大大提高。这样,就形成了较为完备的海上(舰艇)、陆上(岸炮)和船上(护航队)多方位的护航体系,整体护航力量显著增强,沿海船舶运输安全性大大改善。

1953年起,人民解放军部队不断主动出击,相继解放了浙江沿海国民党残军盘踞的许多岛屿。1955年1—2月,国民党残军在浙东沿海的最后几个据点——江山、披山、大陈及南北麂等岛屿终于获得解放。这样,温州以北航线上的航行障碍得以全部扫清。此后,航行福州—温州、福州—上海的福建海运轮船北向越过温州洞头以后,即可在正常航路上日夜畅行无阻。

相比之下,福建沿海的封锁局面依旧,特别是横亘于福州、厦门两大港口之外的马祖、金门两大岛屿仍为国民党军所盘踞,对海上运输构成直接威胁。因此,福建省内沿海一带的武装护航形势依然严峻。为了加强驻闽人民海军的实力,1953年3月,华东军区海军调温州巡逻艇大队第二、三中队所属的8艘50吨级炮艇进驻泉州湾,命名为闽中巡逻艇大队,由此进一步扩充了海上的护航力量。1956年,华东公安护航团撤销,但根据福建沿海运输武装护航的需要,仍保留一营驻福州,改为福建省军区独立护航营,继续为福建北线运输船舶提供驻船护航。随着国防力量的逐渐强大,海防日益巩固,福建沿海的反封锁斗争也由被动转为主动,国民党军的骚扰破坏活动受到遏制,沿海运输安全有了更加可靠的保障。

在此时期,由于军事封锁,台湾海峡无法自由通航,国内沿海南北轮船运输被人为阻隔。福建沿海小轮船运输以泉州为界,南北无法直接通航,相应形成了以福州为中心的北线航区和以厦门为中心的南线航区,主要航线也局限于省内及邻近的浙沪粤等省市的一些港口之间。北线以福州港为起点,向北可通达闽东的三都、赛岐、沙埕和浙江的温州、宁波及上海等省内外港口,其中榕沪线因两地经济联系密切而成为最重要的航线;向南可至平潭、

---

① 当时炮艇的护航方式主要有(分段)跟护、伴身护、巡逻护、待机护等几种。

山腰、前下、涵江、泉州等地。① 南线由厦门港出发，北上可至安海、东石等地，南下可达漳州沿海的旧镇、下寨、东山、宫口及广东的汕头、广州等港，还有部分小轮船航行厦门至香港航线。为了避免不必要的损失，一般省内沿海段航行均不能在正常航路上自由往来。最初国民党军骚扰猖獗时，国营运输部门曾采取过海陆联运、另辟航线等方法，迂回地打开闽东、闽南与福州间的沿海物资交流渠道。如闽东三沙湾至福州的物资运输，在有国民党军占领岛屿附近改以陆运，辗转而行……在辽阔的大海中，一旦遭遇国民党军舰船，福建海运则采取"之"字形运动航法与对方周旋。此外，还采取编队航行、建立航行通报制度等办法不断冲破重重封锁，将大批物资运抵目的地港，维持了沿海货运航线的运转。

福建军民反封锁斗争

中华人民共和国成立初期，台湾国民党当局仍占据着大陆东南沿海（主要是闽浙沿海）诸多岛屿，其中在福建近陆沿海就有马祖、白犬、东犬、大小金门和大担、二担等。国民党军队以这些岛屿为前哨据点，不断从海陆空各个方面对临近的福州、厦门等沿海港口及海上运输线实施封锁和禁运。他们不仅在沿海各港外布下大量水雷，而且还派遣飞机、军舰、武装机帆船等，或利用所占岛屿的岸炮，对进出港和过往航行的运输船肆意劫掠、轰炸、扫射和炮击，并竭力摧毁沿海码头、仓库和在港船舶等，各种险恶手段无所不用其极，给福建海运造成严重威胁和巨大损失。据统计，1949年底至1952年，福建遭到劫掠、袭击的船舶就有50多艘，其中轮船、机帆船占一半以上。在海口与主航道被军事封锁的情况下，福建海上运输特别是轮船运输遭受极大的限制，航行福建沿海港口的较大吨位的中国籍轮船很快因无法进出而绝迹，只能依靠较小型海运轮船（包括机帆船）维持海上运输往来。

当时，全省残存可用的外海轮船已相当少，且私营航商多以海面不靖、血本攸关，不愿冒险出航，使海运一度几乎陷于停顿，沿海物资交流出现阻

---

① 初以航行泉州以北的闽东航线为主，到1953年后随着浙东沿海岛屿的相继解放则航行上海、温州等地。

滞的现象。1950年初，在省航务局的鼓励和扶植下，加上受到高额海运收益的驱使，航商们纷纷修复或增置船舶，恢复海上运输。福州港先有五六艘小轮船尝试复航泉州、上海等航线，至1950年第二季度，能参加营运的轮船（包括机帆船）均陆续复航。厦门港沿海小轮船也冲破封锁，不定期恢复了汕头、广州、香港等地的航运。然而，沿海轮船因无护航武装，缺乏自卫能力，经常遭受袭击，不得不根据国民党军活动规律随机而行，有时因对方活动特别猖獗，只能停泊港内长时间等待。这样做的结果是严重影响船舶周转率，增加了非生产停泊时间，提高了运输成本，造成运力和劳力的大量损失，打击了航商的经营信心。例如，1950年底，"福申""建国""东山""源源""福双兴""福翔兴""大东南"等7艘轮船，由福州港装运木材驶往上海，航至半途，因宁波附近海面敌情严重，除"福申"号轮船先期抵沪外，其余各船均不得不驶入温州港暂避，待时多者达月余。"福申"号轮船也因敌情频繁，回航货物装载完毕无法开航，泊沪近半年之久。在这种形势下，为了使沿海运输不致因国民党军的骚扰破坏而中断，维系沿海物资交流，唯有采取武装护航措施。

由此，这一时期依靠武装护航维持沿海轮船运输，"反封锁""反拦劫""反炮击"等对敌斗争贯穿于营运之中，构成这一时期福建沿海运输一大景观和突出特色。

在多年惊心动魄的武装护航运输中，肩负着运输生产和反封锁对敌斗争双重使命的福建沿海轮船上的广大船员，① 发扬不怕牺牲、艰苦创业的精神，"一手持枪，一手操舵"，在驻船护航战士、人民海军及岸防炮兵部队的保护和协助下，克服了恶劣航行环境和条件所带来的困难，勇敢而机智地与国民党军展开针锋相对的斗争，建立起一条封不住、炸不断的海上钢铁运输线，创立了可歌可泣、不可磨灭的光辉业绩。

航行榕温线的"螺江"号货船，在1950—1955年百余航次的航行中，共遭遇国民党军伏击和截劫10多次，发生战斗10次（其中较大的战斗4次）。

---

① 他们当中也包括了一批脱下军装、分配在沿海货船各专业岗位上服务的原人民解放军干部、战士。因其在解放沿海岛屿及护航护渔斗争中积累了丰富的海战经验，加入海运战线船员队伍之后，不少人很快成为其中的骨干。

"螺江"号货船以突出的英雄事迹,被授予"海上英雄"光荣称号,为当时海运战线反封锁斗争树立起一面光荣的旗帜。

中华人民共和国成立初期,福建沿海机动船数量少,航行又受颇多限制,为数众多的沿海木帆船(1954年,共有3052艘42950吨位)以其吨位小、吃水浅的特点,充分发挥其目标小、航行灵便的优势,采取夜航、靠近岸边行驶、分散航行与停泊等措施,小进小出,快进快出,机动灵活地冲破国民党军重重封锁,成为活跃在海运线上一支举足轻重的运输力量。与沿海小轮船运输相比,沿海木帆船运输在这一时期占有更加突出的地位。

沿海木帆船与国民党军的斗争也是十分尖锐复杂的。据不完全统计,1950年至1957年,沿海木帆船在对敌斗争中共被劫夺220艘次,被毁55艘,死65人,伤25人,失踪67人,物资损失难以计数。

中华人民共和国成立初期,为谋求打开外海航运的困难局面,促进物资交流,福建有关部门决定在不损害国家主权的前提下,根据平等、互利的原则,准许一批外国籍商业轮船参加国内沿海内贸物资以及来往香港航线为主的外贸物资运输。外国籍轮船航行福建沿海各港,以福州、厦门两港为主,泉州、涵江也有少量进出。在这一时期,外国籍轮船是福建海上运输的主要力量,尤其在开始的几年更是占相当的比重。"据统计,1953年在全省外海运输中,公私营轮船仅占2.5%,木帆船占4.2%,而外籍轮船所占份额却高达93.3%。"① 租用外籍轮船从事沿海进出口货物运输,对国民党当局的封锁禁运不啻是一个沉重的打击,令其十分恼火。为此,国民党当局竟不顾国际公法,采取各种手段袭击、劫掠外籍轮船,对其运输进行阻挠和破坏。

抗美援朝战争结束后,中央军委决定"力量向前伸",进行浙东沿海岛屿的解放战争,到1955年1月,解放了除台湾、澎湖、金门、马祖以外的全部沿海岛屿,从而有力地遏制了国民党军队对台湾海峡军事封锁的嚣张气焰。

针对国民党军海上猖狂抢劫大陆渔船和商船的情况,中央军委和政务院于1952年1月20日发出关于武装护航、保证海上安全的命令,要求海军加强巡逻,打击国民党军的海上骚扰,保证航运安全,各商船也要建立自己的

---

① 刘启闽主编:《福建航运史》,人民交通出版社2001年版,第98页。

武装。据此，福建省委和福建军区对武装护航护渔问题作出周密布置：一是派出武装人员随船护航；二是划分海区，分段由海军、陆军武装船艇伴随护航；三是由海军派出舰艇，隐蔽待机，随时打击国民党军的破坏活动；四是在海岸突出部和岛屿上配置护航炮兵，随时支援海上战斗。

1958年八二三炮战，有力打击了台湾当局封锁、禁运的嚣张气焰。此后，随着大陆军事实力逐步增强，人民解放军海军、空军全面入闽，并逐步掌握了制海权、制空权，致使台湾当局对大陆沿海的封锁、袭扰等军事冒险活动大为收敛。在这种形势下，福建海运船舶开始从过去的"昼伏夜出，分段夜航"改为部分海区的"并段日航"，福建沿海海运初露转机。中国人民解放军夺取台湾海峡的制海权、制空权后，海运环境逐渐变得宽松起来，福建海运才开始有了一定的起色。省内建立了外海轮船大队，国家也划拨一部分海运轮船和一批素质较高的海员充实福建海运船队，使福建海运运力在中华人民共和国成立后第一次有了较大幅度的提升。

1959年，护渔护航取得显著成绩。这一年，福州军区调整了守备部队的部署并明确其领导与指挥关系，划分了护渔护航区域，适时地加强了闽江口两侧重点地区的海上对敌斗争力量，并对海军、武工队、护航炮兵分别提出了任务要求。由于加强了海上对敌斗争的领导，和全体海防部队、民兵的积极行动，有力地打击了国民党军的抢劫、袭扰、破坏活动，扩大了我方的海域，并将敌人基本上压缩到敌占岛屿附近和航线上。一年来，经我护航的运输船队计13100余艘，武装掩护出海渔船114600余船次，未遭任何损失，保障了渔业生产和海上运输的安全，并取得了击沉敌炮艇、汽艇各1艘，毙伤敌24人，俘敌少校以下24人的战果。

1960年3月，海军福建基地在厦门召开护渔护航会议。会议决定在西洋岛、琯头、平潭、崇武和东山设立护航护渔联合指挥所，并明确海上的对敌斗争由海军统一指挥，进一步加强了护航护渔工作的领导。

1962年国民党军大规模窜犯大陆阴谋失败后，为摆脱其不利局面，加强了对东南沿海的小股袭扰活动。为了加强对护航工作的领导，1964年1月，专门成立福州护航小组，由福州军区司令部，驻闽海、空军和福建省委、省人民委员会有关部门的负责同志组成，皮定均任组长，并确定在三都、平潭、厦门、东山建立护航站，在琯头（属三都）、后渚（属平潭）建立护航分站。

1972年后，随着中美关系的改善，台湾海峡紧张局势渐趋缓和，海运环境进一步好转。1973年，福建海运船舶开始改变原有的航路，恢复行驶闽江口紧邻马祖岛的深水主航道，使马尾港可通航大型轮船，深水泊位建设的进度也得以加快。为此，厦门港也由军用港转变为民用港口，从而引发了东渡港区一期工程建设。

1973年，谷牧副总理主持的国家十部委考察组在厦门港实地考察，厦门港被确定为商、军、渔港并存，以商港为主的港口。

1974年，国务院公布晋江地区惠安崇武港辟为接纳台湾船舶的港口。

1974年2月，福建省海上安全指挥部、厦门海上安全指挥部同时成立，负责所辖海域的海上安全管理，统一部署船舶防台风、海域防污染及海难救助等。

1976年10月，平潭天大山无线导航台正式开放使用。

二、海运及护航格局的转变

自20世纪50年代初开始，福建地方的沿海运输一直由中国人民解放军实行军事武装护航。当时，各地建立了航运管理部门向驻地海岸部队通报联系制度，解放军配备海军水警部队舰艇、海岸炮兵部队的炮群、武装驻船护卫战士等，日夜巡逻、值班，加强战备护航。随着国防力量的壮大，福建地方航运船舶护航的军事装备、兵员配置也得到逐步加强。从1958年起，福建沿海运输船舶开始改变"昼伏夜出，分段航行"的做法，部分航区开放日航"并段航行"，大大压缩了船舶的航次周转时间，海运的驻船护卫形式也由配备专业护航队员向海员（民兵）武装自卫过渡。海上运输形势渐趋缓和，护航格局发生较大的变化。

部分海区开放日航实行"并段航行"

1957年前，福建以福州为中心的北线沿海运输实行全线夜航，即昼伏夜出、分段航行。1958年,省航运管理局建立旬度船舶调度会议和港口调度会议制度,在有利的潮时、气候情况下,保证安全的基础上,逐步推广"并段航行",减少中途港锚泊时间,使船队每月能抽出1/3的时间延伸其他可航里程。当年,开辟福建沿海北茭—浮鹰门和浙江沿海的菜花山—大戢两条经济航线。同时,根据船舶性能调整船队编组,推行了航前会议制度。八二三炮战后,开放了福建沙埕—马江直航,并加强电信联络,严密掌握船舶运行动态,建立船舶到港的预、确报制度,事先安排船舶在港作业计划等,使航次周转时间大为缩短。1957年,福州—上海平均航次12天左右,1958年缩短为5.5天左右,时间压缩约54.17%。

与闽北一样,闽南一带沿海船舶这时也可在白天沿大陆一侧航行,厦门以北航线的海运木帆船也不必通过高崎—集美之间海堤的涵洞,开始改由厦门和金门之间的海面航行。

但是,尽管1958年八二三炮战取得胜利,且大大缓解了海运航区的紧张局势,海峡两岸的军事对峙仍然存在,福建海上运输船舶被国民党军队劫持、炮击等袭扰事件还是时有发生。如1959年1月25日,莆田县三江口运输队"涵机1127"号、"涵机1147"号两艘木帆船在开往福安赛岐途经北崇武(土名)时,被国民党海军劫持到南竿塘,船上货物悉数被抢,船员被囚禁6天后于1月31日获释。2月1日,船员回到三江口后,向公安机关报告。又如,1962年3月20日,"安富"轮由上海开往福州,航至北礁,被高登岛国民党驻军发现,国民党驻军向该船连射两炮,幸未击中。同年3月23日,"吴淞江"轮由泉州驶往福州,航至七星礁,遇台湾两艘机帆船企图靠近劫掠。后两艘台湾机帆船发现"吴淞江"轮有武装护航,方悻悻离去。1964年3月14日,惠安县"惠海1号"机动船在海上被国民党军强行拖走。

为了保证航运船舶的航行安全,这一时期福建省仍规定省内沿海航线机动船航行区域以泉州湾为界,南北两个航区互不通航。以福州为中心的北区航线,北上三都、赛岐、温州、上海、连云港等地,南下平潭、涵江、泉州等地;以厦门为中心的南区航线,南航下寨、东山、汕头、广州、香港、澳门(当时港澳为福建外贸进出口转运港)等地。轮船北航围头澳的安海、水头、东石等港,福州木帆船南下可达泉州湾的后渚港。

航运护航从配备专业队伍向海员武装自卫过渡

20 世纪 50 年代末，福建海运船舶护航格局开始发生变化。1959 年 6 月 1 日，人民解放军福建军区独立护航营改隶地方，原 235 名队员移交给福州航运管理局，改组成立福建省交通厅福州（区）航运管理局护航队，并入航管局的外海轮船大队部。护航队下设 5 个分队，分队又下设 22 个小队。各分队负责进行经常性的运输护航任务及训练、教育等，各小队则具体派往各船护航。每船一般配备护航人员 13 人至 14 人，并装备有炮、机枪及若干轻武器。

1962 年夏，台湾国民党当局在美国支持下，企图利用祖国大陆经济困难时期，在东南沿海一带进行军事冒险。美国军舰也频繁活动于中国沿海地区。6 月 11 日，美国军舰两次侵入福建平潭以东海域。潜伏的敌对势力闻风而动，到处造谣惑众，妄图配合国民党军"反攻大陆"。中共中央和中央军委适时作出部署，派一批部队开赴福建。福建各级人民政府也抽调 3000 多名干部，充实支前机构。全省进入紧急战备状态。据不完全统计，从 1962 年 10 月到 1965 年 1 月，连续歼灭从海上登陆或从空中降落的武装特务分子 40 股 594 人，取得很大的胜利。

1963 年 7 月，根据公安部批转人民武装警察司令部《关于加强对经济警察的领导和管理问题的意见》的精神，护航队改为经济警察建制，对外称福建省公安总队航运管理局外海护航队，作为执行保卫任务的武装部队，实行军队的工作制度，中队（连级）建制，以船为基层执行小队（班级）。改制后，省航管局福州外海轮船大队部所属 23 艘船舶均配有专职人民经济警察的武装护航人员，每船平均 3 人至 5 人，并配有信号员和轻重武器，其中 11 艘船还设有电台。厦门航管分局所属沿海船舶没有配备武装护航人员和武器，也没有电台设备。闽江航管分局、闽东航管总站、泉州航管总站所属沿海客货轮船仅配有少量自卫武装，没有武装护航人员和电台设备。

1964 年 1 月，根据中国人民解放军总参谋部关于在北京、上海、福州、广州等地由军队和地方有关部门组成护航小组的决定，福州军区、省交通厅、省航管局、省公安厅、省外贸局、省委对敌斗争办公室、省公安总队等单位联合派员组建"福建省护航领导小组"，负责研究福建海运护航斗争的情况及行动措施。同时,省航管局制定了《关于加强沿海运输护航对敌斗争工作的意见》,重新界定了由部队加强控制和掌握的护航海域地区,包括:沿海货物通过的广东及福建交界的福建头、古雷头、围头、湄洲湾、闽江口南七星礁至平潭的大小练岛附近海域地区、浮鹰岛至沙埕航段;沿海客班轮船按潮水开航,通过封锁线海域,特别是涵江—南日、海口—平潭、赛岐—罗源、沙埕—大嵛山和福州—乌猪、梅花等班船通过地区。此外,沙埕以北的浙江海面和南边的广东海面,则分别由上海、广州军区予以必要的控制、掌握。船舶在航行上述海域时,开航前应与当地驻军取得联系,提交航行计划,经批准后方可开航,以达到分段护航、保证安全的目的。船舶通过军事斗争航区(或危险区)的八项具体规定也进行了重新修订,要求:所有船舶必须尽量靠近大陆海岸行驶,以利军方提供护卫;未经批准不得开航;通过国民党军队占领区时,必须作好一级战备,发现敌情及时通报附近驻军,以便救援;夜间通过国民党军队占领区,严格灯火管制;船舶航行中遇到可疑漂流物,不得打捞和自行排除,应设法通报附近驻军;各船组织战备小组,船舶最高指挥权属于船舶政委与船长;各船舶应开好航前、航后会议,作好航次战备报告;行驶港澳航线的船舶还必须认真遵守有关航行港澳的具体规定。

1964 年 2 月 19 日,交通部印发《关于加强沿海安全护航有关问题的几项规定(草案)》。这一文件对加强浙江省温州以南、福建省及广东省沿海航区运输船舶的安全护航工作,反击国民党军的拦劫、袭击和策反等破坏活动,确保航行安全,具有广泛的指导意义。7 月 1 日至 8 月 6 日,公安部、交通部护航检查组来闽,对省属海运企业的护航工作进行检查,对护航的成效表示满意。

1964 年,针对国民党军队在海上偷袭活动频繁及面广、线长、行动迅速等特点,考虑到省内轮船吨位小、木质多、通信设备差和航行线路复杂、距国民党军队占领区近等,省航管局组成护航领导小组,下设办公室,并派调度员日夜 24 小时值班,加强对航行安全的管理。厦门、三都、东山、平潭、泉州、琯头等地成立以海军为主、有各地港航管理部门参加的护航站,充实护航人员和武器装备,加强护航人员和基干民兵的军事训练,对船舶实行穿插编队航行,并装备电台保持密切联系。

1964年8月美国在越南制造北部湾事件后,加紧了对越南北部的轰炸,严重威胁中国。9月,福建省航管局根据上级部署,制定了《战备支前运输方案》,成立"省航管局支前防空领导小组",下设办公室。局属各单位也相应成立支前防空小组。省航管局所属沿海55艘货运轮船、61艘木帆船、内河40艘货运轮船、59艘客货轮船等,共组成备战支前运输的72个船队。省航管局所属职工5256人,按民兵组织形式列为5个团、7个营、24个连、98个排、363个班。此后,省航管局原福州外海轮船大队护航队与民兵组织合编,按船舶吨位大小,500吨以上编为民兵连,500吨以下编为民兵排,厦门、闽东沿海船舶编为民兵排,内河船舶编为民兵班。为发挥民兵组织的作用,当时航管局下设武装部,负责局属各单位民兵组织管理工作。外海武装护航队自此被企业内部的武装民兵所取代,海运护航形式从专业民警队伍负责过渡为全体船员自卫,并演变成为企业的正常职能。

省航管局通过全面建立、健全民兵组织,落实战备支前运输的具体措施,并狠抓"岗位练兵"活动,做到一旦战争需要,"调得动、上得去、通得过、顶得住、过得硬",并准确、及时、圆满完成了战备支前的各项运输任务。

水运进入平稳发展时期

1972年2月28日,中美两国在上海签署了联合公报,中美关系由此开始向正常化方向发展。同年9月,中日又实现邦交正常化。继之,与中华人民共和国建交的国家越来越多。这种形势遏制了台湾当局军事冒险的可能性,使台湾海峡紧张局势进一步趋于缓和。福建抓住这一契机,加大投资力度改善航运基础设施,同时拓展福建与外省间沿海航线80余条,并对原有省内沿海航路进行重大变革,改变了海船远离国民党军占领岛屿、紧靠大陆一侧航行的状况。

1972年海峡两岸关系缓和后,福州港通海主航道开通使用的条件形成。1973年5月,省航管局福州海运公司经过研究拟订了通海主航道进出港航线,并报福州军区获得批准。福州港主航道的开通,从根本上改变了以福州港为中心的北向航线船舶的海运条件,为以后通航大型海船及海运的快速发展奠定了基础,具有划时代的意义。开通这一航线,还为福建沿海20年来船舶远离国民党军队占领岛屿航行状况的改变作出示范。

为早日实现台湾海峡南北通航,国家有关部门就有关试航台湾海峡的方案进行了认真周密的研究。1978年3月22日至4月17日,在交通部、福州军区、海军及有关单位的通力合作下,有多艘船舶承担了南下、北上试航台湾海峡的任务。其中,3月22日至4月5日有两批共6艘船舶通过台湾海峡南北通道。第一批为南下船舶,有4艘,从上海启航,至3月26日到达泉州后渚港,29日再从海军厦门水警区继续航行通过金门东南下,于4月5日到达广州新港;第二批有北上船舶2艘,由海军引航,于3月30日抵泉州秀涂港,当日由福建省交通局继续引航北上,4月3日下午安抵上海港。这些船舶虽然是在军方引航下完成试航任务的,但为后来运输船舶试航台湾海峡积累了经验,并为1980年正式恢复台湾海峡通航奠定了基础,具有深远的历史意义。

三、福建经济发展在低水平中运行

福建素有"八山一水一分田"之称,历史上基本上是一个以农业为主而又缺粮的省份,工业基础更是薄弱。特别是在两岸严重军事对峙时期,福建"海港受敌封锁,内陆交通闭塞,土产不易外销(能外销者因汽车运费昂贵,成本甚高),工业品昂贵,人民生活无法改善,厦门失业严重。另残匪不断向我沿海薄弱部袭扰,因渔场为敌控制,渔民生活窘迫"①。

在农业方面,"经济作物和农家副业在福建全省农村中占着重要的地位,农业生产总值中粮食仅占48%,其他经济作物和副业却占了52%(其中副业就占了24%)"②。作为一个缺粮的省份,福建从清代康熙年间开始,年年都进口大批"洋米",因此解放后,在恢复和发展农业生产的时期,主要工作任

---

① 《福建情况调查报告》(1953年6月15日),载《粟裕文选》第3卷,军事科学出版社2004年版,第114页。
② 《叶飞同志的发言》,载中共中央办公厅编《中国共产党第八次全国代表大会文献》,人民出版社1957年版,第751页。

务就是抓增产粮食。至 1952 年底,"经济恢复任务终结的时候,粮食产量就超过了战前最高水平"①。1953 年至 1955 年,福建虽然遭受严重旱灾,但粮食产量同 1952 年相比仍略有超过。在此期间,福建全省老区的经济也初步恢复。在农业合作化运动兴起和《全国农业发展纲要(草案)》颁布之后,"全省各级领导自上而下地抓起了生产,更形成了规模巨大的群众性的农业增产运动,改变了历史上所谓冬季农闲的习惯"②。值得指出的是,在恢复和发展农业生产中,也产生了一种片面性,即"重视农业,轻视副业;抓了粮食,丢了多种经济作物"③。当时,农民对这种忽视其他经济作物和副业生产是不满意的,批评说"去年是有钱买不到粮,今年是有粮没有钱用""共产党领导农民办合作社,增产粮食,什么都好,就是不准搞副业不好"④。

在工业方面,福建省的工业基础更是落后。"在解放前,现代工业占工农业总产值还不到 1%,没有一个像样的工厂,日产 12 吨半的福州造纸厂就算是唯一的现代工业了。"⑤ 解放后,"虽然发展了一些小型的榨油、制糖、锯木和食品加工工业,现代工业在工农业总产值中的比重,已由不到 1% 发展到 11.32%"⑥,但是,在整个国民经济的发展中,地方工业仍然是很落后的。"鹰厦、南福、漳龙铁路建成及海上航运开辟和恢复后,交通运输问题有了明显改善,为发展工业提供了有利条件,但是,由于福建原有工业基础非常薄

---

① 《叶飞同志的发言》,载中共中央办公厅编《中国共产党第八次全国代表大会文献》,人民出版社 1957 年版,第 751 页。
② 《叶飞同志的发言》,载中共中央办公厅编《中国共产党第八次全国代表大会文献》,人民出版社 1957 年版,第 751 页。
③ 《叶飞同志的发言》,载中共中央办公厅编《中国共产党第八次全国代表大会文献》,人民出版社 1957 年版,第 751 页。
④ 《叶飞同志的发言》,载中共中央办公厅编《中国共产党第八次全国代表大会文献》,人民出版社 1957 年版,第 752 页。
⑤ 《叶飞同志的发言》,载中共中央办公厅编《中国共产党第八次全国代表大会文献》,人民出版社 1957 年版,第 752 页。
⑥ 《叶飞同志的发言》,载中共中央办公厅编《中国共产党第八次全国代表大会文献》,人民出版社 1957 年版,第 754 页。

弱，地方力量有限，如无国家有力地支持，福建工业的发展仍然是有困难的。"① "文化大革命"时期，"在'左'的思想指导下，地处海防前线的福建，还以高度集中的'军事化'办法来管理工业，组建了福建生产建设兵团，下设4个师和相当于师建制的永安矿区，把原属于地方政府管理的一大批企业，划归军队系统管理。兵团有司令员、政治委员，师有师长、政治委员，兵团、师机关均设有司令部、政治部、后勤部；师以下也按团、营、连、排军事建制组织起来，各级领导均由军队干部担任"②。这样用军队的组织形式和管理体系取代原来企业的组织形式和经营机制，违反了经济规律，给生产和建设带来很大的损失，不得不于1975年宣布撤销福建生产建设兵团。"文化大革命"期间，全省工业生产有4年出现停滞不前甚至倒退，工业经济效益低下。

解放后，福建地处解放台湾和解放沿海岛屿的前线，长期执行"实行备战，准备打烂"的方针，经济的发展一直低于全国平均水平，经济整体实力处于全国下游水平。据统计，解放后的30年间，福建全省基本建设投资只有92亿元，仅占全国总额的1.5%。"1978年福建人口占全国的2.54%，而全省工业总产值仅有64.18亿元，只占全国的1.51%。"③ 全省生产总值和人均收入在全国排第23位和第22位，一些老、少、边、岛地区的人民更是十分贫困。

历经30年的战备建设，福建的地区生产总值只有66亿元，基础差、底子薄、交通落后、能源短缺、信息闭塞，福建人民就是从这样的起点上踏上了改革开放的伟大征程的。

---

① 《叶飞同志的发言》，载中共中央办公厅编《中国共产党第八次全国代表大会文献》，人民出版社1957年版，第754页。
② 何少川主编：《当代福建简史》，当代中国出版社2001年版，第217—218页。
③ 福建省人民政府发展研究中心编：《福建综合省力：变化与特点》，福建教育出版社1997年版，第80页。

第二篇
新时期闽台关系和平发展
(1979年1月—2012年10月)

改革开放是强国之路，使"社会主义在中国焕发出强大生机活力并不断开辟发展新境界"。改革开放深刻改变了中国，也深刻影响了两岸关系。改革开放是推动两岸关系发展最生动最活泼的强劲动力，为两岸各领域的交流合作提供了广阔空间，注入了生机活力。在和平统一祖国的春风吹拂下，福建踏上全国最早实行对外开放的新征程。历史和机遇终于垂青了作为海防前线近30年的福建。由此，历久弥深的闽台关系亦随之由一度影响和制约福建发展的因素转变成为推动福建发展的最生动、最活跃的因素，使福建由海防前线一跃成为大陆最早实行改革开放的前沿。

在改革开放进程中，福建省委省政府认真贯彻执行中央对台方针政策和对福建对台工作的决策部署，认真扎实做"台"的文章，努力把福建创建为两岸交流合作的基地和先行区，在发展两岸关系、推进祖国统一进程中发挥了区位优势和独特作用。闽台交流从无到有、从暗到明、从少到多、从间接到直接、从单向到双向，不断扩大和深化，形成全方位、宽领域、多层次的格局，闽台两地经济、文化、社会联系达到前所未有的水平，有力推动了两岸关系和平发展，为两岸融合发展奠定了坚实基础。

第十章　打破两岸隔绝状态与闽台关系的历史性转变

1978年12月召开的十一届三中全会，是党的历史上具有深远意义的伟大转折。这一伟大转折的深远历史意义，不仅表现在它从理论上和实践上激浊扬清，彻底否定了"文化大革命"，恢复和重新确立党的正确路线，作出把全党工作重点转移到四个现代化建设上来的重大决策，同时还体现在它为实现这一转变梳理了历史流变的走向，对我国的内政外交等大政方针所进行的一系列相应的调整。其中，对台方针政策的重大调整，是最引人注目的，也是最具历史震撼力的。

十一届三中全会关于改革开放的决策，不仅奠定了中华民族复兴新征程的政策基础，也奠定了祖国和平统一的政策基础。在毛泽东、周恩来关于争取和平解放台湾思想的基础上，以邓小平为核心的党的第二代中央领导集体准确把握国内国际局势的深刻变化，把台湾回归祖国、实现祖国统一的大业提到具体日程上来，根据新情况、新问题，提出新办法，即创造性地提出了"一国两制"的构想，并在此基础上形成了"和平统一，一国两制"的基本方针，开创了两岸关系发展的新局面。在和平统一祖国的春风吹拂下，闽台关系迎来了历史性转变。

一、"和平统一，一国两制"方针

中美建交及发展障碍

对台大政方针的调整，是与中美关系正常化分不开的。中国政府自1955

年起开始与美国对话。从日内瓦谈到华沙,至1970年中断,中美两国政府进行长达16年共136次的大使级会谈。进入20世纪70年代后,随着国际政治格局的发展变化和新中国的壮大,美国开始调整其对华政策,中美两国出现解冻和解的态势,并于1972年实现了尼克松访华。

从20世纪70年代中期开始,在西方民主化浪潮和中美关系改善的情势下,美国逐渐无法容忍国民党的独裁统治,认为,蒋介石在台湾的统治与美国的政治、经济制度和自由民主的价值观念不符,破坏了美国在台湾民众中的形象,令美难以在更大程度上影响和控制台湾,严重制约了台湾战略价值的发挥。于是,美国开始调整对台政策,由支持国民党武力对抗大陆,转变为支持台湾当局用资本主义的自由化和多元化影响牵制大陆。美国推动台湾民主化,旨在建立"美台价值同盟",操纵台湾"民主体制",掌控台湾政局走向。美国施加压力,从20世纪80年代开始,要求台湾当局以美国为样板进行民主化改造,开放党禁、报禁,保障公民言论、集会、结社等自由,实行政党政治,推行民主选举,最终建立符合美国期待的政治、经济体制和民主价值观体系;同时,通过留学教育,培养了一批又一批亲美反共的知识分子、政治精英,这些人后来占据了台湾政、商、军、特、文教、新闻等诸多领域的领导地位。台湾精英的"崇美"价值观及其示范效应,对促成台湾形成唯美国马首是瞻的社会氛围起到了重要影响。台湾从"威权体制"向"民主体制"转型,深化了台湾民众认同美国的制度基础,从而为美国操弄台湾政党政治、左右台湾政局、掌控台湾当局大陆政策走向奠定了制度基础。这无疑是影响两岸关系发展的不可忽视的一大重要因素。

台湾问题是中美关系中最根本的问题。在中美建交谈判过程中,如何处理台湾问题,无疑是最敏感、最棘手的焦点问题。从1978年7月初开始,中美建交谈判进入具体的实质性商谈阶段,并且一直是在邓小平直接领导和主持下进行的。邓小平在领导和主持中美建交谈判中,明确阐明了处理台湾问题的坚定立场。一是"现在中美关系的焦点恐怕不是三个条件问题",强调"台湾归还中国,实现祖国统一"是中美建交的前提。二是反复坚定阐述"我们的立场,即中国人民在什么时候、用什么方式解放台湾,是中国人自己的事";"中国人之间自己会找到一个实现祖国统一的途径,其中包括在解决方式上尊重台湾的现实","比如,台湾的某些制度可以不动,美日在台湾的投资可以不动,那边的生活方式可以不动"等。三是"美国方面要中国承担不使用武力解放台湾的义务,这不行","如果这样,反而会成为和平统一台湾的障碍,使之成为不可能"。四是郑重提醒美方:中美建交后,美国政府应慎重处理同台湾的关系,不要影响中国采取最合理的方法和平解决台湾问题。

1978年12月16日,中美发表联合公报,宣布两国政府自1979年1月1日起建立外交关系。

1979年1月1日,中美两国正式建立外交关系,同时美国政府宣布与台湾断交、终止美台"共同防御条约"、从台湾撤出美国军队。美国在建交公报中承认"中华人民共和国政府是中国的唯一合法政府",承认"只有一个中国,台湾是中国的一部分",并表示"在此范围内,美国人民将同台湾人民保持文化、商务和其他非官方关系"。这表明"美国已经接受中国提出的一个中国原则和中美建交'三原则'。至此,世界上所有大国和大多数国家普遍接受一个中国原则"[①]。中美关系正常化是一件举世瞩目的历史性大事,不仅有助于亚洲和世界的和平稳定,而且有助于两岸中国人排除外部障碍、自己争取以和平方式解决自己国家的统一问题,为中国人民完成祖国统一大业创造了有利的外部环境。

中美建交后,阻挠两岸关系发展的最大障碍,可以说基本上扫除了。不过,这主要是解决了台湾是中国领土的一部分、台湾问题是中国的内政问题等原则问题,而美国对台继续出售武器等问题并未达成协议。美国利用台湾问题干涉中国之心不死。中美建交后不久,邓小平在中美建交谈判中担心的事还是发生了,即美国政府又在台湾问题上埋下一颗不定时的炸弹——《与台湾关系法》。1979年3月26日,美国国会众、参两院通过《与台湾关系法》,称"美国作出同中国建立外交关系的决定是以台湾的前途将以和平方式决定这种期望为基础的;凡是企图以和平以外的方式来解决台湾问题的努力,都将会威胁西太平洋地区的和平与安全,引起美国的严重关注",并提出要向台湾提供"防御性武器",使之"保持抵御会危及台湾人民的安全或社会、经

---

① 杨亲华:《〈告台湾同胞书〉诞生记》,《百年潮》2019年第1期。

济制度的任何诉诸武力的行为或其他强制形式的能力"①。《与台湾关系法》是美国总统卡特于1979年4月10日签署生效的一项立法,它成为美国牵制、遏制中国,破坏中美新关系发展的所谓"法律依据"。美国《与台湾关系法》的通过,表明"美国希望台湾在可预见的将来继续保持与大陆分离,并置于美国的保护之下"②。这个法案,实际上是美国继续将台湾当作"国家"对待,"实际上否定了中美关系正常化的政治基础"③,是对中国内政的公然粗暴干涉。

"和平统一祖国"新方针的提出

中美建交和随后中日邦交正常化,都是在解决了"台湾是中国领土一部分"这个核心问题后实现的。这就为和平解决台湾问题扫清了一大障碍,为海峡两岸由紧张对峙向缓和松动创造了有利条件。

在这样的历史条件下,此时正在运筹中国社会主义现代化建设和改革开放蓝图的邓小平,审时度势,以战略家的远见卓识抓住中美建交和中日邦交正常化的历史契机,适时地把有关中国统一的最重要的台湾问题提上具体议事日程。邓小平指出:"台湾回归祖国、完成祖国统一大业的事情能提到具体日程上来,也是由于在国内和国际的工作中取得重大成就的结果。"④

在随之召开的十一届三中全会上,以邓小平为核心的中共第二代中央领导集体全面地调整党的对台方针政策,全会公报提及解决台湾问题时,以"台湾回到祖国怀抱,实现统一大业"代替"解放台湾"的提法,发出了争取两岸和平统一的时代强音。全会公报指出:"随着中美关系正常化,我国神圣领土台湾回到祖国怀抱、实现统一大业的前景,已经进一步摆在我们的面前。

---

① 转引自美国大西洋理事会对华政策文集:《美中关系未来十年(1983—1993)》,中国社会科学出版社1984年中文版。

② 转引自美国大西洋理事会对华政策文集:《美中关系未来十年(1983—1993)》,中国社会科学出版社1984年中文版。

③ 转引自美国大西洋理事会对华政策文集:《美中关系未来十年(1983—1993)》,中国社会科学出版社1984年中文版。

④ 《解决台湾问题,完成祖国统一大业提上具体日程》,《邓小平文选》第2卷,人民出版社1994年版,第115页。

全会欢迎台湾同胞、港澳同胞、海外侨胞,本着爱国一家的精神,共同为祖国统一和祖国建设的事业继续作出积极贡献。"① 十一届三中全会调整确立的"和平统一祖国"的对台方针政策,尽管没有明确提出"一国两制"这一概念,但实际上已经体现了"一国两制"的主要思想和基本原则。正如 1984 年 7 月 31 日邓小平在论述"一国两制"构想的可行性时所说的:"'一个国家,两种制度'的构想不是今天形成的,而是几年以前,主要是在我们党的十一届三中全会以后形成的。"② 更为重要的是,十一届三中全会调整确立的"和平统一祖国"方针充分体现了解放思想、实事求是思想路线的基本原则和基本精神,是在尊重历史、尊重现实,充分考虑台湾各族人民的愿望和台湾当局的利益的基础上提出来的,是充满着和解精神的,是通情达理的,也是切实可行的。

可以说,十一届三中全会调整确立的"和平统一,一国两制"方针,不仅标志着党的对台方针政策实现了根本性的历史转变,而且为海峡两岸关系的健康发展,为力争和平解决台湾问题,逐步实现台湾回归祖国指明了方向。

《告台湾同胞书》发表

十一届三中全会前后,邓小平阐述的对台工作思想在三中全会得以确认而成为全党的共同意志。这一共同意志很快通过全国人大常委会的《告台湾同胞书》而转化为全国人民的共同行动。1978 年 12 月 17 日,邓小平指示时任中国社会科学院院长、国务院政治研究室主任的胡乔木负责起草一份有关台湾问题的重要文稿,即要在 1979 年元旦,以全国人大常委会的名义,发布一份《告台湾同胞书》。他特意强调,在这份文告中,要表明我们和平统一祖国的意愿和政策;不再用"解放台湾"的口号,并要宣布停止炮击金门等沿海岛屿;提出两岸通航、通邮、通商;文告既要面向台湾人民,也要面向台湾当局;措辞语气委婉平易些,不要用报纸社论那种文体。总之,要让对方

---

① 《中国共产党第十一届中央委员会第三次全体会议公报》(1978 年 12 月 22 日通过),载中共中央文献研究室编《三中全会以来重要文献选编》上册,人民出版社 1982 年版,第 3 页。

② 《邓小平文选》第 3 卷,人民出版社 1993 年版,第 67 页。

听得进去。①

　　1979年1月1日，中国政府作出了举世瞩目而又影响深远的三大决策。一是全国人大常委会发布热情洋溢的《告台湾同胞书》，全面系统地阐述了十一届三中全会调整确立的和平统一祖国方针政策，提出了"和平统一"的路线、原则和改善两岸关系的具体措施，呼吁两岸就结束军事对峙状态进行商谈，提出尽快实现"通邮、通航、通商"和"进行经济、科学、文化、体育交流"的倡议。《告台湾同胞书》的发表，标志着解决台湾问题的理论和实践进入了一个新的历史时期。二是中国同美国建立外交关系，美国政府承认中华人民共和国是中国唯一合法政府，断绝与台湾当局的"政府间"关系。三是发表《关于停止炮击大、小金门等岛屿的声明》，声明说："台湾是我国的一部分，台湾同胞是我们的骨肉兄弟。为了方便台、澎、金、马的军民同胞来往大陆省亲会友、参观访问和在台湾海峡航行、生产等活动，我已命令福建前线部队，从今日起停止对大金门、小金门、大担、二担等岛屿的炮击。"②至此，人民解放军炮击金门的军事行动宣告结束。这一天中三大不同凡响而又环环相扣的举动，震惊中外，为缓和两岸紧张局势、促进台湾和平统一、实行改革开放创造了良好的国内国际社会环境。

　　因《告台湾同胞书》的发表及中美正式建交和停止炮击金门，1979年成为两岸关系发展史上一个历史性的转折点。自此，地处海峡西岸的福建，开始由"解放台湾"的海防前线转变为和平统一祖国的前沿基地。

　　《告台湾同胞书》发表的当日，台当局发言人根据蒋经国的授意发表声明称："我们在任何情况下都绝不会同共产党进行任何形式的谈判……只有在中国大陆的人民摆脱共产主义时，我们才会坐下来同任何人谈判。"1月2日，蒋经国亲自上阵，对法国记者表示"在任何情况下，'中华民国'绝不会与中共政权谈判，也不会与共产主义妥协"。1月6日，蒋经国召见时任"中国国民党中央文化工作会主任"的楚崧秋，要他负责立即成立台湾对大陆的第一

---

① 魏云峰：《40年前，〈告台湾同胞书〉打破两岸交往坚冰》，《环球时报》2019年1月3日。

② 《关于停止炮击大、小金门等岛屿的声明》，《人民日报》1979年1月1日。

个"反统战"组织,命名为"固国小组",试图通过结合台湾的"党、政、军、情"各方力量"反制大陆的和平统一"。1979年12月10日,蒋经国在国民党十一届四中全会上再次激烈攻击《告台湾同胞书》,并公布了他的两岸政策,即"不妥协、不接触、不谈判"的"三不政策"。

打破两岸封闭隔绝的坚冰

在十一届三中全会确立的"和平统一祖国"方针指引下,特别是在《告台湾同胞书》的推动下,台湾当局逐渐有限度地放弃僵硬的大陆政策,海峡两岸关系冲破了种种障碍和阻挠,发生了重大而深刻的变化,显示了前所未有的发展姿态。

其一,两岸从紧张对峙转向缓和松动,和平统一成为两岸关系发展的主旋律。十一届三中全会后,大陆在提出"和平统一,一国两制"方针的同时,采取了一系列有利于缓和和发展两岸关系的实际步骤和具体措施。在军事上,化解敌意,主动缓和军事对峙状态,如停止炮击金门、马祖;停止打宣传弹,停止海漂;解放军福建前线广播电台改名为海峡之声广播电台,撤销专门针对台湾设立的福州军区等。在经济上,将福建沿海一些前沿阵地、观察所开辟为经济开发区和旅游点,还把在金门射程之内的厦门确定为对外开放的经济特区。在政治上,摒弃前嫌,调整国共两党关系,主张实行第三次国共合作,充分肯定国民党在历史上曾起的进步作用及其在台湾所取得的经济成就。对大陆台胞、台属在"文化大革命"等历次政治运动中因"台湾关系"造成的冤假错案,予以平反纠正,并在生活和工作上予以"优先照顾"。

在大陆"和平统一,一国两制"方针政策的促进、推动下,台湾当局逐步调整其敌对僵硬的大陆政策。政治上,改变"反攻复国"口号,提出"三民主义统一中国"的主张。1991年5月,台湾当局宣布终止"动员戡乱时期",正式放弃"反攻大陆"的目标,同时在金门、马祖等大陆沿海岛屿结束长期的"军事戒严体制"。由此,海峡两岸直接的军事对峙程度有所下降。

其二,两岸人员交往广泛密切,增进了两岸人民的相互了解和民族感情。两岸人民的交往,是海峡两岸关系发展的主体。十一届三中全会后,为了实现两岸人民的正常往来和国家统一,大陆明确提出"三通""四流",在此推动和呼唤下,台湾当局逐步在一定程度上取消了限制两岸人员交往的政策。70年代末80年代初,对方兴未艾的闽台渔民交往,台湾当局基本上持默许态度。1986年,海峡两岸两航事件谈判的成功,冲破了近40年来两岸"不接触"的对峙局面。1987年10月,台湾当局正式决定开放民众赴大陆探亲,并在经贸往来、学术、新闻、体育等方面采取更为松动和弹性的做法,标志着海峡两岸人民交往实现历史性的转折。1988年7月,国民党十三大第一次提出《现阶段大陆政策》,确定在官方"三不政策"的前提下,"民间、间接、单向、渐进"开放两岸关系,把过去只做不说或半明半暗的做法,加以"公开化"和"合法化";是年11月,又宣布有条件地开放大陆同胞赴台探亲、奔丧。

其三,两岸经济交流与合作日益增强,成为两岸关系发展的主流。如果说两岸人员交往是两岸关系发展的纽带,那么两岸经济交流与合作则是两岸关系发展的推动机。十一届三中全会后,大陆在大力推进改革开放的同时,把两岸经济交流与合作摆在优先的地位,敞开门户,欢迎和鼓励台商来大陆投资和从事贸易活动,并为之提供种种优惠条件和法律保障。1986年、1988年和1994年,国务院先后颁布了《台胞到大陆经济特区投资优惠办法》《鼓励台湾同胞投资的规定》和《台湾同胞投资保护法》等政策法规,对台资实行"同等优先,适当放宽"的政策。与此形成鲜明对比的是,台湾方面则往往把政治因素作为发展两岸经济关系的前提。1983年以前,台湾当局严禁以任何方式与大陆进行贸易,在此期间两岸直接经济交往主要是以闽台渔民以货易货的小额贸易为主。从1984年起,在台湾工商界强烈要求与大陆通商的压力下,台湾当局先后解除了多种大陆货物经港澳转口的限制,对台湾产品经第三地运往大陆不加限制,间接贸易成为合法。1987年,台湾当局正式开放民众赴大陆探亲旅游的同时,解除了外汇管制,并放宽了对两岸经济的一些限制。1989年1月,台湾当局宣布允许台湾厂商通过第三地到大陆投资设厂。

二、加强新时期对台工作

中央高度关注福建对台工作

十一届三中全会后,以邓小平为核心的党的第二代中央领导集体明确指出:"加紧社会主义现代化建设,争取实现包括台湾在内的祖国统一,反对霸权主义、维护世界和平,是我国人民在八十年代的三大任务。这三大任务中,核心是经济建设,它是解决国际国内问题的基础。"[1]

福建在对台工作大局中具有不可替代的特殊性和重要性,是促进祖国和平统一的重要基地。因此,在改革开放初期,胡耀邦、邓颖超、邓小平等中央领导人特别关注福建对台工作。

1979年12月,中央改组对台工作领导小组,由邓颖超任组长。1980年4月,中央对台工作领导小组、中央统战部派人到东南沿海的江苏、上海、浙江、福建、广东等省、市了解对台工作情况和存在的问题,在福州召开了座谈会,征求对台工作意见,并到厦门考察对台工作情况。

——胡耀邦强调福建"是吸引台湾回归祖国的一个基地"。1982年11月2日至8日,中共中央总书记胡耀邦到福建作经济调查和看望军民,指出:"福建是四个现代化建设非常重要的地区,是我们社会主义祖国东南的一个橱窗,是吸引台湾回归祖国的一个基地,希望福建走在四化建设的前头。"[2]

——邓颖超特别关注福建对台工作。邓颖超十分关心台湾同胞,经常亲自批阅台湾同胞的来信。福建省委第一书记项南到任之前,参加中央对台领导小组会议,邓颖超就对他说:"福建是统一祖国的基地,要把这个基地建设

---

[1] 《中国共产党第十二次全国代表大会开幕词》(1982年9月1日),载《邓小平文选》第3卷,人民出版社1993年版,第3页。

[2] 《胡耀邦同志到我省作调查和看望军民》(1982年11月17日),载中共福建省委宣传部、福建省档案局编《福建省改革开放三十年重要文献选编》(上),福建人民出版社2008年版,第69页。

好。"① 项南到福建仅3个月，就多次接到中央对台办电话，转达邓颖超对福建台胞的关怀，并希望福建省委高度重视对台工作。

1984年底，时任中共中央政治局委员、全国政协主席的邓颖超怀着对发展两岸关系的深切期盼，在项南陪同下来到厦门视察工作。

"全国当时有8家对台广播电台，福建有5家对台广播电台，除海峡之声、华艺广播公司外，省、市广播电台都设有对台部，还成立了长龙影视联合公司，专门从事对台录像的制作和发行。"② 对此，邓颖超高兴地说："很好，要发挥它们的作用。"她强调："对台工作既要争取上层，更应寄望于民众，既要从大处着眼，更要从小处着手，像民间贸易和文化交流能够起到更大的作用，产生更佳效果。"③

邓颖超不顾80岁高龄，登上了厦门云顶岩观察所，透过高倍望远镜仔细观察着她深爱着的金门同胞。接着，她来到面对金门的海峡之声广播站，看望了几十年如一日坚持对台宣传的播音员。邓颖超还看望了厦门市从事对台工作的同志，赞扬福建、厦门市对台工作做得很好，很生动。她指示说："对台宣传要有针对性，用事实说话，注重实效。"她强调福建有条件在对台方面做更多工作，一定要抓紧，希望福建发挥更大的作用。

考察中，邓颖超听说出境会亲的手续太麻烦，造成有的台胞会不到亲时，说道："中央早有明文规定，要打开新局面，过去不适用的规定要修改，政策、规定要因时因地制宜。"④ 当听说台湾一些渔船来进行小额贸易，但解决不了他们需要的货物时，她提出："过去解放区和国统区一向有贸易往来，现在台胞直接过来就是厦门，一定要想法满足他们的要求，不要让他们空手回去。内地资源丰富，可以想法调剂。"⑤ 最后，邓颖超对大家说："做好对台工

---

① 林江、石宏耀：《时刻把对台工作放在心里》，载中共福建省委党史研究室编《缅怀项南》，中央文献出版社2000年版，第312页。
② 王盛泽：《邓颖超情注两岸统一大业》，《福建党史月刊》2004年第2期。
③ 王盛泽：《邓颖超情注两岸统一大业》，《福建党史月刊》2004年第2期。
④ 王盛泽：《邓颖超情注两岸统一大业》，《福建党史月刊》2004年第2期。
⑤ 王盛泽：《邓颖超情注两岸统一大业》，《福建党史月刊》2004年第2期。

作,意义重大,影响深远,希望你们做到更好。"①

邓颖超视察厦门,重点关注福建特别是厦门的对台工作,对进一步做好对台工作具有重要指导意义。

——邓小平要求"福建应该多做点台湾工作"。1984年2月7日至10日,中国改革开放总设计师邓小平和中共中央政治局委员王震视察厦门经济特区。2月8日,邓小平和王震一行在福建省委第一书记项南陪同下视察厦门东渡港码头。项南汇报了把厦门经济特区扩大到全岛,对厦门经济特区和对台工作的一些设想。听后,邓小平问王震:"王胡子,你说行不行?"王震说:"我完全同意。"邓小平说:"我看好,没啥子危险。福建应该多做点台湾工作。"②

在实行改革开放中加强对台工作

项南等福建省委领导人高度重视对台工作,并把它列为福建改革开放的三大任务之一。20世纪80年代初,福建省委书记项南在提倡大念"山海经"的同时,就着重强调要唱好"对台戏",做好对台这篇大文章,将对台工作列为福建三大战略任务(经济建设、侨务、对台)之一。此后,福建省委、省政府历任主要领导也都非常重视对台工作,把发展闽台关系作为一项全局性的工作来抓,并在各个发展阶段提出了相应的战略部署。

1981年4月,省委专门召开对台工作会议,传达学习中共中央对台工作的方针、政策,总结对台工作经验,部署了广泛深入地开展对台方针政策的教育,继续做好去台人员调查研究工作,特别是沿海地、县、公社要将对台湾渔民的工作列为重要任务,做好台湾同胞联谊会等工作。同月,福建省第一次台胞代表会议在福州召开,成立了全国第一个居住在大陆的台湾同胞的人民团体——福建台湾同胞联谊会。项南等省委、省政府领导都出席了会议。项南作了《福建应当成为统一祖国的基地》的讲话,同时省委专门作出《关于加强对台工作的决定》。此后,省委又专门成立对台工作小组,并要求各

---

① 王盛泽:《邓颖超情注两岸统一大业》,《福建党史月刊》2004年第2期。
② 福建省地方志编纂委员会编:《先行的脚步:福建改革开放30年纪事·福建篇》,海潮摄影艺术出版社2009年版,第29页。

地、市、县都要指定一名书记或常委主管对台工作；规定省、地、县委对台工作办公室或对台工作部门是同级党委直接领导下的办事机构，也是同级对台工作小组的办事机构。

在促进两岸早日通邮、通航、通商方面，福建发挥地理、人缘的优势，开展多方面工作。在福建省纪念辛亥革命70周年筹备委员会举行的座谈会上，项南代表省委、省政府和福州市人民政府，邀请台湾省和台北市的党政领导人到福建省或福州市来看一看，坐下来谈一谈，提出闽台两地人民探亲访友不受任何限制，台湾同胞愿意去福建任何地方都将提供一切方便，欢迎台湾同胞到福建定居，来去自由，欢迎台湾同胞到福建投资等。省委、省政府提出福建与台湾率先实行通邮、通航、通商和进行经济、文化、科学、社会交往等四项建议。政协福建省委员会也向台湾各界人士发出倡议，共同为促进"三通"和进行经济、科学文化交流，共谋海峡两岸经济繁荣、骨肉同胞早日团聚作贡献。随后，各民主党派、省台联、工商联、妇联等人民团体纷纷发出函电，邀请台湾各界人士来闽与亲戚朋友团聚、观光旅游、洽谈贸易、投资设厂和进行学术交流。省邮电系统制定了随时准备和台湾通邮、通电的具体措施，省民航、海运系统也分别作好了与台湾通航的准备。

在做好台胞接待安置工作方面，全省各级政府高度重视，相继在平潭、东山、惠安、霞浦三沙和福州、厦门、漳州、泉州四市建立了台胞接待站，配备专职接待人员，负责对台胞的接待安置工作，并指定沿海19个港口为台湾渔船停泊点、4个港口为台湾渔船避风点。在接待工作中，坚持"以诚相待""来去自由"的原则，热情帮助来闽的台湾同胞解决生产、生活中的实际困难，协助他们寻根访祖、探亲访友、参观旅游。对于绕道回闽探亲的台胞，有关部门还提供签注、交通、住宿等方面的便利，对于要求回闽定居的，予以妥善安排。省政府还根据"一视同仁、不得歧视、优先照顾"的政策，对于生活达不到当地中等水平的台胞拨出专款予以补助，对于专家学者本人要求工作的也作了适当安排，有的还担任了相应的职务。

在鼓励和发展两岸间的物资交流和正常贸易方面，省政府负责人公开表示希望同台湾工商界人士广泛接触，洽谈贸易，并发出正式邀请，希望台湾经济界人士来福建投资设厂，并给予特别优惠的办法。这样，两岸以渔民为主的以物易物、互通有无的民间贸易很快发展起来，贸易额迅速上升。为了加强和规范闽台海上民间贸易，从1981年起，先后在北起福鼎、南至诏安的沿海地区设立了17家对台贸易公司，以台湾渔民接待站为贸易点开展对台贸易，把闽台海上民间交易逐步引到岸上，进行直接小额贸易，并通过香港进行间接转口贸易。

这些措施大大方便了台湾同胞，两岸人员交往与日俱增。据有关部门统计，1979年至1985年，全省共接待从海上前来避风、修船、探亲、治病、经商和旅游的台湾同胞3.6万多人次，接待经由香港和绕道国外来闽探亲旅游、洽谈贸易、投资办厂的台胞1万余人，办理3700余人由大陆到香港和海外与台湾亲人会面，近150人去台湾定居，接纳380多名台湾同胞来闽定居。在此期间，闽台民间贸易额迅速增长，从1981年至1984年6月，成交贸易总额达到3132万元（人民币）。

三、对台宣传工作的转变

《告台湾同胞书》的发表，融化了两岸之间几十年不相往来的坚冰。这一"亲情""温情"文告，通过对台广播、空飘出版物、"心战喊话"等各种途径传递到台湾岛内，台湾当局已经无力应对大陆的"宣传攻势"。对于金门的民众而言，最切身的感受是"提心吊胆的炮击终于结束了"。自此，大陆对台播音的称呼前加一个"亲爱的"，变成了"亲爱的台湾同胞们，亲爱的国民党军官兵弟兄们，亲爱的金门同胞们"。[①]

《告台湾同胞书》发表后，引发了台湾同胞的思念故土情绪，在台湾掀起一股乡土小说和闽南语乡土电影的热潮。如台湾著名歌手罗大佑闽南语流行歌曲创作的一大特点，便是将怀旧情绪与现代的节奏结合起来。

大陆改革开放潮起，港台的流行文化迅速登陆，特别是流行音乐成为国

---

① 魏云峰：《40年前，〈告台湾同胞书〉打破两岸交往坚冰》，《环球时报》2019年1月3日。

民党对大陆广播的新内容。最早播出的是台湾著名歌手邓丽君的歌曲。邓丽君的歌深受大陆听众的喜爱,并在去世后获得国民党"总政战部"颁发的奖状。①

20世纪80年代末,台湾当局不得不开放台湾民众赴大陆探亲,两岸关系逐渐解冻,台湾对大陆的宣传战也进行调整和转变。如台湾当局的主流媒体——"央广"逐步开始转型、改制,对大陆广播的节目单,在保留"渔业气象"等服务性节目和"为你歌唱"等娱乐性节目,以及带有"心战"色彩的新闻评论性节目的同时,还开设"民主之路""台湾经验"等吹嘘台湾"民主"的节目。

中共十一届三中全会后,随着改革开放的开展、对台政策的重大调整和中美关系的改善,台湾海峡呈现出越来越浓的缓和气氛,军事上停停打打的炮战转变到以"心战"为主要形式的政治斗争。因此,对台宣传工作的方针、内容和方法都相应作了调整和转变。

1979年1月1日《告台湾同胞书》发表后,福建省认真贯彻落实党的对台工作方针、政策,广泛发动群众,多方面、多渠道地开展对台工作。广泛发动广大干部、群众做好对台宣传,特别注重发挥各界民主人士、台湾同胞和去台人员家属作用,把党的对台方针、政策交给他们,调动他们开展对台宣传的积极性,通过空中广播、海上接触、陆上接待等渠道,公开与秘密、直接与间接的办法,向台湾同胞宣传;注意调查研究,加强针对性,尽量做到有的放矢。1979年,对台部门共组撰对台宣传稿件3700多篇,其中被中央人民广播电台、中国新闻社、福建前线广播电台和省台金马部采用2300多篇。

在对台宣传方针上,以和平统一、人心所向为主旋律。为了改变原来两岸严重对立状态,着力宣传福建军民主动真诚地与台湾同胞和国民党军政人员讲团结、讲友好、讲礼貌,及热忱接待台湾渔民、妥善安置回归定居的台

---

① 邓丽君去世后,1996年,国民党中央颁发给邓丽君的"荣誉状"写道:"邓丽君同志一生忠党爱国,奉行三民主义,热心服务,在演艺事业中享誉世界,为国争光,尤对国军宣慰工作始终不渝。特追赠国光一等奖章,藉表敬忱。主席李登辉。民国八十五年十一月二十四日。"

湾人员等情况,以化解敌意、增进亲情,使党的"爱国一家"政策更加深入人心。

在对台宣传的内容上,既不炫耀武力,又要利用适当时机,宣传人民解放军以教育训练为中心,加强革命化、现代化、正规化建设所取得的新成就新经验,从侧面表明人民解放军把政治解决台湾的立足点,放在不断增强自己的军事实力上,决不会"刀枪入库"。

在对台宣传的方法上,根据两岸形势的发展变化,充分发挥福建的独特优势,使福建成为促进祖国和平统一的重要前沿基地。没有了以往的高声指责,取而代之的是对亲情、对骨肉同胞的深情呼唤。如以往的"台湾同胞们、国民党军官兵弟兄们"称呼前面,特意加上了一声"亲爱的"。从"台湾蒋介石匪帮"到"亲爱的台湾同胞们、亲爱的国民党军官兵弟兄们",从"用战争方式解放台湾"到"用和平方式解放台湾",再到"和平统一,一国两制",标志着海峡两岸紧张对峙的坚冰开始消融。

随着对台大政方针的转变,加强干部群众的对台政策教育,是扩大对台宣传的重要一环。福建省委对台办公室与各宣传文化部门紧密配合,充分利用一切宣传工具,加强对干部群众的对台政策教育,了解对台工作方针。同时举办对台干部培训班训练干部。泉州市委对台办还培养台胞、台属积极分子为"联络员",加强宣传。

对台宣传工作既要从大处着眼,更要从小处着手,才能产生更佳的效果。福建前线广播电台,是人民解放军专门从事对台宣传的重要窗口和平台。项南认为:"现在以军事解放手段为主的时期已经过去,福建前线广播电台这个名称已经过时了。用'前线'这个名称,那不是仍旧把台湾当作'敌方'了吗?"[①] 于是,福建省委向总政治部建议更改前线台的名称。1984年元旦起,福建前线广播电台改名中国人民解放军海峡之声广播电台。除海峡之声、华艺广播公司外,福建的省、市广播电台也都设立对台部。这些广播电台成为沟通海峡两岸信息,促进两岸人民友好往来的桥梁。1979年至1983年6月,

---

① 林江、石宏耀:《时刻把对台工作放在心里》,载中共福建省委党史研究室编《缅怀项南》,中央文献出版社2000年版,第313页。

全省对台部门为中央台、海峡台、中国新闻社和省电台提供采用的对台宣传稿件达 13316 篇。同时加强对台宣传的针对性,增加录音、图片、照片宣传比例,并开始进行录像宣传,把音响广播、文字报道同形象化宣传结合起来,增强了对台宣传效果,为人们喜闻乐见。此外,为了做好台胞服务工作,还专门设立"台胞之家""台胞饭店"等。

三、台胞台属政策的落实

改革开放之初,福建省居住着台胞 2400 多户 9000 多人,约占全大陆台胞总数的 1/3;去台人员 83000 多人,台属 8 万多户 36 万余人,占全国台属总数的 1/8。在解放后多次政治运动尤其是"文化大革命"期间,许多台胞因"海外关系"或所谓"敌特"问题受审查或迫害,台属被诬为"反革命社会基础"而遭受打击,造成了不少冤假错案。

福建是对台工作大省,落实台胞台属政策是新时期做好对台工作的一个重要内容,也是福建拨乱反正工作的重要组成部分。1979 年 2 月 9 日,福建省委同意省高级法院党组《关于加强领导,抓紧复查纠正冤假错案的报告》,并批转各地贯彻执行。省内各级人民法院先后复查"文化大革命"期间和新中国成立后原中共地下党人员、国民党起义投诚人员、台胞台属、侨胞侨属、高级知识分子、民主党派人员中被判刑的案件,以及历史老案中可能错判的案件,从中纠正、改判 2.35 万件,并分别做好善后工作。

1980 年,中共福建省委发出《关于做好我省台籍同胞工作的几个问题的通知》,并批转了有关部门提出的《关于落实去台人员在大陆亲属政策的请示报告》,对落实台胞、台属政策工作作出部署和安排,成立落实台胞、台属政策机构,组织力量,开展对台胞、台属的平反冤假错案工作。各地对台办都召开了各种类型的座谈会、报告会,向去台人员家属宣传党的对台政策,抓紧对台胞台属政策的落实。1981 年,省委批转了省委对台工作小组《关于落实去台人员在大陆亲属政策的请示报告》,同时拨出 600 名劳动指标,用于落实台胞、台属政策。

到1984年底，福建省基本上完成了台胞、台属落实政策工作。全省台胞提出申诉，要求落实政策的共1185人，已落实1179人。对其中的冤假错案进行了平反，对台胞的生活和工作作了妥善安排。先后安置了1800多名台籍青年就业，占台胞待业青年总数的89%；帮助835户台胞解决了住房困难，占住房困难户总数的69%；对1033户生活水平达不到当地中等水平的台胞，省委拨专款50万元给予补助。同时还为5341名台属落实了政策，其中平反了2462人。归还"文革"等运动期间被挤占私房的1091户，归还查抄财物638人，收回因"台湾关系"迁送农村的301户1151人。对"文化大革命"中因"台湾关系"问题未能转正的长期临时工、合同工、民办教师也作了妥善处理。

与此同时，还积极解决历年遗留的房产、户粮和工作问题。认真贯彻党对台胞、台属的基本政策，努力提高他们的地位，如帮助安排台籍待业青年的工作，在一些大学设立台湾班，加强对台籍青年的培养，从而充分调动他们从事建设和统一祖国大业的积极性，在台湾岛内外都产生了良好的影响。许多去台人员得知在大陆的亲属被落实政策，受到党和政府照顾，都纷纷来信表示感谢，还汇来大批款项支援家乡建设。仅宁德地区，1982年就收到800名去台人员所汇的款项折合人民币170多万元。

台胞、台属政策的落实，不仅激发了广大在闽台胞、台属献身"四化"建设和祖国和平统一的热情，而且在海峡两岸产生了良好的影响，为闽台关系的重塑和发展起了积极作用。

第十一章　改革开放的起步与对台工作的开展

改革开放后，闽台关系成为影响和决定福建改革开放进程的最生动、最活泼的因素之一，对台工作是历届福建省委、省政府倾力主抓的重要工作之一。在对台工作中，先行先试，充分发挥闽台独特优势，无论是在推动两岸交流合作（创造了数十项全国"第一"），还是在发展战略的探索实践（如海西发展战略的形成和实施、建立两岸人民交流合作先行区）等方面，福建都充分体现主动性、责任感强的特点，显示了福建作为推进祖国统一的战略基地的地位和作用。

一、因台而设的厦门经济特区

厦门是台胞的主要祖籍地之一，是大陆与台湾往来的重要交通枢纽，自古"扼台湾之要，为东南门户"。《台湾府志》记载："厦即台，台即厦。""厦台之间地缘相近、血缘相亲、语言相同、习俗相通、文化相承，交流交往源远流长。厦台关系的发展演变，历来是两岸关系发展演变的典型缩影。"[①]

福建的改革开放是以创建厦门经济特区为先导，以农村改革为突破口而展开的。厦门经济特区是因对台战略需要而设立的，是中国改革开放最早设立的四个经济特区之一。1980年7月，福建省委、省政府在给中央、国务院

---

① 《厦门的对台工作》，载中共厦门市委党史研究室编《中共厦门地方史专题研究（社会主义时期Ⅲ）》，中共党史出版社2005年版，第350页。

《关于建设厦门经济特区的报告》中写道:"厦门距台湾省高雄170海里,自厦门与香港通航和厦门对外开放后,台湾商人要求通过香港与厦门通商的日益增多。台湾人民有很多是闽南移去的,与故土有千丝万缕的联系,早日建设厦门特区,对于促进同台湾通商、通航、通邮,争取台湾早日回归祖国,也具有重要意义。"[①] 1980年10月,国务院批准设立厦门经济特区。1981年10月15日,厦门经济特区在湖里设立。1983年9月,福建省委、省政府在厦门召开特区工作会议,并下发《印发〈关于厦门经济特区工作若干问题的规定〉的通知》,指出:"特区是引进外资、技术的基础,又是对外宣传社会主义经济、文化的窗口。现在中央解决香港、台湾问题的大政方针已定,我们必须充分利用有利形势,加快特区建设。办好特区不仅可以带动厦门市的经济建设,也可以带动厦门、漳州、泉州这一闽南三角经济区以至全省的经济发展;有利于我国的四化建设和国家的统一大业。"[②]

1984年春节过后,2月7日至10日,中国改革开放总设计师邓小平和中共中央政治局委员王震视察厦门经济特区。2月9日,邓小平在特区管委会二楼厅堂里,挥毫题词:"把经济特区办得更快些更好些。"时任厦门市长兼厦门经济特区管委会主任的邹尔均回忆说:

> 当时我们厦门同志听到小平同志要来,非常高兴。我们有想法,有看法,也有一些新的认识,希望跟老人家汇报汇报。可是中央传来的消息说小平同志视察过程中有"三不":不听汇报,不要陪吃饭,不讲话。这"三不",我们觉得其他两条可以做到,不汇报不行,我们希望能汇报。后来允许我们汇报5分钟,虽然感觉太短,但考虑到老人家年纪大了,也只能如此。我们决定汇报一下厦门特区概况,同时提两个请求:

[①] 《中共福建省委、福建省人民政府关于建设厦门经济特区的报告》(1980年7月10日),载中共福建省委宣传部、福建省档案局编《福建省改革开放三十年重要文献选编》(上),福建人民出版社2008年版,第37—38页。

[②] 《中共福建省委、福建省人民政府印发〈关于厦门经济特区工作若干问题的规定〉的通知》(1983年9月25日),载中共福建省委宣传部、福建省档案局编《福建省改革开放三十年重要文献选编》(上),福建人民出版社2008年版,第113页。

一是特区太小,要扩大到全岛;二是想办一个类似香港的自由港,这个问题当时市委市政府已经和省委汇报过了,省委表示同意。当时我陪小平同志上特区管委会天台去看整个湖里,我就向小平同志汇报说,您看2.5平方公里,一眼就望穿了,在这么小一个地方搞改革试验是不是没有太多实际意义,如果能大一点,就能给全国提供更多成功的经验或失败的教训。小平同志笑了,但没有回答。第二个问题向小平同志汇报时,他点头微笑,也没有讲话。关于这个问题,省委书记项南同志已经在船上跟小平同志提过了,我当时也在船上,王震同志在边上说,让他们干吧,小平同志没吭声。我汇报完后,请小平同志题词,老人家欣然答应,健步走到铺好宣纸的书桌旁,挥毫题写:"把经济特区办得更快些更好些。"小平同志给深圳、珠海、厦门的三个题词是经过深思熟虑的,这几句话来之不易。一个"正确",一个"好",一个是要"更快更好"。我认为,在厦门提出要"把经济特区办得更快更好",意味着要把改革开放的范围扩大。小平同志离开厦门,临别上车时跟我讲,你提的两个问题,我带回去让第一线的领导同志来回答。这一句话,让我觉得老人家不反对,有希望。小平同志回到北京以后,这两个问题都回答了。邓小平明确指示:"厦门的两条,一个是2.5平方公里太小,要扩大到全岛,我看可以;他们要搞一个自由港,让他们试一试吧。"①

邓小平、王震还视察厦门海军部队、陈嘉庚故居和集美学校,并接见厦门的台湾同胞和归国华侨,赞扬他们的爱国爱乡精神。根据邓小平提议,党中央、国务院决定把经济特区从湖里2.5平方公里扩大到全岛。加快特区建设,是为了发展我国东南地区的经济,加强对台工作,完成祖国统一大业作出的重要部署,"有利于我国的四化建设和国家的统一大业"②。1984年3月18日,时任中共中央总书记的胡耀邦郑重对外宣布:厦门经济特区将由2.5

---

① 邹尔均:《回忆厦门经济特区的初创》,《党的文献》2010年第6期。
② 《中共福建省委、福建省人民政府印发〈关于厦门经济特区工作若干问题的规定〉的通知》(1983年9月25日),载中共福建省委宣传部、福建省档案局编《福建省改革开放三十年重要文献选编》(上),福建人民出版社2008年版,第113页。

平方公里扩大到厦门全岛。

根据邓小平和党中央的指示精神,厦门经济特区的工作把重点放在对台上,采取了"以侨引台""以港澳引台""以台引台"的"三引"方针。对这"三引"方针的提出,邹尔均在回忆中是这样说的:

> 一是"以侨引台",我们去不了台湾,华侨可以去台湾;二是"以港澳引台",把香港作为我们谈判或接触的一个点,请港澳同胞帮我们到台湾去做工作;三是"以台引台",把台湾方面的老朋友请过来,请他们帮我们做工作。比如,把王永庆请到厦门来办石化工程。我们通过一个台湾同胞把我们的资料、录像带送给王永庆看。王永庆在1989年12月16号看到我们的资料,马上决定22号就在香港同我们会面。我向省里和国台办汇报,应该说批准速度是非常快的,但等我办完手续已经来不及了,当时直接坐车到罗湖口岸,已经是晚上了,海关关闸了,香港新华社派人过来接我们,两边的海关就等我们三个人(我、江平和一个副秘书长)。我们和王永庆在香港的香格里拉酒店谈了两天,谈得很好。当时由于台湾方面的阻力太大,王永庆的项目最终没有谈成,但也有很大收获,很多台湾企业家认为,王永庆可以去,为什么我们不能去?由此形成了台商到大陆投资的第一波热潮,台湾称之为"王旋风",是他把台商都带到大陆了。再一个机会就是和汇丰银行合作。他们在新加坡举行推介会,台湾企业家高新平也到了新加坡,我们派江平同志去参加推介会,这样就和高新平搭上了线。高新平来到厦门,觉得这个地方条件比较好,他租了我们一个厂房办了一家导电橡胶工厂。地方虽很小,后来江泽民总书记等领导同志都到过这个地方。高新平起了一个带头作用,回台后又替我们做工作,一下从台湾带了50多位企业家过来。我们福建省有独特的优势,华侨多,港澳同胞多,新加坡、香港、澳门都是我们接触最好的地方,通过这些地方来加强对台工作,发挥了独特的作用。这是第一件事。①

---

① 邹尔均:《回忆厦门经济特区的初创》,《党的文献》2010年第6期。

福建是中央确定的对台工作重要基地。此时，厦门作为对台工作的最前沿，在拉近两岸人民距离方面也用心做了有益的工作，即用焰火取代炮火。邹尔均在回忆中写道：

> 1984年底，时任全国政协主席的邓颖超大姐来厦门，视察海峡之声广播电台时指示，对台宣传中不要对骂，要改掉敌对意识，给对方释放一种善意，把来自对岸的台胞当亲人。这为我们指明了正确处理两岸关系的方向。第二年春天，我们第一次在海边面向金门放焰火，开始前先通过广播向对岸喊话，告诉对方我们不是放炮，而是放焰火，向对岸传递一个和平、共同发展经济的信息。第二年春节，我们继续放，他们也放起了焰火，大家隔海呼应，第一炮我们放，第二炮他们放，规模最大的时候三个地方一起放。如今两岸互放焰火，已成为固定节目。从炮火到焰火，这也是历史性巨变。2008年我到台湾，通过和他们交谈，效果还是非常好的。"金门县长"到厦门来说，你这一炮放得好，我们懂得你们的意图。到现在为止，金门人在厦门买房的非常多，两岸之间的交往更加密切了。对台工作现在只能说刚刚开始，还要深化下去，这是福建的历史使命，也是厦门的天职。①

厦门经济特区立足"台"字建设特区，利用"台"字发展特区，围绕"台"字发挥特区优势，这是历史赋予厦门的一项特殊的神圣使命。

二、建设祖国统一基地

福建由于地处海防前线，中华人民共和国成立以来长期对外封闭，因此，

---

① 邹尔均：《回忆厦门经济特区的初创》，《党的文献》2010年第6期。

"实行对外开放，无论从思想认识到物质条件都准备不足"①。改革开放潮起，福建省委、省政府领导班子解放思想、开拓思路，发动广大干部群众，开展调查研究、分析省情，共同探索振兴福建的路子和对策。1981年1月16日至21日，福建省党代会在福州召开，省委常务书记项南作题为"谈解放思想"的总结报告，提出要发挥福建优势，念好"山海经"，建设八个基地的设想。3月30日至4月8日，福建省五届人大三次会议在福州召开，福建省委常务书记项南在会上作《解放思想和特殊政策》的发言，正式提出20世纪80年代福建要搞好三项任务和八个基地。三项任务是：发展经济、做好华侨工作、做好对台工作。八个基地是：林业、牧业、渔业、经济作物、轻纺工业、外贸、科教和统一祖国的基地。

为了加强对八个基地建设的领导，1981年10月，福建省人大常委会专门成立建设八个基地审议委员会，负责八个基地的立法、审议、检查和督促等工作。各有关委、办、厅、局、公司和地市则相继成立了八个基地规划小组或办公室，负责基地规划和组织实施。

念好"山海经"，建设八个基地，是中共福建省委根据福建省的实际情况提出来的战略设想。1985年5月6日，《福建省八个基地建设纲要》在福建省第六届人民代表大会第三次会议上正式通过，成为全省人民的共同意志。

建设统一祖国的基地的提出，主要基于两点：一是闽台独特的地理、历史人文因素。《福建省八个基地建设纲要》指出："福建同台湾一水相连，是台湾同胞的主要祖地。金门、马祖历来是福建省的辖区。闽台两省同胞骨肉相亲，语言通，风俗同，关系十分密切。我省应是大陆人民同台、澎、金、马人民进行直接接触的主要桥梁，应根据'一个国家，两种制度'的构想，积极做好对台工作，实现祖国统一大业。"② 二是义不容辞的历史使命担当。

---

① 《中共福建省委、福建省人民政府关于福建省贯彻执行特殊政策、灵活措施的情况报告》（1983年1月29日），载中共福建省委宣传部、福建省档案局编《福建省改革开放三十年重要文献选编》（上），福建人民出版社2008年版，第73页。

② 《福建省八个基地建设纲要》（1985年5月6日福建省第六届人民代表大会第三次会议通过），载中共福建省委宣传部、福建省档案局编《福建省改革开放三十年重要文献选编》（上），福建人民出版社2008年版，第160页。

正如时任福建省委书记项南所说的：我们建设八个基地，其中有一个就是"统一祖国的基地"。加强对台工作，争取台湾早日回归祖国，完成统一大业，是我们义不容辞的职责。特别是"'一国两制'战略构想的提出和香港问题的圆满解决，国际上的反映很好，对台湾也会有很大的影响，我们要抓住这个有利时机，充分发挥有利条件，认真搞好对台工作"①。

纲要就如何做好闽台人员交往的"主要桥梁"等对台工作，提出了当前的工作思路：

(1) 广泛深入地对广大干部群众进行"一国两制"和统一祖国方针政策教育，增强"统一必成"的信心，树立统一祖国人人有责的观念，调动各部门、各方面的力量，特别是要调动与台湾有直接关系的各界人士的积极性，认真做好对台工作；(2) 大力开展对台宣传，促进与台湾同胞的思想交流，增进了解，消除隔阂，共同为实现国家统一而努力；(3) 配套建设霞浦三沙、平潭东澳、东甲、惠安崇武、东山铜陵、福州马尾港、厦门东渡港、泉州临海（前埔）、莆田秀屿港、漳浦下寨、连江筱埕等台轮贸易停靠点，在沿海城市成立投资贸易公司，积极开展对台通邮、通商、通航；欢迎台湾同胞投资、兴办经济事业；(4) 办好东山、惠安、平潭、三沙等台胞接待站，增建福州、厦门、泉州、漳州、秀屿和武夷山6个台胞接待站，热诚接待台湾同胞回闽探亲访友，参观旅游；(5) 为闽台人民互通音讯，亲人团聚，增进了解，开展学术、文化、体育交流提供方便，做好台湾同胞回大陆定居安置工作；(6) 做好对台胞、台属以及其他同台湾有关人士的落实政策的工作，帮助台胞、台属解决困难，表彰台胞、台属中的先进人物，推动台胞、台属为四化建设、为

---

① 项南：《福建应当走在四化建设的前头——在中国共产党福建省第四次代表大会上的报告》（1985年6月28日），载中共福建省委宣传部、福建省档案局编《福建省改革开放三十年重要文献选编》（上），福建人民出版社2008年版，第175页。

统一祖国多作贡献。①

为了切实做好对台工作,福建省委还特别强调:一要按照中央政策,利用一切机会做好宣传工作和实际工作,让台湾当局和台湾同胞相信我们和平统一的诚意;二要广泛结交台湾各界朋友,积极开展同台湾的经济、科技、教育等方面的交流,要扩大与台湾的"三通",促进闽台两省经济的发展;三要进一步落实台胞、台属政策;四要善于通过广大华侨和台胞、台属来做对台工作,他们将起到我们难以起到的作用;五要把党内党外、国内国外的一切爱国力量团结起来,大家都来关心台湾回归祖国,人人都为实现祖国统一大业贡献力量。②

建设统一祖国基地,是把加强对台工作与推进福建改革开放有机结合的一大举措,具有重大的经济和政治的双重意义。

1986年12月,中共福建省委四届四次会议通过《中共福建省委关于加快开放、改革步伐大力发展外向型经济的决议》。决议指出:"我省开放、改革正处于一个新的发展阶段,我们完全有必要也有可能在发展外向型经济方面迈开更大的步伐,带动整个国民经济在新的水平上持续发展。这对于缩小我省与兄弟省市之间的差距,争取走在四化建设的前头,对于祖国统一大业,都具有十分重大的意义。"决议强调:"必须探索一条具有福建特色的经济发展路子。要把利用国际交换和充分发挥我省'山、海、侨、台、特'优势紧密结合起来,尤其要注重'侨'的优势,通过海外侨胞、港澳同胞和台湾同胞的桥梁作用,扩大和加深我省同国外经济技术等方面联系,并促进海峡两

---

① 《福建省八个基地建设纲要》(1985年5月6日福建省第六届人民代表大会第三次会议通过),载中共福建省委宣传部、福建省档案局编《福建省改革开放三十年重要文献选编》(上),福建人民出版社2008年版,第160页。

② 项南:《福建应当走在四化建设的前头——在中国共产党福建省第四次代表大会上的报告》(1985年6月28日),载中共福建省委宣传部、福建省档案局编《福建省改革开放三十年重要文献选编》(上),福建人民出版社2008年版,第176页。

岸的交往和合作。"①

三、揭开两岸人员交往序幕

1979年元旦,全国人大常委会发布热情洋溢的《告台湾同胞书》,犹如巨石击水,在海峡两岸产生强烈的反响。当年,便有52位台湾同胞通过各种曲折的途径,冲破台湾当局"三不"政策的阻挠,到福建探亲旅游,揭开了新时期闽台人员交往的序幕。此后,悄悄辗转回闽探亲、旅游、寻根谒祖的台胞与年俱增。

党中央提出,实现祖国和平统一"寄希望于台湾当局,更寄希望于台湾人民"。因此,闽台人员的交往,是闽台关系发展的主体。为了拓展闽台人员交往,1981年10月,福建省委、省政府提出:福建是推进祖国统一的重要基地,可以直接与台湾接触,闽台两地人民探亲访友可以不受任何限制,并欢迎台胞来闽投资和定居。

1979年,福建的霞浦三沙、平潭、惠安、东山等4个台湾渔民接待站正式启用,当年接待台胞近千名。1982年,泉州举行盛大的南音大合唱,当时一些台湾同胞辗转来闽,与东南亚各地乡亲一起赴会参加演唱。1987年农历九月初九是妈祖羽化千年祭,湄洲妈祖庙董事会印刷1500多张请柬通过台湾渔民送往台湾,此举引起台湾有关方面的注意,急忙组织各宫庙举行环岛绕境祭典活动,企图阻止台胞来湄洲岛,但仍有500多位台胞冒险绕道前来参加。

1983年6月,南安石井渔民在海上捞起一具从金门方向漂来的台湾国民党空军飞行员的尸体,闽台有关方面进行友好移交,开创了34年来闽台两地官方非正式接触交往的先例。

---

① 《中共福建省委关于加快开放、改革步伐大力发展外向型经济的决议》(摘要)(1986年12月24日中共福建省第四届委员会第四次全体会议通过),载中共福建省委宣传部、福建省档案局编《福建省改革开放三十年重要文献选编》(上),福建人民出版社2008年版,第211页。

1985年后,台湾同胞经港澳或外国赴大陆探亲已是公开的秘密。台湾《时报新闻周刊》1986年9月29日发表题为《转口探亲有门路》的文章指出,每年经香港前往大陆探亲的台胞总在10万人之谱,其中福建人为多,1985年光是到福州的台胞就有500人。

四、闽台贸易的起步

福建沿海南北航线的恢复

1978年以前,囿于海峡两岸军事对峙,福建沿海以泉州为界,南北无法正常直航,客运航线更是局限于本省内海的厦门、九龙江航区及莆田航区、闽东航区。《告台湾同胞书》发表后,随着台湾海峡紧张局势的日趋缓和,福建沿海南北航线得到恢复,福建对外开放的大门终于打开,为推进改革开放创造了良好条件。

海峡南北线恢复通航。1979年5月,福州海运公司"闽海105"货轮,从大连经泉州,白天过金门东海域,驶抵厦门,从而结束了1949年以来人为的台湾海峡南北线断航的历史。1980年2月15日,国务院和中央军委批准台湾海峡自由通航。

福建对外贸易重焕生机。1979年10月15日,福州"鼓山"轮从马尾港沿台湾海峡直航香港,结束了1949年以来外贸运输靠租船的历史。1980年1月,福建省轮船公司和香港益丰船务有限公司合资经营的厦门至香港客运航线正式通航,每周一往返。至此,中断30年的厦门至香港客运航线得到恢复。1980年11月15日,"鼓山"号轮船装载3400多吨红砖等出口物资,从福州马尾港首航新加坡。这是新中国成立后,福建船舶首次开辟东南亚航线。

对台小额贸易的兴起

对台小额贸易是指台湾地区居民在大陆沿海指定口岸(福建、广东、浙江、江苏、上海)依照有关规定进行的货物交易。对台小额贸易是两岸一般贸易的补充形式,是对台经贸体系的组成部分。它的存在与发展,是海峡两岸之间历史形成的一种特殊的贸易形式,对促进两岸直接通商、增进两岸人民的交往与了解起到了积极作用。

福建是对台前沿阵地,是对台小额贸易的重点省份。对台小额贸易"是福建省对台贸易的重要组成内容,体现了福建省特有的地域优势"①。福建对台小额贸易的兴起和发展,见证了两岸贸易不平凡的发展历程,长期以来对推动两岸的直接通商发挥了独特和积极的作用。

对台小额贸易的兴起不是偶然的。闽台两地一水之隔,历史人文关系悠久深厚,长期以来两地民间往来密切,特别是海上贸易从未中断过。即便是在两岸军事对峙时期,台海航线因台湾当局采取各种方式阻隔封锁而中断了,闽台渔民仍然时常用渔船、小舢板载着货物到海峡中线交易。特别是金门、马祖都是孤岛,几乎所有的生产生活必需品都得从台湾本岛运过来,既远又不便,而且价格昂贵,相比之下,大陆这边农副产品较为丰富,相距又近,加上金门、马祖长期实行战地政务管理,以致当地物资匮乏,来自大陆的商品尤其受到岛上百姓的喜爱。

大陆改革开放潮起,特别是1979年全国人大常委会《告台湾同胞书》发表和停止炮击金门以后,两岸关系渐趋缓和,闽台海上小商品贸易迅速活跃起来。1980年11月,福建省首笔对台小额贸易成交,至1980年底,对台小额贸易的交易额折合人民币约4万元。这4万元其实也是改革开放后两岸贸易的交易额,因为当时的两岸贸易活动只有小额贸易一种方式。1981年,福建对台小额贸易的交易额迅速蹿升至1133万元人民币。1983年6月18日,专司对台贸易事务的福建新兴贸易公司成立,8月,平潭、厦门、东山等对台小额贸易公司相继成立。据统计,1981年6月至1984年6月的3年间,直接从海上来福建通商的台湾渔船、货船达1600多艘次,小额贸易成交额达3000多万元人民币。其中,1984年,仅平潭东澳和东甲两个停靠点就接待台船747艘次,台胞4500多人次,贸易额达710万元人民币。②

在此期间,进行闽台小额贸易的船只基本上是百吨以下的台湾小渔船、

---

① 胡光华:《闽对台小额贸易首次贸易逆差》,《福建工商时报》2005年11月2日。
② 福建省地方志编纂委员会编:《福建省志·闽台关系志》,福建人民出版社2008年版,第287页。

小商船，直接往来于福建与台湾之间，福建进口的主要有雨伞、雨衣、打火机、布料和少量手表、电器用品等，出口商品主要是中药材、酒类、水产品、农产品及少量农产加工品等。

这种自发的海上民间贸易活动的蓬勃开展，尤其是在两岸开放交流前，成为联系两岸同胞交往的重要纽带，极大地丰富了两地人民的生活，增进了相互了解，加深了感情交流，但同时也不可避免地带来了一些负面影响。因为，当时的闽台小额贸易活动"基本上是在海上'中界线'进行，属于真空地带，交易过程中经常会产生纠纷，甚至争执斗殴，却又没人管的情况。我们有些大陆渔民用小舢板带着货物靠到金门等岛屿滩涂出售，台湾海上巡逻队见到就抓，大陆渔民被抓被扣的情况时有发生。那边要抓，这边要跑，经常会发生一些意外事故。还有就是因为没人管，贸易中也会出现一些违禁品限制品"①。改革开放后，特别是1985年之后，辗转港澳等地来福建探亲、谒祖、旅游、定居和要求进行贸易的台湾同胞不断增加，要求与福建省建立直接贸易关系的台湾厂商数量骤增，闽台小额贸易进入热络发展阶段。面对日益升温的两岸海上民间贸易，大陆方面并不像台湾当局那样进行封堵，而是采取推动两岸民间贸易健康发展的疏导政策，但由于缺乏经验，未能适时出台相关政策予以规范引导，实际上还是处于任其发展的无序状态，从而给港澳台的不法商人提供了可乘之机，使福建省沿海对台小额贸易一度出现混乱现象。其主要表现在："由原先的小额临时易货发展为大宗合同贸易；贸易对象从渔民、小商人发展到台湾厂商；运输工具从小渔船发展到较大吨位的船舶，从台船的直来直去发展到利用外轮从香港中转，进出口商品也远远超出原来小额贸易的范围。"②而且，国家限制进出口商品占了主要比例，如进口涤纶丝、收录机、彩电、录像机、摩托车、计算器、冷暖机等；出口玉米、兔毛、锡锭、钨砂、铝、芝麻、甘草等。更严重的是，有些口岸处于无监管状态，进出口不申报，不实行国家规定的许可管理，不交税；有些地区，未

---

① 司雯：《小市场，大舞台——1999年大嶝对台小额贸易交易市场开业》，《台海》2018年第12期。

② 福建省地方志编纂委员会编：《福建省志·闽台关系志》，福建人民出版社2008年版，第287页。

经省有关部门批准任意开放对台贸易点；有些台轮、外轮任意在非对外开放的港口停泊装卸；原经营小额贸易的台湾机构委托港澳商人洽谈贸易，从福州关区出口的商品中，只有小部分进入台湾市场，大部分转到香港、澳门成为"水货"，严重冲击了对台小额贸易。①

台商辗转赴闽投资

1979年元旦全国人大常委会发表的《告台湾同胞书》明确指出："台湾和祖国大陆在经济上本来是一个整体"②，"我们相互之间完全应当发展贸易，互通有无，进行经济交流。这是相互的需要，对任何一方都有利而无害"③。在"和平统一，一国两制"方针指导下，"祖国大陆采取了一系列积极有效措施，推动两岸贸易的发展，如大陆首先单方面开放市场，1979年开始主动邀请台商参加广交会，1980年主动派出大型采购团赴港采购台湾产品，并对进口台湾产品给予关税上的优惠，在棉花、煤炭等大宗商品出口上优先给台商安排货源等"④。

进入20世纪80年代中期，随着台湾在国际政治经济舞台的失落，加上国际经贸浪潮的冲击，台湾经济开始出现萎缩，农工之间、中小企业与大型企业之间、投资与储蓄之间和对外贸易均出现失衡现象。面对这些现状，台湾工商界、中小型企业经营商和农场业主，不得不寻求资金投向和拓展岛外市场。

在这种情势下，以蒋经国为首的台湾当局不得不正视现实，决定在"有所变、有所不变"的原则下，"开始有限度地调整大陆政策，采取了某些松动的措施。1984年1月，台湾当局宣布：在国际学术、科技、教育、文化等方面的会议与活动中，台湾人员可以与大陆人员接触；1985年7月后，对台湾

---

① 福建省地方志编纂委员会编：《福建省志·闽台关系志》，福建人民出版社2008年版，第287页。

② 全国人大常委会《告台湾同胞书》（1979年1月1日），《人民日报》1979年1月1日。

③ 全国人大常委会《告台湾同胞书》（1979年1月1日），《人民日报》1979年1月1日。

④ 外经贸部公布《对台湾地区贸易管理办法》，《国际商报》2000年12月30日。

间接输往大陆的转口贸易,台湾当局采取不干预政策"①。台湾当局尽管放松限制的范围十分有限,但毕竟迈出了调整其敌对、僵硬的大陆政策的第一步。

由于台湾当局大陆政策的松动,两岸亲人交往不断增多。至1985年,福建全省55%的台湾同胞、台胞家属已与台湾的亲人接通了音讯。台胞从香港等地转口回乡探亲已成了公开秘密。正如台湾媒体所言,每年经香港前往大陆探亲的台胞总数在10万人之众,其中福建人为多。自此之后,台湾同胞以旅游为名,辗转赴大陆探亲,并从探亲旅游逐渐发展到经贸合作、科技文化交流和投资大陆企业。

为了促进两岸交流,吸引台商投资大陆,国务院决定对台胞到经济特区投资兴办工农业项目,除了享受经济特区全部优惠待遇外,再给予税收减免等特殊优惠政策。1985年5月,针对本省沿海闽台贸易出现走私漏税、海上交易管理不善的紊乱局面,福建省委、省政府印发了《关于开展对台直接贸易工作会议纪要》,决定对现有的对台贸易企业进行清理整顿,未经批准的对台贸易单位,一律停止活动,对台贸易企业一律凭省政府批准文件向工商行政部门办理企业登记,领取营业执照。

地处海峡西岸的福建,正在改革开放浪潮中扬帆起航,尽管此时的投资环境还不成熟,但由于对台胞的投资政策优惠、劳动力低廉、资源丰富,尤其是市场广阔,发展潜力大,自然成为台胞台商关注的重要目标。在思乡爱国情结和经济利益双重动因的驱使下,越来越多的台胞"不顾台湾当局'三不'政策的禁锢,绕道香港或海外,以探亲旅游为名,进行'化暗为明'的商务考察。据有关部门统计,截至1987年11月,来闽探亲旅游的台胞已达1.33万人次"②。

闽台民间贸易的兴起和发展,使台商感受到福建率先实行改革开放所带来的根本变化,加上血缘、地缘等因素的吸引和影响,福建成为台商赴大陆投资的一块热土。1981年7月1日,福建首家台资企业诏正水产联合公司在

---

① 郑复龙:《新时期闽台经贸合作的阶段特点及成因》,《福建党史月刊》1997年第1期。

② 郑复龙:《新时期闽台经贸合作的阶段特点及成因》,《福建党史月刊》1997年第1期。

诏安注册成立，注册资本 36 万美元，拉开了台商在福建投资的序幕。1983年，厦门厦德珠宝首饰有限公司以"敢于吃螃蟹"的精神，勇敢地踏进厦门特区，结果出乎意料地成功。其他台商见状也陆续到福建沿海各地投资设厂。至 1987 年底，福建共有台资企业 58 家，投资合同金额 3978 万美元。

这一阶段，台商多采取单个、间接、隐蔽的方式前来投资。此时，由于两岸仍停留在军事对峙状态及台湾当局的各种限制政策，台湾同胞以探亲为名到家乡祖地投资，其中不少台商是以港商或外商的身份登记注册的，具有试探性。其特点：一是主要是一些回收期短、见效快的小型项目；二是投资规模小，多集中在劳动密集型的纺织、轻工、制衣、制鞋、小五金、玩具、运动器材、电子、小电器行业；三是投资的方式主要是以来料加工、兴办合作与合资经营企业，并以租赁厂房生产为主；四是投资地点主要集中在厦门经济特区。

第十二章　两岸开放交流与闽台关系蓬勃发展

党的十一届三中全会开辟了中国改革开放和社会主义现代化建设的新时期，同时也开启了海峡两岸对话、交往、交流、合作的大门。在和平统一祖国的春风吹拂下，海峡的炮火硝烟渐渐消散。与台湾一水相连的福建，作为海峡两岸合作交流的前沿和中央确立的对台工作基地，在海峡两岸关系发展中发挥了十分重要的作用。福建人民与台湾各界人士并肩携手，抒写了闽台关系发展的历史新篇章。

一、实现两岸开放交流

在大陆改革开放大潮的激荡下，海峡两岸关系不断取得新突破，成功实现从分隔对峙到和平发展的历史性转折。这一历史性转折是一步步突破实现的，既有两岸同胞"骨肉天亲"的动力推动，更有大陆改革开放与政策的引导及其所形成的磁吸效应，同时也是两岸政治博弈的结果。

一是祖国大陆与时俱进的对台方针政策和各项对台工作具体实践给台湾当局的隔绝政策形成巨大冲击，这是两岸得以实现开放交流的根本因素。1987年10月，国务院办公厅发布《关于台湾同胞来祖国大陆探亲旅游接待办法的通知》，指出，热忱欢迎台湾同胞来大陆探亲和旅游，保证来去自由，台湾同胞可以与大陆同胞一样，享有同等待遇。1988年3月，最高人民法院、最高人民检察院决定：对去台人员中在中华人民共和国成立前在大陆犯有罪行的……不再追诉；来祖国大陆的台湾同胞应遵守国家的法律，其探亲、旅游、贸易、投资等正当活动,均受法律保护。

此时,中共领导人对国民党高层人士也进行了一系列"温情攻势",并取得了一定成效。1981年,时任中共中央主席的胡耀邦在纪念辛亥革命70周年大会上,宣布"溪口茔墓修复一新,庐山美庐保养如故",邀请蒋经国回大陆和故乡访问;9月,时任全国人大常委会委员长的叶剑英提出中国统一的九条方针政策即"叶九条",包括国家实现统一后,台湾可作为特别行政区,享有高度的自治权,并可保留军队,中央政府不干预台湾地方事务等。1982年7月,廖承志发表致蒋经国的公开信,期望台当局以国家民族利益为重,实现祖国统一大业。时为国民党中常委的宋美龄写了回信,表明两岸的互动逐渐增加。

相比之下,面对祖国大陆一系列的和平攻势,以蒋经国为首的台湾当局则是步步为营,显得被动、保守、僵硬。1979年4月4日,蒋经国在国民党的一次内部会议上正式提出"不接触、不谈判、不妥协"的"三不"政策,以对抗大陆提出的"三通"(通邮、通航、通商),并严禁台湾同胞讨论和平统一问题,还发布各种禁令阻挠两岸交流。1981年,国民党十二大宣布放弃"武力统一"的老调,提出"以三民主义统一中国"的口号。而后,蒋经国更是以推动政治民主化方式,确立反共与"革新保台"路线。

二是改革开放深刻改变了中国,也深刻影响了两岸关系。大陆改革开放伊始,邓小平就高瞻远瞩地指出:"台湾归回祖国、祖国统一的实现,归根到底还是要我们把自己的事情搞好。我们政治上和经济制度上比台湾优越,经济发展上也要比台湾有一定程度的优越,没有这一点不行。四个现代化搞好了,经济发展了,我们实现统一的力量就不同了。"① 随着中国共产党对台方针政策的重大变化以及大陆改革开放产生的巨大影响,海峡两岸形势发生了很大变化,海内外掀起一股和平统一祖国的浪潮。这一浪潮,强烈地冲击着国民党台湾当局的僵硬政策。

三是历史契机的推动。1986年5月3日,台湾中华航空公司机长王锡爵

---

① 《目前的形势和任务》(1980年1月16日),载《邓小平文选》第2卷,人民出版社1994年版,第240页。

驾机飞抵广州白云机场降落，要求和家人团聚，震惊两岸，史称"华航事件"。在解决"华航事件"的过程中，台湾当局被迫打破"不接触、不谈判、不妥协"的"三不"政策，隔绝30多年的海峡两岸首次面对面地举行谈判。1987年9月13日，台湾《自立晚报》2名记者绕道日本赴大陆采访，成为两岸隔绝38年来首次赴大陆采访的台湾记者。这次采访报道后，岛内要求"三通"的呼声更加高涨，有力地冲击着台当局僵硬的"三不"政策。

四是祖国大陆对台方针政策展现了巨大诚意，各项具体工作也扎实得力，对台湾民众，尤其是国民党去台老兵产生了重要影响，促使老兵们心底压抑已久的思乡之情爆发了。20世纪80年代，在台湾的大陆籍退伍老兵约有12万人，是退伍军人中生活最贫寒的一族。相比国民党高级将领可以通过"第三方"与大陆亲友取得联系，这些退伍老兵不但生活艰难，而且数十年不能返乡，更无法与家乡取得联系。《告台湾同胞书》让他们看到回家的希望，岛内要求开放回大陆探亲的热潮空前高涨。特别是"华航事件"后，台民意代表谢学贤在向台湾地区行政管理机构提出的书面质询中表示，此事是台湾当局禁止民众回大陆故乡探亲造成的后果。台湾社会涌起一股强烈的"想家"情绪，举着"白发娘望儿归，红妆空守帏"等标语的台湾老兵们不断游行，呼吁"落叶归根"。从1986年底开始，国民党去台老兵自发组织返乡探亲的请愿运动；1987年5月2日成立"外省人返乡探亲促进会"，6月28日在台北举办"想回家，怎么办——打开海峡两岸探亲管道座谈会"，与会者达六七千人，老兵们强烈呼吁台湾当局尽快开放探亲，结束民族悲剧。老兵们"想家"的呐喊，汇聚成一股"台湾社会要求与大陆交流的力量，如万马奔腾，沛然莫之能御"。根据1987年8月台湾媒体的民意调查结果，认为民众前往大陆探亲"早就应该开放了"的比例达到64%，说明这些老兵的诉求已被台湾社会普遍认同。①

正是在这些因素的共同作用下，台湾当局不得不逐步调整其敌对、僵硬的大陆政策。1987年10月，台湾当局正式决定开放民众赴大陆探亲，通过

---

① 魏云峰：《40年前，〈告台湾同胞书〉打破两岸交往坚冰》，《环球时报》2019年1月3日。

《民众赴大陆探亲办法》，允许除现役军人及现任公职人员外，凡在大陆有亲属的民众皆可以赴大陆探亲，一年可有一次，一次3个月，并且在经贸往来、学术、新闻、体育等方面采取更为松动和弹性的做法，标志着海峡两岸人民交往实现历史性的转折。

1987年11月2日，第一批返乡探亲老兵终于踏上祖国大陆的土地，长达38年之久的两岸隔绝状态终于被打破了，两岸关系从此进入开放交流新阶段。根据当时的记录，11月2日台湾红十字会开始受理探亲登记，结果凌晨时分报名的人群就几乎冲破大门。台湾红十字会准备了10万份申请表格，在短短的半个月内被索取一空。探亲潮以及随之而来的"观光潮""通商潮"，让海峡两岸同胞的往来不断加深。1988年7月，国民党十三大第一次提出《现阶段大陆政策》，确定在"三不"政策的前提下，"民间、间接、单向、渐进"开放两岸关系，把过去只做不说或半明半暗的做法，加以"公开化"和"合法化"。同年11月，台湾当局又宣布有条件地开放大陆同胞赴台探亲、奔丧。此后，在两岸民间往来方面，台湾当局进一步采取新的举措。1991年5月，台湾当局宣布终止"动员戡乱时期"，正式放弃"反攻大陆"的目标，同时在金门、马祖等大陆沿海岛屿结束长期的"军事戒严体制"。由此，海峡两岸直接的军事对峙程度有所下降。

二、闽台关系发展取得突破性进展

做好对台这篇大文章

两岸开放交流的实现，为新时期闽台关系的全面发展注入了强劲的动力。邓小平南方谈话后，福建省委、省政府抓住两岸开放交流和加快改革开放的机遇，提出了"加快闽东南开放开发，建设海峡西岸繁荣带"的发展战略，"把加快福建发展与福建在推进祖国和平统一进程中的独特地位与作用有机结合起来，既体现了福建的特色和优势，又明确了福建的发展目标和任务"①。省委指出，"福建处在对台工作的第一线，是全国对台工作的重点。我们常讲这个优势，那个优势，实际上最大的优势就在于'台'……做好对台这篇文章，不仅对于加快福建改革开放步伐，改善经济结构，增强经济实力，具有重要的经济意义，而且对于促进两岸'三通'，实现'和平统一，一国两制'大业，具有重大的政治意义"②。

1994年6月，江泽民总书记视察福建时，语重心长地指出："福建与台湾有着地缘、血缘的密切关系，希望你们发挥优势，多做工作，为推动两岸经贸联系和两岸关系的发展，促进祖国统一大业作出更多的贡献。"③ 他强调指出，"厦门经济特区、特色应该体现在与台湾的经济合作与贸易往来上。这个作用别的特区不能代替，这个作用随着历史前进将会越来越显示出来"④。省委、省政府遵照党中央、国务院的对台工作决策部署，坚决贯彻党的"和平统一，一国两制"对台工作基本方针和一系列政策规定，把对台工作作为全省一项全局性工作，并结合本省实际，制定了一系列政策和措施加以保证，组织动员全省人民积极做好各项对台工作，形成了自己的特色。

1995年1月30日，中共中央总书记、国家主席江泽民发表《为促进祖国统一大业的完成而继续奋斗》的重要讲话，提出了推进祖国和平统一进程的八项主张和建议，精辟地论述了邓小平"和平统一，一国两制"的深刻思想内涵，集中、系统、完整地阐述了中共对台方针政策。一是坚持一个中国原则。中国的主权和领土绝不容许分割，任何制造"台湾独立"的言行和违背一个中国原则的主张，都应坚决反对。二是对于台湾同外国发展民间性经济

---

① 中共福建省委党史研究室编：《中共福建地方史（社会主义时期）》，中央文献出版社2008年版，第1169页。

② 贾庆林：《探索·实践·奋进——走向2000年的福建》，中共中央党校出版社1996年版，第191页。

③ 《江泽民同志视察福建》（1994年6月22日至6月27日），新华社福州1994年6月27日电，载中共福建省委党史研究室编《中共福建地方史（社会主义时期）》，中央文献出版社2008年版，第1127页。

④ 黄种生等：《闽海鼓浪意纵横——江泽民总书记视察八闽大地随行记》，《福建日报》1994年7月6日。

文化关系，我们不持异议，但是，反对台湾以搞"两个中国""一中一台"为目的的所谓"扩大国际生存空间"的活动。只有实现和平统一后，台湾同胞才能与全国各族人民一道，真正充分地共享伟大祖国在国际上的尊严与荣誉。三是进行海峡两岸和平统一谈判。谈判过程中，可以吸收两岸各党派、团体有代表性的人士参加。在一个中国的前提下，什么问题都可以谈，包括台湾当局关心的各种问题。作为第一步，双方可先就"在一个中国的原则下，正式结束两岸敌对状态"进行谈判，并达成协议。在此基础上，共同承担义务，维护中国的主权和领土完整，并对今后两岸关系的发展进行规划。四是努力实现和平统一，中国人不打中国人。我们不承诺放弃使用武力，绝不是针对台湾同胞，而是针对外国势力干涉中国统一和搞"台湾独立"的图谋的。五是要大力发展两岸经济交流与合作，以利于两岸经济共同繁荣，造福整个中华民族。我们主张不以政治分歧去影响、干扰两岸经济合作。不论在什么情况下，我们都将切实维护台商的一切正当权益。要继续加强两岸同胞的相互往来和交流，增进了解和互信。应当采取实际步骤加速实现直接"三通"，促进两岸事务性商谈。六是中华文化始终是维系全体中国人的精神纽带，也是实现和平统一的一个重要基础。两岸同胞要共同继承和发扬中华文化的优秀传统。七是台湾同胞不论是台湾省籍，还是其他省籍，都是中国人，都是骨肉同胞、手足兄弟。要充分尊重台湾同胞的生活方式和当家作主的愿望，保护台湾同胞一切正当权益。党和政府各有关部门，包括驻外机构，要加强与台湾同胞的联系，倾听他们的意见和要求，关心、照顾他们的利益，尽可能帮助他们解决困难。我们欢迎台湾各党派、各界人士，同我们交换有关两岸关系与和平统一的意见，也欢迎他们前来参观、访问。八是我们欢迎台湾当局的领导人以适当身份前来访问，我们也愿意接受台湾方面的邀请前往台湾。可以共商国是，也可以先就某些问题交换意见。中国人的事我们自己办，不需要借助任何国际场合。"讲话"高瞻远瞩，旗帜鲜明，不仅就正式结束两岸敌对状态，扩大经济、文化、科技等领域的交流与合作，促进早日实现"三通"等问题，提出了许多富有新意的见解和主张，而且还就两岸高层出访及台湾同胞关心的问题提出了许多新建议，既有原则的坚定性，又有策略的灵活性，既有历史的连续性，又有时代的开创性，为做好新时期对台工作指明了方向。

江泽民"讲话"发表不久，即2月2日至10日，国务院总理李鹏在福建考察时，对福建对台工作进一步作出指示，指出福建要抓住江泽民总书记关于促进祖国和平统一的重要讲话机遇，进一步发挥侨乡和靠近台湾的优势，加快闽东南的开放开发，进一步扩大两岸经贸往来，推动投资合作，增进交流，特别要做好台商投资企业的管理工作，依法保护投资商和员工的合法权益，使闽东南成为带动整个福建经济发展的龙头。

1995年5月，省委、省政府召开全省对台工作会议，提出坚持以邓小平"和平统一，一国两制"的科学理论为指导，认真贯彻落实江泽民重要讲话精神和中央对台工作的方针、政策，加快构筑闽台经贸协作带，促进闽台交流交往，争创直接"三通"先行区，实现闽台关系新突破，为完成祖国统一大业多作贡献。会议还"就新形势下开展对台工作提出'一个立足''三个拓展''三个加快'的具体要求，即立足充分发挥福建是海峡两岸一岸的区位优势；拓展闽台经贸合作、拓展双向交往交流、拓展闽台直接'三通'；加快经济发展，加快闽东南开放开发，加快硬软环境建设"[①]。同时，对李登辉坚持分裂祖国的立场，对抗一个中国原则，有组织地进行了揭露和批判。省委还强调，在对台工作中，把李登辉与台湾人民区别开来，加大对台经贸合作力度，加强闽台人员往来和各项交流，把握闽台关系主导权，进一步落实《中华人民共和国台湾同胞投资保护法》及本省的"实施办法"，保护台商合法权益。

对台工作是一项带全局性的工作，涉及方方面面。省委、省政府主要领导亲自抓对台工作大政方针的贯彻落实，出面会见台湾各界重要人士，支持台商投资重大项目的建设，及时研究解决对台工作中的重要问题。全省各级党委和政府都把对台工作摆上全局的位置，切实加强领导，涉台工作事务比较多的部门，也都相应确定一位领导分管涉台事务。同时，还发挥政协各民主党派和民间社团特有的优势，为发展闽台关系、促进闽台经贸合作献计献

[①] 中共福建省委党史研究室：《中共福建地方史（社会主义时期）》，中央文献出版社2008年版，第1171页。

策、牵线搭桥。他们围绕重要人物、历史事件，举办了许多有影响的纪念和研讨活动，在台湾岛内外产生积极影响；多次组织视察、调研，提出福建对台工作中急需解决的一些政策性问题；经常开展对台联谊交友，为对台经贸合作、人员交往交流做了大量卓有成效的工作。全省各级各部门密切配合，通力合作，显示出全社会做对台工作的责任感和自觉性。涉台工作任务重的省直部门有40多个，其中有20个部门和6所高校设立了对台工作机构，它们发挥各自优势，广泛开展对台交往、交流与合作。省内还有10余家规模不等的涉台研究机构，对台湾政治、历史、文化、社会、经济、科技等各个领域进行深入研究，出版了一批研究专著，为党和政府的对台工作决策提供了许多重要参考。此外，各地民间社团如台湾同胞联谊会、金门同胞联谊会、黄埔同学会及台湾研究会、闽台经济交往促进会等，也为沟通两岸民间交往交流以及经济、文化、科技合作做了大量工作，从而形成了对台工作的整体合力。

"金门协议"及影响

闽台渔民自古同在一海域作业。在两岸对峙的年代，台湾当局人为地划出中线，不许福建渔民越线捕鱼。改革开放后，在和平统一祖国的春风吹拂下，海峡的炮火硝烟渐渐消散，海峡两岸特别是闽台两地民众之间或明或暗交往逐年增多。由于当时两岸经济发展水平差异较大，从20世纪80年代后期开始，大陆有些人在"蛇头"的引诱下，铤而走险，不顾生命安危，以私渡的形式跑到台湾，有的是寻找亲人，有的是图谋职业，有的是经营小额贸易。台湾当局把这些私渡者视为"非法"，将他们拘捕，关进监狱，并采取强制措施，押送回大陆。由于害怕他们返流，把人装进鱼舱，盖上船板，钉上铁钉，造成窒息死亡。

特别严重的是1990年的"七二一""八一三"两次事件，在海内外产生极大的影响。1990年7月21日，台湾当局遣返大陆渔船"闽平渔5540"号，因处置不当导致25名大陆私渡人员窒息死亡。8月13日，又发生台军舰撞沉遣返渔船"闽平渔5502"号，导致大陆私渡人员21名落水遇难事件。台湾当局由于不人道的遣返酿成两起海难事件，受到各界舆论的强烈谴责。

迫于舆论压力,台湾当局不得不暂停遣返,并通过其红十字组织频繁与大陆联系,要求由红十字组织出面商谈遣返事宜。鉴于以上情况,1990年9月11日至13日,两岸红十字组织以个人名义,在金门岛就双方人员遣返问题进行工作商谈。通过商谈,达成四点协议(简称"金门协议"):"一是确立'人道精神与安全便利'的遣返原则;二是明确以'违反有关规定进入对方地区的居民(简称"私渡人员")以及刑事嫌疑犯或刑事犯'为遣返对象;三是商定以马尾—马祖和厦门—金门为遣返交接点;四是确定资料送达、复核、专用船使用、交接见证等遣返程序。"[①]

根据"金门协议",1990年10月8日开始实施由两岸红十字组织见证的私渡人员遣返作业。"金门商谈"虽是以红十字会名义组织的,但实际上是一次半官方的接触,从此建立起闽台两省事务性接触的渠道。台湾舆论界认为这是一次"堪称历史性的会谈",是两岸关系的一大突破。

"金门协议"签订后,福建省根据中央对台方针政策和协议,采取依法、妥善、快速处理的方针,处理1991年"3月8日三保警"事件、"7月2日闽狮渔"事件、"10月4日闽连渔"事件,以及1992年"霞工缉2号船"事件和"闽宁缉3号船"事件等,并在打击海上走私、私渡问题上进行成功的合作。

两岸红十字组织合作在人道主义救援、生命救助培训、民间沟通交流等领域全面展开。2009年台湾"八八风灾"中,福建捐款8700余万元人民币,占大陆援助款过半;台湾嘉义县阿里山乡山美村重建"福美吊桥",取福建的"福"字以纪念之,"闽台骨肉亲情可见一斑"。

闽台已建立并完善两岸灾害预警预报与救援信息通报制度、两岸生命救助绿色通道沟通机制、闽台海上突发事故处置机制等,并相继开展了海峡两岸红十字生命救护协同演练、社区居家照护与防灾救援协同演练等。厦门红十字备灾救灾中心已纳入总会备灾救灾体系,作为海峡两岸备灾救灾物资储备场所,为两岸灾害互援提供保障。两岸红十字会积极组织搭建新平台,探

[①] 高铭暄等:《海峡两岸互涉犯罪管辖协调问题探讨》,《中国刑事法杂志》2010年第1期。

索公益领域的合作。至 2017 年，福建省红十字会已筹集 1000 多万元人民币，实施两岸水上救援、社区交流、居家照护等惠民生项目，聚集两岸众多公益组织和人士展开合作。此外，福建连续 7 年举办海峡两岸红十字博爱论坛，先后吸引了上千位专家、义工和业界代表参与。闽台近 1000 名红十字青少年在"人道之旅"中种下博爱种子；两岸社区双向交流走向常态化，涵盖社区居家照护、现场救护、应急救援、社区防灾、社区志工能力培养、社区自理理念培育等内容，福建、四川、甘肃、陕西 4 省 200 多名基层社区工作者和志愿者受益。

至 2017 年，两岸红十字组织已共同实施双向遣返作业 227 批，总人数达 39035 人。同时，透过厦金（厦门与金门）、两马（马尾与马祖）航线及福州黄岐至马祖航线开通的"红十字生命救助绿色通道"，已帮助 3893 名患病台胞及时返台。

三、建设海峡西岸繁荣带

加快闽东南开放开发

1992 年，以邓小平南方谈话和党的十四大为标志，中国社会主义改革开放和现代化建设事业进入新的发展阶段。在学习贯彻邓小平南方谈话和党的十四大精神中，福建全省掀起了解放思想，加快推进改革开放的热潮。

思想大解放，拓宽了发展思路。1992 年 3 月，省委、省政府提出了加快闽南三角地区、闽江三角洲和湄洲湾等沿海沿江地区的发展，带动内地建设的新思路。因为以上三个地区的改革开放代表着全省改革开放的形象，其经济发展的动作反映全省经济建设的态势，对福建的发展和振兴起着影响。此后，党的十四大报告征求意见稿提出"闽东南"开放开发区域这一概念，又为福建省委、省政府领导提供了有益的启发，为确定福建新的发展战略拓宽了思路。党的十四大福建省代表在讨论十四大报告征求意见稿时，把闽东南的地理位置、经济基础和在全国开放开发中的地位等因素联系起来考虑，提出要加快闽东南地区经济发展，把闽东南地区建成海峡西岸繁荣地带。于是，省委、省政府把加快闽东南地区开放开发,以带动全省作为发展战略提出来,向中央汇报并得到了理解和支持。江泽民总书记在十四大报告中把它列入加速开放开发的重点地区之一,指出:"在兴办经济特区之后,又相继开放沿海十几个城市,在长江三角洲、珠江三角洲、闽东南地区、环渤海地区开辟经济开放区,批准海南建省并成为经济特区。"在报告的第二部分"九十年代改革和建设的主要任务"中明确提出:"加速广东、福建、海南、环渤海地区的开放和开发,力争经过二十年的努力,使广东及其他有条件的地方成为我国基本实现现代化的地区。"这是中央对闽东南地区未来发展的最新定位,说明闽东南不仅是福建改革开放的重点区域,而且进入全国重点行列,成为全国的经济增长极之一。

1992年8月,省委、省政府在福州马尾举办的加快福建发展步伐研讨班上,正式把加快闽东南开放开发作为发展战略提出来。10月底,省委书记陈光毅在省委五届七次全会上把加快闽东南地区开放开发战略重点具体化,即全面实施"南北拓展、中间开花、连片开发、山海协作,共同发展"战略,闽东南要加快以厦门经济特区为龙头的闽南三角地区,以福州开放城市为中心的闽江下游地区和湄洲湾等沿海地区的发展,逐步形成海峡西岸经济繁荣地带,促进其他地区共同发展。

党中央、国务院十分关注闽东南地区的发展。1994年6月,江泽民总书记视察福建时指出,"把闽东南建成海峡两岸的繁荣地带,带动内地山区的发展,这个思路很好","但还要进一步作出科学的总体规划,研究一系列的实际步骤和措施,以利扎扎实实地向前推进"。[1] 1995年2月,李鹏总理视察福建时指出,"闽东南地区是党的十四大确定的一个重点发展地区,福建要进一步发挥侨乡和靠近台湾的优势,加快闽东南地区的开发开放,使它成为带动整个福建经济发展的龙头。"[2] 与此同时,为了加快实施闽东南开放开发战略,省委、省政府责成省计划委员会等有关部门对加快闽东南开放开发问题进行专题研究论证。各地市、各部门也开展了许多小型研讨活动,许多专家学者

---

[1] 《江泽民文选》第1卷,人民出版社2006年版,第215、218页。
[2] 《福建年鉴》1996年,第1页。

和实际工作者深入调查研究，总结闽东南地区改革开放以来的成绩和经验，分析了存在的问题和潜在的优势，提出了今后15年闽东南地区发展目标、任务和对策。这一系列研究活动，对于科学规划、扎实推进、加快闽东南地区现代化建设步伐起了积极的作用。

闽东南开放开发战略的确立，标志着加快福建经济发展的龙头已由厦门经济特区拓展到闽东南沿海区域。闽东南地区包括福州、厦门、泉州、漳州、莆田5个地级市辖区，人口占全省近2/3，土地面积占全省2/3以上。该地区位于台湾海峡西岸，具有优越的地理位置，丰富的地方资源，广泛密切的侨、港、台关系，历史上就是中国对外经济联系和文化交流的重要门户。福州、厦门是全国五大通商口岸之一，泉州是"海上丝绸之路"的起点，对外交往有良好的历史和社会基础。改革开放以来，这一地区率先实行特殊政策、灵活措施，成为引进外资和拓展闽台经贸交流的起点和前沿，拥有经济特区、经济技术开发区、沿海开放城市和台商投资区等不同层次的开放区域，不仅是福建省条件最优越、发展最具活力、前景最广阔的地区，也是中国沿海外向型经济发展链条中的重要一环。加快闽东南开放开发，建成闽东南繁荣经济带，为福建现代化实现梯度推进，并辐射带动内地山区开发建设，进而形成全省大开放大发展的新格局具有重要意义。

闽东南开放开发战略的确立，表明福建对发展定位的认识已不断深入，不再就福建论福建，而是把福建的发展放置到中国改革开放和世界经济一体化的大背景下来认识：一是在国内区域经济的大格局中，福建处于东南沿海经济区；二是在祖国统一大业中，福建以其独特的地理位置处于对台开放的最前沿，担负着发展两岸经贸合作的历史重任；三是在加速世界经济一体化的历史进程中，福建处于中国经济与环太平洋经济圈相交汇的"接合部"，担负着外引内联、承外启内的重任。

正当福建改革开放和现代化建设进入一个新阶段的关键时期，中共中央总书记江泽民在福建省委书记贾庆林、省长陈明义和南京军区司令员固辉、省军区司令员任永贵的陪同下，于1994年6月22日至6月27日，沿着海峡西岸，先后考察了厦门、泉州、莆田、福州等地市的国有企业、三资企业、乡镇企业、建设工地、港区码头、驻闽部队和公安、武警等近30个基层单位，考察福建经济、文化、科技和社会发展状况，了解了农业和党的建设的情况，并同各地干部、群众亲切座谈。视察期间，江泽民总书记对福建今后的发展提了明确要求和希望，其中在对台工作方面，他要求"继续发挥福建毗邻台湾、华侨多、有经济特区、海岸线长和港口多的优势，促进经济既快又好地持续发展，把闽东南建成海峡西岸的繁荣地带，以带动内地山区的开发"①。这次江泽民总书记是继视察深圳、珠海之后又到福建的，此行的一个主要内容是研究特区如何"增创新优势，更上一层楼"，继续发挥窗口作用、试验区作用和排头兵作用的问题。对厦门经济特区，他着重强调"厦门特区优势、特色应该体现在与台湾的经济合作与贸易往来上。这个作用别的特区不能代替，这个作用随着历史前进将会越来越显示出来"②。

1995年10月，福建省第六次党代表大会确立全省区域发展的战略布局：以厦门经济特区为龙头，加快闽东南开放与开发，内地山区迅速崛起，山海协作联动发展，建成海峡西岸繁荣地带，积极参与全国分工，加速与国际经济接轨。用20年时间，把这个地区建成经济快速发展、科学技术先进、产业结构合理、基础设施配套、生态环境优美、城乡融为一体、社会事业发达的经济繁荣地带。大会报告提出对福建今后5年至15年改革开放和经济建设的八个方面战略举措，其中一条就是"拓展对外对台经贸交流与合作"。报告指出：

> 福建与台湾一水之隔，对台工作事关大局。我们要坚持"和平统一，一国两制"的基本方针，坚决贯彻江泽民总书记《为促进祖国统一大业的完成而继续奋斗》的重要讲话精神，把握好对台工作的大方向。当前，两岸关系和台湾局势发生一系列变化，我们要围绕祖国统一大业，坚决执行中央对台方针、政策和策略，坚决反对任何制造"台湾独立""两个中国""一中一台"的图谋。要继续做好发展两岸关系的各项工作，凡是

---

① 《江泽民同志视察福建》(1994年6月22日至6月27日)，新华社1994年6月27日电。

② 《江泽民同志视察福建》(1994年6月22日至6月27日)，新华社1994年6月27日电。

有利于促进祖国统一大业、有利于直接"三通"、有利于经贸合作和各项交流的,都要积极推动。进一步做好吸收台资工作,积极引进台资大企业、大项目;办好现有台商投资区和投资企业,积极筹办对台贸易区,争取在若干城市兴办台商商业零售业和台资银行、财务公司。大力改善投资环境,切实保障台商的合法权益,让他们放心在福建投资兴业,进一步开展闽台文化、科技、体育等各方面交流与合作,做好台胞的接待、服务和管理工作。[1]

1997年9月,省委六届七次全会提出,"大力实施新一轮创业,推进闽东南开放开发,推动内地山区迅速崛起,建设海峡西岸繁荣带,把福建改革开放和现代化建设事业全面推向21世纪"[2]。在推进新一轮创业过程中,福建面临着前所未有的机遇和动力。特别是香港回归后,实现祖国和平统一大业的历史使命更加突出,将进一步把福建推向更加重要的战略位置。省委指出,"在全国大局中,福建作为东南沿海重点加快发展地区的地位没有变化,作为综合改革试验区的功能没有变,作为对外开放的窗口作用没有变,作为加强闽台交往、推进祖国统一大业的职责没有变,可以说新一轮创业大有作为,前景广阔"[3]。新一轮创业目标,就是省第六次党代会提出的迈向新世纪的宏伟蓝图,"概括地说,就是要增创新优势,更上一层楼,推进闽东南开放开发,建设海峡西岸繁荣带,加快现代化建设步伐,为祖国和平统一大业作贡献"[4]。

---

[1] 贾庆林:《高举建设有中国特色社会主义伟大旗帜 为福建胜利迈向二十一世纪而努力奋斗——在中国共产党福建省第六次代表大会上的报告》(1995年10月15日),载中共福建省委宣传部、福建省档案局编《福建省改革开放三十年重要文献选编》(上),福建人民出版社2008年版,第622页。
[2] 陈明义:《解放思想抢抓机遇扎实工作 加快建设海峡西岸繁荣地带——在全省经济形势分析会上的讲话》,1997年6月14日。
[3] 陈明义:《解放思想抢抓机遇扎实工作 加快建设海峡西岸繁荣地带——在全省经济形势分析会上的讲话》,1997年6月14日。
[4] 陈明义:《解放思想抢抓机遇扎实工作 加快建设海峡西岸繁荣地带——在全省经济形势分析会上的讲话》,1997年6月14日。

改善投资软环境

1997年是中国历史上不平凡的一年，既有党的十五大召开和香港的回归所带来的极好机遇，又有亚洲金融危机造成的严峻挑战。在推进闽台经贸合作中，全省各地认真贯彻中央对台工作的有关指示和部署，把改善投资环境作为切入点和突破口，在抓好能源、交通、通信等基础设施硬环境建设的同时，着力改善投资软环境，以应对东南亚金融风波的冲击，并取得明显成效。

——继续健全涉台法规。1997年，福建省八届人大常委会第29次会议审议通过了《福建省接受台湾学生就读的若干规定》，省政府出台了《进一步鼓励外商投资的若干规定》，香港、澳门、台湾的公司、企业和其他经济组织或者个人投资举办的企业，参照此规定执行。各地市针对当时吸收台资工作中的突出矛盾和台（外）商反映强烈的问题，也制定了相应的地区性政策法规。福州出台了《关于进一步鼓励外商投资的若干规定》22条。漳州先后出台了《扩大漳台经贸合作的若干规定》及《关于进一步优化外商投资软环境的若干规定》。泉州作出了《关于进一步改善外商投资软环境的决定》22条。厦门在营造良好的发展环境时，特别注重开发政策潜力、营造更加优惠的政策环境，重点研究给台商以居民待遇，鼓励厦门开展经济合作。宁德、莆田等先后提出了改善投资软环境的相应措施。

——坚持以经济促政治的对台经贸策略，大力发展两岸经济交流与合作。江泽民等中央领导曾强调指出，福建作为全国对台工作的重点省份，吸收台资对促进两岸加强交流，增进了解，扩大共识，推动祖国和平统一大业，具有重要作用。1997年后，尽管亚洲金融危机和台湾当局继续推行"戒急用忍"政策以及李登辉抛出的"两国论"，给闽台经贸合作造成严重影响和干扰，但是，全省上下坚定不移地按照中央关于对台工作的具体部署，坚持"同等优先，适当放宽"的对台经贸工作原则，借助闽台人缘、地缘、血缘等多方面的有利条件，充分发挥闽台经济互补性强、合作基础好的优势，从改善投资环境入手，着力办好现有台资企业，以拓展闽台农业合作为突破口，加大招商引资力度，"继续保持闽台经贸合作的良好发展势头，巩固和发展福建对台经贸合作在全国的领先地位,使福建成为两岸经贸合作的重点基地"[1]。

——加大整治力度,营造良好的台商投资环境。为了争取闽台经贸合作有大的突破,福建省委、省政府在集中力量进行港口、码头、铁路、公路、机场、通信、电力等基础设施建设的同时,对台商反映强烈的投资软环境存在的问题,加大整治力度,从过去依靠亲情招商转到靠自力、靠实力营造良好投资环境进行招商上来。一是认真清理税外收费,减轻企业负担;二是认真受理台商投诉,保护台商合法权益;三是十分注意转变政府各部门及其工作人员的工作作风,提高办事效率和服务质量,进一步完善对台资项目联合审批制度,简化企业审批程序。此外,许多市、县普遍开展联系台商和走访台资企业,坚持定期(月或季)台商接待日活动。

——坚决清理和制止税外乱收费。在1996年全省大张旗鼓地进行《台湾同胞投资保护法》执法检查的基础上,1997年全省着力于解决台商反映强烈的税外乱收费问题。在全省范围内调整了本省涉及台商投资企业税外收费项目标准,取消税外收费18项,降低收费标准51项,实现总的收费水平降低30%,同时发布了《福建省涉及外商投资企业行政事业性收费管理办法》,抓紧建章立制和健全监督体系工作。福州在清理税外乱收费的基础上,还从强化领导、健全办事机构、编制收费册等方面,对收费办法进行改革。泉州规定涉及外商投资企业的行政事业性收费,一律实行"凭证收费",对于一些部门或单位巧立名目的摊派和变相收费,企业有权制止和拒绝。这些措施有效遏制了对台资企业的乱收费现象。

——加大招商引资力度,不断完善招商服务。1997年4月间在厦门举办首届对台出口商品交易会暨台胞回乡旅游购物节,在海峡两岸引起很大的反响。国务院副总理钱其琛专程来厦门出席了开幕式。祖国大陆共有30个省、自治区、直辖市组织企业参展,34个地方台办和10多个台资企业协会组织台商及有关人员参加。参加交易会及旅游活动的台商有2100多人,其中来自台湾岛内的客商1500多人,数十位台湾主要工商团体负责人也应邀到会。为期

---

[1] 中共福建省委党史研究室:《中共福建地方史(社会主义时期)》,中央文献出版社2008年版,第1183页。

5天的交易会出口成交额1.5亿美元。省委、省政府抓住厦门"9·8"贸洽会升格为中国投资贸易洽谈会的契机,举行专场台商座谈会,设立台湾馆,有37个台湾的主要团组,2411名台商应邀与会。漳州在前几年就率先提出要做好"后招商"工作,招商从宣传、洽谈、签约环节延伸到投资项目申报、基建直至为其生产经营提供服务。1997年该市又加强了以项目选择、论证、立项等前期基础工作为内容的招商工作,从而实现对外资项目的全过程招商服务。泉州为了推行服务承诺,加强社会监督,特地汇编了《泉州市部分涉外社会服务承诺内容摘要》。福州开发区将招商引资项目通过因特网等信息手段向海外传播。此外,海关服务也积极改进。福州海关深入开展以爱岗敬业、公开执法、高效服务、文明廉洁为主要内容的"文明窗口"活动,不断改善通关环境,规定通关时限,公开通关流程,提高通关速度。

——积极为台商排忧解难。为能及时解决台商在投资经营和生产、生活中遇到的困难和问题,全省各地、市相继成立了台胞投资协调中心,受理台商及台资企业投诉。厦门台胞投资协调中心开通24小时举报电话,并聘请特邀监察员进行监督。福州坚持接待日制度,由市委、市政府主要领导及有关部门负责人直接受理台商投诉,并当场解决问题。漳州规定,受理台商投诉的部门,从收到投诉之日起,在3个工作日内要有回音,7个工作日内争取办结。据不完全统计,1997年全省台办系统共受理台商投诉案454件。邻近的几年全省累计受理台商投诉1800多件,85%的投诉都得到解决。

——鼓励现有台资企业增资。全省各地、各部门十分重视办好现有台资企业,积极为台商解决实际问题,使台资企业大都取得较好的经济效益,看好在福建省的投资前景。许多台资企业不断增加投资、扩大企业规模。据统计,1997年全省台资企业增资约3亿美元,其中厦门9家企业增资就达1.27亿美元。同时,已批准设立的台资企业履约率、开工率也稳步上升,如东南汽车项目破土动工,厦杏摩托有限公司新厂房启用典礼在"9·8"厦门贸洽会期间隆重举行。经过多年的开发与建设,福建独有的4个台商投资区已粗具规模,基础设施水平较高,一批台资、外资项目相继落户,并取得良好的效益。办好现有台资企业,壮大其规模实力,不仅可以提高企业的素质,"滚雪球"式地发展,引进、带动关联产业的项目,起集聚、辐射和扩散的效应,而且是投资环境优化的最好体现,能起示范作用,做到以台引台。

——发挥优势,发展特色产业。这是20世纪90年代中期以来闽台经贸合作的一大特色。全省各地引进台资已形成各自特色的产业布局。如福州的汽车和电子,漳州的农业和基础产业,厦门的化工和机电,泉州与莆田的石化配套、纺织服装,宁德的水产养殖,龙岩的建材和木材加工,等等。虽然这些特色产业是传统产业,是劳动密集型、资源转化型产业,但符合当地实际,取得了较好的效益,对当地经济的发展起了很好的促进作用。1997年9月,经外经贸部、国务院台办、农业部联合批准设立的福州、漳州两市"海峡两岸农业合作试验区"在厦门正式授牌。据不完全统计,到2001年12月,全省累计吸引台资农业项目1400多个,合同台资17亿多美元,实际到资10.5亿美元。具有福建特色的海峡两岸(福州、漳州)农业合作试验区设立4年多来,累计吸引台资企业1025家,合同利用台资14亿多美元;台湾农业界和工商企业界有200多个团体1000多人次来闽进行交流与合作,同时全省赴台考察的农业专家学者、技术管理人员也有60多批300多人次。闽台农业交流合作为全省农业发展注入了新的活力,推进了农业产业化经营,促进了外向型农业的发展,带动了相关产业的拓展,增加了农民收入。

在此期间,尽管台湾政局和两岸关系形势复杂多变,福建利用台资一度滑坡,出现"两降一升"的态势,如2000年,全省新批台商投资项目402项,因此增长6.2%,比全国平均水平低16个百分点;合同台资金额7.07亿美元,下降1%,比全国平均水平低17个百分点;实际利用台资仅4.88亿美元,与上年同期相比,骤降47.4%,以至于福建省吸引台资在全国的位次由第3位退到第5位。但全省上下齐心协力,加大对台经贸工作力度,2001年全省吸收台资止跌回升,出现了恢复性增长。据统计,2001年1—12月,共新批台资项目499个,合同台资金额10.79亿美元,分别比上年增长24.1%、52.6%;到12月底,全省累计利用台资项目6795个,合同台资金额127.75亿美元,实际利用台资88.79亿美元,分别占全省外资数的23.1%、18.54%和23.3%;台商在闽总投资逾80亿美元。

第十三章 经贸合作成主轴

随着闽台情缘的加深、交往的频密和交流的扩大，闽台经贸关系也在日趋发展。特别是进入 20 世纪 90 年代后，闽台经贸合作更是强劲迅猛发展，成为闽台关系发展的主轴。福建按照中央关于对台工作的具体部署，坚持"同等优先，适当放宽"的对台经贸工作原则，采取了一系列措施，保持了闽台经贸合作的良好发展势头。

一、经贸合作迅速发展

两岸开放交流的实现，为闽台经贸合作创造了有利条件。为促进大陆和台湾地区的经济技术交流，"鼓励台湾的公司、企业和个人到大陆进行投资"，1988 年 7 月，国务院颁布了《国务院关于鼓励台湾同胞投资的规定》，以法规形式保障台商投资的合法权益，并给予台商较大的优惠和便利。

1988 年 4 月，国务院批复福建省《关于深化改革、扩大开放、加快外向型经济发展的请示》。批复指出："福建进行综合改革试验，在改革、开放中先行一步，不仅有利于加快福建省经济的全面发展，有助于实现沿海经济发展战略，而且有利于促进对台湾的经济贸易合作，实现祖国统一大业。"国务院批复福建省的请示共有 11 项深化改革、扩大开放、加快外向型经济发展的措施。其中，关于对台经贸合作问题，指出："台湾商人在福建的直接投资，除按照《国务院关于台湾同胞到经济特区投资的特别优惠办法》的规定执行外，鼓励台胞到经济特区、沿海开放地区和划定的岛屿、突出部，以及经批准的加工区及其祖籍地进行投资。投资行业可更加广泛；合作方式允许自由灵活地选择；审批手续尽可能做到一次性审批；只要外汇能自行平衡，产品内销比例由投资者自行决定。允许台商聘请其在大陆的亲友、眷属为其投资企业的代表或代理人。"①

为改善投资环境，吸引台商来闽投资办厂，1989年6月，国务院批准福建沿海划定地区鼓励台湾投资者从事土地开发经营和投资办厂。福建沿海划定的地区为：厦门经济特区及厦门市辖的杏林、海沧地区；福州经济技术开发区内未开发部分（1.8平方公里）。在上述地区举办台资企业，福州经济技术开发区内未开发部分享受开发区现行政策待遇；厦门新辟地区享受经济特区现行政策待遇。对上述划定的地区，福建省人民政府将制定总体开发规划和产业政策，鼓励台商举办符合产业政策要求的独资、合资企业和合作经营企业。对台商投资项目用地，采取土地入股或土地使用权有偿出让（租赁）的形式提供。省人大常委会将根据全国人大及其常委会和国务院的有关法律、规定精神，颁布地方性的保护台商投资的法规条例，为台商投资创造一个配套的法律环境。在上述划定的地区，还将本着"精简、高效"的原则，设置有关管理机构，以简化手续，提高效率，加强管理，方便往来。②

为鼓励台湾同胞（企业或个人）在福建省投资举办企业，1990年7月3日，福建省七届人大常委会第十五次会议通过《福建省台湾同胞投资企业登记管理办法》。1991年，外经贸部提出了促进两岸经贸交流的五项原则，即直接双向、互惠互利、形式多样、重义守约、长期稳定。

进入1992年，历经改革开放十几年奠定的基础，海峡两岸关系的新发展以及世界局势的变化，为福建外向型经济向更高层次发展提供了有利契机，同时，也带来了激烈的竞争和挑战。

---

① 《国务院原则批准福建实施十一项措施》（1988年4月17日），载中共福建省委宣传部、福建省档案局编《福建省改革开放三十年重要文献选编》（上），福建人民出版社2008年版，第273页。

② 《国务院批准福建沿海划定地区鼓励台商投资开发》（1989年6月21日），载中共福建省委宣传部、福建省档案局编《福建省改革开放三十年重要文献选编》（上），福建人民出版社2008年版，第289页。

与侨、港、台的密切联系,是福建对外开放的一大优势,因此,福建把闽台经贸合作作为新时期经贸工作的重点。1992年1月,福建省委"把闽台经贸合作作为我省新时期经贸工作的重点",提出"以闽台经贸合作为重点,扩大吸收侨港台外资,开拓多元外贸出口市场"[①] 的对外经贸工作思路。其具体举措是:(1)继续加快厦门和福州两个台商投资区的建设,使之成为高科技、高创汇、高效益的先进工业区,并创造条件向外延伸;(2)发挥我省山海资源优势,加强闽台农业技术交流与合作,发展创汇农业;(3)注意抓好吸收大型台资项目工作,促进全省产业结构的调整和整体经济实力的提高;(4)搞好对台小额贸易,积极发展对台大额贸易,稳妥地向金门、马祖提供生活必需品的渠道,做到优势互补、互惠互利;(5)大力推动闽台劳务合作,进一步拓宽合作的渠道和范围。

1994年,国务院确立了"积极主动、发挥优势、互补互利、共同发展"的两岸经济关系发展总方针。从1996年4月1日起,对原产地为台湾的进口产品,按《中华人民共和国海关进出口税则》规定的优惠税率计征进口关税。1996年8月,交通部和外经贸部先后发布了《台湾海峡两岸间航运管理办法》和《关于台湾海峡两岸间货物运输代理业管理办法》,采取实际步骤加速实现两岸直接"三通"。

二、台商投资区的设立

随着闽台人员交往的频密和交流的扩大,闽台经贸关系也在日趋发展,特别是进入20世纪90年代后。从投资的层面看,1988年至1989年是台商赴闽投资的迅速发展阶段,全省共批准台商投资企业439家,吸收台资6.83亿美元,出现了突破性的进展;1990年至1991年为稳步发展阶段,两年共批准台资企业700家,协议台资金额8.7亿美元。到1991年底,全省台商投资项

[①] 《中共福建省委关于加快综合改革试验、进一步扩大开放、推动外向型经济发展的决定》(1992年1月30日),载中共福建省委宣传部、福建省档案局编《福建省改革开放三十年重要文献选编》(上),福建人民出版社2008年版,第395页。

目累计达到1167项，合同台资金额14.87亿美元，台商投资额占全省吸收境外客商直接投资额的比重已由1987年的3％上升到33.5％，成为港资之外的第二大投资来源。这些数据的变化表明，台商在福建投资已由当初"投石问路"转为"安营扎寨"，并谋求长期发展。由此带动了科技、文化的合作与交流，也促进了闽台经贸合作向农业综合开发、劳务、地产业等领域扩展，形成了全面合作的繁荣局面。

台商投资办企业的规模由小到大，技术层次由低到高，投资年限由短到长，掀起了来闽投资热。1988年出现了投资200万美元的项目；1990年以后，更出现了一批投资数千万美元，甚至上亿美元的项目。到1991年底，全省已有17家投资数千万美元的台商投资企业。随着投资规模和范围的扩大，台商投资已由单项小型的劳动密集型产业向综合配套产业发展，向技术密集型和资本密集型产业发展，涌现出了一批技术起点高、资金投入较大的项目，出现了台商到福建投资兴办高科技园区的景象。台商来闽合同期限已延长到30年至50年之间，有的甚至长达50年以上。

为促进对台招商引资，厦门市在海沧进行了规模空前的基础设施配套开发建设。为了进一步加快福建吸收台资的步伐，加快特区经济发展，1989年4月13日，福建省人民政府向国务院上报《关于在福建省沿海设置台商投资区的请示》。5月12日，国务院《关于在福建省沿海地区设立台商投资区的批复》中写道：

一、国务院同意你省在沿海指定地区设立台商投资区。对确定的台商投资区，要制定总体开发规划。二、福建省台商投资区为：厦门特区及厦门市辖的杏林、海沧地区；福州马尾经济技术开发区内未开发部分（1.8平方公里），需向外延伸时另行报批。在投资区内举办台资企业，福州马尾经济技术开发区按现行经济技术开发区的政策办理；厦门新辟地区按现行特区政策办理。台湾客商在湄洲湾地区投资举办大型项目，可个案报批。三、台商投资项目必须符合我产业政策，不得举办属于国家禁止发展以及严重污染环境的项目。鼓励台商举办独资企业、"两头在外"的企业以及技术改造项目。四、对台商投资项目用地，可采取土地入股或土地使用权有偿出让（租赁）的形式提供，以项目带动开发，由点到面，由小到大，逐步配套。随着投资环境的改善，土地使用费要相应调整。

台商投资区的设立，是两岸经贸交流合作史上的一个重要里程碑。时任厦门市长邹尔均在接受采访时谈到台商投资区的由来，在《回忆厦门经济特区的初创》一文中写道：

> 1987年两岸开放交流后，无意中看到一位台湾经济学家撰写的一篇题为《闽南小台湾》的经济类文章，促使他萌发了"在厦搞台商投资区"的设想。国务院高度重视，1988年底，时任国务院副总理的吴学谦和时任国台办主任的丁关根率有关部门负责人到厦门调研台商投资区的设立事宜。在1989年初召开的全国人大会议期间，时任国务院副总理的田纪云、吴学谦专门召集有关部门进行研究，听取汇报。作为全国人大代表的邹尔均，准备了两个备选方案，一个是海沧60平方公里，另一个是杏林10平方公里。邹尔均当时自己的想法是，大的不行，小的也可以。"你提的两个方案都可以"，没想到，田纪云在会上当场表态，不定面积，而且台商投资区享受经济特区的现行政策。
> 　　1989年5月，国务院正式批准厦门经济特区及市辖的杏林、海沧为台商投资区，享受特区的现行政策。"这件事当时对我刺激很大，"邹尔均坦言，"当时我们只想争取一个台商投资区，没料到中央一下子给了三个。这说明我们对中央对台精神、对台战略部署领会不深。"1992年，国务院又批准集美为台商投资区。①

进入20世纪90年代后，随着两岸关系的发展变化和闽台交往的不断扩大，福建省委、省政府立足省情，审时度势，适时提出"加快闽东南开放开发，建设海峡西岸繁荣带"的战略决策，把闽东南建成两岸经贸合作的重点

---

① 参见邹尔均：《回忆厦门经济特区的初创》，《党的文献》2010年第6期。

区域，为发展对台经贸合作注入强大动力。同时，党中央、国务院对加快闽东南开放进一步给予政策支持。1992年11月12日，国务院又批准将面积373平方公里的集美区列入厦门台商投资区（首期规划面积78平方公里），使厦门台商投资区继海沧、杏林之后由2个增为3个，面积扩大至584平方公里，加上福州马尾台商投资区，福建共拥有当时全国全部4个台商投资区。

福建省6个国家级台商投资区（至2012年）

名称	设立时间	享受政策
厦门海沧台商投资区	1989年6月	厦门经济特区政策
厦门杏林台商投资区	1989年6月	厦门经济特区政策
福州台商投资区	1989年6月	国家级经济技术开发区政策
厦门集美台商投资区	1992年11月	厦门经济特区政策
泉州台商投资区	2012年1月	国家级经济技术开发区政策
漳州台商投资区	2012年2月	国家级经济技术开发区政策

三、对台小额贸易规范发展

鉴于对台小额贸易兴起后一度无序混乱的发展现状，加强监管势在必行。1986年，经国务院批准，福州、厦门海关分别在三沙、东澳、筱埕、秀屿、崇武、旧镇的对台小额贸易停泊点设立海关办事处；随后，福建省出台了《福州、厦门海关对台小额贸易监管实施细则》，福建对台小额贸易开始由放手发展转入规范发展。

为了便于大陆沿海省市与台湾地区的货物交流，引导海峡两岸民间小额贸易正常开展，1993年9月，外经贸部、海关总署发布了《对台湾地区小额贸易的管理办法》，以鼓励和规范海峡两岸的民间小额贸易。办法规定："对台小额贸易只能由台湾地区居民同大陆的对台小额贸易公司进行。对台小额贸易公司应由对外贸易经济合作部授权的沿海省市对外经贸主管机关批准，并在工商行政管理部门登记注册。只准开展对台湾地区小额贸易，不得经营一般进出口业务。对台小额贸易每船每航次进出口限额各为 10 万美元。对台小额贸易所经营的货物限于非国家专营、禁止、限制进出口的,非进出口配额许可证管理的货物。"对台小额贸易进口的货物仅限于原产地为台湾的货物,并且只能使用 100 吨以下(含 100 吨)的台湾船只。对台小额贸易只能在指定的口岸进行。"对台小额贸易口岸由外经贸部授权的沿海省市对外经贸主管机关与当地公安、边检、海关、交通、台办等部门指定。对台小额贸易应以易货形式为主进行,易货货物均需以美元计价。采用现汇形式进行的对台小额贸易,应以国家允许兑换的外币进行结算。所有对台小额贸易进出口的货物和船只及船上人员必须接受当地海关、边检及其他港口联检部门的监管,并照章交纳税、费。"

为适应闽台小额贸易发展的需要,福建省批准的对台贸易停靠点逐年增加。20 世纪 80 年代初,对台小额贸易台轮比较集中的港口有平潭、三沙、东山等。此后,随着小额贸易规模和范围的扩大,对台小额贸易口岸也相应逐年增加。1995 年,闽台小额贸易金额突破 1 亿美元,达到 1.2 亿美元。

1998 年,经国务院办公厅和中央军委办公厅批准,厦门市启动大嶝对台小额商品交易市场建设项目;1999 年 5 月 1 日,大嶝对台小额商品交易市场正式开业。大嶝市场从 1999 年 5 月开业后,有上万名台湾和金门同胞前来考察,并有 46 家台商在市场内设立摊位。至 2001 年底,大嶝市场累计进口台湾商品 80 多万美元,商品交易额近 2 亿人民币。该市场的设立,规范了厦门与金门海上民间贸易活动,促进了大嶝三岛经济发展,密切了两岸人民间的交流交往。

福建省对台小额贸易持续增长主要原因有两个。一是便捷灵活。对台小额贸易进口是台商自用急用物品运输的首选途径。"台商进口自用货物由于数量少、需求急,通过正规海运需要进行拼箱,各种手续繁杂速度慢,而小额贸易途径则相对快捷方便。"[①] 二是福建省通过海关、边防、检验检疫等管理部门之间对台工作的综合协调管理,以及严厉打击非法走私途径,消除了台

---

① 林光龙等:《对台小额贸易检验检疫工作模式的探讨》,《检验检疫科学》2006 年第 3 期。

胞对大陆政策理解上的顾虑，使得越来越多的台胞从怀疑转变为认可了小额贸易。

2007年9月，商务部、海关总署联合发布《关于在部分对台小额贸易点试行更开放管理措施的通知》，决定在部分对台小额贸易点进一步放宽政策。与1993年的《对台湾地区小额贸易的管理办法》相比，新规定在四个方面进行改进，如：下放审批权限，规范并扩大经营主体；取消对台小额贸易船舶吨位和金额的限制；扩大对台小额贸易货物种类；等等。

对台小额贸易是两岸一般贸易的补充形式，它的存在与发展增进了两岸人民的了解，对促进两岸直接通商起到了积极作用。

四、农业合作蓬勃开展

闽台一水相连，福建是大陆与台湾气候条件、地理地貌最相近的省份。福建与台湾大致处于同一纬度，福建约处于北回归线至北纬28°之间，台湾本岛则约处于北纬22°至北纬25°之间。由于受季风影响，闽台气候湿润，雨量充沛。闽台地理环境复杂多样，共同特点是依山面海，山地中有高山丘陵，其间又有峡谷、盆地，江河溪流纵横蜿蜒；沿海一带，冲积平原狭小，土地肥沃，海中又星罗棋布着大小众多的岛屿。如此相似的地理环境，加上海洋环境、渔业资源和农作物结构、栽培技术及耕作制度基本相同，闽台两地农业合作具有得天独厚的区域优势，互补性强、合作空间巨大。

闽台农业交流源远流长。1949年后，两岸处于军事对峙状态，闽台农业交流中断。祖国大陆改革开放后，闽台农业交流与合作得到了恢复与发展。1981年，"台胞张先生投资创办了福建省第一家台资企业——漳州诏正水产有限公司，开启两岸农业合作序幕"[1]。随着两岸开放交流大门的开启，台湾同胞来闽投资逐年增多，投资从初级农产品小规模生产经营发展到向种植业、养殖业、加工业和休闲业等领域全方位的合作。

---

[1] 伍长南等：《闽台农业互动发展的思考》，《亚太经济》2011年第6期。

1990年后，福建各地先后建立了台商投资区、农业综合开发区、农产品加工区、闽台农业高科技园区和海峡两岸农业合作试验区，使闽台农业交流合作迅速发展。1991年12月，国务院批准东山口岸正式对外轮开放，福建省政府又将东山全岛辟为对外招商区域和台商农业投资区，并赋予一系列优惠政策。

1997年9月，农业部、外经贸部与台湾事务办公室联合批准的海峡两岸（福州）农业合作试验区与海峡两岸（漳州）农业合作试验区正式挂牌，经省政府批准，省级成立由24个成员单位组成的海峡两岸农业合作试验区工作领导小组，在福建省农业厅内设办公室，福州、漳州两市也相应成立试验区工作领导小组及办公室。福建省有关部门和福州、漳州都制定了海峡两岸农业合作试验区建设发展规划，出台了优惠政策与措施，要求走出"三条路子"（即扩大引进台资增强农业发展后劲的路子、引进先进农业科技建设现代农业的路子、两岸联手开拓国际市场发展创汇农业的路子），建设"三个基地"（即吸纳台湾农业外移基地、台湾某些鲜活农产品的供应生产基地、农产品及其加工的出口生产基地），发挥"三个作用"（即窗口作用、示范作用和辐射作用）。

海峡两岸农业合作试验区的设立，有力地推动了闽台农业合作的开展，并率先在两岸农业技术合作方面取得进展。1997年，由中国农业交流协会、台湾农村发展基金会等共同推动的福建省永春芦柑、漳州香蕉生产栽培技术综合改进项目正式实施，主要对芦柑和香蕉传统栽培和生产技术实施改造和改进。这是两岸首次农业技术合作项目。该项目的成功实施，促进了随后麻竹高产栽培技术、白背毛木耳栽培技术、果蔬产期调节技术等诸多台湾农业技术的引进、合作和推广。

1999年，福建省政府出台了关于加快海峡两岸农业合作试验区建设的若干规定。同年，福建省人民政府举办首届海峡两岸花卉博览会，开创两岸农业交流的先河，也是首个冠名"海峡两岸"的两岸农业合作经贸活动。

2002年，福建率先开展借鉴台湾农业合作经济组织试点。漳州借鉴台湾农业产销班的运作模式，以台资兴田农牧有限公司为依托，以农户自愿参加为原则，创建长泰青果产销班。

第十四章　建设海峡西岸经济区与闽台关系全方位发展

建设对外开放、协调发展、全面繁荣的海峡西岸经济区发展战略的确立，是福建省委创造性贯彻党中央一系列重大战略思想，从福建实际出发，解决福建发展问题的思路和战略的与时俱进，是对福建改革开放 20 多年来发展经验与规律的进一步总结和认识上的深化，是推动福建经济和社会发展中取得的一个重要成果。

一、海峡西岸经济区发展战略的确立

2002 年 11 月召开的中国共产党第十六次全国代表大会，规划了全面建设小康社会的宏伟蓝图，为全党全国指明了新世纪新阶段的奋斗目标。十六大之后，福建开始了全面建设小康社会的新一轮发展。

面对经济全球化进程加快、区域合作与竞争势头强劲、闽台港澳经贸关系日益密切的新形势，如何以科学发展观为指导，丰富发展内涵，创新发展观念，破解发展难题，开拓发展思路，使福建发展的目标定位更加明确，更好地为全国发展大局、祖国和平统一大业作出贡献，成为全省上下十分关注的一个重大课题。特别是改革开放 20 多年来，尽管经济平稳快速发展，但由于历史投入欠账多、资源相对匮乏等原因，在长三角经济圈和珠三角经济圈的映衬下，福建省作为东南沿海开放较早又面对台湾的省份，显得差距较大。福建省委根据形势的发展变化及自身的优势和特点，重新审视福建发展定位问题。在调查研究和广泛听取各方面意见和建议的基础上，福建省委代书记、省长卢展工于 2004 年初召开的福建省十届人大二次会议上所作的政府工作报告中提出建设对外开放、协调发展、全面繁荣的海峡西岸经济区的战略构想。这一战略构想的提出,"是在改革开放以来福建历届省委探索实践的基础上,在持续开展'四个专题'调研的过程中,集中全省干部群众智慧形成的,既有历史依据,又体现新世纪新阶段的发展特点"[1]。从闽南三角区、闽东南地区、海峡西岸繁荣带到海峡西岸经济区,这不仅仅是概念的变化和不同区域形象的交替,更重要的是发展内涵的变化,是福建经济发展到现阶段发展战略的必然延伸与丰富创新;是省委在大量调查研究基础上,努力把握区域经济社会发展内在规律,着眼于丰富发展内涵、创新发展观念、开拓发展思路、破解发展难题而作出的科学抉择;是凸显福建区位特点和发挥对台优势,服务祖国统一大局、全国发展大局的积极步骤;是把握重要战略机遇期,推动区域经济发展的有效途径;是贯彻落实"三个代表"重要思想,树立和落实科学发展观,实现全面建设小康社会目标的重大举措。

建设海峡西岸经济区的战略构想得到中共福建省委七届七次全会的批准,很快在全省达成共识,在海内外引起强烈的反响,并得到中央领导及相关部门的重视和支持。2004 年 9 月 6 日,中央军委主席江泽民为福建题词:"建设对外开放协调发展全面繁荣的海峡西岸。"2004 年 11 月 4 日,省委颁发《海峡西岸经济区建设纲要(试行)》,阐述了建设海峡西岸经济区的重要意义,明确了总体要求和战略目标,提出了构建九大支撑体系的任务。2005 年 1 月 24 日,省十届人大三次会议通过《关于促进海峡西岸经济区建设的决定》,海峡西岸经济区建设由构想上升为人民意愿,进入全面实施阶段。

随后,"党的十六届五中全会审议通过的《关于制定国民经济和社会发展第十一个五年规划的建议》、十六届六中全会《关于构建社会主义和谐社会的决定》和《中华人民共和国国民经济和社会发展第十一个五年规划纲要》,都明确提出'支持海峡西岸和其他台商投资相对集中区的经济发展,促进两岸

---

[1] 中共福建省委党史研究室:《中共福建地方史(社会主义时期)》,中央文献出版社 2008 年版,第 1333 页。

经济技术交流和合作'"①。"海峡西岸"第一次写入中央文件，表明海峡西岸发展规划已从地方决策上升为中央决策，从中央决策进入国家决策，这充分体现了党中央的高瞻远瞩，体现了党中央对祖国统一大业的重视，体现了党中央对福建的关心和支持，是对福建干部群众响应中央对台工作总体部署、积极探索和实践建设海峡西岸经济区的充分肯定，极大地提升了福建在全国发展大局和祖国统一大业中的地位与作用。

2007年1月，福建省第十届人民代表大会第五次会议批准《福建省建设海峡西岸经济区纲要》。该纲要是在认真总结实施《海峡西岸经济区建设纲要（试行）》实施两年来取得积极成效的基础上，根据发展实践的新要求而制定的一个纲领性文件，全面系统地阐述了建设海峡西岸经济区的重大意义、指导思想、目标任务和构建九大支撑体系及保障措施。海峡西岸经济区是"以福建为主体，面对台湾，邻近港澳，北承长江三角洲，南接珠江三角洲，西连内陆，涵盖周边，具有自身特点、优势、辐射集聚、客观存在的经济区域"②。海峡西岸经济区建设总的发展目标是："通过10—15年的努力，海峡西岸经济区综合实力显著增强，社会主义新农村建设取得明显成效，海峡西岸产业群、城市群、港口群发展壮大，资源节约型、环境友好型、创新型省份建设迈出新步伐，速度、质量、效益进一步协调，人口、资源、环境进一步协调，民主法制更加健全，文化更加繁荣，社会更加和谐，人民安居乐业，经济社会发展走在全国前列，成为我国经济发展的重要区域，成为服务祖国统一大业的前沿平台。"③

建设海峡西岸经济区发展战略的确立，是中央战略决策的重要组成部分，是福建服务全国发展大局和祖国统一大业的历史责任，是站在新的历史起点上加快福建发展的战略选择。实践表明，海峡西岸经济区建设，不仅使福建

---

① 《福建省建设海峡西岸经济区纲要》（福建省十届人大五次会议批准），《福建日报》2007年2月16日。

② 《福建省建设海峡西岸经济区纲要》（福建省十届人大五次会议批准），《福建日报》2007年2月16日。

③ 《福建省建设海峡西岸经济区纲要》（福建省十届人大五次会议批准），《福建日报》2007年2月16日。

在全国海峡西岸区域经济发展中处于主体地位,继续保持福建作为改革开放前沿的地位与优势,而且对于完善全国区域发展布局、在加快东部发展中发挥福建优势、形成服务中西部发展的东南沿海的新的对外开放综合通道,构建促进祖国统一大业的前沿平台都具有重要意义。

2007年11月,福建省委八届三次全会提出海峡西岸经济区建设新要求,即构建扩大对外开放、推动全国区域合作、促进祖国统一大业"三个平台",建成科学发展、两岸人民交流合作"两个先行区"。

为了加快海峡西岸经济区建设,2007年12月,国务院台办专门制定了《关于支持福建加快海峡西岸地区经济发展的意见》,指出:"出台并认真落实一系列支持福建省建设海峡西岸经济区的政策措施,如大力支持福建省建设海峡两岸农业合作试验区和台湾农民创业园,办好台商投资区,推动台资大企业在福建投资,推动福建设立台湾水果、水产品集散中心,推动开展福建沿海与金门、马祖和澎湖的直接往来,推动福建与台湾直接'三通',支持福建省举办经济文化等各领域交流活动,推动在福建举办大型海峡论坛,大力支持加强闽台文化交流与合作等等。"

2008年12月31日,胡锦涛总书记在纪念《告台湾同胞书》发表30周年座谈会上发表讲话,首次全面系统阐述了两岸关系和平发展重要思想,丰富了国家统一理论,开创了对台工作新局面。两岸关系和平发展大势的形成,为海峡西岸经济区建设的拓展提升创造了有利条件。

2009年5月,国务院颁布《关于支持福建省加快建设海峡西岸经济区的若干意见》,将海峡西岸经济区战略上升为国家战略,并赋予两岸人民交流合作先行先试区域、服务周边地区发展新的对外开放综合通道、东部沿海地区先进制造业的重要基地、全国重要的自然和文化旅游中心"四大战略地位"。该意见公布后,国务院台办进一步加大支持海峡西岸经济区发展的力度,充分发挥福建独特的对台优势,支持福建与台湾的经济合作拓展领域、提升层次,推动扩大闽台直接"三通",大力支持闽台文化、教育等领域的交流合作和人员往来,着力打造两岸交流合作的前沿平台,支持福建走出一条具有海西特色、造福海峡两岸的先行先试之路,充分发挥海峡西岸经济区在促进两岸关系和平发展中的重要作用。2011年,国务院批准《平潭综合实验区总体发展规划》《厦门市深化两岸交流合作综合配套改革实验总体方案》。

二、闽台经济合作深入拓展

进入新世纪后,福建各级政府和有关部门有针对性地采取了一系列帮助台资企业转型升级的政策和措施,帮助解决融资困难、开拓福建市场,切实维护台商合法权益。如:对台资企业从事技术转让、技术开发、技术咨询、技术服务业务收入免征营业税,技术转让所得收入减免企业所得税;对台资企业资源综合利用收入按规定享受增值税优惠政策;支持各类信用担保机构为台资企业融资提供担保;支持台湾农民创业园的农业基础设施建设,并予以资金支持;等等。

发挥对台优势,服务祖国统一大业是建设海峡西岸经济区的重要立足点。随着建设海峡西岸经济区战略构想的提出并付诸实践,福建作为祖国大陆对台交流合作的重要基地的地位与作用更加凸显。面对两岸和平发展的态势,福建省委调整充实对台工作领导小组,相应设立了对台经贸、对台"三通"、对台旅游、对台文化交流、对台农业合作和对台工作平台建设等6个对台工作小组,并制定工作规划,完善了工作制度,促进了对台工作的经常化、规范化、制度化。各级各部门按照省委的要求,着力先行先试,扎实推进闽台交流合作,努力把海峡西岸建设成为促进祖国统一的前沿平台,推动闽台关系进入一个新的发展阶段。

2008年两岸"三通"实现后,两岸关系步入和平发展的轨道,福建抓住有利时机,推动闽台农业合作不断向纵深发展。2009年1月,福建省推行闽台农业合作先行工程,包括五个方面:一是在两岸农业产业对接上先行示范;二是在台湾农民再创业基地打造上先行拓展;三是在两岸农业交流平台建设上先行做大;四是在两岸农业经营管理模式上先行探索;五是在惠台农业政策制定和实施上先行试验。2009年4月,福建省政府《关于支持台资企业发展的若干意见》出台,并在泉州成立大陆首个台资企业转型升级培训基地。2010年11月,福建省人大常委会会议通过新修订的《福建省实施〈中华人民共和国台湾同胞投资保护法〉办法》。2012年1月，福建省政府出台《关于进一步促进台资企业发展的若干意见》，支持台资企业转型升级，加快发展。

——加快产业对接，闽台经贸合作拓展提升。为了加快闽台产业对接，福建省出台了《福建省"十一五"闽台产业对接专项规划》《关于实施福建省"十一五"闽台产业对接专项规划的若干意见》，并采取许多措施引导和鼓励台商投资由生产型向资金与技术密集型方向转移，使台商投资结构日趋合理和优化。

2012年1月21日、2月2日，国务院分别批准设立福建省泉州、漳州台商投资区。至此，加上原有的福州、海沧、杏林、集美4个台商投资区，福建省的国家级台商投资区达到6个。台商投资区是两岸产业对接的集中示范区，形成了各具特色的产业集群，以台资企业为骨干的电子、机械、石化三大产业已成为福建的三大主导产业，集聚效应不断显现，产业链不断延伸。电子行业以冠捷电子、捷联电子为龙头，形成华映光电、韩国LG、日本NEC、JVD等一大批配套企业；机械行业以东南汽车、金龙汽车为龙头，带动台湾近百家配套厂商落户福建；石化能源行业的龙头企业厦门翔鹭集团、华阳电业等多年跻身大陆境外投资企业500强行列。

闽台产业对接呈现出步伐加快、规模扩大、质量结构优化的新态势、新局面，福建已成为两岸产业合作的重要地区，成为福建吸收境外资金的第二大来源。2005年12月，两岸（福建）优良家庭用品礼品博览会在台中市成功举办，福建成为大陆入岛单独举办商品展的第一个省份。博览会在岛内引起了较大反响，被台湾各界誉为两岸经贸交流的"破冰之展"。截至2006年12月，全省累计实际利用台资110多亿美元，闽台贸易额累计450多亿美元，台湾成为福建的重要经贸合作伙伴。在古雷台湾石化产业园区，集聚了一批重大项目，成为新的经济增长点。

在此期间，闽台产业合作实现两个重要突破：一是率先启动两岸区域性金融服务中心建设，2008年11月，由台湾富邦金控参股的厦门商业银行成为大陆第一家台资参股银行；二是率先实现大陆企业入岛投资；台湾新大陆股份有限公司于2009年8月在台北挂牌成立，福建新大陆电脑股份有限公司成为大陆首家赴台投资的企业。

——率先开展试验，闽台农业合作向纵深发展。改革开放以来，闽台农业合作先行先试，使福建成为台湾农业企业投资大陆最密集的省份。为支持和鼓励台湾农民来闽投资创业，从2005年开始，福建率先提出创办台湾农民创业园的总体构想，并推出了系列优惠政策，内容包括鼓励拓宽交流与合作的领域、实行优惠的税收政策、提供有利的土地与海域政策、加大财政金融的支持力度、创造便捷的通关环境和保护台商的合法权益等6个方面24条规定，为推进闽台农业全面合作创造了良好的政策环境。2005年初，福清市、漳浦县率先创办了台湾农民创业园；2006年4月，农业部、国台办批准设立漳浦台湾农民创业园，成为首家设立的国家级台湾农民创业园，标志着闽台农业合作步入了一个新阶段，为促进两岸农业交流与合作搭建了平台。台湾农民创业园建设为台湾农民来闽创业提供了广阔天地。2006年7月，福建省获准成立海峡两岸（福建）农业合作试验区，将海峡两岸农业合作试验区范围从福州、漳州扩大到全省，成为全国最大的海峡两岸农业合作试验区。全国唯一的两岸林业合作试验区"海峡两岸（三明）林业合作试验区"也正式成立；2005年，首届海峡两岸（三明）林业博览会在三明举办，2007年升格为国家级展会，成为大陆林业对台交流合作的重要平台。投资项目也由最初单一的种植业逐步向养殖业、加工业全面发展。截至2006年12月，全省累计批准农业台资项目1908个，合同台资23.7亿美元，实际到资13.5亿美元；累计引进台湾农业良种2500多个，台湾农产品生产和加工设备5000多套，栽培、养殖、加工先进适用技术800多项。

此阶段，除了率先创建台湾农民创业园以外，对台农业交流合作还实现了多个全国"率先"。一是率先建设台湾农产品集散基地。自2005年以来，在中央有关部门的支持下，厦门台湾水果销售集散中心、霞浦台湾水产品集散中心、海峡两岸（福建东山）水产品加工集散基地、海峡（福建漳州）花卉集散中心、海峡两岸（泉州）农产品交易物流中心等一批贸易集散基地相继设立。其中，厦门成为大陆最大的台湾水果进口集散地；南安石井成为大陆唯一的台湾槟榔物流中心，以及大陆最大的进口台湾鳌卵的登陆口岸；东山县建成海峡两岸最大规模的水产品商业物流冷库群，推动了台湾农水产品从福建口岸登陆。二是率先出台对台农业合作地方性法规。2006年5月，福建出台《鼓励和支持海峡两岸（福建）农业合作试验区建设的暂行规定》；2009年5月，福建省人大常委会会议审议通过《福建省促进闽台农业合作条例》，这是大陆首个对台农业合作地方性法规；2011年6月，福建出台《关于加快台湾农民创业园建设的若干意见》，推出一系列财税、金融优惠政策，加快台湾农民创业园建设，为推进闽台农业全面合作提供良好的法治环境。三是率先零关税进口台湾农产品。2005年5月，福州"海交会"首次开放台湾部分农产品零关税入境。此外，在开展两岸农机领域的合作、开展台湾在闽居民职称评定工作、开通两岸农业交流网络平台、聘请台湾专才参与台湾农民创业园管理及入台开展两岸乡镇交流活动等方面，也迈出了"率先"的步伐，并取得了明显成效。

闽台农业合作持续升温，合作的领域不断拓展，层次不断提高，规模不断扩大，使福建成为大陆农业交流合作平台最大、项目最多、台商农业投资最密集的省份，成为承接台湾农业岛外发展的主要区域。截至2012年底，全省累计批准农业台资项目2426个，合同利用台资32.5亿美元，实际利用台资18.4亿美元；引进良种2500多个，其中150多个已规模推广应用；引进农业设备5000多台（套）。福建成为全国最大的海峡两岸农业合作试验区。

闽台经贸往来不断加强，2006年11月至2011年10月，5年累计实际利用台资78亿美元，对台贸易额超过400亿美元。

闽台经贸合作主要成就（截至2012年）

福建实际利用台资居大陆各省区市第三位	已有6000多家台资企业在闽发展，台湾前100家大企业有60多家入驻福建
赴台投资企业数和投资规模均居大陆首位	2009年，福建新大陆电脑股份有限公司成为首家赴台投资的陆资企业
闽台贸易额位居大陆各省区市前列	台湾成为福建第二大贸易伙伴和第一大进口来源地
闽台农业合作位居大陆第一	厦门成为台湾地区水果、大米输入大陆的最大口岸

三、海峡论坛的创建

海峡论坛是两岸交流活动的一个重要品牌项目,是在已举办三届"海峡西岸经济区论坛"(创办于 2006 年,为中国国际投资贸易洽谈会的重要配套活动之一)基础上发展扩大并更名的,更是贯彻落实胡锦涛总书记在纪念《告台湾同胞书》发表 30 周年座谈会上讲话的具体举措。海峡论坛由国务院台湾事务办公室、商务部、文化部等 10 多个部委和福建省人民政府等多单位联合主办。

海峡论坛依托福建"五缘"(地缘相近、血缘相亲、文缘相承、商缘相连、法缘相循)优势,充分发挥海峡西岸经济区先行先试的前沿平台作用,广泛开展两岸人民交流,形成两岸多层次的交流合作格局,不断促进和推动两岸关系和平发展。

时任福建省台办副主任的陈玲在回忆中深有感触:

> 两岸直接"三通"后,福建还能做什么?在福建有那么一群人,思索着:以往福建的独特区位优势,一直走在两岸交流的前列,两岸直接"三通"后,福建在哪些方面还能"开创先河"?福建能不能以自己得天独厚的优势,来搭建两岸交流的大平台,顺应两岸同胞加强交流合作的共同愿望和两岸关系和平发展的历史潮流,彰显"两岸交流,闽台先行",为两岸民间大交流奏响一曲华彩乐章?这个想法一出来,得到了热心两岸交流的各界人士认可,"海峡论坛"应运而生了。
>
> 首届论坛筹备组在搭建海峡论坛活动框架时,从论坛的主角是老百姓、论坛的关键词是基层入手,汇聚民智,集思广益,反复斟酌来确定论坛的主题、论坛的定位、论坛议题的设定,活动板块的安排等等。论坛的主题是"扩大民间交流 加强两岸合作 促进共同发展"。论坛的定位是:"民间性、草根性、广泛性。"这个定位,让海峡论坛深获台湾各界特别是基层民众的认同。每届海峡论坛议题的设定,都与当年的两岸

热点契合，活动板块也随每届议题的确定来安排，就是从适合各界人士、适合男女老少参加的活动考虑的，让参与者均可找到感兴趣的活动，找到发表见解的场合，找到施展才能的平台。可以说，每一届海峡论坛，都与当年的两岸关系发展形势紧密相连，都是以促进两岸关系向前发展为目标的。

经过几个月紧锣密鼓的筹备，2009年5月15日至22日，由海峡两岸54个单位联合主办的首届海峡论坛，在福建的厦门、福州、泉州、莆田四地举行，来自台湾25个县市、20多个界别约8000余名台湾乡亲跨海而来。论坛由开幕式和论坛大会、海峡两岸经贸交易会、海峡文化艺术周、两岸民间交流嘉年华四大板块18场活动组成。

首届海峡论坛发布8项促进两岸交往交流政策，这意味着更多的台湾产品可以进入大陆市场，台资企业将得以分享大陆4万亿元经济刺激计划带来的利好，大陆游客将给台湾带去15亿美元的经济效益。从此，论坛不仅坐而论道，更坐言起行，催生了一系列促进两岸交流合作的政策和措施，为两岸民众带来了实实在在的利益和好处。一湾浅浅的海峡，承载的已不再是乡愁，而是亲缘，是商机，是共赢。[①]

海峡论坛的创建，显示了福建在两岸关系发展中的独特地位与作用，拉开了两岸民间大交流时代的序幕，为两岸大合作、大发展提供了一个崭新平台，在两岸关系发展史上写下了浓墨重彩的一笔。

---

① 陈玲：《"海峡论坛"诞生记——写在第10届海峡论坛举办之日》，《海峡瞭望》2018年第6期。

第十五章　实现"三通"从福建做起

实现"三通"从福建做起，这是历史的使命，更是时代的呼唤，福建责无旁贷。特别是在两岸直接往来方面，福建对台湾的地缘优势发挥着不可替代的作用，一直走在大陆前列。

一、推动"三通"准备工作的开展

"三通"概念的由来

1949年后，台湾海峡两岸长期处于军事对峙状态，造成两岸人员往来和通邮、通航、通商全部中断。自此，台湾海峡"涛声依旧"，两岸同胞只能在咫尺海天遥望。

如何恢复两岸人员往来和通邮、通航、通商，成为毛泽东思考破解台湾问题的主要内容之一。

两岸"三通"，追根溯源，最早提出的是通商。1956年10月3日，毛泽东在会见新闻记者曹聚仁时，首次提出了通商的倡议。他说："台湾只要同美国断绝关系归还祖国，其他一切都好办。现在台湾的连理枝是接在美国的，只要改接到大陆来，可派代表参加人民代表大会和政协全国委员会，台湾一切照旧。台湾何时进行民主改革和社会主义改造，则要取得蒋先生的同意后才做,现在可以实行三民主义。可以同大陆通商,但是不要派特务来大陆破坏。"①

1958年金门炮战后不久,毛泽东再次会见曹聚仁时,又提出通航的倡议。他说:"只要蒋氏父子能抵制美国,我们可以同他合作。我们赞成蒋介石保住金、马的方针,如果蒋介石撤退金、马,大势已去,人心动摇,很可能垮。只要不同美国搞在一起,台、澎、金、马都可由蒋管,可管多少年,但要让通航,不要来大陆搞特务。台、澎、金、马要整个回来,金、马部队不要起义,没有吃的时候,我们就不打炮,让它备足粮弹。"②

毛泽东的通商、通航倡议,是推动党的"和平解放台湾"方针的重要步骤和重要组成部分。这一倡议是在两岸严重军事对峙的历史条件下提出的,尽管得不到蒋介石台湾当局的回应,但是历史证明,这是一个富有创见的设想,是一个具有积极意义和深远历史影响的倡议,对后来"和平统一祖国"方针和实现"三通"的提出具有重要启示意义。

直到1979年元旦,全国人大常委会发表《告台湾同胞书》,提出和平统一的方针,并首倡两岸"双方尽快实现通邮、通航","发展贸易,互通有无,进行经济交流","三通"这一概念由此产生,并成为两岸同胞的热切期盼。正如邓小平所说的:"两岸实现'三通'没有先决条件。'三通'就是说先来往,增加彼此了解,增加人民之间的了解,这是促进谈判的一种方式。"③ 1995年,江泽民在《为促进祖国统一大业的完成而继续奋斗》的讲话中明确提出"应当采取实际步骤加速实现直接'三通',促进两岸事务性商谈"。

为率先直接"三通"创造条件

《告台湾同胞书》发表后,祖国大陆积极做好随时与台湾有关方面就两岸

---

① 中共中央文献研究室编:《毛泽东年谱(1949—1976)》第3卷,中央文献出版社2013年版,第4—5页。

② 中共中央文献研究室编:《毛泽东年谱(1949—1976)》第3卷,中央文献出版社2013年版,第464页。

③ 中共中央文献研究室编:《邓小平思想年谱》(1981年8月26日),中央文献出版社1998年版,人民网2004年7月29日。

通邮、通航、通商问题进行协商的准备,并为两岸"三通"提供一切方便。但是,台湾当局一直坚守僵硬的大陆政策,使两岸"三通"一直无法实现。"由于台湾单方面的人为阻隔,在其后很长一段时间内,两岸乡亲彼此回家的路,仍需在地图上经历一段本不需要的曲线,南至香港、北到日本。"①

改革开放潮涌八闽,福建省委省政府本着高度的使命感和责任感,坚决贯彻落实中央对台工作方针,把促进两岸直接"三通"摆上重要议事日程,为推动实现两岸直接往来,做了大量的准备工作。

——主动化解敌意,营造宽松环境。在和平统一祖国的春风吹拂下,海峡的炮火硝烟渐渐消散。从1979年起,大陆主动化解敌意,停止炮击金门、马祖,停止打宣传弹,停止海漂。撤销专门针对台湾设立的福州军区,并将福建沿海一些前沿阵地、观察所开辟为经济开发区和旅游点,从而为闽台关系的发展提供了较为宽松的环境。

——营造良好台商投资环境。改革开放后,福建省努力用好用足用活中央对台工作方针政策,陆续设置和开辟了经济特区、加工出口区、台商投资区、保税区、对台贸易区、海峡两岸农业合作试验区、高科技园区、国家级旅游度假区等,在全省已形成多层次、多功能、全方位对外开放的格局,台商投资可享受不同的优惠政策。

——加强涉台法律法规建设。在涉台立法方面,"福建省起步较早,是制定涉台地方法规较多的省份之一。至2000年,福建省人大常委会已颁布的200多部地方法规中有9部属专项涉台法规,有50多部法规的部分条款有涉台内容"②。这一系列法规对台商投资的审批程序、减免优惠、土地使用办法、法人治理机构、企业用工、生产、产品销售、所得的合理利润汇出境外及投资者合法权益的保护等一系列有关问题都作了明确而详细的规定。这些法规的颁布与实施,使许多涉台事务有法可依,规范了闽台人员交往,改善了涉台法治环境,在鼓励台商投资,推动闽台交流、交往与合作中发挥了重大

---

① 陈玲:《合则两利,通则双赢——我眼中的"小三通"》,《政协天地》2018年第1期。

② 陈玲:《合则两利,通则双赢——我眼中的"小三通"》,《政协天地》2018年第1期。

作用。

——加强基础设施建设。打造较完善的海空口岸和陆路交通网络，先后投入巨资，对机场、港口、公路、通信等基础设施进行建设，并对两岸直接"三通"相关业务、技术等课题进行深入论证，积极做好各方面准备。到 2000 年，已拥有较完善的海、空口岸和陆路交通网络。

为了改变由于长期处于战备状态极少投资建设，福建沿海岛屿、突出部地区经济发展严重滞后，缺水、缺电、交通不便，群众生产、生活条件极差的落后状况，尽快适应对外开放和对台交往的需要，从 1978 年 6 月起，国家和省财政部门每年都拨出专款用于沿海岛屿、突出部的水、电、路等基础设施建设。这些基础设施的建成，既改善了当地群众的生产生活条件，带动了沿海地区经济、文化和社会事业的发展，同时又为推动闽台两地的经济、文化交流与合作创造了有利条件。

——率先在沿海口岸设立台轮停泊点和台胞接待站。福建省台湾船舶停泊点是：福鼎秦屿，霞浦三沙，连江琯头，福州马尾，长乐松下，平潭东澳，莆田秀屿、文甲，湄洲岛宫下，惠安崇武，泉州后渚，石狮梅林，厦门沙坡尾、东渡，龙海浮宫，漳浦旧镇，云霄礁美，东山城关，诏安宫口。作为对台交流的重要口岸，福州、厦门两地准备台胞落地办证设施，为台胞通关入境提供便利。福州、厦门两市已具备了台胞落地办证的条件，为台胞来闽顺利通关入境提供便利条件。

在推动两岸直接往来方面，福建对台湾的地缘优势发挥着不可替代的作用，一直走在大陆前列。1997 年 4 月 19 日和 24 日，厦门、福州两港与台湾高雄港之间的集装箱班轮试点直航开始启动。厦门"盛达"号于 19 日晚间首航抵达高雄港，台湾长荣海运"立顺"轮于 24 日首航厦门港，分别成为 1949 年以来第一艘未经第三地而直航对岸的货轮。闽台海上试点直航的正式开航，是海峡两岸关系史上的重要事件，标志着两岸的直接通航在隔绝 48 年后进入启动阶段，对两岸直接"三通"具有积极的促进作用。

二、两岸"小三通"

两岸"小三通"是指福建沿海地区与金门、马祖、澎湖的海上直接运输。"小三通"客运航线从个案运输、不定期航线运输、相对固定航线运输到定期班轮运输,航班次数不断增加,航班越来越密集,为两岸民众提供越来越多的便利。

两岸"小三通"的提出,是福建对台优势的体现,更是两岸开放交流的必然结果。时任福建省台办副主任的陈玲主管"三通"工作,她在回忆中谈到两岸"小三通"的由来时说:

> 1992年3月,福建省考虑到闽台关系和两岸人民往来的需求,特别是福州、厦门与金门、马祖之间已客观存在的人、货交流事实,提出了"两门(厦门、金门)对开,两马(马尾、马祖)先行"的建议,简称"两门对开、两马先行",尝试用福建省的厦门与金门、马尾与马祖之间的直接通航,来推动两岸全面、直接"三通"。在福建省这一构想的推动下,由金门、马祖地区人士组成的"金马爱乡联谊会"于1994年6月提出了"金马与大陆小三通说帖",对福建提出的"两门对开、两马先行"构想作出积极回应。在这个说帖中,金马民众强烈要求当时的台湾当局能够正视因两岸长期处于敌对状况而造成的金门、马祖地区经济发展严重滞后的现实,在两岸还不能够全面、直接"三通"前,允许金、马两岛先行与福建(沿海)开展通航、通商和通邮。他们为此与台湾当局进行多年的抗争,迫使台湾当局在2000年底不得不决定允许金门、马祖与厦门、福州(马尾)直接往来,同时也设置了重重不合理的限制。如"不得在金、马中转"的限制,其中就有经金、马中转的人员设籍须6个月,两岸货物不得经金、马中转,还有大陆党政及专业人士到金、马的

限制等等。①

"小三通"最早双方协商确定的方式是：民间对民间、公司对公司、行业对行业。像类似使用何种频段和呼号、如何提前通知备案等技术性问题，协商非常顺利。但一涉及两岸敏感问题，就考验协商者的政治智慧了。当时，台湾方面某些别有用心的人曾提出船舶进出港口应按国际惯例挂对方旗。因涉及主权事务，福建方面自然坚决回击，表示这是家务事，不容回旋，必须按照一个中国原则进行协商。后来，双方讨论了多种方案，最终确定挂公司旗。方案上报有关部门并获同意。随后，又出现船舶进出港签注问题，福建有关方面提出另纸签注的做法，坚持一个中国原则。可以说，这是福建在两岸海上直接往来中首创的亮点。

2001年1月2日，台湾海峡迎来了"两门对开、两马先行"的历史时刻。"小三通"的亲历者——时任福建省台办副主任陈玲在回忆中描述了这一激动人心的情景：

2001年1月2日上午，马祖"台马"轮运载马祖进香团507人从马祖首航福州马尾，总领队是台置"连江县"县长刘立群，还有"县议会议长"陈振清、"民意代表"曹尔忠等随行。于11时30分顺利抵达福州马尾港青州码头。接着，金门"太武"轮、"浯江"轮运载180名金门民众首航厦门，由金门县长陈水在带领，11时45分同时顺利靠泊厦门和平客运码头。马祖乡亲早到了15分钟，刚刚好对上了"两马先行"。

那一天，码头上的人很多。作为现场的指挥者之一，我站在码头楼上的调度室里透过玻璃向下张望。我看到一个老人手牵着他的小孙子颤颤巍巍地从船上走到码头上，等待着过关，忍不住冲下楼挤到关前，对工作人员说："让老人和孩子先走。"然后用福州话指引着老人如何出关。在现场，我没有说我的身份，马祖的百姓并不知道我是谁，但他们都用同样的方言——福州话，向我表达谢意。

---

① 陈玲：《参政议政与两岸交流》，《海峡瞭望》2018年第1期。

1月5日，所有参加首航的金马同胞按"团进团出"的方式，安全返抵金门、马祖。参加首航的金马民众返航时，他们肩挑手提采购的生活用品和福建特产，每个人脸上写着笑意，满意而归。不论是80多岁的白发老人，还是十几岁的青少年，清风牵衣袖，一步一回头，有的站在船头挥手喊道："我们会再来。"分离数十年的亲友送别时互道珍重、依依不舍，更是泪洒码头。①

福建沿海地区与金、马地区直接往来航线正式开通，台湾居民来往大陆的路程大大缩短，便捷性大大提高，两岸直接往来的序幕由此拉开，标志着海峡两岸进入天堑变通途的交流往来新时代。

但同时也必须指出，台湾当局开放金门、马祖与福建沿海的直接海上客货运输、人员往来，并不是真正意义上的两岸直接"三通"，是放着大路不走走小路。长期以来，台湾当局拒绝两岸直接"三通"，采取了一系列阻挠、限制的政策和措施，所谓的"小三通"根本不能适应两岸经贸交流和人员往来的实际需要，是与两岸民众的基本要求和形势的发展很不适应的。

两门、两马首航结束后，"为了确保这两条航线顺利运行，双方的民间团体先后商签了合作交流协议。2001年1月28日，福州马尾与马祖签订了《福州马尾—马祖关于加强民间交流与合作的协议》（简称'两马协议'）；2001年3月2日，厦门与金门签订了《关于加强厦门与金门民间交流合作协议》（简称'两门协议'）。两个合称'两马（门）协议'"②。

但是，"两马（门）协议"的签订，并不是一帆风顺的。陈玲在回忆中写道：

"两马（门）协议"的签订和实施，打破了台湾当局所谓"小三通"的瓶颈——并不是真心开放与福建沿海的"三通"，而是试图以"小三通"否定一个中国原则，以"小三通"换取"两会"恢复商谈，以"小

---

① 陈玲：《合则两利，通则双赢》，《人民政协报》2018年1月6日。
② 陈玲：《合则两利，通则双赢》，《人民政协报》2018年1月6日。

三通"制造两岸缓和假象,还试图若大陆不回应"小三通"的情况下,将金马民众对台湾当局的不满情绪转移到大陆。针对台湾当局的图谋,我们一方面不对所谓的"小三通"作出回应,采取多种方式揭露其图谋。另一方面将福建沿海与金马地区海上直接往来定位为一个国家内的特殊事务,对金马船舶籍注、航行识别标志、海事救助沟通渠道等作出规定。在人员往来、商品贸易、航运管理等方面,按照实际管理范围处理,或按有关规定办理。

在直接往来工作开展中,我们始终将金马民众所需与台湾当局所图区别开来。在"两门协议"商签过程中,在场的金门民众认为,大陆讲一个中国原则,是基于对历史的尊重、对现实的表述、对未来的负责,并没有要金门牺牲任何利益,向金门强加任何条件,有些民众当场感动得流泪。"两马(门)协议"签订实施后,台湾当局迫于金马民众的民意,在我们积极推动直接往来和金马民众的压力下,不得不对经金马中转两岸等限制有所调整。在那些年,金马民众常说:我们是金门人、马祖人,我们是福建人,我们是中国人,我们和大陆是一家人。①

"小三通"开通后,从个案到通案、单方到双向、临时营运到定期航班、客运先通到客货并举,不断发展,促进了两岸经济贸易合作,活跃了民俗文化交流,形成了旅游双向对接,是两岸"合则两利,通则双赢"的生动写照。如果说,"1987年台湾老兵的一小步,造就了两岸交流的一大步。那么,'小三通'的一小步,则是撞开了'三通'冰封的大门"②。福建沿海与金、马地区直接往来的开展,为后来两岸全面"三通"积累了经验,其中"两门航线包裹业务"的开办为两岸直接通邮进行了积极探索,两岸节日包机的参与为两岸空中直航奠定了基础。在2008年"两会"恢复商谈中,福建现有8个对外开放的海港一类口岸(含直接往来口岸),全部列入两岸"三通"第一批直航口岸。

---

① 陈玲:《合则两利,通则双赢》,《人民政协报》2018年1月6日。
② 陈玲:《合则两利,通则双赢》,《人民政协报》2018年1月6日。

2008年两岸"三通"实现后,"小三通"在迎来了新的发展机遇的同时,也逐渐面临边缘化危机。台媒数据显示,2017年1月至8月,两岸"小三通"累计人次总体相比2016年同期衰退5.5%。究其原因,一是方便快捷的空运直航的开通,一定程度上分流了"小三通"的客源。根据中国民航局《2016年民航行业发展统计公报》,截至2016年底,大陆有48个城市可直接通航台湾地区,并且随着票价趋于合理,多数游客已改走直航。原因之二是2016年台湾民进党当局再度执政后,拒不承认"九二共识",两岸关系陷入僵局乃至倒退,致使大陆赴台人潮衰退,无疑是根本原因之一。而"小三通"客源不足的结果,则必然导致台方航商生意惨淡。特别是金门泉州航线和马祖马尾港航线,由于客流量小而长期面临严重亏损。2017年初,金门至泉州航线的台湾船商退出经营,改由大陆航商接手。2017年底,该航线大陆方面的航船次数首次超过了台方。

"小三通"大事记

时间	内容
1997年	开通福州港、厦门港与台湾高雄港之间的海上集装箱班轮试点直航。
2001年	开始福建沿海与金门、马祖之间的海上直接通航。
2004年	1月,福建省正式提出"建设对外开放、协调发展、全面繁荣的海峡西岸经济区"的战略构想后,两岸"三通"步伐进一步加快;5月13日,省公安厅开始签发5年有效台湾居民来往大陆通行证;9月23日,福建省宣布将开放福建居民赴金门旅游。
2005年	5月14日,首批13种台湾水果、36种深加工台湾农产品经由"马祖—马尾"航线运抵福州参加"海交会"展销。
2006年	春节开设两岸节日包机厦门航点;4月开办"两门"航线包裹业务。这些有益的探索为两岸直接"三通"积累了经验,奠定了基础。
2007年	4月20日至21日,首届海峡两岸通道(桥隧)工程学术研讨会新闻发布会在福州举行。两岸学者提出北线、中线、南线三个具体方案。海峡桥隧工程一旦建成,将成为北京、福建等地通往台湾的最便捷通道。

续表

时间	内容
2008年	7月4日，福建居民赴台旅游正式启动。首发团一行109人搭乘两岸周末包机厦门航点首发航班飞往台北，福建成为大陆居民赴台旅游首批省份；9月30日，大陆居民从福州、厦门、泉州口岸经金、马、澎赴台湾本岛旅游首发启动。

三、构建"三通"立体交通网络

历经30年两岸关系发展，"三通"议题汇聚成为海峡两岸的主流民意，两岸同胞用各种方式，一次次发出振聋发聩的时代强音，加上祖国大陆不断累积的实践经验和各方面的充分准备，实现全面、直接、双向的两岸"三通"已是"万事俱备，只欠东风"。

2008年12月15日，两岸交流迎来了意义深远的历史性转折点：两岸人民期盼已久的"三通"终于水到渠成，在历经59年的波折和期待之后，两岸的客机、轮船和信件，跨越台湾海峡，不再绕经第三地而直接通往彼岸，实现直接"三通"。在"三通"启动的日子里，福州、厦门、泉州口岸共10艘船舶参与海峡两岸海上直航首航。同日，福建启动海峡两岸邮政及邮政汇兑业务。18日，福州至台北客运包机首航成功。

2008年12月15日，由国台办、交通运输部、福建省人民政府共同举办的海峡两岸海上直航福州港首航仪式在福州港青州码头举行，约600人参加了首航仪式。10点05分，海协会王在希副会长发布启航令，参加福州港首航的有4艘船舶，分别开往高雄港、基隆港、台北港。两岸全面、直接"三通"，闽台港口群迎来难得的发展机遇。在两岸"三通"格局中，福建成为中西部地区与台湾对接的中转枢纽。

自从2008年12月15日两岸实现全面、直接"三通"后，福建在两岸人员交往上的区位优势进一步凸显。

——海上直航。2008年12月17日，海上直航首航船舶"明春轮"载着福建超大现代农业集团紧急采购的5个柜共108吨台湾柳丁，抵达厦门港。这是海峡两岸直接、双向、全面"三通"正式启动以来，首批抵达祖国大陆的台湾水果。福建沿海开通至高雄、基隆、台中等港口集装箱定期班轮航线8条，开通福州、厦门、泉州、宁德、莆田等港口至基隆、台北、高雄、台中、花莲、布袋、金门、马祖、澎湖等散杂货不定期航线23条。截至2012年，累计货物吞吐量8511.24万吨，集装箱吞吐量265.99万标箱。

同时，福建省把握契机，充分发挥地缘优势着力发展与台湾本岛的客滚运输。2009年9月6日，"中远之星"客滚轮开通厦门至台中、厦门至基隆客滚航线，以每周2班方式运营；2011年11月30日，"海峡号"客滚轮开通平潭至台中客滚航线，以每周4班运营。截至2012年，客滚轮直航台湾本岛累计运营935航次，运送旅客21.8万人次，"小三通"累计运送旅客达956.23万人次。

随着两岸"三通"的实现，"小三通"也进入大发展阶段。除了福州马尾客运站、厦门东渡客运码头、厦门五通客运码头、莆田湄洲岛对台客运码头、泉州石井客运码头5个"小三通"客运码头，还开辟福州马尾—马祖、厦门—金门、泉州石井—金门3条定期客运航线，其中，"两门"（厦门—金门）航线2012年每日有36个航次、"两马"（马尾—马祖）航线有4个航次、"泉金"（泉州石井—金门）航线有8个航次往返两岸。两岸"三通"后，"小三通"航线以其价格低、服务好、中转方便、行李直挂等特点继续在两岸直航中保持优势，客流量稳步攀升。截至2012年，"小三通"累计运送旅客达956.23万人次。

——空中直航。2010年5月21日，两岸航空运输第三次沟通工作会议增列福州、厦门航点为两岸货运包机航点。9月4日和29日，台湾中华航空分别开通了厦门至桃园、福州至桃园的货机往返航班。厦航台湾分公司正式开业，福州、厦门机场往返两岸航线覆盖台北桃园和松山、高雄、台中等台湾主要机场。12月30日，泉州晋江机场增列为对台空中直航航点，成为福建省第3个对台空中直航航点。2012年12月17日，武夷山机场增列为两岸空中直航航点，成为福建省第4个对台空中直航航点。

至2012年底，闽台间开通16条空中直航客运航线，以及福州、厦门至桃园全货运航线。闽台空中客运直航现有 8 条常态化航线，每周航班 57 班（2013 年 4 月起），货运航班每周 10 班。航班数由最初的不定期航班进入后来每天都有客运航班往返闽台间的空中直航繁荣时代。截至 2012 年，闽台空中直航累计运载旅客 226.9 万人次。

——两岸通信直达。"三通"开通以前，两岸通邮需要经香港作为第三方中转，运营成本高、邮递耗时长。"三通"实施后，《海峡两岸邮政协议》涉闽方面进展顺利。2009 年 4 月，大陆唯一对台水陆路邮件监管中心在福州马尾建成并启用；5 月 16 日，大陆历史上，也是至今为止唯一一个向金门直接封发邮件总包的业务在厦门口岸开展。2010 年 12 月，中国邮政航空有限责任公司开通了福州—台北邮货运输航线。2011 年 10 月 8 日，台北—厦门航空邮件总包直封业务开展，厦门对台邮件总包处理中心建成投入使用，厦台直邮实现了"海、空全覆盖"，无需再经第三地中转，邮寄效率大幅提升。2012 年 8 月，厦金海底电缆工程开通，两岸信息通过"高速通道"连通成为现实。2013 年 1 月 18 日，首条横跨台湾海峡、大陆直达台湾本岛的海底光缆——"海峡光缆 1 号"开通，两岸通信业务至此告别"绕航"实现"直航"，成为两岸通邮的又一重要进展。2014 年 3 月，中国联通福州海峡两岸通信业务出入口竣工，成为继北京、上海、广州、南宁之后建成的第五个通信业务出入口。直通两岸的海底光缆及福州海峡通信出入口的顺利建成，有助于提高通信品质和降低运营成本，使两岸民众享受到质优价廉的通信服务。

闽台通信实现直达，有力促进了闽台间的经济文化交流。截至 2012 年，福建省对台直接通邮函件量 500.3 万件，特快专递 18.5 万件，包裹 2.3 万件。全国经福州邮政交换站的水陆路邮政总包 1189.2 吨，其中福建省自有水陆路邮政总包 182.24 吨。

此外，值得一提的是，在互联网时代，越来越多的两岸同胞不再鸿雁传书，而是把社交网络工具作为新的邮路。2012 年 11 月台湾市场开通微信以来，这一风靡大陆的社交网络工具迅速在岛内受到追捧，成为两岸亲友们实现即时与零距离亲密互动的新渠道。

四、闽台旅游合作

1987年11月至2000年，为台胞探亲谒祖旅游阶段。1987年11月，台湾当局正式开放民众到大陆探亲后，与台湾一水之隔的福建就成为台胞赴大陆观光旅游的重要目的地。

1994年8月1日，厦门口岸签证机关开始审批签发一次有效的台湾居民来往大陆通行证，当年共为1064人次办证。从1994年起，厦门、福州等市获准授权直接为抵厦的台胞审批签发一次有效的来往大陆通行证（落地办证）。1996年8月，福州、厦门为两岸直航试点口岸城市。1997年，台北—澳门—厦门、福州"一机一票"航线开通；"8月1日，又获准对台胞证办理加注手续（落地签注）。这一系列便利措施，有力地推动闽台旅游业的交流发展。这期间，台胞到福建旅游呈现出蓬勃发展势头，从1994年的27万人次增至2000年的48万人次，增长了78%，台湾游客成为福建入境旅游市场的主要客源，占福建接待入境总人数的三分之一左右"[1]。

2001年至2005年，为"小三通"助推闽台旅游大发展阶段。"2001年1月2日，厦门—金门首航成功，而后福州—马祖也实现海上客运试点直航，'两门、两马'海上航线成为台胞进出大陆的重要通道。2001年1月至2005年8月，从厦门—金门、福州—马祖海上直航入境的台胞超过100万人次，显示独特的对台旅游优势。从2004年5月起，福建可以为金、马、澎地区居住及在福建丢失证件或证件过期的台湾居民签发5年期台胞证。"[2] "从1987—2004年，福建累计接待台胞游客达676万人次，占台胞赴大陆总人次的20%，位居全国前列。"[3]

随着2004年底福建居民赴金门、马祖旅游的正式开通，闽台旅游进入双

---

[1] 陈健平：《基于两岸"三通"初步实现的闽台旅游合作发展研究》，福建师范大学硕士学位论文，2009年。
[2] 李非：《闽台旅游业交流与合作的发展》，《两岸关系》2006年第4期。
[3] 李非：《闽台旅游业交流与合作的发展》，《两岸关系》2006年第4期。

向交流的发展阶段。从 2005 年 5 月起，福建可为金、马、澎地区居民签发一年多次有效来往大陆证件。

武夷山是福建第一名山，阿里山是台湾第一名山；大金湖是福建最著名的湖泊，台湾日月潭也是名湖。这两山两湖均为闽台两地各负盛名的旅游资源。2005 年 5 月，在中国武夷山旅游节暨第八届武夷山国际旅游投资洽谈会上，福建武夷山与台湾阿里山签署旅游资源对接协议，闽台两地首次实现旅游品牌对接。同年 9 月 6 日，在首届海峡两岸旅游博览会开幕式上，福建著名旅游品牌"大金湖"与台湾著名的"日月潭"签署资源对接合作协议，成为闽台两地又一对接合作举措。这种旅游资源对接的互动机制，在海峡两岸的交流合作史上书写了重要一页。

在成功实现两岸观光资源对接的基础上，福建省旅游部门还成功推出了两岸旅游黄金线路对接，以提升闽台旅游线路知名度和竞争力。2005 年 7 月，福建省旅游协会在厦门主持召开海峡两岸旅行商合作商谈会，与会的台湾 29 家旅行社的 30 多位代表与福建 21 家组团社代表共同商议，联手推出"两门""两马"联机台湾的双向旅游黄金线，形成厦门—金门—台湾和福州—马祖—台湾 5 至 10 日游的旅游线路。

2008 年 7 月，福建居民赴台旅游正式启动。福建首发团一行 109 人搭乘两岸周末包机厦门航点首发航班飞往台北，使福建成为大陆居民赴台旅游率先抵达的省份。9 月 30 日，大陆居民从福州、厦门、泉州口岸经金、马、澎赴台湾本岛旅游启动。

随着福州赴台个人游试点的启动实施，赴金马澎个人游范围扩大至海西 19 个城市。[①] 围绕做大做强"海峡旅游品牌"，福建省举办了旅博会、"万名福建乡亲游台中"、福建赴台乡村旅游专题系列交流考察等活动，共同签署《海西 20 城市联手做大做好赴"金马澎"个人游市场合作宣言》《推进闽台乡村旅游交流合作协议》等，有力地推动了闽台旅游交流合作的深入发展。

[①] 《和平发展结硕果　闽台合作促双赢——2012 年闽台交流合作经典回眸》，《福建日报》2012 年 12 月 31 日。

第十六章　新时期闽台文化交流

闽台文化，是指生活在闽台两地的人民共同创造的、以闽方言为主要载体并代代传承、发展创新的地区性文化，是中国传统文化的重要组成部分，并具有鲜明的区域文化特色、独特的历史内涵和精神特质。海峡两岸文化交流，是中国特色社会主义文化建设中一道独特、亮丽的风景线，而在这道风景线上最光彩夺目的，无疑是闽台文化交流。闽台文化交流，不仅成为推动闽台关系发展的一大主题和品牌，而且在一定意义上可以说是海峡两岸文化交流的一个缩影。闽台文化交流的不断深入开展，为传承中华传统文化、增进两岸同胞感情、推动两岸关系和平发展作出了重要贡献。

一、闽台文化一体

闽台文化一体的生成

闽台关系源远流长，历史文化一脉相承。早在1700多年前，福建就有人漂洋过海移居台湾。到了明末清初，为避战祸和灾荒，福建民众开始大批向台湾播迁。尤其是郑成功收复台湾，带去了数万子弟兵及其眷属。这一批批福建移民，不仅带去了大陆先进的生产工具和生产技术，也带去了家乡的方言、风俗习惯和传统文化。由此，台湾从一个孤悬于海外的荒岛逐渐成为中华文化光披普照重镇。而且，1885年以前，台湾一直隶属于福建省（1684年始设福建台湾府，台湾成为福建省的第九个府，福建于是有"九闽"之称）；1885年台湾建省后，还称作福建台湾省。闽台两地长期同属于一个行政体系，政治制度相同，官方提倡的意识形态一致。

历史事实表明，1895年日本侵占台湾以前，"台湾一直处在福建文化的强烈影响之下，闽台两地文化是一体的"，闽台区域文化最终形成。据1926年12月的人口统计，"当时全台人口3751600人，其中祖籍为福建者3116400人，占83.07%"[①]。在台湾的福建籍人口中，泉州府最多，占闽籍移民的53.95%；漳州府移民次之，占42.34%；其他依序为汀州府占1.36%、龙岩州占0.51%、福州府占0.87%、兴化府占0.3%、永春州占0.66%。1949年国民党政府败退台湾，大批军政人员及家眷随迁台湾，在一定程度上改变了台湾同胞的籍贯比例。据1956年统计，"在台湾人口中，福佬人（闽南人）占74.5%，客家人（广东人为主）占13.2%，其他省人（闽、粤以外省份）占0.1%，早期住民占2.4%，外省人（1949年以后入台者）占9.9%。尽管闽籍移民在台湾总人口中的比例有所下降，但仍然占绝大多数"[②]。在台湾人口中数量居前30位的大姓，如陈、林、张、王、黄、李、吴、蔡、刘、郭等，"绝大多数直接渊源于福建"[③]。台湾的很多地名都与早年福建移民开发台湾有关，目前已初步查证有渊源关系的闽台同名村、同宗村有80多对。由此可见，闽台人民可谓同根同源，血脉相连，闽台一家亲。

闽台地处东南沿海，扼西太平洋航道的中心，是中国海上交通要道，也是国际海上交通要道。闽台自古以来就是中华文化和海外交往的重要地区之一。在古代，海上丝绸之路的起点之一在福建泉州。据不完全统计，古代与闽台有交往的国家和地区多达100个左右。近代，福建成为外国资本主义入侵的前沿，台湾更成为荷兰、日本的殖民地。可以说，闽台是近代中国受西方文化影响最大的地区之一。

日本侵占台湾50年，台湾文化受到日本殖民文化的强力侵蚀。日本侵略

[①] 福建省地方志编纂委员会编：《福建省志·闽台关系志》，福建人民出版社2008年版，第3页。

[②] 福建省地方志编纂委员会编：《福建省志·闽台关系志》，福建人民出版社2008年版，第3页。

[③] 福建省地方志编纂委员会编：《福建省志·闽台关系志》，福建人民出版社2008年版，第35页。

者在台湾开展"皇民化"运动,妄图将汉族的文化政策变成日本式的,使之统合于日本国民共同体。对于台湾被割让给日本,"闽人尤有切肤之感"①。1949年,福建又有10多万军政公教人员随国民党去台湾。此后,由于历史原因,台湾与祖国大陆隔绝了半个世纪之久,社会制度不同,政治制度、经济制度也不同,意识形态差异更加明显,两岸在文化上也出现了一些差异。

闽台文化有着极其丰富而独特的内涵,主要体现在方言、生产技术、建筑、饮食、医药、民俗、民间信仰、民间艺术、服饰及学术思想和性格特征等。从语言上看,由于迁往台湾的移民主要是闽南人,台湾讲闽南方言的人口约占总人口的80%以上,闽南方言成为台湾通用语言,流传于台湾的还有福州、兴化、客家等方言。目前,在台湾2300多万居民中,祖籍闽南的人口已有1700万人。从民情风俗上看,福建移民前往台湾,不仅带去了家乡的土语方言,同时也带去了原有的生产生活方式和风俗习惯,包括婚丧喜庆、衣食住行的习俗等。从宗教信仰上看,闽台宗教信仰一脉相承,台湾省现有寺庙8000余座,号称"多神之岛",一座座富有中国宫庙建筑特色的寺庙,都是祖国大陆祖庙的分灵。其奉祀的主神几乎全部来自大陆,除了中国传统神明以外,诸如妈祖、清水祖师、临水娘娘、保生大帝、开漳圣王等民间信仰,都是由开台福建先民带去的,都是福建土生土长的神格化历史人物。在台湾,凡是当地敬祀信仰众多、香火鼎盛的地方,几乎都是漳、泉移民的聚居地。从文化载体上看,福建俗文学随移民传入台湾并广为流传,台湾的文学、戏剧大部分源自福建。福建地方戏剧、民间音乐的种子几乎撒遍台湾各地,成为台湾同胞怀念故土、向往家乡的感情寄托。从闽南传播到台湾的主要戏剧、音乐有歌仔戏、高甲戏、梨园戏、莆仙戏、闽剧、南音、乱弹、四平戏、木偶戏等。可见,闽台文化具有区域同一性、族根同缘性、语言同脉性、民俗同根性、宗教信仰同源性的特质。

总的来看,台湾的传统文化乃中原文化经由福建传播和延伸而来,台湾是"枝",祖国大陆是"本"。闽台文化代代传承,迄今仍相同或相近,形成

---

① 汪毅夫:《闽台缘与闽南风——闽台关系、闽台社会与闽南文化研究》,福建教育出版社2006年版,第15页。

了闽台文化命运共同体。这一点，当时驻台日本侵略者也不得不承认："民族的性质在性格、志向，在行动、思维、感情的样式，由此很难立刻将之改变。……民族文化之同化政策，即使能够改变一民族的文化内容，也很难改变一民族的文化之思维、感情之方式。"① 历史和现实证明，闽台文化一体的历史发展格局尽管受到侵蚀和影响，但并未根本改变。

从历史发展的角度审视，闽台两地尽管有过分离，但那只是政治上的分立，经济上的联系偶有中断，而文化上的割裂则从未有过。闽台文化一体，是一股潜在的、巨大的力量，无论过去、现在，还是将来，都是维系台湾与祖国密不可分的无形而强有力的纽带。

闽台文化意蕴

闽台文化是闽台两地人民智慧、经验、技术、思想、情感、理念的创造和结晶，具有鲜明的地方特色、独特性格和丰富内涵，是中华文化的一个支系。其内涵特征主要体现在：

其一，闽台文化是一个典型的移民文化，其发展历程是一部中原汉族开发福建，继而播迁台湾的移民史。闽台两地是举世闻名的海上丝绸之路的重要起点，是引发中外文化交流互动的一个重要支点。闽台文化的形成，可以说是中国文化几千年绵绵不绝和不断变迁的缩影，其根源于中原文化，陆地文明与海洋文明相互交融，又历经漫长的历史嬗变，从而形成具有浓郁地方特色的区域文化。

其二，闽台文化具有鲜明的海洋文化特色。闽台地区临海的地理环境使得闽台区域文化能够有机会接触和吸收海外文化，并使之成为自己的一个特色。而随着对外交流的频繁，外来文化也被带进闽台地区，并成为闽台区域文化形成的要素之一。闽台文化包罗万象，不仅融入了古越族土著文化和中原文化，同时还吸收了阿拉伯文化、南洋文化、西方文化等外来文化的特质和合理因素。

移民文化与海洋文化互动交融，铸就了闽台文化三大精神特质：爱国爱

---

① 长谷川清：《作为文化政策的皇民化问题》，《台湾时报》1941年1月号。

乡、团结统一；开放进取、海纳百川；敢为人先、勇于拼搏。爱国爱乡、团结统一是中华民族伟大精神的核心内涵，它在闽台文化中，主要表现在离乡不离祖、认乡音、重乡情的草根意识，宗族与家族观念、宗教和民间信仰浓厚，富有凝聚力。开放进取、海纳百川是移民文化和海洋文化共有的基本内涵，它在闽台文化中体现在以海为家、崇尚商贸的理念，海纳百川的和合思想。敢为人先、勇于拼搏，即"爱拼才会赢"的拼搏精神，已成为闽台文化精神的生动写照。

但同时也必须认识到，闽台文化也有它的历史局限性。闽台两地民众以重商趋利为核心，具有勇于冒险进取、包容开放的特质，也就是既固守传统又藐视权威，既勤劳勇敢、自强不息又离经叛道、铤而走险。这种独特性格，源自于古越族的抗争精神、移民行为本身所激发的好斗与进取精神，以及迁离祖居地所养就的叛逆意识。相对其他地区，闽台两地民众尤其是沿海闽南人"更少循规蹈矩，更具蔑视权威、敢于离经叛道的独立自主精神"；相对于"万般皆下品，唯有读书高"的儒家信条，闽台两地民众更重事功实利，具有强烈的务实逐利心态；相对于民风较为保守的中国北方和内地，闽台两地民众更具开放和向外开拓意识。因此，在闽台文化中，特别是在台湾文化生态中岛民心态突出，大团队精神相对缺乏；宗族和团体意识强烈，社会均衡意识较为缺乏。在一定历史条件下，闽台文化中存在的这种历史局限性一旦被利用，往往就容易被放大。历史和现实一再证明，"这种性格局限一旦被某些有险恶用心的人所利用，必然成为影响祖国统一进程的一大障碍"。而要克服这一障碍，就必须进行沟通交流，需要知己知彼，增进相互理解，寻求共识。中华文化是闽台两地人民共同的精神家园，闽台文化是割不断的命运共同体，推进和加强闽台文化交流无疑是克服这一障碍的最有效的途径之一。

二、新时期闽台文化交流不断拓展

改革开放以来的闽台文化交流，是历史的闽台文化交流的一个发展，是闽台文化源远流长交流发展进程中最生动最活泼的一个阶段。新时期闽台文化交流的发展历程，则可分为复苏起步、双向发展、拓展延伸、全面提升四个阶段。

——复苏起步阶段（1979年至1987年），台胞秘密辗转来闽参加传统文化活动，单向且规模小。1978年12月召开的中共十一届三中全会，开辟了中国改革开放和社会主义现代化建设的新时期，同时也开启了海峡两岸交往、交流、合作的大门。1979年元旦，全国人大常委会发布热情洋溢的《告台湾同胞书》，犹如巨石击水，在海峡两岸产生强烈的反响。当年，便有52位台湾同胞通过各种途径，冲破台湾当局"三不"政策的阻挠，辗转到福建探亲旅游，揭开了新时期闽台人员交往的序幕。此阶段，有关闽台文化交流的活动属于秘密进行的起步阶段，其中影响较大的有三次。首次是在1982年，泉州市组织富有闽南传统地方特色的南音演唱、花灯盛会和戏剧以及特色浓厚的"踩街"（化装游行）等群众性的文艺活动，一些台湾同胞闻讯后，辗转港澳或绕道东南亚来闽赴会参加演唱，开新时期闽台文化交流的先河。此后，随着大陆改革开放的逐步推进，台湾文化艺术产品及文化娱乐方式迅速涌进大陆，以通俗歌星打头阵，在闽东南沿海城市青年中激起阵阵追星热。1987年9月，台湾《自立晚报》记者李永得、徐璐到厦门、东山等地采访，标志着闽台新闻交流的开始。1987年农历九月初九是妈祖羽化千年祭，湄洲妈祖庙董事会印刷1500多张请柬通过台湾渔民送往台湾。此举引起台湾有关方面的注意，急忙组织各宫庙举行环岛绕境祭典活动，企图阻止台胞来湄洲岛，但是仍有500多位台胞冒险前来。

——双向发展阶段（1988年至1999年），闽台文化交流不断升温，从秘密转为公开，从单向走向双向，并趋于常态化。台胞一次又一次不畏艰难险阻入闽进行文化交流，与不可阻挡的探亲潮一道汇成一股两岸交往交流的洪流，终于迫使台湾当局调整其僵硬的大陆政策，逐渐放宽对两岸交流的限制。自此，两岸有来无往的局面开始打破，台湾同胞回乡探亲人数逐年增加，闽台文化交流互动越来越频繁，领域越来越广，渐渐进入热络的发展阶段。主要表现在："一是接待台湾媒体、台湾同胞所举行的文艺演出及两岸艺人的互动演出；二是各剧种剧团应邀赴台商业演出模式的交流；三是在复苏时期的异地交流，在这一时期开花结果，引发了台湾艺人来闽投师学艺，也引发了台湾演艺团体邀请福建剧作家、导演等赴台参与戏剧创作。另外，随着闽台文化艺术交流的开展,两岸地方戏剧学术研究、学术交流也悄然兴起,并推动了戏剧交流演出的进行,不仅将文化艺术交流从单纯的演出提高到更高的层面,而且还通过学术交流,逐步将两岸文化艺术交流推向常态化。"[1] 其中以中医药学术交流起步最早。1988 年 11 月 16 日和 28 日先后在福州和厦门召开了首届海峡两岸中医学术研讨会和中医药学术交流会,台湾共有中医师和中医界人士 46 人次应邀参加。1989 年 4 月,福建中医学院成立全国第一个台湾中医药研究室,并招收了第一批 13 名台湾学生。随着两岸关系的改善和发展,尤其是进入 20 世纪 90 年代后,闽台文化交流更是异彩纷呈、高潮迭起,从单向迅速走向双向。交流的形式多种多样,且各个领域的交流都有各自的特点;交流的层次日益提高,从个人发展到团体,从民间发展到半官方和官方;交流的成效显著,相互建立了较为密切的渠道和合作关系,使闽台文化交流出现了空前活跃的局面。据有关部门统计,福建从 1990 年开展双向交流以来至 1999 年底,共组织赴台交流团组 705 个,赴台 3870 人次,其中有副省级 1 人、厅级 160 人次,9 个地、市和 9 所高校全部实现了入岛交流,省直机关有 46 个部门和单位、全省登记注册社团中有 60 个社团组团或参与了入岛交流。

——拓展延伸阶段(2000 年至 2007 年),从绕道到直航,从分散到组团,入岛交流越来越多,开始朝着多领域、多形式、多渠道、多层次的方向发展。2000 年,福建沿海地区与金门、马祖、澎湖地区直接往来开始启动,将两岸从咫尺天涯变成天涯咫尺,每年有百余万民众往返,交往交流方便又快捷,两岸文化交流进一步拓展延伸。在这一阶段,相关研究机构不断涌现,艺术科研交流全面扩展;闽台双向互动的民间文化交流活动日渐增多,妈祖文化、客家文化、关帝文化和陈靖姑文化的交流更是热络,在台湾掀起一次又一次大陆寻根文化热潮,形成文化交流新热点;闽台双向合作交流团组的数量与规模与年俱增,开拓了闽台文化交流合作的良好格局。

——全面提升阶段(2008 年至 2012 年),进入大交流阶段,向全方位、多层次、宽领域发展,呈现出往来高端化、活动品牌化、交流持续化、形式多样化、内容多元化、机制常态化的特点。2008 年 5 月,国民党重新执政后,

---

[1] 陈朱:《闽台文化交流的三个阶段》,《中国文化报》2008 年 8 月 24 日。

在国共两党共同努力下，台海局势出现前所未有的相对和谐的状态，由此，两岸关系朝着和平发展的方向迈进。福建紧紧抓住这一难得的和平发展契机，充分发挥祖地文化和地缘优势，加大了入岛交流力度，以"福建文化宝岛行"项目为龙头，"以台湾新生代青年为重点，以交流平台建设、大型文化活动、品牌交流项目、重点文化阵地为载体，展开了全方位、多层次、宽领域的闽台文化交流合作"[①]。自2007年至2014年，已先后组织了21批"福建文化宝岛行"赴岛交流项目，共涉及33个院团（组）逾2000人入岛交流，屡创大陆赴台交流组团规模新高和交流区域先河。"小三通"直接往来的便捷优势更加凸显，两岸艺术表演团组以及民间习俗活动在金、马、澎的交流展演日趋频繁，基本达到每个月都有艺术表演团组在金门、马祖演出。

闽台文化交流在贯彻落实好寄希望于台湾人民的方针中具有不可替代的地位与作用。在两岸关系发展中，经贸合作、文化交流是两大主轴。"经贸合作是手携手，文化交流是心连心"，这一充满深情的话语道出了两岸人民的手足之情，道出了两岸人民渴望交流合作的共同心声。

俗话说亲戚是要靠相互频繁走动才亲的。两岸一家亲，这种"亲"是要在相互走动和交流中体现的。祖籍福建的台湾文史专家秦风就深切感受到这一点，他在所编著的《跨越海峡》一书中写道：

> 我个人的家庭背景也是本书写作的重要动力，我的父母来自福建古田县，1945年来到台湾，由于闽东人在台北较少，所以我不会说家乡话，反而因为生长在台湾高雄而能讲得一口闽南语。尽管如此，福建对我而言仍然是很抽象的概念，因为我平日研究民国史，主要造访的还是南京、上海、北京、重庆这些地区，编写的书也大致围绕着这些城市，福建好像跟我没有太多的瓜葛。不过，过去几个月，为了完成这本著作，我来回福州、泉州、漳州、厦门好几趟，对当地风土人情有了更密切的接触，加上研读福建文史资料，我开始真正产生自己是福建人的感觉。[②]

---

① 陈朱：《闽台文化交流的三个阶段》，《中国文化报》2008年8月24日。
② 秦风：《跨越海峡》，福建教育出版社2007年版，自序第3—4页。

第十七章　多方助推闽台关系发展

统一战线是做人的工作，搞统一战线是为了壮大共同奋斗的力量。福建统一战线始终与改革开放伟大历史进程相互呼应、相互促进，始终为福建省的经济社会发展和祖国统一大业凝聚人心、汇聚力量。充分发挥台港澳海外统战工作资源丰富的优势，在对台工作上要有为；着力促进政党关系、民族关系、宗教关系、阶层关系、海内外同胞关系和谐发展，为全面深化改革、加快经济社会发展、维护社会和谐稳定、促进祖国统一作出重要贡献。

一、福建涉台法规建设

运用法治思维、法治方式来谋划对台工作、推进闽台关系发展，一直是福建对台工作的重要一环。法治是大陆推动两岸关系和平发展及祖国统一的重要手段，是大陆在主要运用政治手段、经济手段以外的有力补充。中央历来重视将党的对台方针政策上升为国家的法律法规，提高对台方针政策的信服力和感召力，增强两岸关系的稳定性和可预见性。

改革开放后，福建涉台立法规定始终坚持先行先试、追求创新，形成了"以创制性立法为主，以实施性立法为辅"的涉台立法风格，涉台立法已成为福建地方立法最鲜明的特色，不仅在许多方面开创了先河，有力地保障和促进了闽台深化合作，而且为国家层面涉台立法积累了大量的宝贵经验，发挥了很好的"试验田"作用，也对推动两岸关系向前发展具有重大意义。

福建涉台立法起步早，主要表现在三个方面。一是制定大陆最早的涉台条款。1980年，福建省五届人大常委会制定的《福建省县、社两级直接选举实施细则》就规定，各地可参照历届人民代表大会各方面代表的比例，按照现有的台籍同胞的实有人数和工作需要，确定适当比例。这是大陆首次规定了涉台条款，规定台胞可以参加人大代表选举，首次明确了对台湾同胞在大陆政治权益的保障，是全国地方立法的首创。1987年2月19日，福建省六届人大常委会二十三次会议通过《福建省县、乡两级人民代表大会代表直接选举实施细则》，进一步明确规定：台湾同胞（在）县、乡两级人民代表大会代表选举期间在省内的，可以凭本人身份证件在原籍地或者原居住地或者现居住地进行选民登记，可以参加选举。二是率先制定涉台地方法规。1990年，福建省人大常委会就制定了《福建省台湾同胞投资企业登记管理办法》《福建省台湾同胞投资企业劳动管理规定》两项涉台法规，此为大陆最早的涉台地方立法。三是在涉台立法机构设置上，走在全国前列。1989年，福建省人大常委会就成立了福建省台湾法研究中心，围绕对台交往中的法律问题和涉台立法工作开展了大量的基础工作。1990年，根据福建省台湾法研究中心的建议，省人大常委会和省人民政府专门召开联席会议，专题研究涉台地方立法工作，并成为惯例。1991年，福建省人大常委会成立了台湾同胞工作委员会，专司涉台立法工作，这是全国省级地方人大中第一个专门的涉台立法机构，至今为止也仍是唯一的一个。

福建涉台立法数量多、涉及领域广，可以说涉台专项地方性法规和一般性地方性法规中的涉台条款，已经成为福建省地方立法的重要组成部分。据统计，截至2017年年底，福建省各级人大及其常委会先后制定了14部专项涉台地方性法规，现行有效的有12部。

除了上述提到的《福建省县、乡两级人民代表大会代表直接选举实施细则》外，福建在涉台地方立法上还创造了多项全国第一。例如，1990年通过的《福建省台湾同胞投资企业登记管理办法》《福建省台湾同胞投资企业劳动管理规定》，这两部地方性法规是当时大陆最早的涉台专项法规（后均已废止）。1994年通过的《福建省实施〈中华人民共和国台湾同胞投资保护法〉办法》，是大陆根据《中华人民共和国台湾同胞投资保护法》制定的第一部配套性的地方性法规；同年通过的《福建省台湾船舶停泊点管理办法》，则是大陆地区第一部赋予台湾船舶直接从台湾岛驶向福建沿海口岸并停泊的地方性法规。1999年通过的《福建省招收台湾学生若干规定》,是第一部专门规范台湾地区学生来大陆就读的地方性法规。2009年通过的《福建省促进闽台农业合作条例》,是大陆第一部专门规范两岸农业合作的地方性法规。2009年修订通过的《福建省文物保护管理条例》,其中第四章专门规定了对涉台文物的保护,立法保护涉台文物在大陆也属首次。2015年通过的《福建省促进闽台职业教育合作条例》是大陆首部专门规范两岸职业教育合作的地方性法规。

除了涉台立法在多个领域实现全国零的突破外,福建现有的涉台地方立法涉及领域还非常广。多部法规中设立专章对涉台事项进行规范,120多个涉台条款散布于60多部地方性法规中。

从福建省涉台地方立法的内容上看,涉台法规条款调整的范围涵盖了台胞在大陆经济社会生活的方方面面,有保护台胞政治权益、人身权益、财产权益和经营自主权等合法权益的,也有鼓励台胞来闽投资、推动闽台经贸双向合作的,还有规范两岸交流交往、方便台胞出入境的。在便利台胞在闽就业创业、方便台胞子女就学、规范台胞捐赠行为、扶持两岸职业教育合作以及促进闽台两地科技合作等方面,都作了相关规定。

福建在对台政策先行先试的条件下,在很多方面不仅给予台胞、台商与大陆企业、大陆居民同等待遇,甚至给予了更加优惠的待遇,同时将对台胞实行居民待遇确立为涉台专项立法的基本原则。例如,《福建省实施〈中华人民共和国台湾同胞投资保护法〉办法》第4条规定:台湾同胞来闽投资的,与本省居民享有同等待遇,并享有国家和本省规定的其他优惠待遇;《福建省促进闽台农业合作条例》《福建省促进闽台职业教育合作条例》也分别确立了对台胞实行居民待遇原则。近年来制定的《平潭综合实验区条例》《中国(福建)自由贸易试验区条例》,在突出制度创新、深化闽台合作和促进闽台投资金融、财税、贸易往来,以及教育文化交流等方面提供了法治保障。2018年2月28日,国台办等29个部门发布实施《关于促进两岸经济文化交流合作的若干措施》(简称"同等待遇31条措施""惠台31条"),其中第28条、29条分别规定了在台湾获得医师、证券、期货、基金从业资格的,可通过认可方式或只需通过大陆法律法规考试,就可以在大陆从事相关活动。福建也已出台相关规定,采认台胞已在台湾地区获得的资质资格。如《平潭综合实验区条例》第 47 条第 1 款规定:"在实验区内推动台湾地区学历和技能人员执业资格采认,简化执业许可审批手续。已取得台湾地区执业资格的机构和人员,可以在实验区从事与资格相对应的专业服务活动。"除此之外,福建还开放台胞执业。如《平潭综合实验区条例》第 61 条第 3 款规定:"台湾地区纠纷调处机构、会计师事务所、报关报检机构、检验检测机构、认证机构、公证机构、鉴定机构等专业机构可以在实验区开展业务。"

经过改革开放以来先行先试的努力,福建的涉台地方立法从无到有,不断发展,逐渐形成规模,对规范调整闽台交流合作、促进两岸关系的发展起到了重要的作用。总体来看,福建的涉台地方立法基本成型但不够完善,其中涉及闽台经贸领域的法律较多,而涉及其他民生议题的法律较少,需要加强与完善,使得闽台关系发展更加规范化、制度化、便利化、人性化,为推进闽台经济社会深度融合发展创造良好的法律环境。

在改革开放中,福建省各级法院、检察院及有关部门加强法治引领,运用法治思维和法治方式推进涉台法规的实施,着力营造良好投资环境,着力落实各项优惠政策,着力维护台商合法权益,在各项工作中更多体现台湾元素,吸引更多的台商在福建投资创业、更多的台胞在福建旅游生活。如:早在 1995 年,福建省检察院就在全国检察机关率先成立了涉台湾地区案件办公室,并积极推动建立健全检察机关涉台工作网络。2012 年,厦门海沧法院设立了全国第一个涉台专门法庭,厦门海事法院成立了全国首个涉台海事审判法庭;随后,厦门、漳州中院和平潭法院等 17 个法院成立了独立建制的涉台案件审判庭,48 个基层法院还成立了维护台商合法权益合议庭。

二、同心助力对台统战工作

福建是对台工作大省,是实现祖国统一的一个重要基地。改革开放后,对台成为福建的独特优势和最大优势,也是影响和决定福建改革开放进程的最生动、最活泼的积极因素之一,因此,唱响"对台戏"、打好"海峡牌",

成为推动福建改革开放发展的主旋律之一。在1979年8月召开第十四次全国统战工作会议期间,邓小平指出:现在最大的统一战线,是实现两岸统一的问题;现在可以提第三次国共合作,要积极进行对台湾当局和人民的团结争取工作。闽台两岸具有地缘相近、血缘相亲、文缘相承、法缘相循、商缘相连的优势,在对台工作方面具有独特优势。

改革开放伊始,中共福建省委就提出"要把党内党外、国内国外的一切爱国力量团结起来,大家都来关心台湾回归祖国,人人都为实现祖国统一大业贡献力量"。福建的优势在台,重点在台,难点在台,希望也在台。改革开放以来,各民主党派在加强对台湾人民的工作广泛争取台湾民心、推动经贸旅游合作密切两岸经济联系、促进文化交流增进台湾民众的归属感、强化台湾同胞对"根""祖""脉"的依归等方面做了大量工作。

在改革开放之初,福建做了三件值得铭记的对台工作事例。一是1983年千张贺卡"政治登陆"。民革福建省委积极响应民革中央确立的"以服务四化建设为中心""以促进祖国统一工作为重点"的新的工作目标,专门成立"祖国统一工作委员会",开始了促进祖国和平统一的新征程。1983年春节,民革福建省委印制了1000张"但愿人长久,千里共婵娟"的精美贺卡,通过联系的"三胞"(台胞、港澳同胞、侨胞)及其亲属寄往台湾。此后不少人陆续收到台湾亲人的回信,说他们同样十分思念在大陆的亲人。有关部门称"民革福建省委的这一举动是'政治登陆'"[①]。此后,民革福建省委建立"三胞"联系网,发动民革党员给台湾和海外亲友打电话、写信;建立台湾人员联系卡,开展多种形式的台胞联谊活动;帮助台、港、澳、侨胞和其亲属落实政策。在这种春雨润无声的感动中,台胞罗榕荫回大陆定居,并成为民革第六届全国代表大会的代表。二是关心解决高山族同胞的住房问题。20世纪80年代初,台盟副主席田富达在福建调研时了解到高山族同胞住房、子女受教育很困难,就向福建省提出希望改善高山族同胞居住情况的建议。中共福建省委统战部非常重视,专门组织调研组进行调研,并向中共福建省委报送专题

---

① 民革福建省委员会:《30年对台工作"重"与"特"》,载福建省政协文史和学习委员会、《政协天地》杂志社编《亲历福建60年》,福建人民出版社2009年版,第128页。

报告。最后,福建省拨付专门资金和建筑材料,对解决高山族同胞的住房问题起到了很大的促进作用。三是老台胞感恩投资修建福州三山大厦。"1987年底,一股澎湃的探亲潮在台湾海峡掀起。民革福建省委不失时机,发动各基层组织和党员以多种形式接待回闽探亲的台胞,为他们排忧解难,为扩展两岸经贸牵线搭桥,当好对台工作的形象大使。一位民革党员经过多方探寻和查访,帮助老台胞找到了失散40多年的妻子和一对双胞胎儿女。为表示感谢,老台胞投资2000万元,在福州修建了三山大厦。"[1]

改革开放以来,福建省各民主党派省委、省工商联和其他团体充分发挥各自优势,多方加强与台湾各界人士的联系与沟通。1981年开始,逐步成立各级台湾同胞联谊会,搭建平台,形成网络,加强与广大台胞的联系,并扎实做好在闽台商、台生的服务工作,维护他们的合法权益。发挥闽台文化相通的优势,推动两岸闽南文化、客家文化、姓氏文化、妈祖文化等民间民俗文化的交流。设立了中国统一战线理论研究会两岸关系理论福建研究基地,对台理论研究成果丰硕,为中央和省委对台决策提供了重要参考。省委统战部牵头举办和协调参与了"和谐海峡论坛"、"海峡百姓论坛"、"海峡青年论坛"、台湾青少年夏令营和"中华文化考察行"、"祖籍地寻根行"等大型活动,还实现了在岛内共同举办两岸"情声艺动·相约东南"大型文艺公演,举办了两岸图书交易会、两岸大学生辩论赛等活动,增进了闽台人民的感情。[2]

三、民族宗教交流

扶持高山族发展

高山族是台湾省境内少数民族的统称。高山族的民族来源具有多源性,

---

[1] 民革福建省委员会:《30年对台工作"重"与"特"》,载福建省政协文史和学习委员会、《政协天地》杂志社编《亲历福建60年》,福建人民出版社2009年版,第128页。

[2] 张燮飞:《同心同德 共铸辉煌——福建统一战线60年回眸》,《福建党史月刊》2009年第20期。

主要是来自中国大陆东南沿海的古越人的一支。[①] 在全国56个民族大家庭中，高山族属于人口在10万以下的人口较少的22个民族之一，主要分布在台湾地区，少数散居在福建、上海、北京、武汉等地。据2000年第五次人口普查统计，在祖国大陆的高山族约为4461人，其中福建省有230多户470多人，约占大陆高山族人口的10%，是祖国大陆高山族人口较多的省份。[②] 福建高山族人聚集在漳州、南平、三明等地，其中漳州市有高山族近百户320多人，是大陆高山族人口最多、居住最集中的地区。漳州市华安县则是祖国大陆台湾高山族同胞聚居最多的县份，共有高山族同胞40多户120多人。

从总体上看，福建省高山族同胞在改革开放后发生了深刻变化，他们的经济收入、受教育程度、文化水平等方面与当地居民平均水平基本持平，但居住分散，人口成分构成多样，经济收入相差较大，发展不平衡，尤其是居住在农村的部分高山族同胞生产生活还有不少困难。因此，做好高山族同胞发展工作，也是推进祖国统一的重要一环，不仅对实现全省各民族共同繁荣发展、推进小康社会建设意义重大，而且对促进祖国统一具有特殊的重要意义。这是因为，福建与台湾隔海相望，一水相连，具有独特的对台工作优势。福建省高山族同胞大都来自台湾，与台湾高山族同胞同属一宗，血脉相连，经常来往于闽台之间，担负着做好台湾人民认同两岸统一的重要任务，是两岸联系的天然桥梁与纽带。因此，扶持高山族发展工作，既是群众工作，也是民族工作，更是对台工作。[③]

在全国扶持人口较少民族发展的新浪潮中，扶持高山族发展成为福建省的重点。2005年9月，福建省召开全省扶持人口较少民族发展工作会议，研究部署全省扶持人口较少民族发展工作。2006年年初，福建省对高山族家庭开展入户调查，基本摸清全省高山族家庭的情况。在此基础上，提出"国家

[①] 17世纪以后，自汉族居民大量移居台湾，原住民族分化为两部分：一部分定居平原，与汉族融合，称为平埔人；另一部分仍定居于山区，受汉族影响较少，至今保留着原住民族语言、风俗、习惯等特点，现在所说的高山族，一般指这一部分少数民族。

[②] 何绵山主编：《福建民族与宗教》，厦门大学出版社2010年版，第165页。

[③] 王美香：《福建：真心诚意、实实在在扶持高山族发展》，《中国民族报》2006年1月20日。

扶持，省负总责，县抓落实，扶持到户"的工作方针，出台《关于我省高山族同胞家庭经济状况调研和对部分困难户扶持的建议》，并安排专项扶持资金200万元。

2006年9月，全省扶持高山族发展工作进入具体实施阶段。首先，"做好扶持高山族发展的基础设施建设项目规划与建设工作。对国家预算内基建投资，国家规定的建设领域包括农村中小学和农村医疗设施、乡镇和农村文化设施、村村通广播电视、小型农村水利设施、农村沼气、农村饮水、农村电网、农村公路等。根据国家'整村推进'的精神，结合福建省实际，拟选择高山族农户相对较多的村作为扶持对象，规划实施扶持项目。项目确定后，所在地的县（市、区）政府及有关部门要负起责任，抓好落实"①。

其次，制定扶持高山族的具体政策措施。"为了提高工作的有效性，根据福建省高山族人口不多、居住分散的实际状况，我们应做到按户建档，一户一策，扶持到户，切实帮助他们解决生产生活中的突出困难和问题。一是扶持高山族农户因地制宜发展周期短、见效快的生态茶。可无偿提供优质种苗、补助购买加工设备、组织技术培训等，帮助他们增产增收。对有劳动力但缺资金的困难户，可采取无偿资助和贴息贷款相结合的办法，以户为单位，帮助他们发展有市场、有效益的生产性项目。各级各有关部门要积极主动地帮助高山族同胞谋划生产性项目，立足资源优势，培育新的经济增长点，寻找促进高山族同胞增收的新途径，增加高山族群众的经济收入，使他们达到或略高于所在村的平均水平。二是对于因企业改制而下岗的高山族同胞，要按照解决'4050'就业的有关政策，根据他们的特长和要求，切实帮助他们实现多渠道就业，拥有稳定的收入来源。三是要确保社会保障和城乡救助的各项政策措施落实到高山族同胞身上。对符合低保条件的高山族家庭，做到应保尽保。对因灾、因病发生临时困难的，要及时予以救助。对年老体弱的，要为他们提供养老、医疗救济。对于特困户要特例特办，切实帮助解决困难和问题。四是切实解决高山族同胞子女的教育问题。对家庭困难的，各县

---

① 王美香：《福建：真心诚意、实实在在扶持高山族发展》，《中国民族报》2006年1月20日。

(市、区）应采取免收学杂费或发放补助金的形式给贫困学生以补助,帮助其完成九年义务教育乃至高中、大学阶段的学习。五是采取措施解决高山族同胞住房问题。因种种原因,迄今仍有部分高山族同胞住房相当困难,所在地政府和有关部门要主动关心,想方设法为他们提供解困房,使他们安居乐业。"[①] 据不完全统计,2005年至2010年,福建共落实投入人口较少民族扶持资金达2882.7万元,每年扶持项目约200个。经过6年的帮扶,高山族群众的生产生活水平不断提高,人均年收入突破6000元。

随着扶持政策措施的实施,福建高山族人的生产生活得到明显改善。截至2010年底,全省农村高山族所在的27个行政村全部实现通水泥路、通电、通电话、通广播电视,有卫生室、有安全卫生饮用水、有安居房、有文化室,人均拥有农田面积达到当地平均水平。53户住房较困难的高山族群众新建、修缮了旧房或购置了经济适用房。在社会保障制度方面,经过多方协调,有关部门将5户高山族困难户家庭纳入低保,307人参加新型农村合作医疗、城镇医保、残疾人社保,享受医保或社保自缴部分全额补助,大病就医还能获得适当补助。30户年老体弱、丧失劳动能力的低收入高山族家庭,每年还能享受3000元至5000元的生活困难补助。在教育帮扶方面,6年来,福建有关部门投入资金135万多元,共计帮扶124人次。漳州市扶持26名高山族群众的子女上学,还对5名在校高山族大学生进行跟踪培养;厦门市协调各区教育局和中小学校,减免高山族学生的借读费。

宗教交流

福建是宗教大省。佛教、道教、天主教、基督教、伊斯兰教五大宗教在福建有着悠久的历史和广泛的影响。截至2010年,全省可统计的教徒有100多万人,宗教活动场所近7000座。

台湾的宗教信仰大多来自或源于福建。闽台两地的宗教信仰,不仅同根同源,一脉相承,法乳一体,有着不可分的渊源关系,而且信众的宗教观念、

[①] 王美香:《福建:真心诚意、实实在在扶持高山族发展》,《中国民族报》2006年1月20日。

宗教仪轨、信仰方式、信仰体系如出一辙。台湾的宗教文化是维系血浓于水的民族意识和乡土情结的共同基础，是维系两岸同胞亲情的一条重要精神纽带。改革开放以来，福建发挥优势，主动作为，先行先试，不断推动两岸宗教交流向纵深发展。

在闽台宗教交流中，互动最为频繁的是佛教和道教。闽台宗教交流30多年来，在内容上从进香谒祖发展到学术研讨，在结构上从普通信众发展到高德大德，在主体上从民间自发发展到大型团体，在形式上从单一来访发展到双向交流。

福建佛教界与台湾佛教界的交往，在台湾当局解除戒严、松动两岸交流的年代就已开始。1988年至1989年，台北临济寺的盛满法师和瑞源法师、台南大仙寺参观团、高雄弘化寺的传孝法师和法成法师，以及宽彻法师、宏善法师、振满法师、净良法师等相继来闽访问。进入20世纪90年代后，台湾佛教界来访的更多。1992年，台湾宏法寺方丈开证法师、慈恩寺方丈传孝法师访问厦门南普陀寺，得知妙湛法师兼任武夷山天心永乐禅寺方丈，发心为武夷山天心永乐禅寺重修尽心。1994年，台湾89岁的印顺法师访问厦门南普陀寺，盛赞南普陀寺决定创办慈善事业基金会的计划，欣然挥毫题字："感三宝深恩重来此地，见一片光明喜乐无量。"1995年，台湾悟因法师访问南普陀寺，商谈修建女众丛林、培养女众僧才事宜。1996年7月，以台湾两岸佛教交流委员会主任委员净良法师为团长的台湾佛教界祝贺访问团一行，前来福州鼓山涌泉寺参加普法方丈升座庆典，净良法师在祝词中指出："台湾佛教无论在戒法传承方面，或在教法传承方面，实不出福建之传承。"1999年6月，武夷山天心永乐禅寺举行大殿落成典礼，开证法师、传孝法师等300多名台胞参加了典礼。1999年7月，台湾源灵长老、莲海法师等参与福州西禅寺赵雄法师的升座庆典。

在此期间，福建佛教界人士也多次赴台。1994年，福建佛教界赴台举办"弘一法师书画展"，受到台湾人民的欢迎。1995年12月，时任省佛教协会会长界诠法师访问了台湾法鼓山佛学研究所。1998年7月，福建南普陀寺海如法师、济群法师和崇福寺全慧法师等赴台湾参加了两岸佛学教育交流座谈会；1998年11月，闽侯雪峰崇圣禅寺方丈广霖法师与福州怡山西禅寺首座传和法师联袂赴台进行为期一个月的弘法活动。

福建是台湾道教的主要祖籍地。1998年1月,台湾中华道教总会理事长陈进富和台湾道教积善协会理事长臧忠望,率台湾道教积善协会大陆文化交流访问团一行200多人来福建参访;1998年7月,以台湾道教总庙三清宫副主委黄姓煌为团长的台湾道教总庙三清宫福建文化交流访问团一行78人来福建参访,并参加了泉州元妙观"六月初七天门开"宗教活动,进行了科仪文化交流。据统计,福建省道教宫观每年接待台湾各地道教进香朝圣团达1000团次以上,人数达二十几万人。1997年3月,应台湾道教总庙三清宫邀请,福建省道教协会会长林舟道长率团对台湾道教进行环岛参访交流;1998年11月,林舟再次应邀组团前往台湾进行宗教文化交流,在台北参加了罗天大醮,并主持玄帝坛,整个斋醮时间从12月2日起到12月14日结束。

福建省基督教界也与台湾交往频繁。1995年1月,应台湾平信徒传道会邀请,福建基督教牧师团一行9人首访台湾。福建天主教界也积极沟通与台湾的关系,省天主教两会秘书长池惠中曾应邀赴台交流。1995年4月,省天主教两会同意台湾章一士神父在其家乡光泽教堂同韩克允神父共祭,令章神父感动不已,他说:"自1985年以来我回乡探亲近20次,但在家乡圣堂做一回弥撒的愿望始终未能实现。想不到省两会一出面就解决了,看来两会的确是帮教会做事的。"通过这些交往,大家消除了误解,培养了互信。①

民间信仰交流

自古以来,福建便是一个"信巫好鬼"的区域。八闽庙观之多,全国罕见,一些城乡小庙星罗棋布,几乎一步一庙。仅泉州的神祇就有近30个(大多为地方神祇);在莆田乡村中的宫观社庙就有500座以上,信仰群众占莆田人口的50%左右。福建省民间信仰种类繁多、历史悠久、活动频繁,据不完全统计,截至2011年,全省上规模(10平方米以上)的民间信仰活动场所有26130处,多年来纳入各地民宗部门试点管理的民间信仰活动场所749处。

先民们出走他乡,往往到各自崇信的庙宇祈祷、许愿,并取香火,在异

---

① 何绵山主编:《福建民族与宗教》,厦门大学出版社2010年版,第342—344页。

地他乡繁衍生息时，为不忘故土和感念神恩，陆续建造了与故乡有关的庙宇，且冠上故乡的地名或祖庙的名称。这也就是台湾民众供奉祖籍乡土神祇风气极盛的原因。台湾民众大多祖籍福建，许多神祇是从福建各地特别是闽南地区分炉过去的，如广泽尊王、青山王、法主王、安溪城隍、清水祖师等等，其中仅安溪城隍庙分灵在台湾各地就达221座。正是由于这一特定的历史人文渊源关系，台湾的宫庙经常到福建祖庙谒祖，这种宗教活动俗称为"进香"。同样，福建主神应邀赴台湾绕境巡游，接受信徒的朝拜也成为历史传统。

随着福建改革开放的发展和两岸"三通"呼声的日益高涨，闽台文化交流呈现出"官不通民通，民不通神通"的独特景象。其中，妈祖信徒是闽台民间信仰交流的先行者。1983年开始，就有台湾信众不顾台湾当局的阻挠偷偷绕道回闽谒祖拜庙。据有关部门统计，"从1983年湄洲祖庙寝殿修复后至1987年11月2日台湾当局开放台湾民众赴大陆旅游探亲之前，到湄洲祖庙进香的台胞有157批，562人，请回神像76尊。台湾当局开放探亲之后，'妈祖热'立即席卷全岛"[1]。1987年农历九月初九是妈祖羽化千年祭，湄洲妈祖庙董事会印刷1500多张请柬通过台湾渔民送往台湾，此举引起台湾有关方面的注意，急忙组织各宫庙举行环岛绕境祭典活动，企图阻止台胞去湄洲岛，但仍有500多个台胞冒险绕道前来参加，如"台中大甲镇澜宫多位董事也率团绕道日本，到莆田湄洲岛妈祖祖庙参加妈祖千年祭典，揭开了海峡两岸文化交流的新序幕"[2]。两岸开放交流后，闽台民间交流日益频密。1989年5月6日，台湾宜兰县苏澳南天宫董事会组织20艘渔船224名信众，冲破重重阻力，从海上直航湄洲朝圣，开创1949年后两岸大型船队直航的先例。1997年，应台湾妈祖信众要求，湄洲岛妈祖庙妈祖金身巡游台湾，1200多万台湾信众及各界人士前往顶礼膜拜，规模宏大、场面空前壮观，在台湾产生了轰动效应。此后，每年都有10万人次台胞到湄洲岛妈祖庙谒祖朝拜，2006年已

---

[1] 福建省地方志编纂委员会编：《福建省志·闽台关系志》，福建人民出版社2008年版，第141页。

[2] 福建省地方志编纂委员会编：《福建省志·闽台关系志》，福建人民出版社2008年版，第141页。

突破 12 万人次。据不完全统计，截至 2004 年底，湄洲岛妈祖庙已接待 130 多万人次前往朝圣的台胞，湄洲岛对台客运码头接待台轮 1500 多艘次，湄洲岛妈祖庙与台湾 800 多座妈祖分灵宫庙建立了联谊关系，还与一些台湾妈祖宫庙结成至亲庙。

在妈祖信徒的带动下，台湾民间信仰的信徒也冒着风险跨越海峡，纷纷捧着所崇拜的神灵，如临水夫人、保生大帝、清水祖师、开漳圣王、法主公等到福建祖庙进香谒祖，成为闽台信俗文化的一道亮丽风景线。如：1987 年，台湾台南学甲镇的慈济宫董事长周大围带领保生大帝的信徒，回到漳州角美白礁宫谒拜祖庙；1988 年 4 月，台湾屏东县进香团一行 71 人，手捧从台湾带来的两尊真人雕像，前往白礁慈济宫进香。1990 年后，闽台民间信仰交流更是与年俱增，有力地促进了闽台关系发展。

不论两岸关系如何发展变化，闽台民间信仰交流始终保持热络的发展势头。而且，台湾的宗教力量不可小视，这种力量由两个部分构成：一是宗教社团，宗教主干的影响比较大；另一个就是民间信仰诸神灵的广大信众，他们形散而神不散，只要是与信仰有关的拜神活动，一呼百应。为此，福建有关各地着力打造地方神缘这一品牌，推动闽台关系不断向前发展。闽台神缘交流频密的区域性民间信仰品牌有莆田的湄洲湾妈祖信仰、厦门的保生大帝信仰、泉州的关帝信仰、漳州的开漳圣王信仰、古田的临水夫人信仰、闽北的大圣信仰、闽西的定光佛信仰等。随着闽台双向交流的不断深入拓展，两岸民间信仰交流呈现出规模不断扩大、交流领域不断延伸、交流品位不断提高的趋势。各地逐步形成一些有影响的民间信仰领域交流品牌，如妈祖文化旅游节、关帝文化节、保生慈济文化节、陈靖姑文化节、开漳圣王文化节等，并发展成为两岸交流的重要平台。

第二篇　新时期闽台关系和平发展
(1979年1月—2012年10月)

第十八章　新时期双拥工作不断深入开展

党的十一届三中全会的胜利召开，标志着国防和军队建设进入一个新的历史时期。福建双拥工作在继承中发展，在巩固中提高，在创新中前进，走出一条具有福建特色的双拥新路子，成为全国双拥工作的一道亮丽风景线。

一、双拥工作任务的调整与转变

中共十一届三中全会后，随着改革开放的展开和两岸关系的发展变化，福建双拥工作进入一个新的历史时期。根据对国际国内形势变化的判断，军事战略方针由"积极防御、诱敌深入"改为"积极防御"，明确指出人民军队"一定要扎扎实实做好反侵略战争的准备，为保卫世界和平，为保卫祖国领土的安全，为争取台湾早日回归祖国，实现祖国统一的神圣大业作出新的贡献"[1]，为新时期军队建设指明了方向。人民解放军向现代化、正规化建设迈出坚实步伐，在保卫国家领土主权斗争中出色地履行了职责，同时服从和服务于改革发展稳定大局，有力支援了国家经济建设。

在推进双拥工作方面，邓小平强调"我们一定要进一步密切军政、军民关系，增强军队内部团结，加强民兵建设，继承和发扬人民军队的光荣传

---

[1]《建设强大的现代化正规化的革命军队》(1981年9月19日)，载《邓小平文选》第2卷，人民出版社1994年版，第395页。

283

统"①。随着改革开放的全面推进,江泽民多次强调指出"双拥工作很重要,一定要抓好",并为纪念延安双拥运动60周年题词"弘扬双拥光荣传统,增强军政军民团结"。党的十六大后,以胡锦涛为总书记的党中央指出要广泛深入地开展双拥共建活动,要进一步加强军政军民团结,巩固和发展同呼吸、共命运、心连心的军政军民关系。这些重要思想和论述,为改革开放新时期双拥工作的深入开展指明了方向。

改革开放后,驻闽部队各级党委和全体官兵遵照邓小平论党的建设的一系列指示,加强党对军队的绝对领导,在政治上、思想上同党中央保持高度一致,自觉听从党中央的指挥;在组织上健全和完善党委制,发挥基层党支部战斗堡垒作用。省军区、军分区、县(市、区)人民武装部坚持实行中央统一领导下的军事系统和地方党委双重领导制度,以保证部队正确的政治方向和全心全意为人民服务的宗旨。

转变军队建设指导思想,走有中国特色的精兵之路。1985年起,驻闽三军认真贯彻中央军委扩大会议精神,自觉拥护和实行军队建设指导思想的战略转变,即从立足于早打、大打、打核战争的临战状态,转到和平时期的建设轨道上来,并把教育训练提高到战略地位。按照中央军委关于裁军百万的部署,开展精简整编工作。1985年8月,福州军区与南京军区合并为新的南京军区,福建、江西两省军区转隶于南京军区,驻闽空军部队归南京军区空军领导指挥,驻闽海军仍归东海舰队建制。驻闽陆军作了较大幅度精减,将担任海防守备任务的部队移交福建省军区领导指挥,保留的野战部队合并整编为诸兵种合成的集团军。驻闽三军不断加强信息化、指挥自动化建设,整体作战能力和快速反应能力有所提高。

特别值得指出的是,习近平总书记在福建工作的17年半时间里,无论在哪个领导岗位上都非常重视双拥工作。"可以说,只要是他主政的地方,军队的各项工作都能够得到他的大力支持。他经常走访部队,到军营去、到基地去、到条件艰苦的山区和海岛哨所上去,对官兵问寒问暖、悉心关照,并且

---

① 《建设强大的现代化正规化的革命军队》(1981年9月19日),载《邓小平文选》第2卷,人民出版社1994年版,第395页。

与部队领导同志充分交流，努力帮助部队解决各种实际困难。比如，开展慰问活动，每年给部队办各种实事，帮助安置部队的转业军人和随军家属，习近平同志都做得非常到位，让部队没有后顾之忧，能够专心于国防建设和日常训练工作。习近平同志主持省政府工作期间，福建的双拥工作在全国都是非常突出的。直到今天，福建仍然保持着这个传统，所有的设区市都是双拥模范城。福建的驻军对地方政府和老百姓的感情也非常深，在人民群众需要帮助的时候、遇到急难险重任务的时候，军队总是挺身而出，主动请战，为人民群众雪中送炭。所以，福建人民和部队指战员之间始终有着深厚的感情。"①

驻闽部队走有中国特色的精兵之路的探索实践，是与双拥工作的积极开展分不开的。纵观十一届三中全会后至党的十八大以前30多年的福建双拥工作，大致可分为两个阶段。

第一阶段，从1979年到1990年。在"和平统一"春风吹拂下，大陆主动化解敌意，两岸从分隔对峙转向缓和松动，和平统一成为新时期两岸关系发展的主旋律。在此阶段，由于两岸军事对峙相对缓和，对台军事斗争准备虽然没有放松，但工作重心已发生重大变化，即不是以军事方式解决台湾问题，而是以军事准备作坚强后盾，促进祖国和平统一的实现，驻闽部队在加强自身建设的同时，积极主动参与福建改革开放和社会主义建设，为改革发展稳定保驾护航。由此，福建双拥工作亦随之进入新的发展阶段，主要任务是支持、帮助驻闽部队和地方党委政府共同开展两个文明建设。如：帮助部队搞好基础设施、训练设施、文化设施和"菜篮子工程"建设等；部队参加地方现代化建设、抢险救灾；军地携手共建社会主义精神文明等。

第二阶段，从1991年至2012年。福建地处反分裂斗争的前线。1979年1月1日中美建立外交关系。国防部部长徐向前发表声明，宣布停止炮击大小金门和大担、二担等岛屿，台湾海峡局势趋向缓和。但是，谋求台湾"独立"的分裂势力没有停止他们分裂祖国的罪恶活动。1996年，台湾地区领导人李

---

① 《习近平在福建（一）：习近平同志抓住历史机遇，对福建的改革开放作出了历史性贡献》，《学习时报》2020年6月15日。

登辉公然抛出"两国论"。2000年陈水扁当选台湾地区领导人后的8年中,竭力推行"台独"分裂路线,并采取各种手段推行"去中国化"运动。2005年,第十届全国人民代表大会第三次会议通过《反分裂国家法》。驻闽中国人民解放军和民兵预备役部队加紧进行军事斗争准备,随时准备粉碎任何分裂祖国的活动,维护中国领土主权的完整,促进祖国的和平统一。

在此阶段,两岸关系缓解与紧张、交往与对抗并存,充满分裂与反分裂之争,军事对峙继续存在,有时还相当激烈,特别是在间接对峙的层面上,甚至更趋严重。面对复杂多变的台海局势,党中央审时度势,在积极推动两岸经贸发展、人员往来、文化交流的同时,高度重视国防和军队建设,加快推进中国特色军事变革,加强军队全面建设,加快推进军事斗争准备,与"台独"分裂势力进行坚决有力的斗争。1993年初,中央军委制定了新时期积极防御的军事战略方针,在战略指导上实行重大调整,把军事斗争准备的基点由应付一般条件下的局部战争转到打赢现代技术特别是高技术条件下的局部战争上来,明确了新形势下我军军事斗争准备的目标和任务。为了提高部队的战斗能力,也为了遏制"台独"势力的分裂图谋,这一时期,中央军委、南京军区及海陆空等军兵种先后在福建沿海举行数十次大规模军事演习,使福建成为我军在军事斗争准备中的重要"海上练兵场"和"综合演习场"。驻闽部队先后组织或参与以军事威慑、合成作战和立足现有装备打赢高技术条件下局部战争为主要任务的"成功"系列、"东海"系列、"联合-96"、"闽海"系列、三军联合破障、"砺剑2005"等一系列军事演习,在复杂战场环境下从严从难锤炼部队,提高了整体作战能力。

围绕新形势下我军建设和改革的发展方向和反"台独"反分裂的军事斗争准备战略部署,福建双拥工作也随之进入规范提高、拓展深化阶段:加强党对双拥工作的领导,在加强拥军支前工作的基础上,专门成立双拥办;建立健全双拥规章制度,实行依法双拥;拓展双拥内涵,在加强部队基础设施建设的同时,开展科技拥军,提高部队信息化建设能力等;根据政治、经济、文化、社会"四位一体"建设的要求,丰富双拥内容,进一步提高双拥工作的层次和水平,为进一步加强军政军民团结注入生机和活力。

为了保证军事斗争准备各项任务的落实,省委、省政府在统一各级干部认识的同时，坚持了"五纳入""四优先"制度。即"把军事斗争准备的建设项目纳入经济与社会发展总体规划，把军事斗争准备需要地方筹措的资金纳入地方财政预算，把军事斗争准备遇到的难题纳入政府督办事项，把军事斗争准备的工作成绩纳入各级领导干部考核内容，把军事斗争准备的先进事迹纳入宣传表彰计划。对军事斗争准备急需的重点项目，做到优先立项、优先审批、优先拨款、优先施工"[①]。仅2000年至2002年的三年时间，全省列为"四优先"建设项目就有100多个。其中，有纵横入闽战役机动通道、平战结合高速公路、军民兼容港口机场、新入闽部队"安居工程"、军地两用通信光缆、大型演习训练基地、战备物资储备仓库以及供水、供电、国防教育基地等项目。这些项目的建成和投入使用，大大提升了福建对台军事斗争的保障能力，提高了驻闽部队快速机动作战能力，同时也为推进经济和社会持续发展创造了良好条件。

经过多年的摸索实践，全省已初步形成较为规范配套的住房、场地、物资、交通通信、安全、国防动员、卫生防疫等7个支前保障体系，各级都制定了一套比较完整的战时支前保障预案，只要一声令下，就能动员全社会力量，形成上下贯通、高效精干、全方位的立体保障网络。为了提高支前保障领导能力，从1998年起，福建省每年都选送一批市县支前办主任到总后指挥学院、海军指挥学院、南昌陆军学院培训。2002年初，各级还共同投资300多万元进行支前动员指挥自动化系统建设，实现了省、市、县支前办的联网和与本级国防动员委员会的联网。广大民兵、预备役人员也按照"同步准备、同步建设、同步发展"的要求，同步进行演练。演练中，根据战时可能担负任务组建起来的各种民兵专业支前保障分队，全时全程参与，随时听候调遣，应急保障，抢修道路桥梁，搬运物资，安全警戒，转移群众，履行一个兵的职责和使命，在众多演练中不断提高参战支前保障能力。

此外，军民联防的工作重心也作了相应的调整。1982年，人民武装警察部队重建后，福州军区、福建省人民政府于1983年12月决定，把沿海地区的军民联防发展为军警民联防：在有驻军、武警、民兵的地区，组织军警民

[①] 郭振民等：《扬波高奏双拥曲》，《今日浙江》2012年第14期。

联防；在有驻军无武警的地区，组织军民联防；在无驻军有武警的地区，组织警民联防；在无驻军、武警的地区，组织民兵联防。联防区域的划分，与部队防区、行政区、公安派出所的管辖区相适应，以便于组织、领导和指挥。此后，在"和平统一，一国两制"方针的推动下，海峡两岸关系逐步走向相对缓和。但是，福建军民联防并不因此而削弱，而是在加强海防建设的同时，将工作重点扩展到反走私、反偷私渡活动等方面。

二、双拥工作走在全国前列

福建是对台军事斗争的海防前线和前进基地。全省上下自觉站在维护祖国大局的高度，以做好军事斗争准备为重点，以发展生产力、提高部队战斗力、增强军民凝聚力为目的，以开展创建双拥模范城（县）活动为载体，积极探索社会主义市场经济条件下双拥工作的新路子，为改革发展稳定和国防建设作出了重要贡献。福建省是全国唯一各级政府机构中保留拥军支前部门的省份，无论是在支持部队基础设施建设、开展科技拥军，还是在军民共建社会主义精神文明、做好优抚安置工作等方面，福建都走在全国前列，成效显著。双拥共建持续深入，福建成为所有设区市均被评为"全国双拥模范城"的唯一省份。

支前工作不断加强

1987年，福建省政府办公厅专门下文，要求各级政府进一步加强支前机构，对支前委（办）机构的隶属关系、编制、规模作了具体规定。1995年，经南京军区批准，福建省国防动员委员会第一次会议正式决定把全省各级支前办纳入各级国动委机构正式编制。与共和国同龄的福建各级支前办，尽管办公地点换了一处又一处，人员换了一批又一批，但由于历届福建省领导始终高度重视拥军支前工作，"支前办"的名称始终没有换；虽然经历了多次精简机构，但全省各级支前委员会及其办事机构不仅保持不变，而且得到不断加强，拥军支前的职能始终没变，支前办的牌子一直非常醒目地挂在各级政府的大楼里。新中国成立以来，福建省始终保持比较健全的拥军支前组织机构，这在全国是绝无仅有的。为了加强对双拥工作的领导，1990年8月，福建省率先在全国成立省、市、县三级双拥领导小组及办公室。自此，全省各级双拥领导小组及办公室和各级支前委员会及办公室两套常设机构，既分工负责又相互协调，为福建双拥工作的顺利开展提供了有力的组织保证。

"部队练打赢，地方练支前"。全省各级把拥军支前纳入工作目标责任制，制定完善了10余部相关地方性法规，将支前保障、国防动员、物资征集等落实到每一个部门、每一个单位和千家万户，在全省上下形成了"拥军支前，人人有责"的浓厚氛围。每次军事演习，省委、省政府和演习地区党委、政府都高度重视，把保障部队完成军事演习任务作为双拥工作的大事来抓，从上到下专门成立拥军支前工作班子，由党政主要领导亲自挂帅，各相关职能部门负责人参加，统一组织实施军事演习全过程的支前保障工作，从人力、财力、物力、技术上全方位保障部队圆满完成历次军事演习任务。

在每一次重大军事行动和演习中，各级支前办把工作的出发点和落脚点放在直接为军事斗争准备提供服务保障上，当先锋打头阵，成了部队离不开的"联络部"和"后勤保障部"，组织协调各级各部门和广大人民群众积极做好支前保障工作，为部队圆满完成历次重大军事行动和演习任务作出了突出贡献。

1996年春，由南京军区组织的陆、海、空三军部队在福州地区举行军事演习，中央军委副主席张万年率100多位将军临平潭指挥观摩。这是一次兵种最多、规模最大、区域最广、时间最长、保障任务最重的演习。演习期间，在省委、省政府的直接领导下，各级各部门和广大人民群众继承和发扬拥军支前的优良传统，以高度的政治责任感和战略紧迫感，同心同德，全力以赴，大力开展拥军支前活动，从交通运输、演习场所物资供应、安全警戒、卫生防疫等多方面无私支持部队军事行动，做到急部队之所急、解部队之所忧、供部队之所需，为演习部队提供了及时有力的保障，受到部队首长和广大指战员的高度赞扬。2001年春夏，南京军区、广州军区部队分别组织了以联合登陆作战为背景的实兵演习。演习过程中，广大人民群众倾尽全力为参加演习的部队提供方便，识大体顾大局，心甘情愿舍弃个人、局部经济损失。演习部队需要民船，平时预先征集在册、经过平战结合训练的民船，要多少就能来多少，不谈经济损失，一切服从演习需要；登陆舰艇船只需要清除航道，渔民们闻风而动，不分昼夜地清除滩涂养殖，拆除渔排，转移渔网。中央军委副主席张万年观看在漳州举行的"东海6号"军事演习后动情地说："这次演习，我仿佛又看到当年人民群众跟进参战支前的情景。"

支前工作坚持为部队全面建设服务。各级支前办积极协调各有关部门做好军供工作。市场价格全部放开后，供应部队的粮、油价格不变，质量档次比国家规定还提高一级，差价全由地方财政负担。各级支前办还积极扶持驻闽部队发展农副业生产。1991—1994年，对驻闽部队团级单位实施"四个一好"活动（一个好猪场、一个好饲料厂、一个好鱼塘、一个好养鸡场）；1994—2000年，对1300个基层建制连队开展"三个一好"工程建设（即一个好食堂、一块好菜地、一个好猪圈）；2001年重点扶持军师级"两基地一中心"工程建设（即示范培训基地、副食品基地和生活服务中心）。20世纪90年代中期后，解放军总参谋部、南京军区在福建方向先后举行过多次重大军事演习和数十次例行军事演练，各级支前办积极协调全社会力量，形成全方位的保障网络，配合部队行动，当"龙王""桑美"等强台风袭击福建省时，及时深入救灾一线，协调做好抢险救灾部队的后勤供应，并支持部队农副业生产灾后重建。各级支前办还积极做好国防施工的协调和保障工作，特别是做好安徽屯溪—福建漳州和沪—杭—福—广通信光缆福建段的施工协调和保障。

各级支前办把为部队办实事作为自己的应尽职责。有计划地帮助驻在高山、海岛、前沿阵地的部队修道路、挖水井、铺水管、架电线，赠送文化设备，帮助部队建立微机局域网，为部队开展科技练兵活动服务，帮助部队解决行路难、吃水难、洗澡难、看电视难等问题。各级政府在筹划和实施各种大型建设项目中，注意平战结合、军民结合，充分考虑到国防需要；投巨资改善军事交通，驻闽部队主要营区通往主干道的道路，基本建成高质量的水泥路或高等级公路，保证部队能够快速机动。

支前办还十分重视做好军事设施保护工作，积极配合有关部门和军事管理机关，关闭了一些危害军事设施的采石场、采矿场。福建省拥军支前工作得到国务院、中央军委、南京军区的肯定。省支前办公室2003年被总政治部、民政部评为"爱国拥军模范单位",被省委、省政府、驻闽部队评为"双拥先进单位",接受南京军区及驻闽部队赠送的"军队的好后勤""军地桥梁""支前先锋""部队的靠山"等十几面牌匾。

国防动员体系不断完善

根据现代战争特点,抓紧未来战场建设,提高打击与防护能力,是做好军事斗争准备的重要内容,也是双拥工作的基本任务。1992年,福建省成立国防教育委员会,各地也相继成立国防教育委员会,乡镇成立国防教育领导小组。同年4月,福建省七届人大常委会第二十七次会议通过《福建省国防教育条例》,对开展国防教育的指导思想、具体内容、教育对象、组织实施等作了具体规定,使国防教育有章可循、有法可依。在省委、省政府高度重视和统一领导下,各级双拥工作领导小组主动配合国防动员委员会有关成员单位,认真贯彻"平战结合、军民结合"的方针,正确处理经济建设与国防建设的关系,在制定国民经济和社会发展计划时,统筹安排,通盘考虑国防建设的需要,在安排铁路、公路、机场、港口、码头、通信等基础设施建设时,主动贯彻和体现国防需求,提高建设项目的综合效益。同时,各地认真贯彻《中华人民共和国军事设施保护法》及实施办法,健全军事设施保护领导小组,制定地方性军事设施保护法规,加强执法检查,及时关闭了一些危害军事设施的采石场、采矿场,对重点军事设施加强了军警民联防联治,对移交地方管理的坑道和工事等设施认真维护,有效地保护了国防和军事安全。各级各部门还按照省国防动员委员会的部署,认真做好兵员、经济、科技、人防、交通、支前等动员准备工作,进一步提高了全省后备力量整体素质、国民经济平战转换能力、战时防护能力、交通保障能力。

国防动员基础建设扎实推进。针对福建地处军事斗争准备前沿的实际,认真贯彻"平战结合、军民结合"的方针。一是推行军地设施共用、产品兼用、人才通用,逐步走上投入少、效益高的国防动员建设路子。2005年8月,省国动委集中信息保障队伍300多人、车辆装备150多台(部)举行福建"天网—联得通"信息动员实兵实装演练。演练也是对军地设施共用、人才通用的一次检验。二是物资装备动员积极适应经济社会快速发展的新形势，重视在提高平战转换能力上下功夫，加强主要方向、重点地区的物资储备，确定了首批转扩产企业，新组建一批装备保障分队。2003 年 9 月在龙岩组织了全省战时国民经济动员（"供得上"）演习，应急动员能力不断增强。三是交通保障坚持把国防交通建设寓于国家和地方交通设施建设之中，新建、改建了铁路、公路、滚装码头、公路飞机跑道，整治了部队驻地进出通道，建设了备降机场，基本形成了立体交通网络。组织了民船、民车动员试点，进行多用途船改装，组建了交通专业保障队伍，沿海四市组建了 5 个民兵船运团，投送能力明显提高。近年来先后组织进行了多次交通动员演习：2001 年 10 月龙岩连城"保畅通"实兵实拉实装实弹演习，2002 年 9 月在南平召开全省战时"保畅通"工作会议举行的演习，2003 年 7 月在石狮举行的民兵船运团装卸载试验，2004 年 7 月漳州海上支前保障（"过得去"）实兵实装演习，提高了交通动员保障能力。四是人民防空在抓紧进行地下指挥所的新建与改造，以及新建一批人防骨干工程的同时，着力于结合民用建筑修建人防地下室，增加防空警报和通信设施，发展壮大人防专业保障队伍，经常进行防空警报试鸣，城市综合防护能力不断增强。五是制定了一批地方性国防动员法规。

强化国防观念，支持国防建设。从 20 世纪 80 年代后期开始，全省建立起以党委、政府为主导，军事系统为骨干，社会为课堂，学校为基础的全民国防教育体系，经常以各种形式向人民群众特别是青少年进行国防教育，全民国防观念不断增强。

军民共建社会主义精神文明与时俱进

改革开放后，如何进一步巩固和发展军政军民团结，是双拥工作面临的一个新课题。中国改革开放总设计师邓小平明确指出"军民一致，这个原则不能变"，"要按照新的情况，从各方面搞好军民关系，正确地解决军民关系问题"，[①] 并亲自倡导军民共建社会主义精神文明和双拥模范城（县）活动，

[①] 《在全军政治工作会议上的讲话》（1978 年 6 月 2 日），载《邓小平文选》第 2 卷，人民出版社 1994 年版，第 120 页。

从而为新时期双拥工作的发展创新指明了方向。福建省委重视发挥福建党政军民在长期的革命和建设中互相支持、共同奋斗，结下深厚的鱼水情谊这一优势，集军地双方之长，组织开展军民共建精神文明活动。从1981年连江县丹阳镇、南安市梅山镇军民率先共建文明村开始，福建军民共建文明城市、文明县城、文明单位、文明街路等活动在全省蓬勃开展。

进入20世纪90年代后，随着改革开放的全面深入发展，双拥工作又面临新情况、新问题。江泽民强调指出"我军最深厚的力量源泉在于最广大的人民群众"[1]，"要深入持久地开展拥政爱民、拥军优属工作，进一步巩固军政、军民团结"[2]，要求像爱护眼睛一样爱护军政军民团结，提出"同呼吸，共命运，心连心"的根本目标，为双拥工作的深入开展提出了新的要求。1990年1月6日，福建省委、省军区、解放军驻闽部队、武警福建总队联合发文倡导开展"军民共学雷锋，共建精神文明，共同继承发扬古田会议精神"的"三共"活动。各地各部队领导带头学雷锋，在全国最早提出"岗位学雷锋，行业树新风"的口号，并作为"三共"活动的重点。地方开展学雷锋、做好事、送温暖、树新风的系列活动，共建立17万个青年学雷锋小组、2万多个综合包户小组、3万多个帮耕助插小组，常年开展活动。部队官兵普遍开展"立足本职，贡献国防"活动。

军民共建活动的不断拓展和深化，带动了工农、厂街、村校共建和区域共建活动的开展，形成多层次、广覆盖的共建网络。党的十四届六中全会以后，福建省军民共建活动进一步与"讲文明、树新风"活动和创建文明城市、文明行业、文明村镇等"三大"创建活动融为一体，共建的面更广、力度更大、成效更突出。通过广泛开展军民共同学习实践"三个代表"重要思想活动，广大军民的思想进一步解放，观念不断更新，为推进全面建设小康社会打下了坚实的思想基础。截至2005年底，全省共有军民共建点4500多个，其中70%受到县（团）级以上机关的表彰，在城乡社会主义精神文明建设中

---

[1] 中共中央文献研究室编：《江泽民论有中国特色社会主义（专题摘编）》，中央文献出版社2002年版，第454页。

[2] 中共中央文献研究室编：《江泽民论有中国特色社会主义（专题摘编）》，中央文献出版社2002年版，第477页。

起了示范和辐射作用。2003年春夏，一场突如其来的疫情——非典型肺炎袭击祖国大地，驻闽第一七五医院、第一八〇医院76名医护人员，坚决响应党中央和中央军委的号召，奔赴抗击"非典"第一线，支援北京小汤山医院参加抗击"非典"，又一次用自己的实际行动，履行全心全意为人民服务的宗旨，为首都赢得抗击"非典"的胜利作出了应有的贡献，为福建军民赢得了荣誉。

广泛深入开展军民共建活动，是福建省双拥工作的一大特色，是新时期双拥工作的一个创造。实践表明，军民共建活动的开展，是增强军民凝聚力的有效途径，是社会主义精神文明建设在基层落实的有效方法，对于促进党风和社会风气的好转、促进军地现代化建设都起了十分重要的作用。

双拥工作走上规范化、法制化、制度化发展轨道

在中国革命、建设和改革的各个历史时期，双拥工作总是同当时的政治、军事、经济形势紧密相连的。革命战争年代，在一切为了前线、一切为了胜利的总方针下，双拥工作的重点是拥军支前，主要是采取全民动员的办法，集中力量支援前方打胜仗，优待后方烈军属。和平建设时期，在高度集中的计划经济条件下，双拥工作重点是靠行政手段为部队排忧解难，支持部队战备、训练和对敌斗争。改革开放后，特别是在发展社会主义市场经济条件下，我国正处在一个历史大变革时期，双拥工作越来越呈现多样化发展的趋势，出现国防建设容易被人们所忽视、国防观念和双拥意识容易被淡化、人民群众拥军优属的积极性和自觉性容易被削弱等新情况、新问题。

为了适应形势发展的需要，从20世纪90年代初开始，福建省把依法拥军和依法治国、依法治省结合起来，抓紧双拥政策法规建设，并取得突破性进展。福建省人大常委会先后颁布了《国防教育条例》、《福建省拥军优属若干规定》（是全国制定和颁发的第一部地方性拥军优属政策法规）、《征兵工作奖惩条例》，和省政府相继出台的《福建省〈军人抚恤优待条例〉实施办法》《福建省农村优待烈士家属、义务兵家属、残废军人暂行办法》《福建省城镇义务兵家属优待试行办法》以及扶持部队、优抚对象发展生产等20多项双拥政策法规，使拥军优属工作基本上做到有法可依、有章可循，初步走上法制化轨道。各设区市、县也根据自身特点,先后制定出台了各种拥军优属、军转安置和支前保障等政策法规150余项。这些双拥政策法规的出台,对支持部队重点项目建设,妥善解决随军家属就业、军转干部和退役士兵安置、部队子女上学等问题,都作了明确的规定,为解决部队现代化建设中遇到的重点、热点和难点问题提供了政策依据。

驻闽部队和武警部队在充分协商的基础上,于1997年1月共同制定《驻闽部队拥政爱民若干规定》,规范了拥政爱民工作内容,对遵守地方政策法令、支持地方两个文明建设、维护军政军民团结等问题作出了具体规定。各地、各部队根据上述规定,结合本地区的实际情况,以地方党委或政府、驻军的名义,相应制发了贯彻执行双拥政策法规的实施细则。为保障双拥政策法规的贯彻落实,福建还把双拥政策法规纳入全省普法教育计划,广泛开展形式多样的宣传活动,不断增强广大军民依法双拥的新观念。全省各级人大也把双拥政策法规列入执法检查内容,经常组织检查,及时研究解决存在的问题,有力地促进双拥政策法规在基层的贯彻落实。同时,制定实施了各级军地主要领导联席会、现场办公会、相互走访征求意见和通报情况制度、地方党委的议军制度和双拥共建制度等军地联系机制。此外,党、政、军各级还认真开展国防教育和双拥宣传教育,广泛开展"国防教育日"、"军事日"、"经济日"、国防教育讲座、国防教育知识竞赛等活动,推动了群众性国防教育和双拥宣传教育的深入开展,促进全省上下军爱民、民拥军、军民团结一家亲氛围的形成。

科技拥军工作走在全国前列

科技是第一生产力,也是强大的战斗力。实施科技强军战略,加强军队质量建设,走中国特色的精兵之路,"是实现我国新时期军事战略的需要,也是整个现代化建设事业发展的需要"[1]。福建省委、省政府和省双拥工作领导小组对科技拥军工作非常重视,于2001年专门下发《关于广泛深入开展科技

---

[1] 中共中央文献研究室编:《江泽民论有中国特色社会主义(专题摘编)》,中央文献出版社2002年版,第455—456页。

拥军活动的通知》，对科技拥军的主要内容、实施办法、经费保障、组织领导等方面提出具体要求，强调双拥工作要努力实现由传统型向现代型转变，大力提高科技含量，支持部队贯彻科技强军、科技兴训战略，促进部队战斗力的提高。全省各地本着"部队所需，地方所能"的原则，广泛开展形式多样的"科技送军营"活动，取得明显成效。据不完全统计，至 2005 年底，全省依托各大专院校、科研院所、高新企业及其他科技含量较高的单位，帮助部队培养了各类人才 20 多万人，转让科技成果 300 多项，完成军事科研和技术革新项目 500 多个，革新装备器材 1500 多件，赠送电脑 8000 多台，建立"拥军书库"1000 多个，既为对台军事斗争准备提供人才和智力支持，也为双拥工作增添新的活力。厦门、泉州等沿海城市还专门设立科技拥军基金，用于扶持科技拥军项目，奖励有功人员。随着科技拥军活动的不断深入开展，双拥工作逐步实现了传统型向现代型转变，大大提高了双拥工作的科技含量。

第三篇
新时代闽台融合发展
(2012年11月—2021年12月)

深化两岸经济社会融合发展，对于在新的起点上推动两岸关系和平发展、推进祖国和平统一进程具有十分重要的地位。

两岸一家亲，闽台亲加亲。党的十八大以来，习近平总书记多次就福建工作作出重要指示，要求福建发挥优势、加快发展，为祖国和平统一大业作出新的贡献。中央的重大战略部署，将福建发展提到了国家战略的高度，与维护中华民族核心利益紧密结合起来，给福建发展带来了重大历史机遇。2016年以来，面对两岸和平发展经历了从"热络"到"冰冷"转变的新形势，福建以习近平总书记对台工作重要论述为指引，遵循"两岸一家亲"的理念，充分发挥对台独特优势，推动闽台在经济、文化、社会等方面的深度融合，并把对台的独特优势转化为推动发展的动力，推动福建高质量发展。

第三篇
新时代的融合发展
（2012年11月—2021年12月）

第三篇　新时代闽台融合发展
(2012年11月—2021年12月)

第十九章　闽台经济融合深度推进

改革开放伊始，邓小平就高瞻远瞩地指出："台湾归回祖国、祖国统一的实现，归根到底还是要我们把自己的事情搞好。我们政治上和经济制度上比台湾优越，经济发展上也要比台湾有一定程度的优越，没有这一点不行。四个现代化搞好了，经济发展了，我们实现统一的力量就不同了。"① 党的十八大以来，习近平总书记坚持在发展基础上解决台湾问题，从党和国家工作全局谋划对台工作，率先提出并反复宣导"两岸一家亲"理念，丰富了做台湾人民工作的思想内涵，推动两岸关系由和平发展逐步转入以构建两岸命运共同体为主题的两岸经济社会融合发展阶段。在改革开放和中华民族伟大复兴的征程中，台湾同胞不仅是机遇的分享者，而且也是积极参与者和贡献者。祖国大陆的发展进步，既是两岸关系稳定发展的重要保障，也是两岸经贸交流的动力之源。实践证明，深化经济合作，才能厚植共同利益；密切人民往来，才能融洽同胞感情。

一、开创两岸关系和平发展新局面

两岸关系和平发展理念孕育于反"台独"斗争尖锐之时，形成于两岸关系实现重大转折之际。2008年12月31日，胡锦涛在纪念《告台湾同胞书》

---

① 《目前的形势和任务》(1980年1月16日)，载《邓小平文选》第2卷，人民出版社1994年版，第240页。

发表 30 周年座谈会上发表讲话，首次全面系统阐述了两岸关系和平发展重要思想。其要点是：（1）解决台湾问题的核心是实现祖国统一，目的是维护和确保国家主权和领土完整，追求包括台湾同胞在内的全体中华儿女的幸福，实现中华民族伟大复兴。（2）实现祖国和平统一，首先要确保两岸关系和平发展。推动两岸关系和平发展，应该把坚持大陆和台湾同属一个中国作为政治基础，把深化交流合作、推进协商谈判作为重要途径，把促进两岸同胞团结奋斗作为强大动力。（3）就推动两岸关系和平发展提出六点意见：一是恪守一个中国，增进政治互信；二是推进经济合作，促进共同发展；三是弘扬中华文化，加强精神纽带；四是加强人员往来，扩大各界交流；五是维护国家主权，协商涉外事务；六是结束敌对状态，达成和平协议。（4）两岸同胞是血脉相连的命运共同体。两岸关系和平发展理念丰富了国家统一理论，开创了对台工作新局面。

在海峡两岸关系协会与海峡交流基金会协商方面，取得系列重要成果。2008 年至 2015 年 8 月，"两会"先后举行了 11 次会谈，签署了 23 项协议，达成多项重要共识。这些成果和共识，拓展了两岸合作领域，丰富了两岸交往内涵，为两岸交流提供了源源不竭的助力，为两岸同胞带来了实实在在的利益，增进了两岸同胞福祉，推动了两岸关系和平发展进程。

在两岸经济合作方面，不断扩大深化，取得突破性进展。2008 年 5 月以来，两岸经济合作最重要的进展是，开始了两岸经济合作制度化的进程。2010 年 6 月，"两会"签署《海峡两岸经济合作框架协议》（ECFA），构建了两岸经济合作机制化平台，将两岸经济合作推向新阶段。

在国共两党关系上，建立互信、良性互动。在两岸关系发展进程中，国共两党的地位发生了历史性的变化：中国国民党由一个全国执政党沦为一个区域性的政党，成为台湾地区的重要政党之一，而中国共产党由一个在野的革命政党变为全国性的执政党，并成为中国政府的主导力量。这一历史性的变化，必然对新时期国共关系的发展及其在两岸关系发展中所发挥的作用产生重大影响。从"九二共识"的达成到"汪辜会谈"的举行，从 2005 年国共两党主要领导人 60 年来首次会谈到 2015 年两岸领导人 66 年来首次会面，都凝聚着两岸双方深邃的政治智慧。特别是 2005 年 4 月，时任中国国民党主席连战应邀访问大陆,与时任中共中央总书记胡锦涛进行正式会谈,共同发布了《两岸和平发展共同愿景》,确立了坚持"九二共识"、反对"台独"的共同政治基础,掀开了两党关系新的一页。从此,国共两党保持高层交往对话,并共同举办了11届两岸经贸文化论坛。

在两岸政治关系上,实现了三个层次的历史性突破。第一个层次是两岸民间政治对话的开启。2013年,两岸学者和有关人士在上海共同举办首届"两岸和平论坛",就两岸政治、军事等相关议题进行广泛探讨。第二个层次是双方两岸事务主管部门间建立起常态化联系沟通机制。2014年2月、6月,双方两岸事务主管部门负责人实现互访,建立起两部门间常态化联系沟通机制,推动两岸关系发展迈上新台阶。第三个层次是实现两岸领导人历史性会面。2008年5月以来,两岸关系和平发展不断巩固和深化,促成两岸领导人会面的时机成熟了。2015年11月7日,中共中央总书记、国家主席习近平同台湾方面领导人马英九在新加坡会面,就进一步推进两岸关系和平发展交换意见。两岸领导人跨越66年的首次会面,是两岸关系发展进程中的里程碑,对两岸关系未来已经并将产生重大而深远的影响。

两岸和平发展局面的形成与推进,为闽台两地之间的"大合作、大交流、大发展"创造了有利条件。

值得指出的是,在两岸关系和平发展的同时,以民进党为代表的"台独"政治势力再度蓄积力量,加上马英九当局施政不力和模糊暧昧的"统独"做法,为"台独"政治势力的进一步坐大提供了条件和发展空间,从而给来之不易的两岸和平发展蒙上了阴影。

二、闽台经济融合日趋紧密

福建是台商回大陆投资最早的地区,经贸交流合作一直是闽台关系发展的主轴。长期以来,福建坚持一手抓大项目,一手抓产业链,推动与台湾大企业、工商团体建立对接机制。随着两岸和平发展的推进,闽台经济合作呈现"三趋势两特色",即"向大产业、大市场、大城市集中发展的趋势,选资与引智并重的趋势，产业逐步融合发展的趋势和区域产业布局特色，增资扩股特色"①。

在闽台交流发展进程中，台商是一支重要的交流力量，也是一支交流先锋，他们不仅始终处在两岸交流的前端，而且为我国改革开放作出了卓越贡献，他们在各个不同时期，都呈现出了为和平发展尽心出力的良好势头。如今，台商在福建的投资日益增长，领域不断扩大，经贸交流日趋深入。据统计，截至2017年底，在闽经商、工作、生活的台胞有15万人左右；福建累计批准台资项目1.7万多个（含第三地），实际到资280多亿美元，其中2017年省内利润总额上千万元的台资企业超过25家；累计批准赴台投资企业或分支机构83家，协议投资额3.83亿美元，居大陆首位，台资是福建省第二大外来资金；闽台贸易额累计9427.4亿元。从产业分布上看，电子信息、机械和石化三大主导产业正是台湾岛内位居前三位的、外移趋势不断扩大的产业，是闽台产业合作的主要领域。从地区分布看，厦门、福州、漳州、泉州及莆田五市汇聚的台资项目约占全省的90%，是最具活力的台商聚集地，是台湾产业对接的主平台，也是构筑台资企业群体并促进其向周边辐射、拓展的关键与重要着力点。

闽台经贸合作深入推进的一个重要标志，是福建企业赴台投资的发展。自2009年开放陆资赴台后，福建对台投资每年均保持增长势头，不论是赴台投资企业数还是投资规模，均居大陆首位。截至2017年，闽企在台湾设立88家（不含增资）企业和分支机构，协议投资额3.84亿美元。福建企业通过入岛投资，既实现了合作双赢，又促进了闽台区域经济整合。赴台投资的福建企业，已涉足果蔬、花卉、儿童服装销售、建筑、会展服务、交通物流、旅游观光等多个产业。

闽台产业增长，带动服务业发展。2012年以来，一批台湾金融企业机构纷纷落户福建，从银行、证券到养老、医疗等领域，均有台资项目在福建生成。在闽台金融合作方面，福建省在全国首创设立两岸征信查询系统，为跨

---

① 薛志伟：《福建：共筑两岸新起点，共促闽台新融合》，《经济日报》2018年6月4日。

境征信查询提供了新样本。2016年7月，厦门、泉州率先获准开展对台跨境贷款业务试点，接着，平潭对台小额商品交易市场设立外币代兑机构，龙岩也成立首家台资小额贷款公司。截至2017年9月，福建先行开展对台跨境人民币贷款业务，提款金额占大陆试点业务总量的90％；海峡股权交易中心设立台资板块，挂牌台企37家，为台资企业融资21亿元，两岸资本市场合作实现破冰。

闽台口岸合作是福建的独特优势。据统计，全省现有开放口岸11个。其中海港口岸7个，截至2017年12月，共有开放港区24个，正式开放码头泊位230个，临时开放码头泊位16个，空港口岸有4个。福建突出对台先行先试，不断拓展对台直航通道。厦门港五通码头、平潭港澳前码头等重点对台口岸设施建设持续推进，开通平潭至台北、台中海上客货滚装航线，全省7个海港和4个空港口岸全面实现对台开放。"台闽欧"国际班列成为首条加入中欧安全智能贸易航线试点计划的铁路航线。福州海关简化ECFA、CEPA货物进口原产地证书提交需求，收到出口方传输的原产地证书电子数据后，就无需提交纸质单证，实现了闽台、闽港、闽澳间海关原产地证书联网的无纸化通关，解决了货到证未到的问题，这一举措被海关总署复制推广到沪粤津自贸试验区。

闽台经贸蓬勃发展，已形成资源互为补充、产业互为分工、信息相互分享、经济相互促进的互惠互利、共同发展的交融局面。这种交融局面的形成和发展，已成为促进闽台关系不断取得新突破的重要推动力量。2012年至2017年7月，福建利用台资（含第三地转投）4652项，实际利用台资78.36亿美元。

福建电子、石化、机械三大主导产业的骨干企业，有许多是台资企业，福建设有6个国家级台商投资区，在闽台湾金融机构数量位居大陆第二位；台湾百大企业中，有一半以上在闽投资设厂，闽台贸易额累计突破1万亿元人民币。台湾青年来闽就业创业近2万人。截至2019年8月，福建累计利用台资超过300亿美元，包括台塑集团、统一企业、联华电子、国泰人寿等在内的50多家台湾百大企业均已在闽投资布局；22个台湾金融机构落户到闽，其中台资银行6家，居大陆第二位。闽台贸易投资和产业合作，既有效促进了两地经济的发展与转型,也成为推动闽台经济融合发展的重要力量。

三、闽台农业合作深入拓展

闽台一水相连,福建是大陆与台湾气候条件、地理地貌最相近的省份,海洋环境、渔业资源和农作物结构、栽培技术及耕作制度基本相同,闽台两地农业合作具有得天独厚的区域优势。福建是台湾农业向外拓展的首选地,闽台农业合作一直是福建发展现代农业乃至于发展闽台区域经济的一大特色。

党的十八大以来,在两岸和平发展大潮的激荡下,闽台农业合作领域不断扩展,从种养业向精深加工、设施农业、休闲农业以及经营管理模式的引进等方面发展,生物技术、农业机械、种子种苗等高新技术合作呈上升趋势。在推进闽台农业示范合作方面,福建着力加强闽台农业合作推广示范县建设,有效促进了闽台两地果、茶、菌、花卉等产业的深度对接和产业升级,不断培育壮大富有区域特色的现代农业产业。

闽台农业合作"从初级农产品的小规模引种生产开始,逐步向资金、品种、技术、市场、经营管理等系统引进转变"[①],从常规的生产体系引进,发展到精致农业、绿色农业、休闲观光农业、品牌农业、智慧农业,并延伸到农业科教合作、农业经营管理、生态保护、渔工劳务合作等领域,逐步朝着产业集群的方向发展。在闽台农业示范推广方面,突出台湾优良农业品种和先进技术的引进示范推广。2017年,全省引进台湾果树、食用菌、蔬菜、中药材等农业新品种109个,引进新技术30多项。同时,持续推进10个闽台农业合作推广示范县建设,突出重点区域、重要品种和关键性技术的引进、吸收和再创新,集成推广台湾农业良种及其配套技术,促进福建传统农业转型升级。

---

① 王蒲华:《海峡两岸农业合作的发展趋势与对策研究》,《宁夏社会科学》2010年第3期。

在搭建交流创业平台方面，积极鼓励和支持台湾青年在农业领域创新创业。截至2017年底，已有数百名台湾青年在花卉、茶叶、水果、蔬菜、休闲农业等农业领域创业，成为台青入闽创业和两岸农业交流合作的新亮点。2017年2月，台盟中央在漳平台创园设立台湾青年产业融合示范基地；10月，福建省农业厅在漳平台创园设立台湾高校学生教学实践基地，为闽台高校开展异地教学、现场教学、生产实习和青年交流搭建新平台。

在闽台基层农业交流方面，持续拓展深化。据统计，至2017年底，全省有300多个乡镇与台湾200多个乡镇开展对接交流；在漳州新设的海峡两岸新型农民交流培训基地，数千名学员受益于台湾师资教学。仅2017年，福建省先后组织开展"台湾农民福建行"和"台湾青年农民中华农耕文化福建行"等专题活动，邀请12个台湾农业交流团组来访。同时，积极邀请台湾农业专家来闽交流、指导培训，为在闽台青组织了两期农业电子商务培训班，共有158人参加培训。

在推广示范工程方面，实现新突破。2012年起，在罗源、东山等10个县建设闽台农业合作推广示范县（市、区），建立了一批莲雾、葡萄等台湾农业良种与技术推广示范基地。近年来，集成示范推广台湾农业良种和关键技术，建设完善了一批高标准推广示范基地，诏安火龙果、永春柑橘、邵武百香果、沙县茶叶等闽台合作特色产业不断发展壮大。农产品集散中心加快发展。厦门口岸连续八年保持台湾水果第一大进境口岸位置。南安石井成为大陆唯一的台湾槟榔物流中心，以及大陆最大的进口台湾鳘卵登陆口岸。东山县水产品加工集散基地建成了海峡两岸最大规模的水产品商业物流冷库群。

在推进台湾农民创业园建设方面，发挥优势，引导发展"一园一特色"，积极对接项目，促进产业提升。仅2018年，全省6个国家级台湾农民创业园共引进台资农业企业32个，合同利用台资5500万美元。台创园产业发展配套条件进一步完善，并成为两岸农业合作的样板。

此外，着力打好"海峡牌"，连续举办了多届海峡两岸农博会、林博会、渔博会、茶博会、农产品采购订货会等重大农业经贸展会活动。自2006年至2009年，国台办和商务部先后在福建设立厦门台湾水果销售集散中心、霞浦台湾水产品集散中心、海峡两岸（福建东山）水产品加工集散基地、海峡两岸（泉州）农产品交易物流中心、海峡（福建漳州）花卉集散中心等一批贸易集散基地，使福建成为台湾农产品销往大陆各地的物流中心。此外，涉台农业法规政策服务体系也日趋完善。2011 年，福建省政府出台《关于加快台湾农民创业园建设的若干意见》，2013 年又出台《关于进一步深化闽台农业合作的若干意见》等。据统计，2012 年至 2017 年 7 月，全省批办台资农业项目 277 个，实际利用台资 3.8 亿美元。福建省农业利用台资的数量和规模持续保持大陆各省区市第一。在 2017 年农业部和国台办委托第三方进行的综合考评中，龙岩漳平、漳州漳浦等 5 个台湾农民创业园包揽前五名。截至 2018 年底，全省累计批办台资农业项目 2681 个，合同利用台资 39.5 亿美元，农业利用台资的数量和规模继续稳居大陆各省区市首位。

在改革开放大潮中，两岸历经 40 年的缓和、改善和发展，大陆已是台湾农产品的最大出口市场，其中福建省是台湾农产品的第一大进口地。从厦门口岸进口的台湾水果、食品、酒类、大米等一直稳居大陆第一，厦门口岸台湾食品进口货物批次占大陆进口台湾食品总批次的 50% 以上，进口台湾水果占大陆八成。2018 年 12 月 4 日，"2018 两岸企业家峰会"年会在厦门揭幕。这次两岸企业家峰会年会把两岸农业合作列为重要主题，还吸纳了首批农业企业会员，并专门举办了"两岸现代农业融合发展论坛"，为两岸农业合作寻找商机。

闽台农业交流合作，不仅促进了福建产业布局更趋合理以及农业产业结构升级，提升了福建现代农业的科技水平和管理水平，推动了福建农业向精致农业、有机农业和生态农业等现代农业业态发展，加快了福建农业现代化进程与乡村振兴，而且台湾农民创业园已成为闽台农业合作双赢的示范样板，成为福建现代农业的重要窗口。

四、"多区叠加"助推闽台融合发展

党的十八大以来，以习近平同志为核心的党中央高瞻远瞩，站在国家发展全局和中华民族伟大复兴的战略高度，深刻阐释了民族复兴与两岸前途的密切联系，树立起共圆中国梦这面团结两岸同胞共同奋斗的精神旗帜。也就是说，在保持和平发展的前提下，对台方略在愿景引领、理念阐发上更加清晰明确的同时，着力通过具体有效的措施方法、工具手段，使之具体化、精细化，让"两岸一家亲""两岸命运共同体"的理念发挥出来。如平潭综合实验区、中国（福建）自由贸易试验区、21世纪海上丝绸之路核心区及福州新区、福厦泉国家自主创新示范区、国家生态文明试验区等福建"多区"的设立，便是把加快福建发展与促进祖国统一有机结合起来的一系列战略举措。

在中国现有的自贸试验区中，福建自贸试验区是唯一将"深化两岸经济合作"当作自身定位和发展目标的自贸试验区，自贸试验区建设成为闽台融合发展的又一新的突破口。随着"六区"叠加政策效应的持续放大，福建对台资的磁吸效应愈加凸显，为推进闽台深度融合创造了新机遇。在推进闽台融合发展方面，平潭综合实验区、福建自贸区和21世纪海上丝绸之路核心区尤为突出。

平潭对台开放开发

像改革开放之初的厦门经济特区一样，平潭综合实验区也是因"台"而设，是改革开放进入新时代的闽台合作重要窗口。平潭对台开放开发，可分为起步规划、封关运作、"实验区＋自贸试验区"、"实验区＋自贸试验区＋国际旅游岛"四个阶段。

一是起步规划阶段。党中央国务院高度重视平潭开放开发，福建举全省之力支持平潭开放开发建设。2009年7月，福建省委、省政府根据国务院支持福建省加快建设海峡西岸经济区的精神，决定设立福州（平潭）综合实验区。时任福建省委书记孙春兰"先后14次上岛调研，强调必须把平潭开放开发作为推进福建发展和闽台交流合作先行先试的重要抓手和突破口，举全省之力推进平潭开发建设，努力建设两岸人民的共同家园"[①]。2010年2月，福州（平潭）综合实验区升格为福建省平潭综合实验区，为省委、省政府派出机构。2010年3月，平潭综合实验区概念性总体规划启动，提出规划的基本

---

① 林侃：《福建平潭，开放开发》，《福建日报》2012年8月13日。

思路是：作为全国首个面向台湾的两岸交流综合实验区，平潭实行300多平方公里的"全岛开放"。积极探索"共同规划，共同开发，共同经营，共同管理，共同受益"的两岸合作新模式，建设机制先进、政策开放、文化包容、经济多元的现代化、国际化综合实验区。[①]

2011年11月，国务院批准《平潭综合实验区总体发展规划》，平潭开放开发上升为国家战略。该规划在通关模式、财税支持、投资准入、金融保险、对台合作、台胞就业生活、土地配套等方面赋予平潭比经济特区更加特殊、更加优惠的政策，平潭开放开发站上了更高起点。2011年12月，《平潭综合实验区总体发展规划》发布，平潭开始了开放开发的新进程。平潭综合实验区按照"共同规划，共同开发，共同经营，共同管理，共同受益"的原则，旨在打造成为两岸人民合作建设、先行先试、科学发展的共同家园。按市场化运作方式，划定特定区域由台湾投资者进行开发建设、自主管理；允许台湾规划、工程咨询等企业和执业人员在其资质范围内，在平潭从事相关业务；赋予平潭综合实验区更加优惠的海关特殊监管政策，力争实现贸易、投资、人员往来、交通、金融服务、旅游购物、就业生活等七个"便利化"。[②] 2013年7月25日，福建省第十二届人民代表大会常务委员会第四次会议通过《福建省人民代表大会常务委员会关于加快推进平潭综合实验区开放开发的决定》，该决定指出："平潭综合实验区是经国家批准的开展两岸交流合作和对外开放先行先试的综合实验区域。平潭综合实验区开放开发，应当实行灵活、开放、包容的对台政策，实施全方位高水平大开放的对外战略，加快与国际惯例接轨，建设两岸交流合作的先行区、体制机制改革创新的示范区、两岸同胞共同生活的宜居区、海峡西岸科学发展的先导区，构建两岸同胞共同参与国际竞争的合作平台和宜居宜业的共同家园，形成机制先进、政策开放、文化包容、经济多元的现代化、国际化综合实验区。"决定的出台实施，"把中央和省委关于平潭开放开发的决策部署以法律形式转化为全省人民的共同意志，是平潭开放开发历史上的又一个里程碑，标志着实验区法治建设迈出

[①] 林侃：《福建平潭，开放开发》，《福建日报》2012年8月13日。
[②] 潘绣文：《福建出台十方面闽台合作先行先试政策》，《福建日报》2010年5月6日。

了重要一步,为平潭开放开发提供了坚实的法治基础和法制保障,对实验区的发展产生了重大而深远的影响"①。

二是封关运作阶段。2014年7月,平潭综合实验区正式封关运作,全国面积最大、政策最优的特殊监管区和"分线管理"模式开始实施。跨境贸易电子商务试点、平潭港口岸对外开放、15%企业所得税优惠目录等政策基本落实到位,平潭由此成为大陆最大的海关特殊监管区域。建立闽台通关合作机制,大力开展与台湾在货物通关、原产地证书核查、AEO互认、检验检测认证等方面的合作,推出实施"率先单方采信台湾地区认证认可结果和检验检测结果""岚台间进出口商品原则不实施检验""台湾输大陆食品源头管理、口岸验放快速通关模式"等一批对台通关便利化举措。两岸海关电子信息交换系统、两岸检验检疫电子证书交换与核查系统分别正式启用,信息互换、监管互认、执法互助"三互"合作迈出新步伐。随着对台小额商品交易市场、台湾创业园、台湾高新技术产业园等创业平台建设的推进,台资项目纷纷入驻。

2014年11月,习近平总书记在闽调研时指出:"平潭综合实验区是闽台合作的窗口,也是国家对外开放的窗口,一定要创新体制,保护好生态,深化两岸经济和产业合作,真正建成两岸同胞合作建设、先行先试、科学发展的共同家园。"②"两个窗口"的战略定位,寄托着习近平总书记对平潭的殷切期望,赋予了平潭在祖国和平统一大业和对外开放全局中的重大使命。之后,习近平总书记又多次对平潭开放开发作出重要批示,强调平潭综合实验区是"全国独创,要继续探索"③。

三是"实验区+自贸试验区"阶段。2014年12月,中国(福建)自由贸易试验区范围确定,包括福州片区、厦门片区和平潭片区。平潭片区的落地,有利于海峡两岸建立更紧密的经济社会联系,为推进闽台深度融合创造了更

---

① 龚清概:《平潭法制建设的重要一步》,《人民政坛》2013年第8期。
② 李烈等:《闽台合作　再谱新篇——牢记总书记嘱托建设新福建述评之七》,《福建日报》2017年10月18日。
③ 李烈等:《闽台合作　再谱新篇——牢记总书记嘱托建设新福建述评之七》,《福建日报》2017年10月18日。

大新机遇。2015年4月，福建自贸试验区平潭片区正式挂牌运作，2016年4月，《平潭综合实验区条例》和《中国（福建）自由贸易试验区条例》经福建省第十二届人大常委会第二十二次会议通过。两部法规分别对平潭综合实验区行政管理体制机制、对台交流合作和对外开放、产业发展定位、有关优惠政策以及自贸试验区管理体制、投资贸易便利化、金融管理与服务、闽台交流合作等方面作了规定。其中，《平潭综合实验区条例》在《福建省人民代表大会常务委员会关于加快推进平潭综合实验区开放开发的决定》的基础上，对实验区管理体制、规划建设、产业发展、投资贸易政策、金融财税政策、社会建设、生态保护、法治建设等方面的问题作了更加详细的规定，为实验区的进一步开放开发指明了方向，提供了坚实的法治保障。

四是"实验区＋自贸试验区＋国际旅游岛"阶段。根据习近平总书记在平潭考察时关于将平潭建设成"国际旅游岛"的重要指示精神，平潭综合实验区于2015年12月启动建设国际旅游岛，2016年8月，国务院批复同意《平潭国际旅游岛建设方案》。由此，平潭成为全国具有"实验区＋自贸试验区＋国际旅游岛"叠加的优势区域。作为配套，该区编制了《平潭国际旅游岛发展规划》《平潭国际旅游岛旅游标准化发展规划》《平潭综合实验区"十三五"旅游业专项规划》，进一步明确建设平潭国际旅游岛的路径与举措；出台了《促进旅游产业发展的九条措施》，鼓励旅游业全面发展壮大。

党的十八大以后，平潭综合实验区进入全面加快建设阶段。2018年3月，省委、省政府出台《进一步加快平潭开放开发的意见》，强调要继续举全省之力共同推进平潭开放开发取得新成效，11月，福建省委、省政府出台了《支持平潭新一轮对台开放开发的措施》，支持平潭新一轮开放开发，"从对台采信、基层融合、创业就业、活动交流等方面，推动平潭'一岛两窗三区'建设"[①]。省直相关部门也纷纷响应，根据省委省政府关于加快平潭开放开发的系列工作要求和部署，出台相应支持措施，全力推动平潭新一轮开放开发。如省台办也印发了关于《支持平潭新一轮对台开放开发的措施》，涉及全面落实惠及台企台胞，不断推进"一岛两标"的实践，鼓励台胞来平潭就业创业

---

① 《人与自然和谐发展　推进美丽中国建设》，《领导决策信息》2018年第46期。

促进基层融合发展，推进台资融入平潭国际旅游岛建设，加大扶持台湾青年就业创业的力度，大力提升对台交流活动水平和层次，不断拓展平潭对台往来便捷渠道和建立联系沟通机制等八个方面的措施。

2019年1月10日，福建省委、省政府印发《关于进一步深化改革扩大开放的若干措施》，对平潭致力于打造两岸同胞共同家园以及国际旅游岛作出明确具体的规定："加快推进平潭国际旅游岛建设，争取离岛免税政策尽快落地；争取在平潭设立台湾农渔产品免税交易市场；支持平潭'一岛两标'建设，推动两岸职业资格采认工作；积极采取'准入标准＋备案清单'的管理模式，对经台湾地区监管部门批准、但未经国家药品监管部门进口注册的台湾地区产的医疗器械，争取在平潭台资医疗机构内试点使用；支持将平潭两岸检验检疫数据交换中心升级为两岸经贸数据交换中心，加快建设海西进出境动植物检疫隔离处理中心；支持平潭各金融机构试点人民币与新台币直接清算。"

2019年6月16日，福建省平潭综合实验区管委会出台了《探索海峡两岸融合发展新路的实施细则》，提出："建设台胞台企登陆第一家园先行区的'36条措施'，内容主要包括提升经贸合作畅通、推进基础设施联通、加快能源资源互通和深化行业标准共通、落细落实台胞台企同等待遇、推动台胞公共服务均等化、加强两岸基层治理交流合作、扩大两岸民间交流交往等，将为台胞台企到平潭实现更大更好发展提供更多便利和创造更好条件。"[1]

平潭综合实验区设立以来，充分发挥独特优势，着力在经济、文化、社会等各方面加强与台湾的交流合作，致力于建设两岸同胞共同家园，在两岸主通道建设、产业对接、民间交流、社会融合等方面不断取得新成就，"台胞第二生活圈"已一步步变成现实。近些年来，持续推行人货往来便利化举措，于2017年开通了平潭至台湾万吨级"台北快轮"高速货运滚装航线，率先开通"台陆通"公共信息服务平台及台胞在台湾地区的信用报告查询业务；探索试验两岸社区管理融合模式。至2018年6月，平潭基础设施网络逐步构建，城市配套功能加快完善，产城融合加快推进，累计注册台资企业858家。

---

[1] 马寅秋：《大道之行，人心所向，不可阻挡》，《团结报》2019年6月27日。

尤其在落实"两个同等待遇"方面，进行了大胆先行探索，平潭综合实验区取得了良好成效。一是率先采认台湾企业资质和行业执业资格，已有49家台湾建筑、规划、旅游、医疗等行业企业和近300名台籍专业从业人员在平潭备案执业。二是率先实施台车入闽、卡式台胞证、五年免签注等一系列创新举措，便利两岸人员往来，从平潭口岸往返的旅客累计突破65万人次，其中台胞超23万人次，是1981年至2009年来平潭台胞总数的70多倍。三是率先在通关方面与台湾开展信息互换、监管互认、执法互助，实施"先验放、后报关"等便利化措施，采信台湾认证和检验检测结果，岚台小额贸易额达3.54亿美元，比实验区成立之前近30年的总额翻了一番。四是率先启用全国第一个集"海运快件、保税备货、直购进口"三项监管功能于一体的两岸快件中心，在台北港设立大陆第一个海外公共仓，两岸货运量增长5倍以上，航运物流对经济增长的贡献率超过70%。五是率先引进一批台湾专才，在实验区行政企事业单位、公共服务机构任职，参与社会公共事务管理。率先聘请一批台湾优秀村里长担任村（居）委会执行主任，参与村居社区治理。

福建自贸试验区对台经贸合作

福建自贸试验区也是"因台而设"，是唯一将"深化两岸经济合作"当作自身定位和发展目标的自贸试验区[1]。

2015年4月，福建自贸试验区正式挂牌运作。福建自贸试验区有厦门、平潭、福州三个片区，功能有别、优势互补，但其最为核心点便是"推动闽台携手拓展国际合作"。福建自贸试验区的成立，不仅是福建的机遇，也是台湾的机遇。根据总体方案，福建自贸试验区作为对台经贸合作重要平台，"承担着在两岸经济融合领域先行先试的使命，扮演着深化对台经济合作、充分发挥福建对台优势、率先推动闽台投资贸易自由化和资金人员往来便利化进程、凸显对台合作的窗口作用"[2]，着力打造深化两岸经济合作示范区，深化对台产业合作，吸引台湾人才创新创业，推进两岸经济社会融合发展。为贯

---

[1] 龙敏：《开拓两岸经济合作新空间》，《团结报》2018年5月29日。
[2] 史杰：《顺势而为，大胆创新——福建自贸区挂牌2年来》，《两岸关系》2017年第6期。

彻这一目标，福建自贸试验区内厦门、平潭、福州三个片区根据各自特色，对应台湾不同区域，利用两岸经济合作框架协议（ECFA）政策措施优势，推动区域对区域的交流与合作，并以经济一体化为切入点，推动闽台两地经济社会融合发展。其中，厦门片区重点发展两岸新兴产业和现代服务业合作示范区、东南国际航运中心、两岸区域性金融服务中心和两岸贸易中心；平潭片区重点建设两岸共同家园和国际旅游岛，在投资贸易和资金人员往来方面实施更加自由便利的措施；福州片区则重点建设两岸服务贸易与金融创新合作示范区。在此基础上，福建自贸试验区率先对台开放金融、增值电信、医疗、旅游、人力资源、电子商务等50多个领域，并实施一批对台交流合作创新举措，让闽台之间货物、服务、资金、人员流动更加便利。①

2018年5月4日，商务部和福建省政府研究制定出台《进一步深化中国（福建）自由贸易试验区改革开放方案》。该方案围绕提升政府治理水平、深化两岸经济合作，推出了包括创新闽台产业合作机制、加强闽台金融合作等21个方面的具体举措。同时，福建自贸试验区的福州片区、厦门片区和平潭片区也结合实际，各自提出深化两岸经济合作的实施举措。福州片区推出47项改革措施，涉及"扩大对台开放""深化榕台产业对接""深化榕台金融合作"等多个领域。厦门片区出台26条先行先试惠台举措，探索在文化、体育、教育等领域进一步对台开放，鼓励台湾青年来厦创业就业，加强厦金深度合作，建设厦金检验检疫特殊监管区，推动厦金游艇自由行常态化。平潭片区则探索建立招投标双轨机制，建立台湾籍专家库，选取一批台湾企业和平潭本地企业组成的联合体进行定向招投标，并且支持台资养老服务机构、医院等享受与内资社会福利机构、公立医院同等政策待遇。②

2018年12月，省政府出台推进福建自贸试验区建设的35条新举措中，进一步凸显对台先行先试的措施，其中包括落实台企同等待遇，鼓励台胞来闽就业创业，试点引进台湾医疗产品技术，试行台湾工程建设模式，推动台车入闽更加便利，探索闽台口岸合作机制，拓展台企台胞征信查询业务，扩

---

① 史杰：《顺势而为，大胆创新——福建自贸区挂牌2年来》，《两岸关系》2017年第6期。

② 李慧颖：《深化两岸经济合作》，《中国国门时报》2018年6月15日。

大两岸影视产业合作，扩大台闽欧班列流量等。①

福建自贸试验区挂牌以来，充分发挥对台优势，不断探索对台合作新模式，"已推出74项对台创新举措，推动两岸投资、贸易、资金与人员往来更加便利，有力促进两岸融合发展"②。在对台产业开放方面，立足于建设深化两岸经济合作示范区，医疗、金融、增值电信、旅游、人力资源、电子商务等50多个领域率先对台开放，先后引进大陆首家台资独资食用油脂加工企业、首家台资独资演艺经纪公司、首家两岸联营律师事务所、首家台资知识产权服务机构等20多个首创性台资项目，成为闽台深度合作的重要平台。截至2020年3月，福建自贸试验区累计新增台资企业2520家，合同台资67.9亿美元。③

在两岸贸易往来应通尽通方面，设立两岸检验检疫数据交换中心，简化ECFA货物进口原产地证书提交需求等便利措施，建立了便捷的台湾商品输入大陆通关模式，台湾食品50%、水果80%通过福建自贸试验区口岸进入大陆。开辟"平潭—高雄""马尾—马祖—台北"等多条新航线，福建已成为台湾商品输往大陆最便捷的通道。

在两岸金融同业合作方面，有23家台资金融机构分别落户在三个片区，数量居全国前列，并率先发行台胞信用卡，率先建立台企资本项下便利化"白名单"制度等。

在落实同等待遇方面，人员往来更自由，率先实施台车入闽、卡式台胞证、台企台胞征信查询业务等先行先试措施；设立台胞台企服务中心等综合服务平台，台胞参加社保、购房、购票等享受同等待遇。设立13个台湾青年"三创"（创业、创新、创客）基地，培训台湾青年2万多人，累计吸引台企610多家、台胞2500人入驻。

---

① 吴洪：《对台先行先试，福建自贸试验区一批新举措"走起"》，《福建日报》2018年12月19日。
② 吴洪：《对台先行先试，福建自贸试验区一批新举措"走起"》，《福建日报》2018年12月19日。
③ 王裕禄：《敢闯敢试天地宽——写在福建自贸试验区挂牌五周年之际》，《海峡通讯》2020年第6期。

在推动文化交流方面,对台旅游、医疗、文创、演艺等17个服务贸易领域开放,促进台湾人才中介、文旅等300多项对台服务业落地。率先启用电子台胞证、签发"一次有效往来台湾通行证"、创新推行两岸出入境人员"无障碍、零等待"通关。

福建自贸试验区率先推行的台资企业资本项目管理便利化改革,被推广到全省和全国12个自贸试验区。台湾商品快速验放模式、两岸征信合作等一系列先行先试举措为全国惠及台胞31条、26条措施,以及福建省的66条、42条实施意见提供了政策"底本"。[①]

海丝核心区等助力闽台经贸合作

以习近平同志为核心的党中央高瞻远瞩地提出并推动实施的"一带一路"建设倡议,是新时期我国对外开放的总体行动纲领,旨在通过共商、共建、共享的原则,强化与沿线国家和地区的开放与合作,打造利益共同体、命运共同体和责任共同体。2015年3月28日,国家出台"一带一路"建设规划,将福建定位为建设21世纪海上丝绸之路的核心区。福建作为海上丝绸之路核心区,一个重要使命就是要加快两岸融合发展。在被确立为21世纪海上丝绸之路核心区后,福建全力推进口岸通关体系和通道建设,密切与"海丝"沿线国家和地区的合作交流。晋江陆地港构建陆、海、空、网四位一体的国际物流联通体系,开辟了"海丝"外贸发展新通道。2016年4月,首趟"台厦蓉欧"班列通过海铁联运方式,将"厦蓉欧"班列起点延伸至台湾,台湾的产品可借助班列经中亚各国直达欧洲。2019年1月10日,在福建省委、省政府印发的《关于进一步深化改革扩大开放的若干措施》中,以21世纪海上丝绸之路核心区为引擎、发展更高层次开放型经济,是福建进一步深化改革扩大开放、推动高质量发展落实赶超的战略目标的又一重要举措。

此外,国家生态文明试验区、福州新区和福厦泉国家自主创新示范区,在推进闽台经济社会融合发展方面也取得了积极进展。

[①] 王裕禄:《敢闯敢试天地宽——写在福建自贸试验区挂牌五周年之际》,《海峡通讯》2020年第6期。

在国家生态文明建设方面，2014年3月10日，国务院印发了《关于支持福建省深入实施生态省战略加快生态文明先行示范区建设的若干意见》，福建成为党的十八大以来确定的全国第一个生态文明先行示范区，"清新福建"由此成为福建的一个金字招牌。作为大陆首个国家生态文明示范区，福建推动建立闽台生态科技交流与产业合作机制，大力开展闽台生态交流合作；鼓励和支持台湾同胞以独资、合资、合作等形式投资生态项目，参与生态文明建设。

福州新区以打造成两岸交流合作重要承载区为首要战略定位，建设对台航运中心、对台航空联系枢纽和对台信息交流中心，以建设成两岸交流往来的综合枢纽；以榕台青年交流为主题，建设海峡两岸青年交流营地，支持和鼓励台湾青年"登陆"创业就业。

2016年9月福建省出台的《福厦泉国家自主创新示范区建设实施方案》明确提出："福厦泉国家自主创新示范区建设以福州、厦门、泉州3个国家高新区为核心，建设科技体制改革和创新政策先行区、海上丝绸之路技术转移核心区、海峡两岸协同创新示范区、产业转型升级示范区。"其中，建设海峡两岸协同创新示范区的任务是：创新两岸科技合作机制，承接台湾高端产业技术转移，培育建成宽领域、高层次、多形式的对台合作交流示范区，为推进两岸产业融合和协同创新作出示范。

第二十章　扎实推进闽台文化社会一体化

"两岸一家亲"是推进对台工作的重要理念，是习近平推进两岸关系和平发展、实现祖国统一战略思想的重要组成部分，为两岸关系和平发展注入新的源头活水。两岸交流，归根到底是人与人的交流，最重要的是心灵沟通。祖国大陆始终是发展两岸关系的真诚推动者、政策主张者。党的十八大以来，祖国大陆秉持为台胞办好事、办实事的精神，出台了一系列惠台政策和措施。这些政策措施，涵盖了便利台湾同胞来往大陆及在大陆居留、就业、就医，提供台湾农民、渔民向大陆销售部分水果、蔬菜、水产品的优惠，扩大两岸农业交流，缓解台资企业投融资困难，以及宣布开放大陆居民赴台旅游等方方面面。作为两岸交流合作的先行区，福建认真贯彻落实并相应出台了一系列的实施意见。这些政策措施及实施意见的出台，为推动和扩大闽台交流合作、维护两岸关系和平发展提供了强有力的政策保障和原动力。福建两岸融合发展示范区建设的不断推进，不断提出台湾同胞与大陆居民同等待遇，展现了大陆对台湾同胞越来越友善，这也让台胞台商更愿意留在大陆工作生活。

一、推进便捷往来通道建设

在两岸直接往来方面，福建省一直走在全国前列，闽台的地缘优势发挥着不可替代的作用。随着两岸"三通"的实现，福建进一步加大了两岸便捷往来通道建设的力度。2015年，黄岐至马祖航线开通，这样就形成了金厦、金泉、两马以及黄岐—马祖这4条两岸间最经济、最便捷、最繁忙的海上

"黄金水道",加上开通的9条空中客运直航航线、4条海上直航台湾本岛的客滚航线,构成闽台往来的便捷交通网络。

便捷的闽台往来通道,有力地推动了两岸旅游业的发展。厦门、福州、泉州、漳州、龙岩相继获批为赴台个人游试点城市,福建成为大陆试点城市最多的省份。福州、厦门、泉州实施进一步便利省外居民赴金马澎地区旅游措施,赴金马澎旅游实现落地签注。率先实施台胞往来大陆免签注政策,大陆首张电子台胞证在福州签发,台胞入闽手续简化,两岸直接往来更加便捷。2017年,福州、厦门率先实现赴台旅游签注自助办理立等可取;积极培育"小三通"旅游客源,泉(州)金(门)航线每天往返航班由4个增加为5个,厦(门)金(门)航线试行周末和节假日加班;加密闽台空中直航航班,泉台空中航线由每周3个往返航班增加为6个;台湾远东航空入驻福州机场,开通福州到台北、高雄航线。

随着赴台游政策不断取得新进展,闽台旅游加快推进。如厦门成为首批赴台湾地区个人旅游试点城市,福州成为第二批试点城市,福建居民可赴金马澎个人游,允许其他省份居民经"小三通"赴台旅游,允许在福州、厦门暂住一年以上的省外居民赴台旅游,允许在厦门暂住一个月以上的省外居民赴金门旅游。福州开通6条空中客运直航和"福州-马祖-基隆"海上直航,"海峡号"高速客滚船开通平潭到台中定期航线。以厦门为母港的"海洋神话号"豪华游轮开通厦门-台湾航线,厦门到台中、桃园、高雄等地的多条航班开通。截至2017年底,经福建口岸赴金马澎和台湾本岛旅游人数累计达277.2万人次,其中外省居民约占31%。[1]"小三通"被两岸同胞誉为"两岸'通的桥梁、连的结点、合的纽带'"[2]。据统计,2001年至2019年,"小三通"安全运营18年,累计客流逾2100万人次,其中厦金航线发送旅客约1900万人次,泉金航线发送旅客约130万人次,"两马"航线发送旅客约65万人次,黄岐-马祖航线发送旅客逾16万人次。

---

[1] 《先行先试助闽台旅游合作成效凸显》,新华网-福建频道。
[2] 龙敏:《闽台"小三通"安全运营18年,累计客流约2100万人次》,中新社福州7月1日电。

进入新时代，福建已成为"海峡两岸往来交通方式最多元、航线最丰富、航班最密集、客流量最大的省份"[①]，构建成独有的海上直航、空中直航、海空联运的对台立体交通网络，成为海峡两岸往来最便捷的重要通道和综合枢纽。两岸往来通道更加便捷，闽台同胞心灵距离越走越近。2012年11月至2017年7月，台胞入闽累计1147.29万人次；[②] 在福建举办的对台交流活动每年都超过200场次，其中大型交流活动100多场次。

二、厚植闽台同胞精神纽带

血缘是脉，文化是根。福建是对台文化交流大省，各地涉台文化资源丰厚，尤其是祖地文化在台湾深入人心，以闽南文化、客家文化、民俗文化、宗亲文化等为主题的双向交流持续热络，来闽寻根谒祖、进香朝觐、参访交流的台胞数量每年都在百万以上。福建省各地则依托自身优势，"形成了'一地一品牌'的对台交流格局，全省每年举办大型对台交流活动在百场以上，入岛交流活动持续不断，呈现出内容多元化、亮点常态化、项目品牌化、活动持续化、往来热络化、对接双向化的特点"[③]，各地热情持续高涨，有效地厚植了闽台同胞精神纽带，促进了两岸人民心灵契合，加深了两岸同胞对命运共同体的认识。同时，闽台青年交流方兴未艾，形式多种多样，交流内容不断丰富，交往领域不断拓展，规模层次不断提升，打造了"海峡青年节"等一系列两岸青少年交流的亮点和品牌。

进入两岸和平发展阶段，闽台两地呈现出大交流、大发展局面。福建省积极推动闽台文教交流常态化和规范化，既把握标准原则，又精简运作程序，提升了审批服务质量和效率。闽台文化交流合作热络频繁，许多工作走在大陆各省区市前列。一是在闽台文化交流布局上更加优化。2014年7月，福建

[①] 《合则两利，通则双赢》，《人民政协报》2018年1月6日。

[②] 陈梦婕等：《先行先试，福建省大力推进闽台深度融合发展》，《福建日报》2017年10月12日。

[③] 朱力南：《福建省设立首批6家对台交流基地》，《福建日报》2017年10月23日。

省委办公厅、省政府办公厅下发通知，对在福建举办的涉台交流活动进行精简规范，对主题重复、内容交叉的活动进行优化整合。对政府主办、财政拨款的涉台活动，严格控制活动规模、规格，对民间承办的活动，倡导节俭办会。根据统计，在福建举办的涉台活动，已由2013年前的每年200多项合并减少为2017年的100多项。二是引导社会团体、民间组织积极参与对台交流，保持了闽台文教交流规模和实效的不断提升。2014年4月，福建省《闽南文化生态保护区总体规划》正式批准实施，通过推进闽台宗祠文化、族谱文化建设，开展共同祭祖、谒祖进香等活动，重点抓好53个对台非物质文化遗产交流活动。三是在推进文化产业融合对接方面，重点办好海峡两岸文博会、图交会、版博会、艺博会及海峡影视季、湄洲妈祖文化旅游节、新闻出版业发展论坛等活动，打造文化产业交流平台。赋予福州、厦门闽台文化产业园优惠政策，吸引台湾文化创意企业和人才入驻，推动台湾设计协会在泉州、福州举办闽台两岸文化创意周。四是在认真总结闽台文教交流合作中富有成效的做法的同时，积极推动比较成熟的先行先试政策举措上升为地方性法规。《福建省促进闽台职业教育合作条例》经2015年9月25日福建省十二届人大常委会第十七次会议通过，自2015年12月1日起施行。2016年7月29日福建省第十二届人大常委会第二十四次会议正式审议表决通过了新的《福建省旅游条例》，于2016年9月1日起施行。五是在教育方面，更加注重闽台两地青年双向交流。为吸引台湾青年到福建就读，福建省财政部门从2014年起设立福建省高校台湾学生专项奖学金，资助在福建省普通高等学校全日制就读的品学兼优的台湾地区专科生、本科生、硕士和博士研究生。至2017年8月，福建省内在读的台湾学生有1652人，超过大陆高校台生总人数的六分之一。为扩大闽台青年交流规模，福建省积极搭建两岸青年交流平台，如厦门市海峡青少年发展基金会，福州市两岸青年新闻讲习所，举办海峡青年论坛、两岸青年社团负责人圆桌会议、海峡两岸青少年快乐读书会、海峡两岸青年排球邀请赛、台湾大学生暑期来闽实习计划等活动，吸引20多家台湾青年社团、2000多名台湾青年及学生到福建交流。截至2016底，福建省内69所高校与台湾百余所高校共签署560份合作交流协议，闽台高校在教育理念、学术研讨、师生互换交流等方面不断扩大交流。福建省高校学生赴台学习交流达 377 批 6683 人次，赴台攻读学位生达 726 人，呈逐年递增的趋势。

在先行先试方面，福建在政策上重视两岸如何传承、保护、做好中华优秀传统文化。2017 年开始，积极让台湾同胞参与到弘扬中华优秀传统文化中来，比如将台湾同胞纳入省级非遗传承人参评对象，这是福建省在先行先试方面进行的有益探索与尝试。在 2017 年评选第四批非遗传承人项目时，邀请台湾从事非遗传承的同业参与，他们非常支持，2018 年台湾寿山石雕刻大师廖德良获评，社会反响良好。又如，在文化产业园区和示范村镇建设中，为了发挥文化文物在特色小镇建设中的积极作用和独特功能，福建省 2017 年发布了 10 个文化文物示范村镇建设实践文件，希望文创开发、文化旅游方面能与农村产业结合，希望能引进台湾的成熟团队，参与特色文化文物村镇建设，并在机构设立、平台建设与资金支持方面提供帮助。福建省文化村镇中的嵩口村镇便是台湾团队参与建设的。

由上可见，党的十八大以来，闽台文化交流呈现出交流持续化、形式多样化、内容多元化、机制常态化等特点。一是发挥闽南文化、妈祖文化、客家文化、闽都文化等祖地文化优势，依托两岸共同奉祀的"一后二帝三王"等民间信俗，组织开展相关的祭祀、展演、研讨等活动，加强与台湾各类文创组织交流合作，推动闽台文化产业对接日益深化。二是推进闽台文化产业园区建设，吸引台商、台湾青年创业者来闽投资文创产业等。截至 2017 年底，闽台间共有 724 批次、4.45 万人次开展闽台文化交流，其中福建赴台 514 批次、1.22 万人次，台湾来闽 210 批次、3.23 万人次。[①]

设立福建省对台交流基地，构筑闽台两地交流新平台。2012 年至 2017 年，福建省推动新增福州三坊七巷等 6 家海峡两岸交流基地，使全省两岸交流基地达到 12 家，为大陆各省区市最多，每年举办对台交流活动超过 100 场。[②] 2017 年 10 月，福建省台办批准设立首批 6 家福建省对台交流基地，即古田临水宫祖庙、上杭县客家族谱博物馆、厦门（集美）对台研学旅行基地、东山关帝庙、南安市郑成功故里、福州市海峡青年交流营地等省级对台交流

[①] 朱力南：《福建省设立首批 6 家对台交流基地》，《福建日报》2017 年 10 月 23 日。
[②] 陈梦婕等：《先行先试，福建省大力推进闽台深度融合发展》，《福建日报》2017 年 10 月 12 日。

基地。从地域特点来看，这批交流基地分布于6个设区市；从基地主题来看，既有祖地文化、民间信仰、涉台名人等传统资源，又有青年交流这一新兴项目，体现了分布地域的广泛性和主题内容的多样性。在这些交流基地中，有的具有深厚的对台渊源，有的对台交流成效突出，有的软硬件设施良好，在增进文化认同、密切同胞情谊、强化精神纽带等方面各有其代表性。[1] 福建省对台交流基地的设立，旨在充分发挥基地的示范引领作用，深化闽台民间交往，构筑两地交流新平台，为两岸关系和平发展添砖加瓦。

闽台两地文化交流基地彰显特色。在传统文化园区方面，福州三坊七巷依托特色展馆举办涉台展览和主题活动，累计接待台湾游客过百万人次；马尾船政文化园区内的"马尾·中国船政文化城"被列入省文化产业重点项目后，各项建设有序推进；晋江五店市传统街区策划开展两岸端午文化节、两岸返亲节等活动。在信俗文化园区方面，湄洲妈祖祖庙每年吸引约20万人次台湾信众进香；厦门青礁和漳州白礁慈济宫基地设立后，投入6600多万元修缮，并启动建设两岸中医药文化博物园区；武平定光佛文化园区已连续举办5届对台交流重点项目活动，参与人数累计超10万人次。在闽台缘文化园区方面，泉州中国闽台缘博物馆举办两岸交流活动200余场，累计接待台胞66万多人次；宁化石壁客家祖地投入20多亿元，建成客家公祠、客家始祖文化园等；永定客家文化园的客家博览园2016年开园，"碧云深"台湾农民创业园项目建设持续推进。此外，尤溪朱熹诞生地和武夷山朱子故里两个基地，依托朱子文化，积极开展两岸交流活动。

在开展对台交流基地活动中，还促成100多对闽台乡镇签订合作协议，连续多年举办闽台"同名村·心连心"联谊交流活动、闽台同名村镇续缘之旅等活动。同时，深化与台湾岛内新闻媒体合作，推动评论性节目《两岸经贸观察》、纪录片《天下妈祖》等栏目入岛播出，海峡卫视、海峡导报等运用新媒体开展入岛传播，设立闽台合资的海峡书局股份有限公司，成为首家获得互联网出版资质的企业。海峡论坛每年吸引台湾22个县市、30多个界别和民间社团代表近万人来闽参访，在岛内形势复杂多变的情况下，继续搭建两

---

[1] 朱力南：《福建省设立首批6家对台交流基地》，《福建日报》2017年10月23日。

岸基层民间交流桥梁。①

  福建是台湾同胞的主要祖籍地,在对台工作特别是闽台文化交流方面有很多优势和便捷条件。"福建文化宝岛行"系列活动,让福建文化走进台湾高校。从2014年开始,这项活动共走进了100所台湾高校,占台湾高校总数的三分之二,这在全国是唯一的;2017年春节前,邀请台湾年轻人到福州过小年,体验福州过年习俗,了解福州风俗文化,反响良好;2018年开始,着力打造"首来族"的文化交流活动品牌,邀请台湾青年到福建参观访问,开展文化交流互动,增强他们对大陆的认同感。

  "情系青春——两岸青年中华行"是文化部以中华文化联谊会名义在2014年创立的品牌活动。2016年7月,中华文化联谊会和福建省政府共同主办的"情系青春——两岸青年八闽行"成功举办,取得良好成效。2018年7月18日至25日,福建省文化厅在福州市举办"情系青春——两岸青年榕城行"活动,带领80名两岸青年(40名大陆、40名台湾)探寻三坊七巷、上下杭、马尾船政主题公园、永泰嵩口古镇等闽都文化古迹,以闽都文化为主题开展专题影视拍摄活动。

  福建是台湾众多神明信俗的发源地,福建祖庙的香火也是许多台湾人的精神归宿。2016年,东山关帝神像金身首次环台巡安、南安郑成功庙护国天尊延平王神驾赴台巡游会香等活动,都在台湾岛内引起热烈反响。近些年,湄洲妈祖文化旅游节、保生慈济文化旅游节等祖地民俗节庆活动越办越红火,清水祖师、定光佛等台湾信众及朱子、闽王后裔、客家宗亲等络绎不绝来闽朝拜进香、认祖续缘。2017年9月23日,湄洲妈祖神像又一次开启隆重的赴台湾巡安之旅。

  为了加强闽台文化产品的交流合作,福建着力打造两个平台来支持台湾地区文创产品展览、展示和交易。一个平台是海峡两岸(厦门)文化产业博览交易会。厦门文博会创办于2008年,定位为"突出对台,突出产业,突出交易",着力推动两岸文化产业互动交流,助力祖国和平统一大业。2012年,

---

① 陈梦婕等:《先行先试,福建省大力推进闽台深度融合发展》,《福建日报》2017年10月12日。

厦门文博会成功升格为国家级展会，成为海峡两岸文化交流合作和投资交易的第一平台，是国内台商参展数量最多、覆盖面最广的综合性文化产业展会。

另一个平台是福建文创市集。福建文创市集于 2017 年 12 月 30 日在福建博物院林则徐像广场盛大开市，由福建省文化厅、福建广电网络集团主办，东南网、福建博物院、福建省美术馆承办，是支持台湾地区文创产品展览、展示和交易的一个重要平台。福建文创（西湖）市集形成固定、常态化、规模化，持续打造品牌影响力。从开市之日起，每月第二周及第四周周末两天开市，分为夏集、冬集。前期，以西湖文化主题公园为试点，今后将在全省各文创园区、文化街区、文化广场及公共文化活动空间等开展常态化文创市集创建工作，定期定点举办系列展览、推介、对接等活动，通过市场化运作，搭建平台和对接窗口桥梁，孵化福建文创产品、项目等走向专业化、品牌化、产业化。每年都举办 1—2 场台湾专场，免费提供摊位给台湾文创团队和个人来展示交易他们的文创产品。该文创市集整合了闽台优质文化创意产业资源，设文旅集、文博集、工艺集、动漫集、手艺集、科技集等六大市集，通过展售、论坛、路演、洽商、主题策展和互动体验等，营造文化创新创造的浓厚氛围。

三、打造台湾青年就业创业生态圈

两岸一家亲，根基在民众，动力在基层，希望在青年。如果说 2008 年两岸"三通"的正式启动开辟了两岸和平发展的新航程，那么党的十八大以来，两岸从和平走向融合发展，出现了一个新的"三通"，即"通婚、通升学、通就业"。而在这一新的"三通"中，最热络也最引人瞩目的是台湾青年中涌现的西进"登陆"潮。

作为离台湾最近的省份，福建高度重视推动两岸青年交往融合。近些年来，福建率先推出一系列鼓励和支持台湾青年来闽就业创业的政策措施，为台湾青年在闽就业创业提供政策扶持，营造良好环境，并协助解决存在的一些困难和问题，以增进台湾同胞的福祉，成为台湾青年创业就业和学习生活的一片热土。2015年6月，福建省政府出台大陆首个支持政策文件——《关于鼓励和支持台湾青年来闽创业就业的意见》，制定《台湾青年创业基地奖励办法》，从场所、资金、技术等九个方面作了详细规定，包括县以上人民政府设立的所有创业园、经济开发区，以及所有跟创业就业有关系的园区，都要对台湾青年开放。随后，福州、厦门、漳州、泉州、莆田、宁德、平潭等地也分别出台相应的配套政策，支持和鼓励台湾青年来闽创业。福建省财政每年设立一笔专项基金扶持，主要用于奖励和支持到福建来创业就业并达到一定规模的台湾青年创业基地。在服务支撑这方面，福建省相关部门也都出台了一系列具体的认定办法，如在支持台湾优秀人才来闽创业就业的实施办法中，明确了台湾青年创业项目的启动、资金的支持，包括引进、聘用台湾人才实习、实训补贴支持的一些实施细则。相关部门从服务的眼光和理念，为台湾青年到福建来实习、创业、就业提供各方面的服务体系与服务支撑。

2016年台湾政党再次轮替以来，尽管蔡英文当局拒不承认"九二共识"，台海上空出现"乌云"，但致力于两岸关系和平发展的各方克难前行，闽台民间交流往来继续推进，台湾青年来闽创业就业热情依然不断高涨。2017年6月，福建省政府又顺应台湾青年的需求，在深入调查研究的基础上，出台了《进一步鼓励和支持台湾青年来闽就业创业的若干措施》，从加强政策信息发布、拓展平台载体建设、加大政策支持力度、完善配套服务等四个方面提出12条具体措施，鼓励支持台湾青年来闽就业创业，努力营造鼓励、扶持台湾青年来闽就业创业的良好政策环境。在加强基地建设方面，新设一批省级台湾青年就业创业基地，对国家级、省级新批准设立的青创基地分别给予一次性50万元、30万元的奖励，对每年考评合格的基地给予10万元的奖励。在政策扶持方面，对福建省三大主导产业和现代服务业等重点发展行业规模以上的企业，以及商协会、养老机构招收台湾青年，给予用人单位补助。同时，实施引进台湾优秀青年计划，积极引进台湾高校和中职学校全职教师、医师、社工，对用人单位实行就业补助政策。在完善配套服务方面，强化辅导功能、完善金融服务、提供医疗待遇、推动出行便利，为台湾青年在闽就业创业和学习生活创造良好的环境。

2017年9月，福建省台办正式印发《福建省级台湾青年就业创业基地设立及考评认定管理办法（试行）》，旨在贯彻落实省委省政府关于鼓励和支持台湾青年来闽就业创业的部署要求，进一步支持和加强台湾青年就业创业基地建设和管理。这是福建省推出的首个台湾青年就业创业基地的管理办法。为了鼓励和支持台湾青年来闽就业创业，福建有关部门还陆续出台具体政策措施，配套安排3500万元专项扶持资金，面向台湾青年推出逾2000个就业岗位、1000个实习岗位。此外，还开通台湾青年创业就业服务网站，成立台湾青年创业就业服务中心等服务机构，组建创业就业辅导团队等，为台湾青年营造了多层次、全方位的服务环境。

近年来，福建省教育厅等部门陆续出台相关政策，为台生在闽就业创业提供便利条件。相关政策主要包括：符合相关规定的台生可自主应聘或受聘到省内国有企业和各类公有制经济组织就业；硕士学历以上台生，可通过公开招聘到省内事业单位就业；台生在闽就业与大陆毕业生在工资福利、社会保险等方面享受同等待遇；等等。此外，福建农林大学与台湾中兴大学等台湾岛内高校和企业共建海峡创业育成中心；举办海峡两岸大学生职业技能大赛、创新设计及创新科技作品成果系列展等。相关部门搭建的各类创新创业平台，提升了在闽台生的创新创业热情。截至2017年6月，福建省共有厦门大学、华侨大学、福州大学、福建师范大学、福建农林大学、福建医科大学、福建中医药大学、集美大学、闽南师范大学、泉州师范大学、漳州科技职业学院等11所高校面向台湾地区招生，累计招收台湾学生6422人，累计引进台湾全职教师达338人次，全省台生在校生共1614人，其中博士282人、硕士84人、本科生1234人、专科生14人。[①] 台生在闽就读专业主要为中医学、计算机、机械工程、土木建筑、经营及文学艺术类学科专业。台生在闽择业较多集中在保险、销售、土建等行业领域，以民营企业和外资企业居多，也有部分台生在事业单位任职。

在大陆"大众创业、万众创新"大潮吸引下，以及台湾环境越来越不利于青年人发展的形势下，越来越多的台湾青年人愿到大陆来就业创业，和大陆青年一道共同打拼，施展才华。为了更好地帮助台湾青年到大陆来，福建

---

① 朱力南：《多措并举服务台生就业创业》，《福建日报》2017年6月2日。

省台办联合相关部门,以"四个一"为抓手,即"出台一批政策、设立一批基地、搭建一批服务平台、建设一支辅导队伍,积极推进台湾青年在闽创业就业"①。截至 2018 年 5 月,全省组建 1000 多人的创业导师辅导团队,在闽就业创业台湾青年达 1.37 万人左右,②青创聚集示范效应初显。

全省各地根据本地区特点积极为台湾青年建设就业创业平台。福州市挂牌设立了海峡两岸青年创业孵化中心等 20 多个市一级台湾青年创业基地;厦门市积极推动两岸青年创业创新创客基地、一品威客、云创智谷等 22 个创业基地建设;平潭综合实验区主要依托台湾创业园、澳前台湾小镇建设台湾青年创业基地。这些基地有政府主导创立的,有政府委托民间机构运营的,有市场化运作以民企和台企为主成立的。此外,福州市打造"海峡青年节"活动平台,已连续成功举办"海峡青年节",共有上万人次的两岸青年参加;厦门市已有创新创业集聚片区 29 个、众创空间 92 个,台湾青年来厦就业创业有更多平台可选择;平潭综合实验区自 2013 年起开展台湾专才招聘工作,台湾专才已陆续应聘。2017 年 7 月 1 日和 29 日,"清新福建 梦想起航"福建台资企业协会北区和中区征才博览会分别在台北和台中举行,由来自福州、厦门、漳州、泉州、莆田、平潭、福清等地的台资企业协会联合主办。征才活动共提供 3000 多个岗位,得到台湾青年的热烈响应,体现了福建省在两岸人力资源交流合作、台青"登陆"就业创业方面的重要平台和桥梁作用。2017 年举办的第五届海峡青年节,吸引台湾青年团体近 30 个、高校近百所、台湾青年 600 多人参加,其中大部分是第一次来参加海青节的台湾青年精英。

国家级各类青创基地数量居全国首位。截至 2017 年底,福建拥有各类青创基地 73 家,其中国家级 8 家,位居全国第一。福建 8 家国家级各类青创基地为:福建福州海峡创意产业园、福建厦门两岸青年创业创新创客基地、福建厦门一品威客创客空间、宸鸿科技(厦门)有限公司、福州海峡两岸青年创业孵化中心、厦门云创智谷、平潭台湾创业园、泉州福建闽南农产品市场(示范点)。

---

① 朱力南:《台湾青年在闽就业创业集聚效应初显》,《福建日报》2017 年 6 月 1 日。
② 薛志伟:《福建充分发挥区位优势,推进对台合作开放——闽台经济社会融合发展持续深化》,《经济日报》2018 年 6 月 5 日。

率先在全国设立青年体验式交流中心。2017年11月,福建省率先在大陆设立首批五家台湾青年体验式交流中心,以这些交流中心为平台,促进两岸青年开展深度交流。设立的五家台湾青年体验式交流中心分别是:福州传统文化促进会,福州唯美客文创聚落,漳州东南花都,湄洲岛妈祖文化影视园,中国闽台缘博物馆。这些交流中心既包括传统文化、现代农业等闽台传统优势交流项目,也涵盖了创新创业、文化影视等两岸青年新兴交流融合类型。其中,福州市传统文化促进会立足三坊七巷,开展传统文化创新创意系列活动,聚焦两岸青年文化体验互动;福州唯美客文创聚落发挥文化创意产业优势,为台湾青年来闽就业创业提供针对性体验交流;漳州东南花都将VR等虚拟技术与现代农业科技结合,让台青体验生态绿色发展成果;湄洲岛妈祖文化影视园利用短视频和影视文化等,开展地方民俗文化体验活动;中国闽台缘博物馆开发"博物馆+"现代教育合作模式,互动体验闽台深厚的渊源。

各种青年交流交往活动不断深入拓展,让两岸青年加深了解、促进互信,让广大台湾青年"拼在福建、家在福建、乐在福建",覆盖全省的台湾青年就业创业生态圈已基本形成。来闽的台湾青年是这样表达他们到大陆后的心路转变历程的:

> 记得准备要来大陆的时候,心情既期待又害怕……大陆,一个既熟悉又陌生的地方,从未踏上祖国土地的我,始终对它有一种陌生感……随着夏令营的脚步,从一个个的陌生中找回了似曾相识的熟悉,相同的语言,共同祖先的一群人相聚在一起,这时我才明了原来海峡两岸的相隔并未切断我们是同根同种的事实……我们不论是大陆青年或是台湾青年,都正站在一个历史的关键点上,我们所有的竞争早已跨越了地域的藩篱,唯有两岸青年协同合作,共同擦亮中国这块最大的金牌,才能让我们在世界中站稳一席之地……我们深切感受到年轻的中华、团结的中华正在汇集……虽然只是短暂的交流,但朋友们,我爱你们,中国我

爱你。①

四、建设两岸同胞融合温馨家园

构筑两岸同胞融合温馨家园，是推进闽台经济社会融合发展的一项重要使命。改革开放40多年来，尤其是党的十八大以来，随着对来闽台商台胞的利益保障与生活便利化措施的日益完善，越来越多的台胞热心参与到福建经济社会建设中来，成为福建发展的一支新的生力军。两岸关系进入深水区以来，推进两岸经济社会融合发展已经成为推动两岸关系和平发展的着力点和创新点。特别是2016年以来，福建省着重对台营商环境建设，台湾同胞在福建的创业、就业、学习、生活、旅游，乃至与福建地理空间临近的金马地区民生福祉，进行了大量周密细致的工作。

闽台口岸合作是福建的一大独特优势。改革开放以来，福建突出对台先行先试，不断拓展对台直航通道。厦门港五通码头、平潭港澳前码头等重点对台口岸设施建设持续推进，开通平潭至台北、台中海上客货滚装航线，全省7个海港和4个空港口岸全面实现对台开放。"台闽欧"国际班列成为首条加入中欧安全智能贸易航线试点计划的铁路航线。

闽台间便捷的海空通道，有力地推动了闽台旅游合作的开展。近些年来，厦门、福州、泉州、漳州、龙岩相继获批为赴台个人游试点城市，福建省成为大陆试点城市最多的省份。福州、厦门、泉州等地实施进一步便利省外居民赴金马澎地区旅游措施，赴金马澎旅游实现落地签注；率先实施台胞往来大陆免签注政策，大陆首张电子台胞证在福州签发，台胞入闽手续进一步简化，两岸直接往来更加便捷。

民生项目合作也在不断推进。开通平潭至台湾、福州至台湾海运直航邮路，促进两岸直接通邮；首条横跨台湾海峡、大陆直达台湾本岛的"海峡光

---

① 柯连妹：《我与祖国统一事业》，载福建省政协文史和学习委员会、《政协天地》杂志社编《亲历福建60年》，福建人民出版社2009年版，第136页。

缆1号"开通，推进对台直接通信，闽台生活圈已初步形成。

婚姻是体现社会融合发展的生动写照。如晋江围头，就见证了两岸从"冤家"变"亲家"的历史转变。围头是两岸"三通"的桥头堡，也是两岸通婚第一村。1992年至2018年，有130多位"围头新娘"嫁到台湾；2009年，围头小伙子吴聪明，迎娶了高雄新娘庄丽玲，结束了围头女单向嫁往台湾的历史。随后，平均每年都有一个台湾新娘落户围头，至2018年底已有9位"台湾新娘"落户围头。围头被誉为"海峡通婚第一村"。据统计，全国涉台婚姻从1989年的第一对至2017年已有近39万对，其中福建的涉台婚姻就有11万多对。

近些年来，福建省银监局还出台了三个方面六条金融政策，促进台企台胞在闽生活便利化。如建设银行、中国银行、平安银行在福建自贸试验区内设立对台金融服务中心，形成"机构＋中心"的对台金融服务架构；台湾统一证券集团成为台湾首家经核准赴大陆参股投资闽台合资证券公司的券商；中国出口信用保险公司福建分公司与台新银行签订合作协议，首次约定海峡两岸仲裁中心作为双方合作的仲裁服务机构。

"数字福建"建设不仅为两岸大数据合作及产业融合搭建平台，也为台商台胞的投资、生活带来便捷。如泉州台商投资区创新思路，引进"数字城管"平台智慧管理违法占地和违法建设以及市容市貌等城市管理工作，通过建设泉州台商投资区智慧城管平台，推进以各职能部门数字城管信息系统为中心的辖区数据整合，将道路、水务、环卫、园林等融入城管平台，推进公安天网、数字平台、城市防汛系统、电子政务系统等的功能整合，进一步提升社会管理和公共服务水平。

在福建，两岸基层各领域交流已成为常态。据不完全统计，近几年在福建举办的对台交流活动每年都超过200场次，其中大型交流活动100多场次。截至2017年底，在闽工作生活台胞超过15万人。台胞现在来福建生活，可以说是"有门路，有基础，有保障，有方便"。包容、开放、活力，是台商们对目前大陆经济社会生态的普遍认知。

福建充分发挥平潭综合实验区、自贸试验区和国际旅游岛的政策叠加优势，坚持综合实验、先行先试，探索试验"一岛两标"，对台开放开发取得新进展，成为打造两岸同胞共同家园的先行区。2014年，习近平总书记到平潭考察时提出，平潭是闽台合作的窗口，也是国家对外开放的窗口。"两个窗口"的战略定位，"寄托着总书记对平潭的殷切期望，赋予了平潭在祖国和平统一大业和对外开放全局中的重大使命"[①]。平潭综合实验区从设立伊始，就致力于建设两岸同胞共同家园，在两岸主通道建设、产业对接、民间交流、社会融合等方面不断取得新成就，"台胞第二生活圈"已一步步变成现实。近些年来，平潭综合实验区持续推行人货往来便利化举措，于2017年开通了平潭至台湾万吨级"台北快轮"高速货运滚装航线，率先开通"台陆通"公共信息服务平台及台胞在台湾地区的信用报告查询业务；探索试验两岸社区管理融合模式。至2018年6月，平潭基础设施网络逐步构建，城市配套功能加快完善，产城融合加快推进，累计注册台资企业858家。

平潭澳前台湾小镇，作为岚台经贸文化深度交流的一个新平台，便是两岸同胞共同家园建设的一个缩影。2014年6月，澳前台湾小镇开业，六大类商品可享受免税政策；同年8月，出台支持平潭对台小额贸易市场发展的15条措施，创新标签"快审快核"模式、对一般台湾商品不实施检验等。2017年1月，国务院批准平潭对台小额商品交易市场现行经营范围内轻工业品类新增玩具、眼镜、珠宝首饰、日用化妆品、家用医疗器械等五类商品，对台贸易发展迎来新格局。在澳前台湾小镇，台湾商品琳琅满目，这里汇聚了台湾14个县市主题馆、226个台湾品牌旗舰店和特色商铺、54家进出口贸易商及物流服务商等，小镇正逐步打造一个以台湾人士、台湾企业、台湾产品为主的经营和生活平台。至2017年底，开业3年多，澳前台湾小镇销售数据不断攀升，在澳前台湾小镇创业的台胞达300人。如今的澳前台湾小镇，已成为两岸经贸往来的一张"烫金名片"，不仅成为国家AAA级旅游景区，还入选福建自贸试验区"十大功能性平台"、福建省首批"闽台妇女合作发展基地"。

---

① 王凤山等：《平潭开放开发："不是百年一遇而是千年一遇"》，《福建日报》2018年10月25日。

"台胞证"改革：两岸交流的历史见证

时间	内容
1992年6月	开始临时为部分台胞落地办证
1994年8月	正式实施一次性台胞落地签注
2004年2月	实施5年期台胞证
2015年7月	颁行卡式台胞证

"台胞证"是台湾地区居民往来大陆的有效证件，肇始于1987年台湾开放大陆探亲后的交流交往所需。地处对台交流前沿的福建，勇于探索、先行先试，在推动台胞证办理政策方面创造了多个"第一"，一直走在全国前列。

五、闽台乡村旅游合作深入推进

随着两岸"三通"的实现，福建进一步发挥闽台"五缘"优势，以产业合作为基础，以政策先行为支撑，重点推动闽台乡村旅游产业、闽台邮轮旅游产业、闽台文化旅游产业、闽台温泉旅游产业"四大合作"，加快构建资源共享、产品互补、市场共拓、品牌共建的"环海峡旅游圈"。

闽台乡村旅游合作，是闽台旅游合作创新发展的一大亮点，也是闽台交流合作的一大新成果。

福建乡村大都山清水秀，自然资源丰富，发展乡村旅游得天独厚。闽台一衣带水，两地的地理位置、自然环境最相像。台湾乡村旅游发展起步早，并已逐渐成熟。据统计，截至2017年，台湾有休闲农庄1300余家，休闲农渔业区逾300个，观光果园近500处。闽台合作发展乡村旅游，潜力无限、前景广阔。

闽台乡村旅游合作始于2010年。这年5月，福建省省长黄小晶率团访台，闽台旅游业界在苗栗县共同举办了"2010年闽台旅游合作协议签署暨万名福建乡亲台湾乡村游首发团欢迎仪式"活动，开创两岸携手举办乡村旅游活动的先河，翻开了大陆居民赴台旅游新篇章，具有示范作用。2010年9月，在厦门举行的第六届海峡旅游博览会上，厦门同安区汀溪镇、台北县坪林乡等闽台20个乡镇首次开展对接，并签署了《推进闽台乡村旅游发展合作宣言》。《宣言》指出，乡村旅游是闽台旅游业最具发展潜力的新型业态，闽台各方应把携手发展乡村旅游作为两地旅游业合作经营与发展的重要内容，紧紧围绕打造"海峡旅游"乡村旅游精品的共同目标，在信息、理念、客源、市场、人才培养等领域密切合作，做到成果共享、互利双赢，使"海峡旅游"的内容更加多元，"海峡旅游"的特色更加鲜明。根据《宣言》，台湾旅游业界将福建作为台胞休闲度假的主要旅游目的地，以组织更多台胞到福建并经福建赴大陆各省区市乡村观光、旅游；福建旅游界将组织更多大陆居民通过福建口岸前往台湾乡村旅游，开发更多涵盖台湾乡村旅游精品的旅游线路，并积极向游客推介台湾乡村，使台湾成为大陆游客赴台深度旅游的重要目的地。

在2011年第七届旅博会期间，闽台乡村旅游合作成为热点话题。闽台旅游业界共同签署了《推进闽台旅游产业化合作宣言》，就深化乡村旅游合作达成了新的协议。此次台湾乡村旅游考察团在闽期间，上杭县五龙村、台湾九份八番坑民宿等闽台20家知名乡村旅游景点共同签署倡议书，向两岸乡村旅游业界发出"打造乡村旅游精品，建设两岸幸福家园"四点倡议，将闽台两地乡村旅游合作的主体从旅游部门、行业协会、乡镇拓展到了两地景区景点之间面对面、点对点的深度交流合作，形成了多方共同参与的局面。

2012年，福建省旅游局启动了福建赴台乡村旅游专题交流考察系列活动，一股"乡村旅游"的交流热潮在福建与台湾之间兴起。2012年2月下旬，福建省首批组团赴台湾开展乡村旅游专题考察期间，福建省旅游协会与台湾乡村旅游协会共同签署了《闽台推进乡村旅游交流合作协议》，双方达成了密切互动交流、共建联络渠道、共编精品线路、创新合作平台、共建智力平台五项共识，议定了每年相互落地接待组团互访，推动名镇名村、乡村旅游景区开展"1＋1"结对，共同组建闽台乡村旅游创意辅导中心，建设"福建乡村旅游创意人才台湾培训基地"等10多个合作项目，确立了今后两年闽台乡村旅游合作的总体框架，明确了工作重点。

2012年，闽台实现了两地业界无缝对接，标志着闽台乡村旅游合作进入双向互动、深度合作的新阶段。为此，福建着力从三个方面推进闽台乡村旅游深度合作。一是借在台举办"两岸乡村休闲旅游嘉年华"等活动的契机，与台旅游业界共同打造乡村旅游合作平台，包括规划策划合作、产品衍生开发合作、新业态技术合作、经营管理合作、市场营销合作、人才合作等六大合作平台，建立两岸乡村旅游合作机制，加快旅游新业态对接，发展延伸旅游产业链，力求闽台旅游业的共赢发展。二是推出"万名台湾青年学子来闽修学旅游"新举措，从2013年7月起，福建先后在厦门大学、华侨大学、集美大学、福建师范大学、福建农林大学等设立了5个闽台修学旅游基地，推出闽南文化、客家文化、妈祖文化、闽都文化和茶文化等五大修学旅游精品线路。三是以"同名村镇"为纽带，以"续缘之旅"为载体，以拓展闽台基层民众交流。

2013年9月，首届闽台乡村旅游合作发展圆桌会议在厦门举行，会议期间，发布十大"闽台乡村旅游试验基地"，即福州马尾区闽安古镇、厦门同安顶村、泉州晋江围头村、漳州长泰格林美提子园、莆田湄洲岛下山村、龙岩连城培田古民居、三明将乐梅花村、南平建阳考亭美丽乡村、宁德福鼎小白鹭海滨休闲度假村、平潭大福湾度假村。与此同时，闽台各10家乡村旅游点结对交流。闽台双方依托福建农林大学、台湾亚洲大学挂牌成立"闽台乡村旅游创意指导中心"，汇集大陆和台湾乡村旅游专家智慧结晶，推进福建乡村旅游发展。此外，该中心将在福建范围内依托部分旅游院校，分区、分片成立培训基地，为福建乡村旅游项目业主提供创业辅导和智力扶持。至此，闽台乡村旅游合作发展进入长效机制模式，闽台乡村旅游合作拓宽闽台交流合作新领域。

2014年7月，福建省委书记尤权率团访台，在短短5天的行程中专门考察了台湾乡村旅游。尤权表示："台湾在发展休闲旅游、乡村旅游等方面有很多值得学习借鉴的经验，双方将继续巩固和深化两地旅游交流合作，共同做大海峡旅游品牌。"[①] 随着海峡两岸旅游合作的深入开展，"闽台乡村旅游试验基地"应势诞生。2014年8月，福建第二批6家闽台乡村旅游试验基地提升

---

① 李金枝等：《融入乡音乡情　深化旅游合作》，《中国旅游报》2014年7月16日。

发展规划通过评审，标志着全省闽台乡村旅游试验基地进入实施阶段，一批"百姓富、生态美"有机统一的乡村旅游精品和示范工程务实推进。2014年下半年，福建选取4个乡村旅游重点县——永泰、长泰、泰宁、永春，每个县各选5个村镇，作为第二批闽台乡村旅游试验基地。随后，福建省旅游局联合福建省财政厅斥资"精心装潢"福建乡村旅游，下拨专项补助资金210万元，分别拨付给永泰县60万元，长泰县、泰宁县、永春县各50万元。这一专项补助资金，主要用于引进台湾乡村旅游发展的宝贵经验，聘请台湾乡村旅游专家为4个乡村旅游重点县编制发展规划，以借台湾专家智慧帮助福建发展乡村旅游点石成金。"一村一品""村景一体化""一县一特色"成为闽台乡村旅游试验基地的建设目标。

闽台乡村旅游处于不同的发展阶段，双方合作互补性强，给业界、游客以及百姓带来了实实在在的福祉，实现了多方共赢。据统计，2014年，大陆乡村旅游人数达到12亿人次，占全部游客数量的30%，乡村旅游收入达到3200亿元人民币；在巨大的市场需求驱动下，乡村旅游产业主体呈现规模化、多元化发展态势，已有200万家"农家乐"和10万个以上特色村镇。[①]

2015年5月，由大陆18个省旅游局和台湾18个旅游协会（学会）联办的第二届两岸乡村旅游圆桌会议在厦门举行。会上，两岸业界围绕在地产品的开发与运营模式、在地民宿的创意与经营管理、在地美食的"土味"与服务品质、在地文创的挖掘与DIY体验等议题展开探讨后，达成并通过了《两岸乡村旅游圆桌会议厦门共识》（以下简称《厦门共识》）。《厦门共识》从产品开发、理念创新、品牌引领、品质提升、文创融合、人才培养、两岸交流、互联网思维八个方面，就两岸乡村旅游的交流合作、共同发展提出了一系列对策。《厦门共识》对两岸乡村旅游整体的合作与发展具有重要的推动作用。

为进一步加强闽台旅游交流合作，福建省制定了《闽台乡村旅游合作工作计划》《福建乡村旅游"百镇千村"行动计划》，力争3年之内打造1000个乡村旅游特色休闲集镇、1000个乡村旅游特色村。2018年11月，福建省委实施乡村振兴战略领导小组提出十条措施推动乡村振兴，加快推进乡村产业、

[①] 炎延：《乡村游成闽台旅游合作新亮点》，《海峡瞭望》2017年第4期。

人才、文化、生态和组织振兴，建设美丽、文明、善治、殷实乡村。"推进两岸合作交流，促进闽台乡村融合发展"就是十条措施之一。促进闽台乡村融合发展的具体路径，从深化闽台农业合作、加强闽台特色乡镇交流、推动闽台乡村建设合作三个方面提出了具体举措。

闽台乡村旅游合作的不断深化，为福建乡村旅游创新发展注入了活力。福建大力推进闽台乡村旅游合作，既促进了"环海峡旅游圈"的构建，为两岸旅游合作增加了新亮点、新领域，也为福建乡村旅游发展注入了活力，打造了一批农家乐、森林人家、水乡渔村、休闲农业等经营模式和新业态，走出一条具有福建特色的乡村旅游发展路径。

第三篇　新时代闽台融合发展
(2012年11月—2021年12月)

第二十一章　探索海峡两岸融合发展新路

2019年3月全国两会期间，习近平总书记在参加福建代表团审议时强调，"要探索海峡两岸融合发展新路"，"努力把福建建成台胞台企登陆的第一家园"，为在两岸关系发展新征程上开启新探索指明了方向。2021年3月，习近平总书记在福建考察时强调，福建要在探索海峡两岸融合发展新路上迈出更大步伐，要突出以通促融、以惠促融、以情促融，勇于探索海峡两岸融合发展新路。国家"十四五"规划和2035年远景目标纲要提出，支持福建探索海峡两岸融合发展新路，加快两岸融合发展示范区建设。在两岸走近走亲、携手圆梦、实现祖国统一的历史进程中，福建继续发挥对台独特优势，注重顶层设计，突出先行先试，强化服务保障，全力书写"通""惠""情"三篇文章，努力探索更多应通尽通的路径模式、惠台利民的政策举措、心灵契合的方式方法，加快建成台胞台企登陆的第一家园，不断谱写两岸关系融合发展的新时代篇章。

两岸进入和平发展阶段，非对抗性矛盾居于主导地位，但对抗性矛盾只是暂时"潜水"，依然暗潮汹涌。如，在台湾社会世代矛盾、蓝绿矛盾、阶级矛盾、国民党内斗等矛盾的共同作用下，2014年3月台湾爆发了反服贸事件①，使作为ECFA（海峡两岸经济合作框架协议）后续协商所签协议之一的

---

①　2014年3月17日，台湾地区立法机构审查服贸协议时发生激烈冲突，其下设的"内政委员会"介入使得服贸协议取消逐条审查，由此引爆反服贸人士不满。"3·18"台湾部分团体和学生"反服贸抗争"事件，台湾称"太阳花学运"。3月21日，"台联党"人员向现场民众准备向日葵，后来被意外当成这次活动的象征，"太阳花学运"被定调。在学运的巨大压力下，国民党不断让步，马英九多次表示愿不设前提条件与学生对话，放弃先前坚拒将服贸协议退回程序委员会的立场，又被迫宣布"两岸签订协议监督条例"制定与服贸协议审议同步进行，就服贸协议召开"经贸国是会议"等。

《海峡两岸服务贸易协议》①得不到签署执行。台湾反服贸事件，不仅使正常的两岸经贸关系发展受到阻挠，而且对两岸关系和平发展的深入推进造成了不良影响，其"实质是新独派掀起的反中运动，标志'新台独'勃兴"②。

2016年5月以来，由于"台独"政治势力再度执政，破坏了两岸关系和平发展的政治基础，同时极力迎合美国对华"新冷战"政策，"倚美拒统"，企图以阵营对抗取代两岸对抗，导致两岸关系严重倒退，由"热络"急转为"冰冷"，两岸对抗的硝烟再度在台海弥漫开来。一度缓解的两岸对抗性矛盾骤然上升——"台独"分裂活动在逐步猖獗，同时非对抗性矛盾——两岸经济社会融合发展也在扎实推进。民进党重新上台以来，政治上拒不放弃"台独"立场，拒不承认"九二共识"；经济上大力推行"新南向政策"，以摆脱对大陆的依赖；在文化教育领域疯狂"去中国化"，肆意修改课纲，任意裁剪"中国史"，妄图切割两岸历史文化联结，推动"文化台独"；在两岸交流方面，极力煽动两岸同胞敌意和对立，煽动"反中""恐中"情绪，阻挠、限制两岸交流合作，千方百计想要切断两岸情感联结，肆意削弱两岸同胞之间好不容易建立起来的各种联系，甚至利用新冠疫情图谋"台独"，使得两岸关系和平发展方方面面的成果受到损害。同时加紧勾连外部势力，图谋在国际上寻求突破，寻机谋求"台湾法理独立"；美国、日本等一些外部势力也大打"台湾牌"，加大力道摆弄台湾这枚棋子，动作频频，力图提升与台实质关系，作为遏制中国发展的筹码。作为美国遏制中国的一枚棋子，台湾当局更是一味挟洋自重，加剧两岸对抗，"拒统""谋独"的野心、欲望日趋膨胀。

2020年1月11日，台湾举行"二合一"选举，也就是台湾地区领导人及民意代表两项选举。寻求连任的民进党籍台湾地区领导人蔡英文获得817万余票，大赢代表国民党出征的高雄市长韩国瑜。蔡英文成为自1996年台湾地

---

① 《海峡两岸服务贸易协议》是ECFA后续协商所签协议之一，一式四份，双方各执两份。文本长达48页，正文分为4章24条，有2个附件，分别为《服务贸易具体承诺表》和《关于服务提供者的具体规定》。两岸"两会"领导人第九次会谈2013年6月21日在上海举行，双方由海协会会长陈德铭与海基会董事长林中森签署《海峡两岸服务贸易协议》。

② 林展略：《反服贸后两岸变局》，《环球新闻时讯》2014年第7期。

区领导人开放"直选"以来最高票当选者，突破了马英九在 2008 年台湾"大选"中斩获的 769 万得票纪录。而在民意代表选举方面，在台湾立法机构 113 个席次当中，民进党拿下 61 席，依旧单独过半，再次奠定"第一大党"的地位，而国民党仅获 38 席，民进党"一党独霸"的局面未能被打破。值得关注的是，在这次选举中，民进党大打"危机牌"和"恐吓牌"，炒作消费香港"反修例风波"，利用网军带风向，并在选战后期成功赢得年轻人支持率，催票转化成投票行为。在此次选举之前，也就是 2019 年 11 月底，台湾《商业周刊》针对"首投族"开展了一次民调，结果显示有高达 83.1%认同自己是台湾人，而认为自己是中国人的仅有 1.1%，认为既是台湾人又是中国人的也只有一成左右。而他们最为支持的位列第一的政党是民进党，其次是"时代力量"，第三才是国民党。①

面对"台独"政治势力的再度上台执政和台湾时局的逐步"逆转"局势，早在 2016 年初，习近平总书记就明确指出，"我们对台大政方针是明确的、一贯的，不会因台湾政局变化而改变"，表示"坚决遏制任何形式的'台独'分裂行径，维护国家主权和领土完整，绝不让国家分裂的历史悲剧重演"。针对台岛内"台独"势力形形色色的"去中国化"活动，大陆方面划出了清晰的红线。2016 年 11 月 11 日，习近平总书记在纪念孙中山先生诞辰 150 周年大会上强调："我们绝不允许任何人、任何组织、任何政党，在任何时候、以任何形式，把任何一块中国领土从中国分裂出去！"发出了反"台独"的最强音。与此同时，以习近平同志为核心的党中央站在党和国家事业发展全局和实现中华民族伟大复兴中国梦的战略高度，进一步丰富发展国家统一理论。以"两岸一家亲""命运与共""融合发展"为核心要素的"促统路线图"更加清晰，并根据岛内情况的新变化，既把台湾作为中国领土不可分割的一部分，又把台湾民众作为"同属一中"的公民来看待，实行同等待遇、提供同等便利、建构同等生存发展环境条件，逐步消除历史遗留的差别化待遇，其中尤其是对台湾青年工作作了更加突出的部署要求，持续深化两岸经济社会

---

① 杨昆福：《台湾年轻人缘何"全面倾绿" 国民党能急病乱投医吗?》，《台海》2020 年第 2 期。

融合，对两岸各个领域交流与合作产生重要的推动作用，为维护两岸关系和平发展势头创造了良好条件。

在这种复杂严峻的形势下，两岸对抗性矛盾被进一步激发，与非对抗性矛盾——长期逐渐培植起来的两岸和平发展力量相互拉扯角力。可以说，当下的两岸关系矛盾比以往阶段更加错综复杂，危机与契机相互交织。

一、大陆向金门[①]供水工程

大陆向金门供水工程，是两岸民生交流的一项创举，是两岸和平发展进程中的一大成果。

缺水问题长期困扰金门，许多水库干涸，地下水盐化加剧，影响当地人民生活、经济发展。严重的缺水，导致金门乡亲饮水频频告急、金门经济支柱金门酒厂发展受阻、金门旅游业欲振乏力，甚至导致人口外流、产业外移。"金门户籍人口逾13万，但多数青壮年背井离乡前往台湾本岛寻求发展，常住人口只有约6万"[②]。日趋严重的水荒，成为金门同胞眼中的泪、心中的痛，金门乡亲对大陆向金门供水可谓"望穿秋水"。

从大陆引水，这一设想的提出始于1994年。1993年，金门经历了一场大旱，许多作物枯死，良田龟裂，金门民众期盼从大陆引水，引起福建省委、省政府高度关注。1994年，金门县议员王再生率先提出从大陆引水的提案，而后多次前来大陆商谈、沟通引水问题，并得到福建有关方面的积极支持。

大陆向金门供水工程大致经历了三个阶段。第一阶段，从1995年到2002年，为沟通交流阶段。1995年3月22日，在纪念"世界水日""中国水周"大会上，福建省宣布"精心组织实施跨海引水工程，尽快帮助解决金门民众

[①] 在行政区划上，金门县隶属于福建省泉州市。
[②] 许雪毅等：《"共饮一江水，两岸一家亲"——福建正式向金门供水现场侧记》，《台声》2018年第16期。

用水的难题"①。之后，福建有关部门与金门县就引水事宜进行沟通交流，开展两岸通水技术研讨、项目前期和协商磋商工作。最初的方案是从厦门引水到金门，而且厦门方面已于 1996 年将供水工程修到了大嶝、小嶝和角屿，只是由于"台湾方面不同意"，导致对金门供应淡水的事情一直搁浅。1997 年，水利部提出了关于金门供水工程的有关审查意见，形成"引晋入金"供水线路方案。②

第二阶段，从 2003 年至 2013 年，为两岸达成共识阶段。尤其是 2008 年，随着两岸关系和平发展格局的形成，两岸协商议题逐步转向民生等事关老百姓切实利益的方向，使解决向金门供水问题的条件也日渐成熟。鉴于从台湾运水到金门或利用海水淡化技术都不实际，确定从大陆引水是最经济有效的办法。福建有关部门与金门县分别完成海域环境调查、海底地质勘探，并就测量及成果进行对接，探讨起草了供用水合同草案。2013 年 6 月，海协会与海基会第九次会谈达成有关解决金门用水问题的共同意见。

第三阶段，从 2013 年至 2018 年，为具体实施阶段。两岸对供水一事取得共识后，水利部指导福建省水利厅开展工作商谈，大陆向金门地区供水工作进入实质运作阶段。经过三次工作商谈和八次技术及商务会谈，双方就向金门供水合同等具体事项达成一致。国台办、水利部、国家发改委从政策指导、技术咨询、资金筹措等方面都给予了大力支持。2014 年，台湾地区行政管理机构敲定"金门自大陆引水工程计划"。2015 年，金门引水工程成为"张夏会"上的一个重要成果，终于使这一长期困扰金门的用水问题得以拨云见日。此后，大陆向金门供水工程开始迅速推行。

根据工程规划，大陆向金门地区供水水源来自泉州市晋江流域，由晋江金鸡拦河闸引水至晋江市龙湖水库，即从泉州的山美水库引水，并汇集西溪水源，经晋江供水系统将东山、溪边、龙湖 3 个天然淡水湖串联起来，通过龙湖来调节金门供水，再经龙湖抽水泵站抽水输水至围头入海点，最后经海

---

① 陈思杰、陈精高：《福建向金门供水合同签订》，《中国水利报》2015 年 7 月 23 日。

② 陈思杰、陈精高：《福建向金门供水合同签订》，《中国水利报》2015 年 7 月 23 日。

底管道输送至金门。金门供水工程设计流量为日供水3.4万立方米,输水线路总长约27.56公里,其中大陆方面陆地管道11.6公里,海底管道15.76公里,金门方面陆地管道0.2公里,工程总投资3.878亿元人民币。大陆方面负责投资建设晋江龙湖取水泵站及龙湖至入海口陆地管道部分,工程总投资为1.32亿元人民币。金门供水海底管线由金门方面投资建设并营运管理。经协商,两岸业主确定离岸原水水价为每方水9.86元新台币,水价每5年调整一次。① 该项购水合约为期30年,预计前3年每天向大陆购水1.5万吨,第4年至第6年每天2万吨,第7年至第9年每天2.5万吨,第10年以后每天3.4万吨。

2015年10月12日,大陆向金门地区供水工程大陆段正式开工。施工方采取先易后难的方法,克服线路、地势、雨量等因素,于2016年10月底实现陆地输水管道全线贯通,泵站完成调试稳定试运行,率先具备通水条件。② 2016年6月24日,海底管道工程开工,并于9月底完成了晋江侧(约8公里)的铺管施工。2017年,大陆向金门供水工程大陆段主体工程建成,工程使用前的工作准备就绪,具备通水条件,金门方面也加快建设进度。2018年5月10日,两岸进行了金门供水工程系统联合运行测试,最大日供水量约为4万立方米,超过设计的日通水3.4万立方米的最大要求,标志着金门供水工程全线贯通并达到供水的一切要求。

值得一提的是,金门县通水典礼原定于2018年6月11日举行,规划在一年一度的福建"海峡论坛"系列活动中举办,邀请福建省供水公司、福建省相关官员及台湾地区经济主管部门、海基会、陆委会的官员到场观礼。届时,两岸同时举行通水典礼,大陆派福建省水利厅副厅长参加金门的典礼,金门县副县长参加大陆的通水典礼,两岸用视频启动按钮,以"引水端送水、接水端出水"的形式呈现通水盛况。但是,蔡英文当局借题发挥,阻挠通水典礼,认为这一时间与海峡论坛时间接近,而"海峡论坛是大陆对台进行分化、统战的平台,有被矮化之嫌",要求金门向大陆提出延期,导致通水典礼

---

① 陈思杰、陈精高:《福建向金门供水合同签订》,《中国水利报》2015年7月23日。
② 高建进:《福建向金门供水工程正式通水》,《光明日报》2018年8月6日。

被延后到 8 月 5 日才举行。

2018 年 8 月 5 日上午，大陆向金门供水工程正式竣工，并在大陆晋江、金门两地同时举行了通水现场会和通水仪式。在大陆晋江举行的通水现场会上，中共中央台办、国务院台办主任刘结一，福建省委书记于伟国、省长唐登杰，水利部副部长周学文，福建省领导周联清、李德金，金门县民意机构负责人洪丽萍出席现场会。刘结一、于伟国、周学文、洪丽萍共同按下启动按钮开机送水。这标志着大陆向金门供水工程正式通水。

大陆向金门供水得来不易。23 年来，金门供水从论证到达成共识，从签署协议到动工建设直至通水，其间波折不断、艰辛无数，甚至遭到台湾岛内一些别有用心的人无端指责，但大陆向金门同胞供水的意愿坚定，最终迎来了历史性的时刻。

大陆向金门供水，体现了大陆坚定不移为台湾同胞谋福祉的真心实意和决心，体现了大陆对广大台胞的关爱。为了向金门供水，大陆高度重视，23 个寒来暑往，几十批专家考察、交流，多套供水方案反复比较、论证，水源地在哪里、水质如何、水量多少，海域环境调查及钻探，管道怎么铺设……围绕供水方案的调研和论证不曾间断；为了向金门供水，福建省委、省政府高度重视，多次研究方案，克服种种困难，坚持不懈推进工程建设；许多福建民众大力支持，自担损失，主动配合搬迁；施工单位不眠不休工作，按时保质圆满完工。如为了保护水源、维护水质，从 2015 年起，龙湖镇清退了库区周边的 17 家小、散、乱加工企业，启动了湖区截污工程，把生活污水、农业污染源等拦截到污水处理厂处理，加上平时通过河长制、湖长制定期巡视，加强日常的监督，使每一条溪水河川都有专人管理，防止污染源的回潮。而围头湾是供水工程管道的入海口。为了给供水管道让路，晋江围头村渔民宁愿损失 1000 余亩养殖面积（占当地支柱产业的十分之一），也要让金门同胞喝上家乡好水。可以说，大陆"向金门供水工程实现通水，展现了福建省委、省政府和 3900 多万福建人民对金门同胞的深情厚谊，承载着两岸人民对和平统一的企盼、对美好生活的共同追求"①。

大陆向金门地区供水工程通水,圆了金门乡亲期待了 23 年的梦想,让"两岸一家亲,共饮一江水"成为现实,正式开启了继两岸"通航、通邮、通商"之后的"通水"时代。金门见证了两岸从烽火走向和平,从和平走向融合的不平凡发展历程。大陆向金门供水,不仅为金门千家万户送去净水,也为金门经济发展注入活水。在金门通水仪式上,金门县长陈福海深有感慨地说,"两岸通水,点亮金门",并且提出通水只是起步,未来金门还要和大陆通电、通桥,成为"金门新三通"。②

大陆向金门供水工程,是在两岸和平发展时期顺利达成的两岸民生合作项目,是两岸在民生领域深化合作的一个缩影,是两岸从和平走向融合发展的典范。金门在闽台乃至两岸关系中一直扮演着特殊而又重要的角色。大陆向金门地区通水的实现,是继"小三通"之后,再次书写了两岸交流互通历史新的一页,进一步拉近了两岸民众之间的心理和情感距离,标志着金门和厦漳泉已经结成了实实在在的闽南生活圈,结成了相互依赖的命运共同体。

大陆向金门供水是"两岸一家亲"的又一次生动体现。正如中共中央台办、国务院台办主任刘结一所说的:"这是金门发展史上的一件大事、喜事,也是两岸同胞共同庆贺的一件大事、喜事,更为两岸关系史册增添了同胞情谊、水乳交融的又一佳话。"大陆向金门供水的历程生动表明:两岸关系好,台湾同胞才会好,台湾才有前途。

二、惠台"31 条措施"的贯彻落实

党的十八大以来,中国大陆推动两岸关系和平发展,加强两岸经济文化交流合作,陆续出台一系列便利台湾同胞在大陆学习、创业、就业、生活的

---

① 周琳:《两岸一家亲,共饮一江水 福建向金门供水工程实现正式通水》,《福建日报》2018 年 8 月 6 日。

② 路梅:《见证两岸通水时刻,金门民众欢欣庆祝》,新华社 2018 年 8 月 5 日金门讯。

政策措施，为推动两岸经济文化交流合作发挥了重要作用。党的十九大提出："两岸同胞是命运与共的骨肉兄弟，是血浓于水的一家人。我们秉持'两岸一家亲'理念，尊重台湾现有的社会制度和台湾同胞生活方式，愿意率先同台湾同胞分享大陆发展的机遇。我们将扩大两岸经济文化交流合作，实现互利互惠，逐步为台湾同胞在大陆学习、创业、就业、生活提供与大陆同胞同等的待遇，增进台湾同胞福祉。我们将推动两岸同胞共同弘扬中华文化，促进心灵契合。"

2018年2月28日，国务院台办、国家发展改革委经商中央组织部等20个多部门，发布《关于促进两岸经济文化交流合作的若干措施》（简称《若干措施》或惠台"31条措施"），提出了加快给予台资企业与大陆企业同等待遇以及为台湾同胞在大陆学习、创业、就业、生活提供与大陆同胞同等待遇31条措施。这"31条措施"的出台，是贯彻落实习近平总书记对台工作重要论述和中共十九大精神的重要体现，主要有三方面特点：一是此次出台的各项措施围绕国家重大行动计划和国家重点研发计划项目等，为台企台胞提供与大陆企业、大陆同胞同等待遇；二是量身定制，《若干措施》起草过程中充分考虑到台资企业和台湾同胞的特殊情况和需求，回应台企台胞的普遍关切，提出针对性强的解决办法；三是受益广泛，《若干措施》涵盖产业、财税、用地、金融、就业、教育、文化、医疗、影视等多个领域，开放力度之大、范围之广、涉及部门之多，都是前所未有的。

惠台"31条措施"承载着"两岸一家亲"理念，体现出"以人为本""同等待遇""排忧解难"的深刻内涵，紧扣台企台胞实际需要，努力为大家扩大发展机遇和空间，体现出祖国大陆关心关怀广大台企台胞的真诚愿望。惠台"31条措施"的出台，给台资企业和台湾同胞带来巨大机遇和实实在在的获得感。对台资企业来说，相关措施将帮助台资企业降低生产经营成本，加快转型升级，拓展内需市场，获得更多商机，实现更大发展。对台湾同胞来说，相关措施将为台湾同胞在大陆学习、创业、就业、生活提供更多便利，创造更好条件，并推动两岸同胞共同弘扬中华文化，促进心灵契合。这一惠台"31条措施"以"同等待遇"为核心，以"融合发展"为目的，是"中国大陆改革开放发展到一定阶段的产物，是中国公共政策体系不断完善的结果，也是新时期对台政策全面升级发展的形态,体现出国家发展与国家统一在新时代的有效对接与相互促进"①。

福建是两岸交流合作的"桥头堡"和"试验田"。两岸关系进入深水区以来,推进两岸经济社会融合发展已经成为推动两岸关系和平发展的着力点和创新点。特别是2016年以来,福建省着重对台营商环境建设,对台湾同胞在福建的创业、就业、学习、生活、旅游,乃至与福建地理空间临近的金马地区民生福祉,进行了大量周密细致的工作。

2017年11月16日,中共福建省委书记于伟国在福建省委十届四次全体会议上强调,要吸引台湾人才来闽就业创业,表示将率先推动解决台企与大陆企业、台湾居民与大陆居民实现基本相同待遇,切实保障台胞群体合法权益,并就福建在新时代新征程中如何为促进两岸关系和平发展、推进祖国和平统一进程作出更大贡献问题,提出了四方面的政策措施。一要用好对台先行先试平台。平潭综合实验区、福建自由贸易试验区、福州新区等先行先试平台已先后获批,使得福建对台优势更加突出。积极探索对台合作新机制,争取率先在自贸区落实海峡两岸服贸协定若干对台开放措施,建设两岸检验检疫合作试验区;大力支持平潭打造两岸同胞融合融洽的共同家园,建设新兴产业区、高端服务区、宜居生活区,高标准推进国际旅游岛建设。二要推进闽台产业深度融合,发挥现有台资企业龙头作用,吸引更多互为配套的台资项目落户,鼓励和支持台资企业转型升级、创新发展;加快建设两岸电商物流基地,加快培育厦金邮轮旅游、游艇旅游等新型业态,不断拓展闽台现代服务业合作的广度和深度。三要促进文化认同和民心相通,充分挖掘祖地文化优势,继续办好海峡论坛等民间交流品牌,更加注重面向台湾青年、基层,吸引更多台湾同胞来闽参访,使福建成为两岸人员往来的重要枢纽。四要继续推进便捷往来通道建设,推动两地资金、技术、人才等要素自由流动;坚持社会化、市场化、机制化方向,探索以就业为重点、实习带动就业、就业促进创业的模式,提升台湾青年来闽工作的内生动力。

---

① 刘匡宇:《大势、逆流、新机——两岸关系与岛内政局半年回顾》,《黄埔》2018年第5期。

在 2018 年 1 月召开的福建省十三届人大一次会议上，福建省政府工作报告提出，福建将启动"台商台胞服务年"活动，推广台胞权益保障联席会议机制，维护台湾同胞合法权益。同时，福建将继续发挥对台"桥头堡"的作用，深化两岸民间基层交流，探索予以台胞同等待遇。福建省"台商台胞服务年"活动推出的 21 条举措中，第一类为提供政策集成服务，共 8 条，主要包括：组织用人单位到高校举办台生就业专场招聘会，支持在闽高校台湾教师设立工作室，建立一批台湾人才库，鼓励并吸收台湾科技人员加入当地科协及其所属学会（协会），对困难台胞精准扶贫等。第二类为开展转型升级服务，共 7 条，主要包括：对台商台企开展个性化精准帮扶服务；推进海峡股权交易中心台资板块建设，支持福建省优质台资企业在大陆上市；探索以金融机构上门服务等方式个案推进解决台湾教师工资汇回台湾、台生办理银行卡等生活便利问题；等等。第三类和第四类分别为开展项目跟进服务和落实在闽台胞同等待遇。福建启动"台商台胞服务年"活动，旨在"进一步深化和落实已经在推进的对台优惠政策，同时尽快出台和启动其他更多的对台政策优惠措施，让台商台胞切实感受到来福建投资兴业、工作、生活舒心、安心和放心"。[①]

2018 年 2 月惠台"31 条措施"出台后，福建省有关部门及各地市主动做好贯彻落实工作。福建省委、省政府召集省委办公厅、省政府办公厅、发改委、台办、商务厅、财政厅等相关部门负责同志，围绕贯彻落实惠台"31 条措施"逐条研究，进一步梳理福建省对台交流合作的先行先试措施。对照"31 条措施"，福建省已实施其中 22 条，可启动实施的有 7 条，需待与国家部委衔接后才可推动实施的有 3 条（其中 1 条是部分未实施）。此外，31 条之外，福建省可率先突破的政策措施还有 9 条。[②]

闽台一水相连、血脉相亲，经济和文化交流合作历来十分密切，福建在推动两岸关系发展上有着得天独厚的优势。大陆出台这些惠台措施，不仅为深化闽台合作提供了基本思路和方向，也对福建开展对台工作提出了更高的

[①] 李烈：《我省"台商台胞服务年"全面启动》，《福建日报》2018 年 3 月 16 日。
[②] 汪闽燕：《"同等待遇 31 条"在福建已实施 22 条》，《法制日报》2018 年 4 月 28 日。

要求。2018年6月6日，即第十届海峡论坛开幕式上，福建省委书记于伟国宣布福建推出《福建省贯彻〈关于促进两岸经济文化交流合作的若干措施〉实施意见》（简称福建"66条实施意见"）。该实施意见由福建省台办、发改委牵头研究，经商52个部门同意，于2018年6月6日印发实施。这是福建省为深入贯彻习近平新时代中国特色社会主义思想和党的十九大精神，落实国务院台办等出台的《关于促进两岸经济文化交流合作的若干措施》的又一大惠台举措，旨在充分发挥福建省独特优势，为台资企业提供与大陆企业同等待遇，为在闽台湾同胞学习、就业、创业、生活提供与大陆同胞同等待遇，增强在闽台胞的获得感、幸福感和向心力，促进广大台湾同胞加深对"两岸一家亲"的情感认同，更好地共享福建改革开放的发展成果。

福建省贯彻落实"31条措施"实施意见，注重先行先试、开拓创新，含金量高、扶持力度大，包括扩大闽台经贸合作、支持台胞在闽实习就业创业、深化闽台文化交流、方便台胞在闽安居乐业等4个方面共66条具体措施。其中有37条对应落实"31条措施"，24条是福建先行先试的，另有5条是复制推广有关试验政策的。这66条措施既涵盖台企在行业准入、金融服务、资金扶持、通关便利等方面的各项优惠政策，也涉及台胞在福建学习、实习、就业、创业、居住、生活、劳动保障、就医、交通等方面的同等待遇，还包括深化闽台文化交流的各项举措。

这"66条实施意见"既是对惠台"31条措施"的深化和落实，也是新时期福建省深入实施对台开放先行先试，构筑两岸经济文化交流合作先行区的重要工作指南，对推进两岸经济社会融合发展起到更加积极的作用。截至2018年7月，厦门、莆田已分别出台60条和35条措施，其余各设区市也在积极拟制相关举措。在具体对接落实上，福州市在大陆率先开展台湾社工参加大陆社会工作者职业水平考试；厦门市7月末宣布电子台胞证与当地居民身份证同等使用，厦航再度向台胞推出200个招聘岗位，福建首家台资独资演艺企业落户厦门自贸片区等；漳州市新批准3家市级台湾青创基地和2家台湾青年实习实训基地；平潭综合实验区为台胞胡乃文颁发了首张"台湾地区职业资格证书采信证明"，推出支持两岸影视产业合作的"影视20条政策"等。福建省文化厅公布了促进闽台文化交流合作的17条措施，对"66条实施意见"中涉及文化部门的有关条款内容作了细化并提出落实举措，内容涉及文艺创作演出、公共文化服务、文化遗产保护、文化市场与文化产业以及文化人才等方面。文艺创作演出方面，允许和鼓励台湾艺术表演团体参与福建艺术节等艺术活动，对入选福建艺术节展演交流的剧目，给予福建省参演院团同类剧目相同的演出补助；允许和鼓励台湾文化艺术界人士参与福建戏剧会演剧本征文等赛事活动，在评奖上享受同等待遇。公共文化服务方面，为致力于公益文化服务的在闽台胞志愿者、义工提供免费培训；在福建自贸试验区内、在台胞比较集中的区域设立图书流通服务；鼓励台胞在福建申办福建省非国有博物馆，对设立后向社会公益开放、传播中华优秀传统文化的，视开放绩效纳入福建省非国有博物馆以奖代补专项资金补助范围等。文化遗产保护传承方面，台胞在福建省内注册成立的法人单位，具备条件的可按规定申请文物保护相关资质；从事福建省非遗代表性项目保护传承的台湾同胞，可参评福建省非遗代表性项目代表性传承人；鼓励和支持从事福建省非遗代表性项目保护传承的台湾同胞参加非遗项目相关技艺培训和展演展示活动。

在贯彻落实"31条措施"中，福建本着为台企台胞谋实惠、对台企台胞有利、"法无禁止皆可为"的原则，在已率先落实台企台胞享受同等待遇22项工作的基础上，出台了"66条实施意见"，并建立"促进闽台经济文化交流合作协调机制"和"政策说明会"平台，向社会公布了55个省直职能部门的对接工作窗口和咨询热线电话，提高了政策的知晓率和落地率。同时，在启动"台商台胞服务年"活动方面，以在闽台商台企、高校就读台生、高校就职台湾教师、在闽实习实训就业创业台湾青年、台湾专门人才、台湾科技人员和困难台胞等七大类群体为重点，从提供政策集成服务、转型升级服务、项目跟进服务、落实同等待遇等四个方面出台21条举措，针对长期以来困扰台商台胞的一些痛点难点问题，打通"最后一公里"。

截至2018年底，福建结合实际推出落实的具体办法，主要体现在四个方面：一是明确规定，实施"源头管理、口岸验放"的闽台商品快速验放的模式，扩大台湾进口商品等第三方检测结果的采信范围；二是在文教科技领域，福建省与国家自然科学基金委联合设立促进海峡两岸科技合作联合基金，批准立项107项，资助经费2.73亿元，130多位台湾科学家参与了项目研究；

三是在资金支持方面,福建已有"华佳彩"等5个台资项目获专项补助1830万元、技改基金投资4.6亿元,两岸合作设立的光电集成一体化技术两岸联合研发中心和东南汽车研究院共获得资助1630万元;四是在农业领域,福建集辰农林科技等3家台资农业企业享受农机购置补贴,并有13款台企农机产品列入农机购置补贴产品目录。截至2018年底,"31条措施"的落实和推进工作扎实有效,同等待遇帮助台胞台企扎根八闽,落实面达95%。[1]

为了扶持台湾青年来闽就业创业,2018年3月,福建省人力资源和社会保障厅从人才引进、创业、就业三方面再推新举措:对用人单位新聘用高新台湾人才,符合相关条件的,给予最高12万元(人民币,下同)补助;对用人单位接收取得相应学历的台湾学生及福建省认可的高级技师资格的人才就业,给予用人单位3万元补助;对台湾人才重点创业项目和优秀创业项目分别给予50万元、20万元补助。这是大陆推出"31条措施"后,福建推出吸引台青入闽创业就业的又一新举措。特别是2018年6月福建"66条实施意见"出台后,为台企台胞学习、就业、创业、生活提供更多便利和更广阔空间,越来越多台湾青年来闽追梦、筑梦。以福州为例,截至2019年5月,来榕实习就业创业的台湾青年人数超过6000人,福州市挂牌设立各类台湾青年创业就业基地19家,其中国家级台青创业基地2家、省级台青创业基地4家,入驻台湾青年企业近400家,初步形成规模集聚示范效应。

在平潭综合实验区,来自台湾金门的孟宪霆(在平潭台湾创业园从事两岸人力资源交流培训,为台湾青年来大陆就业创业服务),于2015年8月创建了福建两岸金桥人力资源有限公司,到2018年8月已组织2000余名台湾青年来闽参访,引进10余家公司入驻创业孵化器,与多家福建企业共建台湾青年实业和创业就业培训基地,并输送台湾人才来大陆发展。

2019年5月,5名在闽台湾青年荣获第十六届"福建青年五四奖章"。其中,厦门天马微电子有限公司经理陈国照获得"福建青年五四奖章个人标兵"荣誉称号;泉州高品医学检验实验室有限责任公司总经理何国鼎、平潭城关幼儿园教师陈亚姒、福州京东方光电科技有限公司CF分厂技术专家唐英森、

---

[1] 王玲:《2019年新年贺词》,《两岸关系》2019年第1期。

福州市乐恒公益服务中心主任涂佳荣，获得"福建青年五四奖章"。

至 2019 年底，"31 条措施"在福建均已落实且有实施案例，实现了五个"明显增强"。一是台企营商环境质量明显增强，闽台经贸合作持续深入。2018 年，全省新批台资项目、实际利用台资皆位居大陆前列；50 多个台企技改项目列入省重点技改项目、省工业和信息化龙头企业或享受相关专项技改资金支持；全省 200 户次台企同等享受高新技术企业及研发费用加计扣除等税收优惠 7.93 亿元。二是台胞台企登陆意愿明显增强，来闽交流群体和数量持续扩大。2018 年来闽台胞人数达到 363 万人次，约占来大陆台胞总数的 60%；2019 年上半年台胞入闽达 143 万人次，同比增长 8%。三是台青实习就业创业政策保障明显增强，福建渐成台青登陆"试水"首选之地。全省设立各类台湾青年就业创业基地 73 家，入驻各类基地台资企业 2074 家、台湾青年 5216 人，来闽实习就业创业台湾青年已突破 3 万人。四是"两岸一家亲、闽台亲上亲"氛围更浓，台胞获得感幸福感明显增强。全省已有 16 名在闽台胞获省劳模称号、五一劳动奖章、五四青年奖章等；75 名在闽台湾科技人员加入省市各级科协组织；申报国家社科基金项目获批立项 22 项、省级文艺发展专项资金项目 3 项。五是应通尽通实效明显增强，探索海峡两岸融合发展新路加快推进。闽台之间已常态化开通 17 条海空航线，每天往来闽台两地达 6000 人次。能源资源互通方面，除了实现向金门通水外，福建与金门、马祖电力联网方案初步确定，并委托台湾合作方开展可行性研究，预计 2020 年完成；厦金、榕马通桥项目也已分别提出线路比选方案，并开展大陆侧的测量、地勘作业。

三、打造台胞台企登陆"第一家园"

党的十九大以来，福建省积极贯彻落实习近平总书记对台工作重要讲话精神，全力做好"通""惠""情"文章，全面落实落细"31+66+42"，适时推出惠台利民新措施，推动在区域合作、产业融合、文化交流上增创先行先试新优势，逐步构建完善台胞台企登陆第一家园服务体系，着力加强惠及台胞政策措施宣传解读，为建设两岸命运共同体、服务祖国和平统一大业作出新贡献。

——一视同仁，全力推动"以惠促融"，是福建省对台胞台商一以贯之的政策。在经济领域，福建省率先批准8家台企注册为陆资企业，中国农业银行为6个国家级台创园提供授信5.14亿元，56个台湾建筑师团队对接了58个乡村振兴项目。在社会领域，厦航对台胞台企提供一站式专属航旅优惠服务；公安系统推出便利台湾驾驶证换领大陆驾驶证新举措。福建省积极推动闽台行业标准共通，率先对52项台湾地区专门职业及技术人员（技术士）考试及格证书直接比照认定相应职称，14项专业技术职业资格直接采认台湾地区相应职业资格。一批台胞入选高层次人才"百人计划"、担任社区营造师和科技特派员，16人获"非遗传承人""劳模""五四奖章""三八红旗手"等省级荣誉。在文教卫生领域，福建省已引进10名台湾中小学教师和462名全职教师，4家台资独资诊所在厦门开业，首家台胞医保服务中心落地莆田，长庚医院获评"三甲医院"，535名台湾医师在闽执业。此外，福建省还建立了首个涉台检察展示平台，设立54个台胞权益保障法官工作室、22个涉台检察室，已调处化解10件涉台积案。

——在经贸合作方面，闽台合作成果丰硕。2018年，厦门获批设立海峡两岸集成电路产业合作试验区，联芯、福联、鑫天虹、古雷炼化一体化、台达绿色建筑等项目进展顺利，平潭台湾农渔产品交易市场开业，海峡两岸投资基金落户厦门，台企资本项下便利化试点政策扩展至全省；2019年上半年，新批台资项目641项，同比增长166%，实际到资41亿元，同比增长267%。[①] 此外，2019年，平潭—高雄货运、客滚航线开通，厦门—高雄客滚航线和厦门—高雄、澎湖邮轮航线临时恢复开通，琅岐对台码头、五通客运码头三期也正式启用。

——在加大交流、"以情促融"方面，闽台文化交流和人员往来深入推进。2019年4月，由两岸专家学者共同编撰的《妈祖文化志》首发，"福建文化宝岛行——非遗文化进马祖"等活动入岛举办。2019年上半年，台胞入闽

---

① 陈梦婕：《两岸融合发展探新路》，《福建日报》2019年10月11日。

超过143万人次，同比增长8%。来闽实习就业创业的台湾青年达3万人。2019年4月，由省台港澳办与中国海峡人才市场合作推出的"筑梦第一家园·台湾青年就业广场"专区正式上线，为台湾青年网络求职招聘搭建常态化的平台。在福建省各类交流活动中，首次来大陆的台胞占比稳步提高。

2019年是全国人大常委会发表《告台湾同胞书》、和平统一方针提出40周年。新年伊始，习近平总书记发表了《为实现民族伟大复兴推进祖国和平统一而共同奋斗》的重要讲话，为开展新时代对台工作提供了根本遵循和行动指南。在讲话中，习近平总书记明确提出："两岸要应通尽通，提升经贸合作畅通、基础设施联通、能源资源互通、行业标准共通，可以率先实现金门、马祖同福建沿海地区通水、通电、通气、通桥。"这充分体现了对台湾现实情况和社情民意的深入了解和对广大台湾同胞的关心关怀，也为福建对台工作指明了具体方向。

2019年1月14日开幕的福建省十三届人大二次会议上，福建省省长唐登杰向大会作政府工作报告时指出，福建将继续促进闽台经济社会融合发展，发挥对台特色优势，在经贸合作畅通、基础设施联通、能源资源互通、行业标准共通以及基本公共服务均等化、普惠化、便捷化上先行先试。"四通""三化"的提出，是福建进一步推进先行先试，深入贯彻落实党中央赋予福建省的对台先行先试政策而持续推进深化闽台融合发展的又一重大具体举措。

2019年3月10日，习近平总书记参加十三届全国人大二次会议福建代表团审议，并就"营造良好发展环境""推动两岸融合发展""做好革命老区、中央苏区脱贫奔小康工作"等提出新要求。在提出"要探索海峡两岸融合发展新路"新要求时，习近平总书记分别从"通""心""惠"三个方面谈了具体落实落细。在谈"通"的方面，他要求："两岸要应通尽通，提升经贸合作畅通、基础设施联通、能源资源互通、行业标准共通，努力把福建建成台胞台企登陆的第一家园。"在谈"心"的方面，他指出："要加强两岸交流合作，加大文化交流力度，把工作做到广大台湾同胞的心里，增进台湾同胞对民族、对国家的认知和感情。"在谈"惠"的方面，他强调："要对台湾同胞一视同仁，像为大陆百姓服务那样造福台湾同胞。"①他还提到了"31条措施"和福建实行的"66条实施意见"，要求"把这些措施落实到位，同时要听取台湾同胞呼声，研究还可以推出哪些惠台利民的政策措施，只要能做到的都要尽力去做"②。习近平总书记在福建代表团的讲话，贯穿着"两岸一家亲"理念，坚持寄希望于台湾人民的方针，一如既往地尊重台湾同胞、关爱台湾同胞、团结台湾同胞、依靠台湾同胞，并结合福建的对台独特优势，提出构建闽台一家，打造"台胞台企登陆的第一家园"的殷切期望，为新时代福建对台工作指明了方向。

深化两岸融合发展是习近平对台工作的核心理念之一，是推动两岸和平发展进程的新思路新战略。新阶段深化两岸融合发展，探索海峡两岸融合发展新路，地处海峡西岸的福建优势明显，责任重大。为贯彻落实习近平总书记这一重要主张，近些年来，祖国大陆相继推出了一系列政策措施。其中地处对台工作一线的福建，坚持做在前走在先，加快推进对台合作先行区建设，"吸引台湾同胞参与闽西南、闽东北两个协同发展区战略，率先同台湾同胞分享福建发展机遇，促进他们积极投身两岸融合发展历史进程"③。

2019年5月，福建省出台《关于探索海峡两岸融合发展新路的实施意见》。该实施意见就加快两岸应通尽通、为台胞台企提供同等待遇和加大文化交流力度等出台42条措施，努力把福建建成台胞台企登陆的第一家园。该实施意见着力促进经贸合作畅通、基础设施联通、能源资源互通、行业标准共通，对重大龙头类、示范类台资项目优先给予用地指标保障，新设立台企可按大陆企业申请注册，推进两岸合资证券项目，将自贸试验区内台企资本项下便利化试点政策扩展至全省，探索人民币与新台币直接清算结算，推动台企科创板上市，台企股份制改造享受同等奖补。在推进金门、马祖同福建沿海地区通水、通电、通气、通桥方面，实施意见提出："推进向金门马祖通水，坚持做好向金门供水源头龙湖水库环境保护，加强输水管道维护，建设

---

① 《努力建成台胞台企登陆的第一家园》，《福建日报》2019年3月13日。
② 《习近平总书记参加福建代表团审议 叮嘱这几件事》，《福建日报》2019年3月11日。
③ 《奋力打造对台合作先行区》，《两岸关系》2019年第2期。

连江官岭至黄岐输水管道；推进向金门马祖通气，推动供应液化天然气，发挥西气东输三线工程作用；推进向金门马祖通电，推动通过海缆输电方式实现电网联网；推进向金门马祖通桥，推进研拟厦金大桥和福州连江至马祖通桥方案。"[①] 在推进台胞台企同等待遇落细落深方面，实施意见提出：台胞凭台湾居民居住证享受所在地居民购房同等待遇；推动台胞在闽使用台湾机动车驾驶证和便利换领大陆驾驶证；对在闽台胞参加"五险一金"实行分类管理、精准服务；在闽台胞凭台湾居民居住证，同等享受福建省城乡居民基本医疗保障；扩大事业单位招收台胞规模，根据台胞意愿和单位需要灵活使用编制。

患难与共、守望相助是中华民族的传统美德，两岸同胞是血浓于水的兄弟，是休戚与共的命运共同体。2019年底2020年春，面对汹涌而至的新冠疫情，作为台胞大省，福建全省对台工作部门各尽其责，主动下沉一线，以不同方式齐心协力共同抗疫。开展新冠疫情防控"进企业、进协会、进基地、进社区"，实施一线指导、倾心帮扶，以缓解台企疫情下复工复产面临的困难和问题，涵盖了用地、用电、用气、用工、重大项目、新基建建设、拓展市场、税费减免、上市支持、外汇管理便利化、中小企业发展、金融支持、技改项目支持、提供优质服务等多个领域。2020年1月29日，福建省台港澳办发出《致在闽广大台胞台企的信》，希望在闽广大台胞台企积极参与疫情防控，加强与各地台胞台企及台资企业协会的联系，积极落实好疫情防控宣传、摸排了解、联系提醒等各项举措，引导和服务在闽广大台胞台企的防控疫情工作，并详细了解台企生产运行情况，协调有关部门帮助台企解决实际困难，得到台胞台企的积极响应。随后，福建省出台24条措施应对疫情，从6个方面全力支持企业复工复产。2月12日，为了帮助台企同等享受当地支持企业复工复产的政策措施，福建省台港澳办联合中国进出口银行福建省分行制定《关于政策性金融支持疫情期间福建省重点台资企业稳定生产工作方案》，将台企同等纳入福建应对疫情24条措施的支持范围，首批设立20亿元人民币

---

① 吴洪整理：《深入学习贯彻习近平总书记参加全国两会福建团审议时重要讲话精神》，《福建日报》2019年5月29日。

福建省重点台企应急资金专项贷款额度，以支持台资企业有效应对疫情。[①] 为了全面掌握台胞台企的情况，做好精准服务，全省九设区市纷纷采取分工分组分片包干和网上接访等办法，进行"一对一"对接，确保"一个企业不漏、一个台胞不少"，实现联系问候全覆盖。此外，还协调金融机构为在闽台企提供信贷10多亿元，帮助他们度过疫情之下的经营艰困时期。

随着常态化疫情防控工作持续稳步推进、涉台疫情防控各项举措的精准落实，提升了八闽大地对台湾人才、台资台企的吸引力。在福建的台商台企生产经营总体稳定，不少台企增资扩产，一些台企逆势上扬。2020年，福建省新增台资项目1233项，合同利用台资236亿元（人民币），闽台贸易额增长10.9%，实际利用台资增长77.3%。[②] 2020年3月初，台湾国乔石化股份有限公司与福建泉州泉港石化工业园区通过视频连线"云签约"，计划投资500亿元新台币新建丙烷脱氢及聚丙烯项目。2020年9月，举办了第十三届两岸农产品订货会。台胞赴闽发展方兴未艾，2020年，福建省新增实习、就业、创业台青1700多人。截至2020年底，福建省累计设立82家台青就业创业基地，支持台胞参与社区治理和乡村振兴，有4000多位台胞取得技能人员职业资格。[③]

在闽台胞台企积极配合当地做好疫情防控工作，并且捐款捐物表达爱心，彰显两岸一家亲的骨肉亲情。全省有近30名台籍医护人员奋战在抗疫第一线，他们在这场战"疫"中逆行而上，坚守岗位，不惧风险，以生命守护生命，充分展现了台籍医护工作者的使命和担当。台资企业天福集团创办人李瑞河，通过武汉分公司向武汉台商协会捐款人民币60万元，用于武汉疫区前线采购急需物资；厦门蓝星企业有限公司几乎每天所有生产线开足马力，加班加点赶制疫情防护用品。台企复工复产也逐渐步入正轨，生产经营稳定，

[①] 路梅：《抗击新冠肺炎疫情——全国各地积极协助台企复工复产》，《两岸关系》2020年第3期。

[②] 福建省台港澳办：《探索闽台融合发展新路——福建省贯彻落实惠台措施有作为》，《两岸关系》2021年第4期。

[③] 福建省台港澳办：《探索闽台融合发展新路——福建省贯彻落实惠台措施有作为》，《两岸关系》2021年第4期。

全省一产、二产台企逐步全面复工复产，具备条件的三产台企也全面复商复市。

国家"十四五"规划和2035年远景目标建议提出要"加快构建新发展格局，支持福建探索海峡两岸融合发展新路"。为此，福建着力推进科技创新，加快全省数字建设，积极服务并深度融入新发展格局，持续在经济、基础设施、社会、文化等各领域完善保障台胞福祉的制度和政策，为台胞台企提供同等待遇，从而为广大台胞台企在闽发展带来宝贵机遇和广阔空间。

四、"四通""三化"先行先试

福建充分发挥对台特色优势，全面贯彻中央对台大政方针，全力服务中央对台工作大局，打造台胞台企登陆"第一家园"。一是进一步推进先行先试，深入贯彻落实党中央赋予福建省的对台先行先试政策，充分发挥平潭综合实验区、福建自由贸易试验区等平台作用，推出更多、更有效的对台创新举措，力争率先实现福建省沿海地区与金门、马祖早日"四通"（通水、通电、通气、通桥），率先推进基本公共服务实现"三化"（均等化、普惠化、便捷化），扩大台胞受益面和获得感，确保对台工作走在前、做在先。二是进一步深化闽台融合发展。持续深化闽台教育、医疗卫生、科技等交流，逐步为台湾同胞在大陆学习、创业、就业、生活提供同等待遇，吸引更多台胞来闽学习、工作、生活。三是加强文化交流，共同传承中华优秀传统文化，弘扬伟大民族精神，促进同胞心灵契合。[①]

"四通""三化"先行先试的提出，不是偶然的，而是具备了一定的基础与条件。其主要体现在以下几个方面：一是大陆向金门供水工程通水积累了丰富的经验，为闽台能源资源互通提供了范例。二是西气东输三线东段工程目前已建成通气，并且为台湾地区预留了接口。三是国家电网福建电力有限

[①] 周琳：《传达学习贯彻习近平总书记重要讲话和重要指示精神》，《福建日报》2019年1月4日。

公司已拥有特高压等远程输电技术以及丰富的海岛供电经验，并完成了福建沿海地区向金门、马祖联网供电方案的论证和容量准备，一旦联网工程实施，即可供电。该方案综合考虑金门、马祖当前状况及远期发展需要，计划以柔性直流输电技术，通过海底电缆的方式，分别从厦门翔安向金门供电、从福州连江沿海向马祖供电。四是2018年12月，作为（北）京台（北）高铁的组成部分，平潭海峡公铁两用大桥首座通航孔桥钢桁梁合龙。五是在通桥方面，早在2003年，近百位两岸专家学者经过两天的探讨，明确提出在厦门和金门之间构建跨海大桥的设想，如今祖国大陆无论是建设海底隧道还是跨海大桥，均经验丰富，技术上较为成熟。

随着大陆向金门供水工程实现正式通水，金门、马祖同福建沿海地区通水、通电、通气、通桥的论证等工作也提上议事日程。福州市连江县已启动官岭至黄岐镇供水工程，向马祖供水的议题提上日程。

除了通水，大陆正全力以赴，加速推动与金门、马祖通电通气通桥。2018年，福建省已完成向马祖供水近期工程调研暨初设审批；确定与金马电力联网方案，委托台方合作单位开展调研；明确近期通气的台方执行单位以及运输方式、金门接气港口、储运路线；提出通桥重点线路方案，开展专题论证和制订工程技术方案。

厦门是"四通""三化"的先行区。打造"厦（门）金（门）共同生活圈"顺势全面展开。金门不只缺电，且无建置管道天然气，金门人民盼望能像从大陆引水那样，也从大陆引电引气。金门人民不只盼望通桥，还希望能够与厦门通轻轨、通隧道。金门民众的诉求，得到了厦门方面的高度重视。在2019年1月中旬举行的福建省两会上，省委书记于伟国表示：要进一步深化两岸融合发展，在通水、通电、通气、通桥"四通"上加快步伐，让金、马同胞享受到更多均等化、普惠化、便捷化的基本公共服务，有更多获得感。要用好平台载体，加强产业合作，密切文化交流，努力打造对台合作先行区。

2019年福建省两会后不久，金门新任县长杨镇浯带领观光处、行政处、建设处、环保局、金酒公司等多个部门负责人首访大陆，与厦门市政府进行座谈。在参访座谈中，杨镇浯表达了金门民众不仅盼"应通尽通"，更希望"能通快通"："现在可以做的，马上做，做到能通快通；对于现阶段还不成熟的，也可以先把前期准备做好。我们将成立专案小组，为'四通'作好准备。等到时机成熟、春暖花开时，一切就会水到渠成，甚至'桥成'。"①

在座谈中，厦金双方围绕"四通""三化"提出了2019年深化厦金交流合作的35个议题，包括加强厦金产业合作，探索推动厦金通电、通气、通桥，加快两地通信合作，实现商品快速通关检疫，推动两岸专业技术职称和技能人员职业资格认定等行业标准共通，推进两地航道安全、疫病疫情防控、气象、环保、防震减灾合作以及推动厦金公共服务均等化、普惠化、便捷化等多个方面，全部关乎民生福祉，进一步深化拓展了厦金两地交流与合作。为切实推进相关工作，厦金双方达成三项共识：一是建立完善厦金常态化工作协调机制，定期召开厦金工作对接会，负责厦金合作事务的决策、协调等工作；二是建立多元驱动运作机制，采用厦金两地"政府搭台，企业唱戏，公众参与"方式，持续深化厦金两地交流合作；三是筹备专家咨询智库建设，负责为厦金合作顶层架构提供政策建议和合作规划。这35个议题处处关乎民生，努力做到应通尽通能通先通，标志着"厦金生活共同圈"建设开始进入全面提速阶段。

福州至马祖、厦门至金门两桥是"台海通道"的重要组成部分。推进两桥通桥，是践行以人民为中心发展理念，顺应金门、马祖民众民生诉求的重要举措，有利于金、马同胞分享大陆发展机遇，促进两岸经济社会融合发展。2019年10月，台湾海峡通道暨金门通桥专题研讨会在福州召开。与会两岸专家学者围绕台海通道工程建设模式和经济效益以及福州至马祖、厦门至金门的通桥方案等议题展开交流研讨，分享研究成果。

打造两岸通道枢纽，基础设施领域融合进一步深化。"四通"持续推进，向金门供水累计超过1000万吨，向马祖近期供水工程正式启用；金马供气工程正式实现"云签约"；金马电力联网大陆侧项目完成初设招标，并筹建了福建省电力企业合作交流协会；金马通桥项目正在积极推进。三期厦门五通码头成为大陆首个全程无纸化自动通关对台客运码头。此外，福建省还率先直

---

① 黄咏绸：《金门县长杨镇浯拜访厦门台协谈"四通"："能通快通"》，中国新闻网2019年1月31日。

接采认 52 项台湾职业资格相应职称,直接采认 20 个台湾职业资格和 14 项职业资格证书。[1]

在闽台交流方面,着力克服严峻复杂的两岸形势和新冠疫情带来的不利影响,创新交流方式方法,举办了"厦门—台中—金门经济文化交流视讯会"等 300 多场"线上+线下"活动,累计吸引台胞 500 多万人次参与。举办第 12 届海峡论坛,创新线上线下结合模式,包括近 2000 名台胞在内的两岸各界代表参与论坛线下活动,9 万多名台胞参与了线上活动,成为新冠疫情以来规模最大、参加台胞人数最多的两岸交流活动。此外,福建省还通过"海青节"向广大台青发布 3721 个招聘岗位,福州市搭建"台青第一云家园"直播平台,帮助有意来大陆发展的青年台胞开拓就业创业机会和渠道。

厦金大桥构想纪事

- 1998 年,清华大学吴之明教授率先提出金门厦门之间建隧道。
- 2002 年,"台湾海峡桥梁隧道建设学术研讨会"在厦门举行,首次提出建厦金大桥。
- 2003 年,在厦门举行的研讨会上,两岸专家提出厦金大桥 6 套衔接方案。
- 2004 年,金门提"金嶝大桥"方案。
- 2006 年,金门拟定"金沙镇—大嶝岛""大金门—小金门—厦门本岛"两条线路。
- 2007 年,财团法人金门和平大桥营建基金会成立,以推动兴建厦金大桥。
- 2008 年,福建省印发文件,厦金大桥成为福建省"三纵八横"高速公路网的一环。
- 2009 年,金门大桥和厦金大桥的评估报告均尘埃落定。马英九对"金嶝大桥"表示关切,并询问进度,但遭到民进党强烈反对。

---

[1] 福建省台港澳办:《探索闽台融合发展新路——福建省贯彻落实惠台措施有作为》,《两岸关系》2021 年第 4 期。

• 2018年，金门前县长陈福海在晋江向金门供水仪式上再提厦金通桥。

• 2019年1月2日，习近平总书记在《告台湾同胞书》发表40周年纪念会上重要讲话中，提出了两岸要应通尽通，提升经贸合作畅通、基础设施联通、能源资源互通、行业标准共通，明确可率先实现金门、马祖同福建沿海地区通水、通电、通气、通桥。

• 2019年1月，金门县长杨镇浯访问大陆，提出金门人民不仅希望与厦门通桥，还希望通轻轨通隧道。

• 2019年10月，台湾海峡通道暨金马通桥专题研讨会在福州召开，就台海通道工程建设技术和经济效益，包括福州至马祖、厦门至金门的通桥方案等议题进行论证。但由于两岸现实政治对立，"且事涉台湾安全等因素，在台内部对此构想的回应极少"。

第二十二章　新时代军民融合发展

党的十八大以来，福建认真贯彻落实习近平总书记有关军民融合发展的重要论述，围绕任务需求，突出顶层设计，统筹军地资源，努力形成全要素、多领域、高效益的军民融合发展态势，加强组织领导，推动试点先行，"初步形成具有福建特色的军民融合深度发展新格局"[1]。

福建省各级党委、政府和人民群众探索形成了一系列拥军好传统，如"党政一把手两手抓""双拥工作向打赢聚焦""军地共建社会主义精神文明""涉军的事特事特办、马上就办、办就办好"等。作为全国唯一保留支前机构的省份，每当部队演训活动展开前，福建支前机构总是提前进驻，全程跟进演练支前保障。各级党委、政府"一把手"带领职能部门走进演训分队现场办公，对接了解部队官兵实际需求，及时帮助解决各种困难。[2]

历经多年的探索实践，福建在项目拥军、科技拥军、支前拥军、司法拥军、文化拥军等方面打造了许多支持部队全面建设的知名品牌；企业拥军、行业拥军、社区拥军异彩纷呈，成为社会化拥军的新亮点。全省9个设区市已连续三届荣获全国双拥模范城称号，实现了"满堂红"，为军民融合发展提供了重要政治保证和有力支撑。

---

[1] 福建省发展改革委：《福建：立足区位特点，推动军民融合》，《中国经济导报》2016年8月3日。

[2] 邵敏等：《八闽大地聚力拥军为打赢》，《解放军报》2014年11月14日。

一、党中央军民融合发展重大战略的贯彻

党的十八大以来,以习近平同志为核心的党中央"深刻把握世情、国情、军情的变化,在国家总体战略中兼顾发展和安全,把军民融合发展确立为兴国之举、强军之策,作出一系列重要论述和重大决策,形成了军民融合发展重大战略思想"①。

2014年八一建军节前夕,"习近平总书记再次回到福建,在省军区、预备役高炮师、三十一集团军'红四连',代表党中央、中央军委亲切看望慰问部队官兵和双拥模范代表。他深情回忆在福建工作的点点滴滴,回忆起当年与官兵们并肩奋斗的难忘岁月,对福建加快发展、做好双拥共建工作充满殷切期望"②。

2014年,是古田会议召开85周年。习近平总书记专程来到上杭县古田镇,出席在这里召开的全军政治工作会议。古田是人民军队政治工作奠基的地方。在福建工作期间,习近平"曾7次到古田调研,每一次都是怀着敬仰来,带着思考走。这次重要的会议,也是习近平总书记亲自提议在古田召开的"③。习近平总书记强调:"新形势下,双拥工作只能加强、不能削弱。军地合力,军民同心,我们就一定能实现'两个一百年'奋斗目标、实现中华民族伟大复兴的中国梦,共同创造更加美好的未来。"④

2015年3月12日,习近平总书记在出席十二届全国人大三次会议解放军代表团全体会议时首次发布,把军民融合发展上升为国家战略,努力开创强军兴军新局面。2016年7月21日,中共中央、国务院、中央军委印发《关于

---

① 阿榕:《要大炮,也要黄油》,《海峡通讯》2018年第2期。
② 郑昭等:《心手相牵》,《福建日报》2016年1月11日。
③ 郑昭等:《牢记总书记嘱托,福建省推动军民融合深度发展》,《福建日报》2016年10月11日。
④ 郑昭等:《牢记总书记嘱托,福建省推动军民融合深度发展》,《福建日报》2016年10月11日。

经济建设和国防建设融合发展的意见》，首次从中央层面明确了军民融合发展的重点。这是继国务院、中央军委2015年颁布实施《经济建设和国防建设融合发展"十三五"规划》之后，进一步擘画新时期军民融合发展之蓝图。

2017年1月22日，中央军民融合发展委员会成立，这是中央层面军民融合发展重大问题的决策和议事协调机构，统一领导军民融合深度发展。6月20日，习近平主持召开中央军民融合发展委员会第一次全体会议并发表重要讲话，强调"军民融合发展要在'统'字上下功夫，在'融'字上做文章，在'新'字上求突破，在'深'字上见实效，把军民融合搞得更好一些、更快一些"①。

党的十九大报告指出："坚持富国和强军相统一，强化统一领导、顶层设计、改革创新和重大项目落实，深化国防科技工业改革，形成军民融合深度发展格局，构建一体化的国家战略体系和能力。"这是以习近平同志为核心的党中央"着眼新时代坚持和发展中国特色社会主义，着眼国家发展和安全全局作出的重大战略部署"②。

由此，中国军民融合发展，已经"从以前的理论探讨和顶层设计，向具体操作层面推进。军民融合发展相关财政、税收、金融政策进一步完善，资金保障渠道不断拓展。国家主导、需求牵引、市场运作相统一的融合局面正在形成"③。

军民深度融合逐步步入规范化、法治化轨道

福建省委、省政府对军民融合工作高度重视，把实施军民融合发展战略作为地方党政一把手工程和政治工程，努力推动军民融合工作"做到最好，走在前列"。

率先制定推进军民融合发展的具体意见和规划计划。2014年3月，福建省委、省政府、省军区联合出台《关于大力推进福建军民融合深度发展的决定》，有力推进军民融合发展工作制度化、规范化，"成为十八大后全国首个

---

① 钟新：《深入实施军民融合发展战略》，《光明日报》2017年11月16日。
② 钟新：《深入实施军民融合发展战略》，《光明日报》2017年11月16日。
③ 阿榕：《要大炮，也要黄油》，《海峡通讯》2018年第2期。

出台全面推进军民融合深度发展法规性文件的省级单位，率先形成全域联动、整体推动、良性互动的军民融合深度发展格局"①。该决定的出台，"使此前全省11个拥军支前的法规性文件相互衔接，有了一整套涵盖科技拥军、战时动员、军事设施保护等方面的制度机制，全省上下形成了支前保障立体化、军地共建常态化、军民融合深度化的崭新态势"②。

2015年4月，《福建推进军民融合深度发展规划纲要（2015—2020年）》出台，为提升打造军民融合深度发展"福建模式"提供强有力的政策保障。《关于大力推进福建军民融合深度发展的决定》《福建军民融合深度发展规划纲要（2015—2020年）》两个法规性文件，"细化10个方面43项具体工作，将国防建设纳入经济社会发展体系、纳入党委政府议事日程、纳入财政预算范畴、纳入领导干部绩效考评"③。截至2016年10月，福建"省级层面共有27项双拥政策法规，9个设区市共有300多项双拥政策法规，初步形成比较完整的拥军优属政策法规体系"④，从而使军民深度融合逐步步入规范化、法治化轨道。同时，省政府研究出台了《关于促进军民融合产业深度发展的八条措施》，决定"实施军民融合产业发展专项行动，并重点从技术改造、龙头培育、科研创新、产业集聚、市场开拓、兼并重组、融资服务等方面支持军品科研生产。省级建立了军民融合产业发展联席会议、优势民企民品参军项目库，每年安排3000万元专项资金，并设立不少于5亿元的股权投资基金，支持军工科研成果转化和军民融合项目建设"⑤。

2016年，《福建省"十三五"工业转型升级专项规划》中再次强调："实施军民融合深度发展专项行动计划，坚持龙头带动、对接引进和创新转型，

---

① 陈小军等：《福建省军地联合制定下发〈关于大力推进福建军民融合深度发展的决定〉》，《福建日报》2014年4月22日。
② 邵敏等：《八闽大地聚力拥军为打赢》，《解放军报》2014年11月14日。
③ 裴贤等：《踩实步子走得稳——福建省聚焦服务备战打仗推进军民融合深度发展》，《中国国防报》2018年11月26日。
④ 郑昭等：《牢记总书记嘱托，福建省推动军民融合深度发展》，《福建日报》2016年10月11日。
⑤ 福建省发展改革委：《福建：立足区位特点，推动军民融合》，《中国经济导报》2016年8月3日。

拓展军品市场，逐步形成具有福建特色的军民融合产业发展模式。到 2020 年福建省军品生产总值超百亿元，年均增长 30％以上，带动民品生产总值 700 亿元以上。"

2019 年 5 月，福建省政府办公厅印发《关于加快推动军民融合产业发展十一条措施的通知》，从促进重大产业项目建设、提升军民融合企业"参军"能力等十一个方面，对加快全省军民融合产业发展作出部署。

为积极适应军地全面深化改革新形势新任务新要求，推进双拥工作创新发展，2020 年 3 月 2 日，福建省双拥工作领导小组研究出台了《关于建立健全双拥工作若干机制的意见》。意见从助力强军兴军、服务练兵备战入手，落实"军事优先、军为首要"要求，围绕解决部队官兵"三后"（即后路——复转军人安置、后院——随军家属就业、后代——子女入园入学）问题、落实军地互办实事"双清单"（即军队、地方互列清单，明确在双拥工作中需要对方协助解决的具体事项）、激发军人使命感荣誉感等建立健全八个方面机制，以进一步推动《福建省拥军优属条例》落地见效，提高军人职业的社会尊崇感，巩固军政军民团结，合力推进新时代新福建建设和驻闽部队战斗力建设。

创新融合方式，推动融合工作取得实效

——强化军地合力将国防建设纳入经济社会发展体系。一是确保"五纳入"，即"把重大军事建设项目纳入经济与社会发展总体规划；把军事斗争准备需要地方筹措的资金纳入地方财政预算；把部队建设遇到的难题纳入政府督办事项；把拥军支前工作纳入各级领导干部考核内容；把支持部队建设的先进事迹纳入宣传表彰计划"[1]。二是"四优先"，即"对军事斗争准备急需的重点项目优先立项、优先审批、优先拨款、优先施工"[2]。三是"三贯彻"，即"在交通设施建设中贯彻部队机动需求；在信息化建设中贯彻军事通信需求；

---

[1] 福建省发展改革委：《福建：立足区位特点，推动军民融合》，《中国经济导报》2016 年 8 月 3 日。

[2] 福建省发展改革委：《福建：立足区位特点，推动军民融合》，《中国经济导报》2016 年 8 月 3 日。

在产业发展中贯彻军用转扩产、军用改装需求"①。

——注重以点带面。"军民融合涉及国防与经济、平时与战时、军队与地方等多方关系,是个系统工程。为探索总结经验,2013年开始,福建提出在宁德创建军民融合创新示范区的总体构想,即以打造军民融合国际化大港为龙头,统筹军事和经济双向需求,整体推进三都澳开放开发、立体交通体系、特色支柱产业、国防动员平台、服务保障工程等建设,组织编制《宁德军民融合深度发展试验区总体发展规划》和《三都澳军民融合国际化深水港发展规划》,争取为解决军民融合发展的重大问题蹚出路子、拿出办法、积累经验。福建省还在全国率先提出以设区市宁德为单位创建军民融合深度发展试验区,得到中央、国家部委有关领导关注和支持。"②

在宁德的示范带动下,"龙岩市与军队系统和十大军工集团洽谈对接,各大军工集团也积极支持闽西老区发展。泉州市出台《加快推进军民融合产业发展的实施意见》,通过军民融合产业对接活动,组织一批企业与部队签订了项目合作协议。厦门市政府与国防科大、中国电子信息集团联合成立军民融合协同创新研究院和军民融合高技术产业园,在海洋科学、机器人、网络安全、信息技术等领域共同开展项目合作"③。

推动军民融合高质量发展

为主动适应台海新形势变化和军事斗争准备新需求,福建省委、省政府及时调整工作思路和工作重心,明确提出双拥和支前工作要实现"四个转变":一是从一般性的为部队办实事向为部队改革调整办要事转变;二是从一般性的保障部队需要向保障部队提高"打赢"能力转变;三是从一般性的培养军地人才向帮助部队培养新型军事人才转变;四是从一般性的财力物力支

---

① 福建省发展改革委:《福建:立足区位特点,推动军民融合》,《中国经济导报》2016年8月3日。

② 福建省发展改革委:《福建:立足区位特点,推动军民融合》,《中国经济导报》2016年8月3日。

③ 福建省发展改革委:《福建:立足区位特点,推动军民融合》,《中国经济导报》2016年8月3日。

持向加大科技拥军力度转变。

在支持部队改革上,从规划审批、土地划拨、土地置换,到费用减免、水电气供应、临时周转住房解决等,福州、厦门、泉州、漳州等市不仅全线"开绿灯",而且主动跟上、靠前服务,在基础设施、训练设施、文化设施、生产生活设施等建设上无偿投入。在2019年的机构改革中,全省各级党委、政府紧跟机构改革进程,及时调整充实拥军支前保障力量。福建省新组建的退役军人事务厅加挂了"福建省双拥共建工作领导小组办公室"牌子,并专门设立了"双拥共建处",各市、区(县)也从上到下设置相应机构,使双拥共建形成环环相扣、节节相连的"动车组"。

在双拥模范创建中,福建省党政军民坚决贯彻落实习近平强军思想和有关全民国防的论述,牢固确立"拥军就是拥战斗力"的新理念,使全省拥军支前的列车驶入新时代。

二、全面推进军民融合深度发展

党的十八大以来,福建省委、省政府和省军区总揽全局,在双拥中突出支前,在支前中提升双拥工作质量,让拥军支前的优良传统在创新中发扬光大,全面推进军民融合深度发展。

支前保障立体化

支前保障、服务国防,涉及范围广、部门多,而且专业性强、合成度高,需要动员行业力量和社会力量广泛参与,以形成无处不在、无所不能、无人匹敌的支前大军。全省各级建立完善支前组织机构,建立健全相应制度体系,即地方党政领导与部队领导互访制度、军地联席会议制度、检查落实拥军支前优抚工作制度、国防军队建设与地方经济建设统筹兼顾制度。

福建省委、省政府秉持"什么都可以等,唯有关乎战斗力提高的各项建设不能等、不能慢"的理念,对军事斗争准备急需的事项,坚决做到"四优先"，即"优先立项、优先审批、优先拨款、优先施工"①。而要真正实现这"四优先"，靠政府单打独斗不行，靠一两个部门担当作为也不行，必须各个行业和全民共同发力才行。"'算好国防账，工程再开工'已成为福建省各级领导在规划城市建设时的行动自觉。

不仅如此，支前保障还不受行业和地域的限制。福建省委、省政府坚持把强化政府行为与扩大社会参与有机结合起来，持续开展"双拥在基层"活动，不断拓展拥军支前工作社会化的新领域，为新时代拥军支前工作奠定了更加广泛的群众基础。据统计，至2019年6月，全省共有企业家拥军协会、爱国拥军促进会、军民融合促进会、妇女拥军协会等各类拥军组织45个，会员1万多人，先后筹措经费2000多万元，支持海岛、高山艰苦地区的基层部队，帮助解决战备训练、生产生活、文化设施建设和帮扶困难官兵家庭等方面的实际问题。②

爱国拥军是"党和政府的一项重要工作，事关国防和军队建设，事关社会和谐稳定。爱国拥军促进会有别于其他社会组织，它从事的是动员组织力量，支持国防和军队建设，促进军民融合发展，其政治性、全局性、公益性、广泛性都很强"③。2013年10月福建省爱国拥军促进会成立后，得到了企业家的积极支持和广泛参与，已吸收了90多家企业。该促进会坚持把凝聚爱国拥军力量，支持国防和军队建设作为自觉担当，积极探索爱国拥军新模式、新途径，开展"走基层、进军营、关爱功臣"活动，已投入资金500多万元，帮助部队培养文艺骨干、设立拥军图书室、帮扶困难官兵家庭。

行业拥军、全民支前在八闽大地蔚成风气。党的十八大以来，"全省各级组织已保障演训活动300多场次。在'使命行动－2013'跨区演习期间，省、市、县三级沿途开设支前保障站，对过境部队实行全过程全时段立体保障，

---

① 魏锦喜等：《一曲双拥歌　深深鱼水情》，《福建日报》2016年10月11日。
② 福建省退役军人事务厅、《中国双拥》杂志社联合调研组：《心里装着祖国统一大业　眼睛盯着军事斗争准备——福建省新时代双拥和"支前"新篇章》，《中国双拥》2019年第8期。
③ 刘倩：《福建省爱国拥军促进会成立》，《中国双拥》2013年第11期。

受到军委、总部肯定"[1]。

军地共建常态化

扎实做好争创新时代全国双拥模范城（县）的动员部署工作，对照《全国双拥模范城（县）考评标准》，进一步明确双拥创模工作目标、工作任务、工作职责；紧紧围绕军地发展的主题主线，进一步理顺军地共建共创结对子活动，省直机关厅级单位、省属企事业单位就近与一个部队师以下单位挂钩结对，建立共建关系，积极开展"百村百连结对子"基层双拥共建活动，力推全省双拥工作迈向新层次，开创新局面。

强化全省拥军支前"一盘棋"。修订了双拥模范城（县）实施细则和考评标准，结合省级双拥模范城（县）考评，重点督导推进拥军支前工作。各地根据实际，积极探索建立与联合作战指挥体制相适应的拥军支前保障机制，优化和拓展拥军支前保障工作。泉州市成立若干个支前保障小组，有效增强了拥军支前的合力。三明市围绕军事斗争准备谋划创建活动，推出"双轮驱动"项目，服务东部战区拥军支前。军地协调小组和服务东部战区军事行动拥军支前保障小组，在战区实兵演练中发挥重要作用。

近年来，"福建省各级100%落实优抚对象的抚恤优待政策。截至2016年10月，全省已建立2万多个各类拥军优属服务组织，80%以上社区建立社区双拥工作站（联系点），14000多个村常年开展拥军优属志愿服务。驻闽部队建制营连单位100%与驻地乡（镇）村（社区）签订共建协议，开展结对共建活动，在实践中探索出"一团挂一村、城舰共建、百连百村"等一系列特色做法"[2]。

福建是易灾多灾省份，台风、泥石流等重大灾害频发。驻闽部队视灾情为命令，始终冲在抗灾抢险第一线，出动众多兵力和车辆参与防抗"尼伯特""莫兰蒂""玛莉亚"等强台风灾害。

---

[1] 邵敏等：《八闽大地聚力拥军为打赢》，《解放军报》2014年11月14日。
[2] 郑昭等：《牢记总书记嘱托，福建省推动军民融合深度发展》，《福建日报》2016年10月11日。

陆军部队大力支持福州江北防洪等工程；海军部队支持沿海港口开放开发；空军部队支持不断优化空域结构，提高空中管制效率，为民航飞行提供优质便利条件。

驻闽部队每年组织官兵分赴龙岩、上杭和宁德等地开展为期一周的水土流失治理和植树造林活动，为"生态福建""清新福建"作出了重大贡献。

军民融合深度化

经济发展与国防建设，好比"黄油"与"大炮"的关系。军民融合发展可以让"大炮和黄油"相互促进、相得益彰。"推动军民融合，既能最大限度地发挥国防和军队建设对国家经济社会尤其是国家高新产业发展的带动作用，又能以整个经济社会强大实力的大体系支撑现代国防。"①

深入实施军民融合发展战略，旨在争取主动、赢得未来。福建从军民融合产业中把握发展先机、厚植发展优势、赢得发展主动，推动军民融合产业平台、基地、项目建设，做到应融则融、能融尽融，实现军民良性互动、优势互补、融合发展，取得明显成效。

——初步形成了基地化科技拥军的新格局。为适应部队信息化建设要求，福建省委、省政府及时提出把科技融合作为新时期拥军工作新的增长点，下发《关于广泛深入开展科技拥军活动的通知》，"从培养高素质新型军事人才、转让科研成果、攻克科技难关等7个方面，对全省开展科技拥军活动作出专门部署和要求。建立了拥军人才培训基地，依托厦门大学、集美大学等10多所高等院校的教育资源，为部队培养高素质人才1万多人；建立了科研协作基地，帮助部队开发重点科研项目83个；建立了新技术开发基地，建成海防战备综合信息系统等项目近百个，转化科研成果500多项；建立了拥军专家顾问基地，每个市及县（市、区）都建立了'拥军专家智囊团'，解决战备、训练、执勤、施工中遇到的技术难题"②。截至2014年底，福建全省已建立科技拥军基地100多个，先后组织5000余名专家和技术人员参与科技拥军，完

---

① 阿榕：《要大炮，也要黄油》，《海峡通讯》2018年第2期。
② 邵敏等：《八闽大地聚力拥军为打赢》，《解放军报》2014年11月14日。

成各类涉军科技试验项目 300 多个，向驻军转让地方科技成果 80 多项，帮助部队培训各类专业人才 2 万多人，支持 100 个部队机关建立信息化中心，帮助千余基层分队建立拥军书库，有 16 个科技项目获得军队和地方科技进步奖。①

——打造军民融合示范区（园）。厦门市高起点、大手笔打造国家级军民融合示范区。厦门市人民政府与国防科技大学、中国电子信息产业集团共同组建厦门军民融合协同创新研究院，目标定位在全面推进科技、产业、人才等各领域的军民融合，积极探索新形势下"政、产、学、研、用"合作的新模式、新路径，促进科技与经济深度融合、国防建设与经济社会发展有机统一，为战略性新兴产业发展和科技强军作出积极贡献。科研围绕"领先技术转化为现实生产力"这一目标，重点围绕智能机器人操作系统、智能安保机器人、海洋工程研究中心、自主可控工业控制器等"六个产业化方向"。此外，积极推动机器人相关产业集聚，形成国家级机器人研发与产业基地。

福安市从 2014 年开始，扎实推进建设军民融合深度发展产业园。至 2018 年，已形成一园（军民融合深度发展产业园）、一中心［华东地区（福建）船舶修造综合保障动员中心］、六产业（船舶、海洋维权装备及配套产业，冶金新材料加工制造产业，电机电器及储能产业，现代物流产业，军队后勤保障产业，军民融合文化产业）同步发展态势，于 2015 年申报国家军民融合产业示范基地，2016 年 1 月经工信部批准成为全省首个军民融合产业示范基地。

——促进军民融合产业深度融合。推进军民融合深度发展，关键是要找准部队需求点和地方优势点，实现强强联合、以强补弱。福建省出台关于促进军民融合产业深度发展的"八条措施"，即"省级每年安排 3000 万元专项资金，重点支持'民参军'和'军转民'、龙头企业引进和培育、产业集聚发展、科研创新能力提升，并定期召开对接会、推介会等，让特色产业精准对接部队战斗力建设需求"②。福建省积极尝试探索军民融合促进产业发展新模式，推动了军地之间良性互动、优势互补、融合发展。截至 2015 年，"全省

---

① 邵敏等：《八闽大地聚力拥军为打赢》，《解放军报》2014 年 11 月 14 日。
② 裴贤等：《踩实步子走得稳——福建省聚焦服务备战打仗推进军民融合深度发展》，《中国国防报》2018 年 11 月 26 日。

已建成 20 个以上军民融合动员中心、13 个军民融合信息物资保障基地、67 个'给养应急保障动员企业'和'战备药品器材代储企业'、50 家后备修理厂、24 个装备器材联储联供点"[1]。

在电子信息、石油化工、机械设备、食品加工等产业上，福建省市场体系完善，民营经济比较发达，不少企业参与"军转民""民参军"的热情很高。2018 年，福建省举办军民两用技术项目成果对接会，推介 150 余项军民融合成果，16 项科技融合项目签约。至 2018 年底，福建省初步形成武器装备及配套、后勤保障装备、军事训练装备等 3 个特色产业体系，涉军装备企事业单位 170 家，进入军队后勤保障供应商库的企业近 200 家。[2]

——构建新兴领域融合发展布局。新兴领域将成为未来战争胜负的角斗场，也是新质战斗力生成的新空间。推进人工智能领域军民融合，是福建省构建新兴领域融合发展布局的一个缩影。2018 年，福建省出台《关于推动新一代人工智能加快发展的实施意见》，明确了"打造一批人工智能创新示范平台、培育一批人工智能领军企业、集聚一批人工智能高端人才的发展目标"。《意见》还指出，"要加强人工智能领域军民融合，促进人工智能技术军民双向转化、资源共建共享"[3]。

在北斗卫星运用方面，福建省海洋与渔业厅联合军方合力建设的军民两用海洋渔业应用服务平台，不仅可供军方使用，还满足了渔船安全生产作业需求。福建省海域面积大，军民船舶活动频繁。为带动北斗卫星导航系统及智能定位服务在全省海洋渔业、防灾减灾以及平战结合应急救援等领域的市场化应用，省海洋与渔业厅联合军方合力建设军民两用海洋渔业应用服务平台，打造应急通信保障系统国家示范工程，满足了海洋防灾救灾、海洋权益维护及国防建设的需求。

在国防动员信息化建设方面。福建是全国最早提出实施"数字福建"工

---

[1] 徐文涛等：《让两个轮子同步转起来》，《中国国防报》2016 年 1 月 25 日。
[2] 裴贤等：《踩实步子走得稳——福建省聚焦服务备战打仗推进军民融合深度发展》，《中国国防报》2018 年 11 月 26 日。
[3] 裴贤等：《踩实步子走得稳——福建省聚焦服务备战打仗推进军民融合深度发展》，《中国国防报》2018 年 11 月 26 日。

程的省份,"在全国率先开展省直部门数据中心和信息中心整合工作,建成政务数据汇聚共享平台。借此平台,福建省军区把国防动员信息化建设纳入'数字福建'整体规划,建成纵贯省市县乡四级、横联国动委各办的信息基础网络。为推动'数字福建'从地上向空中拓展,从陆上向海上拓展,福建省政府和国家航天局联合制定卫星应用助力'数字福建'创新发展总体方案,重点推进海丝空间信息港建设、实施 5 个'卫星＋'示范应用工程、打造卫星应用产业集群,着力构筑立体化、三位一体的战略信息保障体系,形成新兴领域军民融合发展格局"[①]。

福建省军民融合产业风生水起、方兴未艾,但与兄弟省市相比,存在着规模小、实力弱、层次低,资源共享不足、行业政策法规不完善、行业准入门槛较高、成果转化不畅等短板。为此,福建省政府根据机制完善、产业项目、人才建设等内容提出分类办理意见,分解到相关责任部门进行落实。其中,着重从三个方面推动军民融合产业发展:一是选准军民融合产业发展重点,二是做大军民融合产业规模,三是加快军民融合产业基地建设。"军民融合,互惠互利。福建省高速客运滚装码头投入使用数年来,不仅带来明显经济效益,还提升了部队海运装卸载能力。在大数据、物联网、云计算等信息基础设施建设上,融合同样让军地双方受益。

---

① 裴贤等:《踩实步子走得稳——福建省聚焦服务备战打仗推进军民融合深度发展》,《中国国防报》2018 年 11 月 26 日。

第二十三章　习近平与福建对台工作

党的十八大以来，习近平总书记高瞻远瞩，站在国家发展全局和中华民族伟大复兴的战略高度，根据国内外形势和台海形势的发展变化，就对台工作提出一系列新理念新战略。

习近平总书记对台工作理念的来源是多方面的，既有在福建等地直接的丰富的对台工作实践，又有对1949年以来党中央对台大政方针理论和实践的深刻总结，特别是对国家发展大局和国内外发展大势的全面把握，以及对中国朝代兴衰、统分、治乱和近代以来国家磨难的深入研究，对世界有关国家和地区分裂统一问题的细密观察等。

习近平在福建近17年半的对台工作实践，为党的对台方略在福建的探索实践留下了浓墨重彩的一笔，对后来习近平对台工作理念的形成产生了深刻影响。其中，"两岸一家亲""两岸经济社会融合发展"两大创新理念，是与习近平在福建的对台工作经历紧密相关的。

一、福建是习近平深入了解台湾及两岸关系的重要实践地

习近平在闽工作17年半，对台工作经历，大致可分为三个阶段。

第一阶段，在厦门市委常委、副市长任上。因"台"而设的厦门经济特区，是习近平到福建工作的第一站，也是他了解复杂对台工作的起始地。初到厦门，习近平就高度重视对台工作，认为厦台合作是推动厦门经济特区发展的一大优势，要努力做好。在习近平的直接推动下，厦门经济特区设立了

大陆首家台商会馆。他领导制定了《1985—2000年厦门经济社会发展战略》，这是我国经济特区最早编制的经济社会发展战略，提出的战略指导思想、发展模式、战略目标、战略重点、战略实施对策，至今对厦门经济特区发展还具有重要的指导意义，为厦门经济特区发展指明了方向。这一厦门经济社会发展战略，是根据厦门市自然、历史、经济和社会诸方面的优劣势，分析厦门所处的战略地位，把厦门特区置于整个国家的改革开放和世界经济发展趋势的环境中，围绕"加强对台的联系、促进国家统一"和"逐步实施自由港政策、建设自由港型的经济特区"这两个基本战略思想，着重研究了厦门经济社会发展方面的20个专题，并在此基础上形成的。

第二阶段，在主政宁德特别是主政福州任上。1990年5月10日，习近平在福州市对台工作会议上的讲话中指出："我们必须意识到历史赋予我们的重任，真正把对台工作摆到特殊的位置上来，从而促进两岸经济的发展，推动统一大业的进程。"[①] 为了加强闽台交流合作，1992年2月8日，台湾《自立晚报》刊出两大版"福州专刊"，用彩色套红刊登了福州市人大常委会主任习近平代表福州市人民向台湾同胞祝贺新春的文章和彩色近照。习近平在文中回顾了福州改革开放以来取得的成就，介绍了新一年的打算，表示热烈欢迎台湾同胞来福州观光考察、探亲访友、洽谈贸易、投资兴业等，共展宏图。"福州专刊"刊出后，引起很大反响，报纸日销量猛增。台湾工商界普遍认为，这是福州市向台湾工商界作出的一个积极友好的姿态。台湾民众则希望台湾报纸今后这类"专刊"要多登，以便直接了解大陆的政策、社会状况、投资环境等。在台的福州籍乡亲说，40多年来在台湾首次见到家乡的最高"长官"在台报刊发表讲话，向我们祝贺新春，我们福州人很有面子，今后我们要多介绍些台商到家乡投资办厂，为家乡多做点实业。[②] 此外，习近平还特别强调党政机关办事要"以便民为本"。在福州，他推行"特事特办、马上就办"，通过转变政府职能吸引了大批台资企业，福州建起第一个以台资企业为

---

① 戴艳梅等：《开放发展　风起帆张——习近平总书记在福建的探索与实践·开放篇》，《福建日报》2017年7月20日。

② 林建华等：《福州三十一家企业在台做广告　台湾工商界反应热烈》，《福建日报》1992年3月11日。

主的工业村，带动了福州经济发展。1992年，他在全国率先选择12家国有大中型企业移植三资企业经营管理模式。他还推动编辑出版《福州办事指南》和《福州市民办事指南》，方便了台商及外商投资经商和市民生活出行，提高了办事效能。在福州市工作时，习近平在1992年提议并主持制定的"福州3820工程"，分3年、8年、20年提出了不同阶段的经济社会发展战略目标、步骤与措施等。其中构建"海峡两岸经贸交流中心"是"福州3820工程"的重要内容之一。

第三阶段，在福建省省长任上。习近平以"悠悠万事，统一为大"阐述他对两岸关系的态度，以"青山遮不住，毕竟东流去"形容两岸经贸合作的大势。[1] 在福建工作期间，特别是在主政福州和福建省省长任上，习近平经常走访台资企业，强调"福建省以对外开放为经济发展的生命线，在开放中尤以推进闽台经济合作为重"[2]，要求福建各地和有关部门本着"优势互补、互信互利、务实创新、共同发展"的原则，努力做好闽台合作这篇大文章，为促进两岸"三通"，进而为促进祖国统一作出贡献。

习近平在福建工作的17年半时间，为福建改革开放的加快发展阶段，也是福建由对台军事斗争的海防前线发展成为两岸交流合作先行区的探索实践时期。在福建工作期间，习近平几乎每天都要接触有关台湾的事情，要经常会见台湾同胞，也结交了不少台湾朋友。

众所周知，在新中国成立后相当长一段时期，由于两岸军事对峙，作为海防前线的福建，经济社会发展受到严重制约。改革开放后，对台由制约因素转化成为福建的独特优势和最大优势，也是影响和决定福建改革开放进程的最生动、最活泼的积极因素之一。福建之所以能够成为全国最早先行改革开放的省份、福建在改革开放进程中发展战略的演进、福建在促进祖国统一大业中的独特贡献、福建在全国发展大局中地位的体现、福建改革开放以来所取得的历史性成就和发展变化等，都与"对台"因素密不可分。改革开放潮起，福建充分发挥独特优势，先行先试，在两岸交流合作中取得一系列历

---

[1] 戴艳梅等：《开放发展 风起帆张——习近平总书记在福建的探索与实践·开放篇》，《福建日报》2017年7月20日。

[2] 潘绣文：《欢迎态度不变 支持力度不减》，《福建日报》1999年8月12日。

史性突破，为推进闽台融合发展奠定了坚实基础。至2002年，闽台交流合作从无到有、从暗到明、从少到多、从间接到直接、从单向到双向，不断扩大和深化，形成全方位、宽领域、多层次的格局，闽台两地经济、文化、社会联系达到前所未有的水平，有力推动了两岸关系和平发展。台湾一直是福建最大的境外投资来源地之一，是福建省最重要的贸易伙伴，而闽台合作也给台湾经济增添了活力。

2002年10月，习近平离开"第二故乡"——福建。在离开福建前不久，福建省省长习近平在会见台湾客人和接受中外记者采访时，系统总结了福建改革开放24年来闽台经贸发展的基本情况。他说："大陆与台湾的经贸交流与合作始于福建，如今福建依然是台商投资的一个热点地区。"[①] 改革开放以来，福建合同利用台资146亿美元、实际利用台资91亿美元，占祖国大陆利用台资总额的三分之一。台商第一波投资大陆主要是面向福建，现在台资遍布祖国大陆，投资日趋多元化，这符合经济规律。但是，福建仍有劳动力和资本密集优势，石油化工、机械制造以及一部分信息产业，已形成产业链，具有较高的竞争力，而且我们的投资环境在不断改善，台商在福建投资势头仍然很好。这些闽台经贸交流合作成绩的取得，从一个侧面诠释了习近平在福建工作期间对台工作的探索实践历程。

思想来自于实践，是对实践规律的总结。福建与台湾一水相连，地处对台工作第一线，是对台工作大省。习近平在福建工作的17年半，是他"深入了解了台湾及两岸关系"的时期。可以说，习近平在福建17年半的工作经历，是习近平对台工作理念的重要来源之一。

二、福建是习近平"两岸一家亲"理念的来源地

"两岸一家亲"是习近平总书记关于对台工作的重要论述，实际上是习近平"以人为本""人民至上"治国理政理念在对台工作中的具体体现。"两岸

[①] 罗庆春：《习近平会见台湾客人》，《福建日报》2002年6月6日。

一家亲"理念是新时代对台工作的重要政策指南,为新时代两岸关系和平发展注入新的源头活水。

习近平"两岸一家亲"理念的产生,是与他在福建17年半的"几乎每天都要接触有关台湾的事情"分不开的。

其一,两岸一家亲、闽台亲上亲,要树立为台胞服务就是为人民服务、为祖国统一服务的思想。福建与台湾殷殷相望的地理位置、同宗同祖的血缘关系和同音共俗的传统文化,是长期以来闽台关系历经风雨而愈益紧密的基本因素。尤其是闽台文化交流,是营造"两岸一家亲"的情感纽带。闽台两地祖地文化交流,让台湾同胞感受到"闽台一家,两岸同心"的亲情;敬香奉祀,认祖归宗,让台湾同胞感受到割不断的血缘亲情。传承中华文明,让台湾同胞从传统文化中感受到两岸一家亲,促进闽台文化交流更趋常态化,增进广大台胞对"根""祖""脉"的认同。

无论是在对台工作会议上,还是在走访台资企业、会见台湾客人时,习近平常说:福建与台湾隔海相望,最近的平潭到台湾新竹仅 68 海里。福建还是台湾同胞最主要的祖籍地,台湾汉族同胞中 80% 祖籍在福建,闽台之间人同祖、血同缘、同宗共祖,有着特殊而密切的渊源关系。[①] 闽台两地特殊的历史地理人文渊源关系,在对台工作方面有着独特的优势。福建是对台工作大省,是实现祖国统一的一个重要基地。

"我们寄希望于具有光荣爱国主义传统的台湾同胞",是促进祖国统一大业中一项坚定不移的基本方针。闽台两地特殊的历史地理人文渊源关系,在做台湾人民的工作方面有着不可替代的独特优势。习近平强调:福建是对台工作的重点省份,要多做寄希望于台湾人民的工作,积极向台湾同胞宣传祖国新貌,消除隔阂与误解,唤起他们的爱国热情;要充分发挥福建省的区位优势,加强闽台经贸、农业合作与交流,搞好直航工作试点,为两岸"三通"作准备;要推动闽台文化、民俗交流,促进两岸人心凝聚,为祖国和平统一创造条件。[②] 为此,在 1998 年 8 月福建省委对台工作会议上,习近平提出:

---

① 黄世宏:《一如既往大力推进闽台经贸合作》,《福建日报》1999 年 10 月 13 日。
② 罗庆春:《推进闽台交流合作 为祖国统一作贡献》,《福建日报》1997 年 9 月 28 日。

"我们要把寄希望于台湾人民的方针贯彻到各项对台工作中去。各地各部门要深入了解台湾各阶层民众的基本情况和想法，充分尊重台湾同胞的意愿，继续加强闽台人员往来和文化交流。窗口部门和单位要加强对干部、职工和其他人员的涉台法规、政策和职业道德教育，树立为台胞服务就是为人民服务、为祖国统一服务的思想。"①

其二，关注台湾问题，关心台湾同胞。习近平高度重视做好对台工作，不遗余力推动闽台交流合作、厚植两岸人民感情，努力增进两岸人民福祉。1999年8月10日，被任命为福建省代省长的第二天，习近平就在福州召开台商代表座谈会。习近平说："海峡两岸经济的互补性很强，特别是闽台两地隔海相望，同宗共祖，无论是资源、生产要素，还是产业、市场互补性都很强。两岸经济交流与合作，既合经济规律，又顺民意，是大势所趋，人心所向，任何人为的阻挠和破坏都是徒劳的。"他强调"切实依法保护台商的一切正当权益，并继续推动闽台人员往来，进一步扩大闽台各项交流"，让与会台商代表深受鼓舞。②

每当台湾同胞遭遇重大灾难，习近平总是在第一时间表达关切与慰问，伸出援手。例如，1999年"9·21"台湾大地震发生后，在北京开会的福建省代省长习近平立即打电话回福州通过有关方面了解情况，23日回闽的习近平一下飞机，就赶往福州市台胞投资协会，代表福建3000多万人民慰问在闽的台胞代表，表示随时愿为台湾救灾提供一切可能援助，并组成救援小组随时准备赴台。福建有关方面和福建人民迅速行动起来，纷纷伸出援助之手，以各种方式表达特殊的骨肉之情。③

其三，发挥优势，实现"三通"从福建做起。在中央的决策部署下，习近平等省委、省政府领导积极推动闽台直航，方便两岸民众往来。1997年，福州、厦门港被指定为两岸直航试点港口并正式启动试点直航，结束了两岸

---

① 黄世宏：《加强对台工作的领导　进一步发展闽台关系》，《福建日报》1998年8月15日。

② 黄世宏：《不论海峡两岸关系发生什么情况　一如既往维护台商一切权益》，《福建日报》1999年8月11日。

③ 潘绣文：《震灾牵动八闽心　危难之际见真情》，《福建日报》1999年9月24日。

48年来没有商船直接往来的历史。2001年1月2日,厦门到金门、马尾到马祖的"两门""两马"客运直航启动,从此拉开了闽台人员直接往来的序幕。"三通"落地,隔绝打破,两岸同胞大交流大交往大合作局面开启,交流合作日益广泛,相互往来日益密切,彼此心灵日益契合。

其四,做台湾人民工作,需要耐心细致、以心换心,持之以恒、久久为功。习近平非常讲究对台工作的细腻性,尤其注意细节。在福建工作的17年半里,习近平"为台湾同胞做了大量排忧解难的事情,许多台湾同胞都把他视为好朋友"。

2002年春节前,福建省省长习近平通过"海峡之声"向台胞拜年,热情欢迎他们到福建投资经商、探亲旅游、求学深造、发展事业。不少与习近平打过交道的台商形容其工作特点是"低调、话少、愿倾听",他们把他视为"老朋友"。① 由于习近平在福建任职时常与来自台湾的政商人士交流,如2000年回福建永定祭祖的时任国民党副主席吴伯雄等,对岛内政治生态和营商环境早有深切了解,岛内媒体称他是"知台派"。如台湾冠捷科技集团总裁宣建生1994年到福州福清投资时,正是与习近平签署的投资协议。宣建生深有感触地说,习近平"对台湾政治生态和经济,十分清楚"②。

习近平"两岸一家亲"理念具有丰富的内涵,其要点包括:一是强调两岸是休戚与共、割舍不断的命运共同体;二是强调两岸"将心比心",以同理心的思维和态度,推己及人;三是强调两岸同胞要共同努力、共享成果、共创未来。

三、福建是习近平最早提出"两岸经济社会融合发展"的所在地

深化两岸经济社会融合发展是习近平总书记对台工作重要思想的重要创

---

① 戴艳梅等:《开放发展 风起帆张——习近平总书记在福建的探索与实践·开放篇》,《福建日报》2017年7月20日。

② 胡石青:《悠悠万事 统一为大——习氏父子与马氏父子都曾直接参与过两岸事务》,《环球人物》2015年第30期。

见,在新的起点上推动两岸关系和平发展、推进祖国和平统一进程中具有十分重要的地位。在台湾问题上,习近平总书记始终将台湾同胞的利益与感受放在心上,始终坚持为台湾同胞谋福祉、办实事办好事。这既突出了做台湾人民工作这条主线,又率先垂范,为从事对台工作的同志树立了光辉的榜样。

一是在福建首次公开提出推进两岸经济社会融合发展理念。2014年11月1日,在闽考察的习近平总书记来到平潭综合实验区,考察台资企业,看望台商台胞,与台商代表座谈。习近平总书记鼓励台商组织好研发和生产,在大陆有一个良好发展前景。他询问台企在大陆发展的情况时指出,两岸同胞同祖同根,血脉相连,文化相通,没有任何理由不携手发展、融合发展。他表示,大陆人口多,市场大,产业广,完全容得下来自台湾的商品,完全容得下来自台湾的企业,欢迎更多台湾企业到大陆发展。习近平总书记充分肯定台湾企业家们长期为大陆改革开放和两岸关系发展作出的积极贡献,希望他们一如既往,继续为两岸经济交流合作、为两岸关系和平发展出谋划策、多作贡献。① 这是习近平总书记首次公开提出推进两岸经济社会融合发展的理由和主张。

二是将"融合发展"理念上升为新时代推进两岸和平发展的重大举措。2016年3月5日,习近平总书记在参加十二届全国人大第四次会议上海代表团审议时指出,"我们将继续推进两岸各项领域交流合作,深化两岸经济社会融合发展,增进同胞亲情和福祉,拉近同胞心灵距离,增强对命运共同体的认知",进一步丰富两岸融合发展思想。这是习近平总书记首次提出要深化两岸经济社会融合发展,并且将融合发展理念由单纯的经济领域向复杂的社会领域拓展。2016年11月1日,习近平总书记会见中国国民党主席洪秀柱时,就两岸关系和平发展提出"六点意见",其中第三点意见就是"推进两岸经济社会融合发展"。这是习近平总书记首次在台湾客人面前全面阐述两岸经济社会融合发展的主张。2017年3月5日,李克强总理在全国人大会议上所作的政府工作报告,将"促进两岸经济融合发展"充实为"促进两岸经济社会融合发展"。

---

① 兰锋、胡斌:《习近平总书记考察福建纪行》,《福建日报》2014年11月17日。

三是把福建作为推进两岸融合发展的先行区。2019年1月2日，习近平总书记在《告台湾同胞书》发表40周年纪念会上的重要讲话再次明确了要"深化两岸融合发展，夯实和平统一基础"，进一步阐明了深化两岸融合发展在推进祖国和平统一进程中的基础性意义。3月10日，习近平总书记在参加十三届全国人大二次会议福建代表团审议时，提出"要探索海峡两岸融合发展新路，分别从"通""惠""情"三个方面谈了具体落实落细。在谈"通"的方面，他要求，两岸要应通尽通，提升经贸合作畅通、基础设施联通、能源资源互通、行业标准共通，努力把福建建成台胞台企登陆的第一家园。在谈"惠"的方面，他强调，要对台湾同胞一视同仁，像为大陆百姓服务那样造福台湾同胞。他还提到了惠台"31条措施"和福建实行的"66条实施意见"，要求把这些措施落实到位，同时要听取台湾同胞呼声，研究还可以推出哪些惠台利民的政策措施，只要能做到的都要尽力去做。① 在谈"情"的方面，他指出，要加强两岸交流合作，加大文化交流力度，把工作做到广大台湾同胞的心里，增进台湾同胞对民族、对国家的认知和感情。这是习近平总书记在深刻把握两岸关系发展大局，深入了解台湾岛内社情民意的基础上，对两岸融合发展提出的最新要求，并结合福建的对台独特优势，提出构建闽台一家，打造"台胞台企登陆的第一家园"的殷切期望，为新时代福建对台工作指出了明确方向。

从2014年习近平总书记首次在平潭公开提出推进两岸经济社会融合发展的理由和主张，到2019年全国两会在参加福建代表团审议时提出"要探索海峡两岸融合发展新路"，都显示了福建在深化两岸融合发展进程中的独特地位与作用。

习近平高度重视对台工作，为党的对台方略在福建的探索实践留下了浓墨重彩的一笔。可以说，福建是习近平总书记对台工作理念生成的孕育地和实践地，他对中央对台大政方针理论和实践的深刻理解，对两岸关系发展大势的精准把握，对闽台交流合作的扎实推动，对"两岸一家亲、闽台亲上亲"

---

① 《习近平总书记参加福建代表团审议 叮嘱这几件事》，《福建日报》2019年3月11日。

的深切感受，对福建发展、闽台关系发展在促进祖国统一大业中的独特地位与作用，凝聚成"两岸一家亲""两岸经济社会融合发展"两大创新理念。

习近平离开福建后，依然非常关心福建改革开放发展，始终关注着台海局势的发展变化。2013年2月，习近平总书记在北京人民大会堂福建厅会见中国国民党荣誉主席连战时回忆说："我本人在福建工作多年，现在想起那个时期，我几乎每天都要接触有关台湾的事情，要经常会见台湾同胞，也结交了不少台湾朋友。到浙江、上海工作，差不多也是这样。我离开福建到现在，始终关注着台海局势，期待两岸关系持续改善。"[①]

党的十八大以来，习近平总书记心系福建发展，在谋划国家发展全局中更加突出福建对台工作的独特地位与作用。一是为福建发展指明了方向。2014年，习近平总书记考察福建，擘画了福建发展的新蓝图："希望福建的同志抓住机遇，着力推进科学发展、跨越发展，努力建设机制活、产业优、百姓富、生态美的新福建。"2016年全国经济工作会议小组讨论时，习近平总书记还特别提出"福建要紧盯台湾，努力赶超台湾"，为解决台湾问题、推进祖国统一作出积极贡献。二是在中央的重大战略部署中，将福建发展提到了国家战略的高度，与维护中华民族核心利益紧密结合起来，给福建发展带来了重大历史机遇。设立"因台而设"的平潭综合实验区和中国（福建）自由贸易试验区，以及21世纪海上丝绸之路核心区、福州新区、福厦泉国家自主创新示范区、国家生态文明试验区，多区叠加政策效应持续放大，对台资的磁吸效应愈加凸显，全面推进闽台深度融合。近5年来，面对两岸和平发展经历了从"热络"到"冰冷"转变的新形势，福建以习近平总书记关于对台工作的重要论述为指引，遵循"两岸一家亲"的理念，充分发挥对台独特优势，推动闽台在经济、文化、社会等方面的深度融合，并把对台的独特优势转化为推动发展的动力。

深化两岸融合发展是推动两岸和平发展进程的新思路新战略。新时代深化两岸融合发展，探索海峡两岸融合发展新路，地处海峡西岸的福建优势明

---

① 路梅、石龙洪：《习近平履新后首次会见台湾朋友》，中国新闻社2013年2月25日电。

显，责任重大。党的十九届五中全会通过《中共中央关于制定国民经济和社会发展第十四个五年规划和二〇三五年远景目标的建议》。建议提出，支持福建探索海峡两岸融合发展新路。党的十八大以来，福建经济发展向高质量发展迈进，GDP连续跨越三个万亿级台阶，2019年经济总量更是突破4万亿元人民币，首次超越台湾。福建经济总量赶超台湾，在闽台关系发展史上具有标志性的历史意义，必将给两岸融合发展带来新的契机，为台胞提供更大的发展舞台、更多的实惠便利和更好的心灵契合。

中国发展迈入中国特色社会主义新时代，对台工作开启新征程，两岸关系必将谱就新篇章。使命呼唤担当，福建在新时代两岸关系和平发展征程中的地位与作用并未改变，依然是两岸交流合作的"桥头堡"和"试验田"，特别是在秉持"两岸一家亲"理念、促进两岸融合发展进程中依然具有独特优势和难以替代的作用。这也就是习近平总书记殷殷寄望"努力把福建建成台胞台企登陆的第一家园"的重要原因。

党的十八大以来，福建全面贯彻落实习近平总书记关于对台工作的重要论述和中央对台工作决策部署，积极探索两岸融合发展新路，在努力打造台胞台企登陆的第一家园的新征程中取得阶段性成果，闽台经贸合作更加紧密，应通尽通路径持续拓宽，政策服务体系日臻完善，祖地文化认同走深走实。截至2021年8月，福建台企达1万多家，闽台贸易额累计超过1.2万亿元人民币，实际利用台资累计突破300亿美元；闽台婚姻累计11.7万多对，约占两岸婚姻的三分之一；福建率先实现与台湾所有港口海上直航全覆盖；逾5000名台胞在福建取得技能人员职业资格；平潭综合实验区率先构建覆盖台湾职业资格、企业资质、商品检验的全链条采信体系，培育融合试点村居逾80个；福建自贸试验区累计推出100多项对台交流合作创新举措，40多家台资企业注册为陆资企业。福建各类台青就业创业基地逾80家，前来实习就业创业台青逾3.8万人；300多名台青参与福建170多个村庄项目建设；一批台青在福建担任教师、医生、科技特派员、社区营造师，获评"非遗传承人""劳模""三八红旗手"，获得"五四青年奖章"等。

结 束 语

长期以来，特别是改革开放以来，作为两岸关系发展的生动缩影，闽台关系一直是一个热点、重点研究课题。不过，从史的角度，系统研究当代闽台关系发展历史的研究成果不多。迄今，尚未有一部当代闽台关系发展史的专著面世，这是本课题试图作一努力尝试的动因。

通过对当代闽台关系发展70年的考察，感触较深。

一是从研究的角度审视，需要一种"从上往下看"的视角。这是因为，当代闽台关系基本上是上层决策部署、下层执行落实。从上往下看，才能准确把握这一时期闽台关系发展的主流和本质。在把握好"从上往下看"的同时，还需要有一种"从下往上看"的视角，因为当代闽台关系是在上层与下层的互动中向前推进的，而且大多是上层决策后地方先行先试，许多故事发生在下层，从下往上看闽台关系发展，可能会展示出很不相同的图景，从而更能看清新时期闽台关系发展的趋势。

二是在内容的把握上，要拓宽视野，进行多维度考察。在两岸关系发展中，政治问题总是扮演着关键角色。但是，在不同的历史阶段，政治、军事、经济、文化都交相发挥着重要作用，各有侧重、相互影响。作为两岸关系的重要组成部分，闽台关系发展史的研究也要拓宽视野和进行立体式思考，才能更加全面、系统、准确地把握它的脉络。例如台湾问题，它既是国共两党内战历史的延续，同时也是世界"冷战"的产物之一，可以说是内战与"冷战"交叠的结果，解决台湾问题、实现祖国统一，是历史赋予中国共产党人的重任。新中国成立后，历代党的中央领导集体始终从全民族发展的高度来把握两岸关系发展方向，把实现祖国统一作为历史赋予中国共产党人的重任之一，将它与中国社会主义革命、建设和改革的历史任务有机结合起来，并为之进行了长期不懈的努力。台湾问题是国家的安全问题，是对新中国安全的最大威胁，涉及内政外交诸多方面，是对中国共产党治理新中国的一大挑战和考验。正如毛泽东所说的：收复台湾不是单纯的军事问题，还涉及外交、宣传、政治、经济等方方面面问题。

三是福建发展是同跌宕起伏的两岸关系发展紧密相连、一起跳动的。福建是国共内战延续的热点地区，是人民解放军"解放台湾"的前进基地，也是中国反对美国侵占台湾的外交斗争和相互博弈的焦点区域。新中国成立后相当长的一个时期，地处海防前线的福建一直处于"解放台湾"的备战状态中，严重制约了经济发展，为巩固国防和保卫国家安全作出了重大的贡献。解决台湾问题、实现祖国统一，是改革开放的题中应有之义。改革开放后，福建从"海防前线"一跃而成为改革开放前沿。福建的改革开放是伴随两岸关系的历史性转变而不断向前推进的。福建之所以能够成为全国最早先行改革开放的省份、福建在改革开放进程中发展战略的演进、福建在促进祖国统一大业中的独特贡献、福建在全国发展大局中地位的体现、福建改革开放40多年来所取得的历史性成就和发展变化等，都与"对台"元素密不可分。

四是福建双拥工作走在全国前列。福建是对台军事斗争的海防前线和前进基地。作好对台军事斗争准备、服务祖国统一大业，一直是福建发展的中心任务之一。对台军事斗争准备是一项带有全局性和战略性的工作。作好对台军事斗争准备，双拥工作是至关重要的一环。新中国成立70多年来，福建人民继承和发扬双拥优良传统，全省上下自觉站在维护国家大局的高度，以作好军事斗争准备为重点，走出一条双拥工作的新路子，为改革发展稳定和国防建设作出了重要贡献。

五是做好台湾人民工作，福建责无旁贷。说到底，发展两岸关系就是做人的工作，必须"以人为中心"。人是两岸关系发展中最积极、最活跃的因素，抓住了人，就抓住了两岸关系的核心，就抓住了一切。这一点，福建优势明显，在近些年两岸和平发展陷入低潮而依然越办越红火的海峡论坛便是明证。

六是对台文化交流，福建优势独特。文化交流，重要的是心贴心，将心灵情感与文化内核相通。民心交融要绵绵用力，久久为功。为此，要深化两岸同胞之间文化交流合作，特别是在两岸关系发展不顺畅的时候，就必须要把跨越时空、超越海峡、富有永恒魅力、具有当代价值的文化精神弘扬起来，才能提升文化影响力，发挥文化潜移默化、润物无声的作用。这一点，在闽台文化尤其是祖地文化交流中，福建具有不可替代的优势和作用。

七是两岸关系发展史表明，两岸关系发展艰困的时候，福建的独特地位与作用更加凸显，而两岸关系发展顺利的时候，福建的独特地位与作用则不那么突出。这是历史发展的必然反映，特别是两岸关系发展变化的必然反映。其实，无论两岸关系发展顺利与否，闽台两地的历史、地理、人文方面的独特优势依然不可替代，福建在促进祖国统一中的地位与作用并未改变。

本课题仍存在诸多不足或欠缺，尚需深入研究的问题：一是有些史料仍未深入系统地挖掘，特别是细节方面的材料较为欠缺，如两岸军事对峙对福建经济社会发展的影响，重大决策的来龙去脉，闽台交流交往中重要人物和事件的具体情况等，特别是从台湾方面来反观闽台关系颇显不足；二是对当代闽台关系发展历史的规律性把握方面，尤其是在政治、军事、经济、文化相互交织的梳理和把握上，有待进一步加强；三是由于水平有限，本课题只是对当代闽台关系发展史作一粗线条的梳理和考察，对不少专题性问题的理论性总结和提升是不够的，对相关政策或事件的效果与影响的评析不够；四是在编写体例上，原本想增强可读性和说服力，加强对具体事件和个案的剖析，但由于种种原因，这方面做得不够，有待补充和完善。

附录一

"海峡"品牌载体平台

改革开放40多年来,福建高度重视"海峡"品牌载体平台建设,不仅在发展形成品牌的"9·8""5·18""6·18"等10多个综合性、行业性的经贸合作平台中凸显对台特色、展示"台"的元素,已构建起内容比较齐全、功能比较完备、影响日益扩大的涉台经贸交流合作活动体系,成为大陆涉台经贸活动载体最丰富多彩的省份,而且还充分发挥对台的独特地理人文优势,精心打造"海峡论坛""厦门文博会"等具有重大影响的两岸交流活动品牌项目,为推动两岸关系发展、推进祖国和平统一进程作出应有的积极贡献。

海峡论坛:海峡两岸最大的民间交流盛会

海峡论坛是两岸交流活动的一个重要品牌项目,是在已举办三届的"海峡西岸经济区论坛"(创办于2006年,为中国国际投资贸易洽谈会的重要配套活动之一)基础上发展扩大并更名的,更是贯彻落实胡锦涛在纪念《告台湾同胞书》发表30周年座谈会上讲话的具体举措,由国务院台湾事务办公室、商务部、文化部等10多个部委和福建省人民政府等多单位联合主办。

2009年5月15日至22日,首届海峡论坛在福建的厦门、福州、泉州、莆田等地隆重举行。主题是"扩大民间交流、加强两岸合作、促进共同发展"。活动包括开幕式和论坛大会、海峡两岸经贸交易会、海峡文化艺术周、两岸民间交流嘉年华等四大板块几十场大型经济文化交流活动。

有深度有温度,是海峡论坛最具魅力的地方。海峡论坛从一开始就强调民间性、草根性和广泛性,得到了两岸各界的热烈响应和积极支持。以基层民众为主，涵盖30多个界别、50多个领域，"围绕工、青、妇'三大品牌'，姓氏宗亲、同乡社团、民间信俗、大陆配偶'四大纽带'，文化、教育、医疗、法律、工商'五大领域'，农、渔、水利、乡镇村里、社区协会、公益慈善'六大基层组织'等，持续扩大的交流界别和领域"①，让每届海峡论坛都成为两岸民间交流的嘉年华。

在海峡论坛这一两岸民间交流的嘉年华上，两岸同胞欢聚一堂，叙乡情、祭先祖、谈梦想、商合作、逛庙会，真切感受两岸一家亲的火热场景。海峡论坛在两岸民间交流中的地位越来越重要，发挥的作用也越来越大，而且每届论坛都有创新，如：第三届海峡论坛，首次将闭幕式移师台中举办，两岸特色庙会落户厦门；第四届海峡论坛，新增两岸婚姻家庭论坛；第五届海峡论坛，闽台同名乡镇续缘之旅、闽台同名村心连心联谊活动等，凸显乡情延续和祖地认同；第六届海峡论坛，新增两岸青少年交流活动；第七届海峡论坛，继续推动落实一批促进闽台交流合作的政策措施，首次举办两岸残障人士嘉年华；第八届海峡论坛，着重突出两岸青年和基层间的交流，特别新增青创先锋汇、两岸智库论坛、"闽台走亲乡镇行"大型图片展等相关活动；第九届海峡论坛，着重突出"30周年"和"融合发展"两个关键词，交流界别领域扩大、体验式交流更深入、青年融合逐步接棒等成为最大的亮点；第十届海峡论坛，延续"扩大民间交流、深化融合发展"主题，活动设置更为细化、形式更为丰富，进一步调动民众参与的积极性、提升交流质量，聚焦基层民众和青年群体，增设两岸基层治理论坛、文化交流板块等。

从2009年创办至2021年，海峡论坛已步入第13个年头。13年来，海峡论坛始终秉持"两岸一家亲"理念，面向青年、面向基层，民间性、广泛性特色鲜明，每届海峡论坛都吸引上万名两岸基层民众和各界人士参加。13年来，海峡论坛高潮迭起，一届比一届精彩，一届比一届务实；13年来，海峡论坛每一届都超过60家两岸单位组织主办、几十项特色活动。在这个专为两岸普通百姓打造的交流平台上，两岸同胞欢聚一堂、共叙亲情乡情，交朋友

---

① 焚冰：《两岸融合发展步入康庄大道——第九届海峡论坛大会观察》，《海峡通讯》2017年第7期。

话心声、寻机遇谈合作、促融合谋发展，共谋民生福祉，共圆复兴之梦；在交流交往中不断增进对祖国大陆的了解和认同，"两岸一家亲"的理念深入人心，实现祖国和平统一成为两岸同胞的共同心愿，极大地促进了两岸同胞的情感交融和心灵契合。

如今的海峡论坛已成为两岸联合参与机构最多、活动规模最大、涉及范围最广、民间色彩最浓的大型交流活动。每年按惯例，全国政协主席均出席论坛开幕式，来自台湾的近万名基层民众跨过海峡，前来参加各种精彩纷呈的活动。海峡论坛还有一个重要特点，就是每年都会有惠台政策在论坛上宣布，展现了大陆最新的对台工作理念，使之成为大陆对台政策试验、检验的重要渠道。历经十余载，海峡论坛共发布了138条对台惠民政策措施，涵盖两岸人员往来、赴台旅游、就业、基层调解、文化交流、版权交易、两岸直航和落实台湾同胞在大陆学习、生活、工作的同等待遇等，两岸各领域各行业签订了一系列合作协议，取得了丰硕成果。

海峡论坛揭开了两岸民间大交流时代的序幕，给两岸大合作、大发展提供了一个崭新的平台，是两岸民间交流盛会规模最大、人数最多、时间最长的品牌，是两岸和平发展交流的最大成果之一。海峡论坛将走向制度化，并继续对两岸关系发展产生积极影响。

海峡两岸文博会：两岸文化交流合作第一平台

海峡两岸文博会创办于2008年，定位为"突出对台、突出产业、突出交易"，旨在推动两岸文化产业互动交流，助力祖国和平统一大业。由中共中央台办、文化部、国家新闻出版广电总局主办，福建省人民政府、厦门市人民政府、亚太文化创意协会承办。2011年，第四届海峡两岸文博会参展商首次覆盖台湾地区所有县市，在"突出两岸、突出产业、突出交易"的基础上，重点突出投资，海峡两岸文博会投资交易平台作用进一步显现。2012年，第五届海峡两岸文博会首次由中共中央台办、文化部、国家新闻出版广电总局加入主办，成功升格为国家级展会，成为海峡两岸文化交流合作和投资交易的第一平台。

海峡两岸文博会是全国唯一以"海峡两岸"命名并由两岸共同举办的国

家级综合性文化产业博览交易会，以"一脉传承·创意未来"为总主题。至2017年，已成功举办10届。10年来，海峡两岸文博会逐渐成为两岸文创企业交流发展的一个重要平台，台湾参展展位数由首届321个增加至第十届的907个，占总体展位数的三分之一，是大陆同类型文博会中台湾展商数量最多、规模最大、覆盖面最广的综合性文化产业展会。

海峡两岸图书交易会：全国重点对台文化交流项目

海峡两岸图书交易会创办于2005年，每年举办一次，轮流在厦门和台北进行，是国台办认可的全国重点对台文化交流项目，是最大、最权威的海峡两岸图书展览交易品牌活动。由中国出版协会、厦门市人民政府、福建省新闻出版局、海峡出版发行集团、台湾图书出版事业协会、台湾图书发行协进会、台北市出版同业公会等主办。

海峡两岸图书交易会，"以促进两岸图书出版业的交流与合作为主题，以扩大两岸文化交流、增强中华文化凝聚力为目的，进一步加深海峡两岸出版发行界的沟通、交往和贸易，共创商机、共谋发展、共图大业。通过海峡两岸出版发行界的共同努力，着力打造海峡两岸图书出版发行的强势品牌，努力促进和谐文化的积极构建和华文出版业的发展繁荣，为推动海峡两岸文化产业的合作、交流与发展作出积极贡献"[1]。

图交会还举办了许多配套的丰富多彩的交流展示活动。各地华文出版年会、图书馆看样及现货采购、两岸图书资源建设研讨会暨两岸新书发布会、两岸知名作家签售及讲座、海峡两岸文学笔会、海峡两岸文学成果交流会暨两岸出版社与作家对接会等80多项活动，延伸了展会外延，丰富了展会内涵，将展会从一般的图书交流贸易提升到具有深厚文化意蕴和文化品位的高度。

海峡媒体峰会

海峡媒体峰会创办于2009年，是由福建日报报业集团发起举办的两岸交

---

[1] 何凯等：《那些年，我们追过的书展》，《出版广角》2013年第4期。

流品牌活动。已经先后在大陆和台湾成功举办了9届，每一届均得到两岸主流媒体高层以及众多传媒业专家、学者和从业人员的积极响应和参与。历届峰会"直面传媒业热点、难点问题，积极探讨海峡两岸传媒如何开展互动交流实现合作共赢"①，并坚持以务实的态度推进合作取得实质性进展，"有效地促进两岸媒体在联合采访、联办活动、合办媒体以及互派记者驻点采访等方面不断实现新突破、取得新成果，在两岸媒体业界产生广泛影响"②。

合作、发展是每一届海峡媒体峰会的重要主题。9年来，两岸媒体的合作从过去的交换图片、交换版面到合作办刊，从新闻业务交流逐步扩大到产业合作。每届峰会，大家都求合作、谋发展，务实交流，集思广益，让峰会作为两岸媒体重要交流平台的作用日益凸显，受到两岸媒体业者的充分肯定，极大地推动了两岸媒体的交流合作。海峡媒体峰会已成为两岸媒体交流的重要平台。

中国"9·8"投洽会

中国国际投资贸易洽谈会（简称"投洽会"）经中华人民共和国国务院批准，由福建省人民政府、厦门市人民政府、商务部投资促进事务局承办，于每年9月8日至11日在中国厦门举办。投洽会"以'引进来'和'走出去'为主题，以'突出全国性和国际性，突出投资洽谈和投资政策宣传，突出国家区域经济协调发展，突出对台经贸交流'为主要特色"③，主要内容包括投资和贸易展览、国际投资论坛及系列投资热点问题研讨会和以项目对接会为载体的投资洽谈。投洽会是"中国目前唯一以促进双向投资为目的的国际投资促进活动，也是通过国际展览业协会（UFI）认证的全球规模最大的投

---

　　① 《第六届海峡媒体峰会深入探讨两岸媒体多方面合作潜力》，《中国记者》2015年第1期。
　　② 《第六届海峡媒体峰会深入探讨两岸媒体多方面合作潜力》，《中国记者》2015年第1期。
　　③ 王冰凝：《第十五届中国投资贸易洽谈会　承载中央领导厚望》，《华夏时报》2011年9月5日。

资性展览会"①。

1988 年 9 月 8 日，福建省外商投资贸易洽谈会在厦门开幕，至 1997 年更名升格为中国投资贸易洽谈会（简称"中国'9·8'投洽会"），2005 年，经国务院批准，"中国投资贸易洽谈会"正式更名为"中国国际投资贸易洽谈会"，由福建省人民政府、厦门市人民政府和商务部投资促进事务局承办。迄今，投洽会共有成员单位 56 家，所有的成员单位共同参与投洽会的组织工作，并组团参会、参展。中国"9·8"投洽会成为我国唯一以促进双向投资为目的的全国性国际投资促进活动，世界上唯一经国际展览协会认证的投资促进类展览会，从而确立福建作为全国重要招商口岸的地位。

投洽会从最初发端，择址与台湾一水之隔的厦门每年定期举办，便被赋予了"发挥福建对台优势，推动两岸经贸交流与合作"的一大主旨。在投洽会上，打着"对台牌""两岸牌"或"海峡牌"的活动精彩纷呈，总是格外吸引国内外媒体与参会人员的眼球。台商赴会更是格外踊跃，近年来每年都多达数千人，占与会客商的四分之一到三分之一，台湾一直是境外组团最多的一个地区。福建依托投洽会，得中央支持福建加快经济社会发展的"天时"，占对台前沿阵地的"地利"，享五缘相通的"人和"，将成为新一拨台商开展经贸合作的集聚地。

中国·海峡项目成果交易会（简称"6·18"）

中国·海峡项目成果交易会（简称"6·18"），由科技部、教育部等十部委与福建省政府联合主办。创办于 2003 年，至 2017 年已连续举办了 15 届。以"'项目—技术—资本—人才'"为主题，是福建省为广泛吸纳国内外科技成果与福建企业对接，加快科技成果向现实生产力转化而搭建的平台"②，每年 6 月在福建福州举行。

"6·18"为科技工作者和企业家搭建了桥梁，使大量科技成果转化为现

---

① 王冰凝：《第十五届中国投资贸易洽谈会 承载中央领导厚望》，《华夏时报》2011 年 9 月 5 日。

② 《第十届中国·海峡项目成果交易会》，《中国科技投资》2012 年第 18 期。

实生产力，探索建立了具有福建特色的成果转化模式，为福建省经济建设和海峡西岸经济区发展提供源源不断的项目与技术支撑。

海峡两岸纺织服装博览会

海峡两岸纺织服装博览会（简称"海博会"，英文缩写为STCF），由福建省人民政府、中国国际贸易促进委员会、中国纺织工业协会、中国服装协会、中国服装设计师协会和台湾纺拓会、台湾针织工业同业公会、台湾制衣工业同业公会、台湾毛衣编织工业同业公会共同主办，泉州市人民政府和石狮市人民政府具体承办，于每年4月18日至21日在中国休闲服装名城——福建石狮举行。海博会以"推动两岸产业对接、促进海内外经贸交流为主要目的，以'相聚服装名城、共拓两岸市场'和'对台、专业、休闲、时尚'为理念，以推动石狮乃至福建纺织服装业发展为目标，不断提高办展档次、扩大办展规模，每届都有新的面貌和内涵"[1]。

凸显对台特色，是海博会的一大特点。福建在两岸合作交流中具有独特优势，石狮是全国重要纺织服装业生产基地。海博会始终"突出两岸合作经贸交流的特色，发挥石狮'休闲服装名城'的品牌作用，促进海峡两岸纺织服装产业的交流与发展。台湾馆是每年海博会的亮点。通过与台湾同业的联系与沟通，台湾纺拓会、台湾毛衣编织工业同业公会、台湾制衣工业同业公会和台湾针织工业同业公会已经与海博会构筑了紧密的合作关系。借助海博会这个平台，促进石狮纺织服装业与台湾业界新面料、新信息的交流与合作，同时，使台湾企业了解大陆纺织服装业的需求，促进台湾纺织服装产业向大陆的合理流转，为台湾相关产业投资福建、大陆架设桥梁"[2]。

海峡两岸机械产业博览会

海峡两岸机械产业博览会（简称"机械博览会"）创办于2010年，是国务院台湾事务办公室、福建省人民政府和中国机械工业联合会主办，福建省

---

[1] 《海博会：中国休闲服装时尚策源地》，《福建人》2015年第5期。
[2] 《海博会：中国休闲服装时尚策源地》，《福建人》2015年第5期。

经贸委、福建省商务厅、福建省台办、龙岩市人民政府联合台湾有关行业协会承办的机械产业专业展会，于每年 11 月 8 日至 10 日在福建龙岩举办。

机械博览会是福建省政府确定的全省两个机械类重点展会之一，也是龙岩承办的规格最高、规模最大的展会。旨在充分展示、展销海峡两岸机械产业上下游产品、原辅材料，推动两岸机械产业对接和技术交流，进一步促进闽台经济文化交流与合作。举办机械博览会对于进一步提升龙岩市机械产业的核心竞争力和影响力，努力打造"龙岩——世界级工程机械产业基地、全国环保设备研发生产基地、海西商用汽车及配件加工基地"具有十分重要的意义。

2014 年，第五届海峡两岸机械产业博览会在以往突出"海峡"元素的基础上，增加了"一带一路"的最新元素，扩大了海外机械厂家和产品参展的范围，为机械博览会的发展注入新的动力。

海峡两岸电机电器博览会

海峡两岸电机电器博览会创办于 2010 年，由福建省人民政府和国务院台湾事务办公室主办，宁德市人民政府联合台湾有关行业协会承办，每年在宁德市举办。是宁德市第一个由国务院正式批准的高规格、高水平、全方位的海峡两岸经贸交流合作盛会，也是中国唯一专业的中小电机产业展会。

21 世纪海上丝绸之路博览会暨海峡两岸经贸交易会：两岸大型的综合性投资贸易展会

海峡两岸经贸交易会发端于 1994 年的福州国际招商月，2005 年经商务部批准更名为海峡两岸经贸交易会，于每年 5 月 18 日开展，故也简称为"5·18"展会。内容涵盖两岸合作、区域协作、商品交易、项目招商、经贸研讨、文化交流等方面。"5·18"展会作为福州对外开放的重要经贸平台，已发展成为海峡两岸大型的综合性投资贸易展会。

2015 年的"5·18"展会，经商务部批准更名为"21 世纪海上丝绸之路博览会暨海峡两岸经贸交易会"，在台湾海峡元素的基础上，又注入了古代丝绸之路和21世纪"海丝"沿线国家和地区的元素,内涵更丰富了,时代特征更明显了。21世纪海上丝绸之路博览会暨海峡两岸经贸交易会,这是国家批准的第一个冠名"21世纪海上丝绸之路"的博览会,对于21世纪海上丝绸之路核心区建设、构建全方位对外开放新格局具有重大意义和深远影响。

海峡旅游博览会:大陆唯一面向两岸旅游业界的品牌展会

海峡旅游博览会(简称"海峡旅博会"),是借助2005年中国(厦门)"9·8"投洽会的盛大平台而创办的,由国家旅游局、福建省人民政府联合主办,福建省旅游局、厦门市人民政府联合台湾旅游行业协会承办(协办)。其后,旅博会根据形势发展需要,不断充实内容,扩展旅游线路,打造旅游品牌,创设旅游产品。如闽台之间"武夷山与阿里山游""大金湖与日月潭游"以及闽台大学生夏令营游、闽台夏令营亲子游等,都成了新产品和新亮点,将闽台之间的旅游事业不断推向新的高潮。

2015年,第十一届海峡两岸旅游博览会首次独立办会,首次提出将旅游积极融入"海丝",推动福建自贸区建设和打造21世纪海上丝绸之路核心区战略的思路内容,并主动设计了"中国海上丝绸之路旅游推广联盟",显示出在打造"海丝"核心区中旅游先行先试和发展壮大的积极作为。自此,两岸乡村旅游圆桌会议、两岸乡村旅游(民宿)项目对接会、海峡两岸旅游文创产品大赛暨旅游商品交流展示活动,也随之开展起来。

至2017年,经过13届的培育发展,海峡旅博会已成为落地厦门,海峡两岸暨香港、澳门,辐射全国乃至东南亚、海丝沿线国家和地区的重要品牌展会,是目前大陆唯一面向两岸旅游业界的品牌展会,也是推进"海上丝绸之路旅游核心区"建设的重要载体,对厦门正在推进的打造千亿产业链和国际会展名城建设亦有着重要的推动作用。

中国(厦门)国际休闲旅游博览会

中国(厦门)国际休闲旅游博览会(简称"休闲旅博会"),是福建省旅游局指导,厦门市旅游局、厦门市人民政府外事侨务办公室、厦门市会议展览事务局共同支持,以休闲旅游为主题的国际性博览会。休闲旅博会创办于

2015 年，是一个集休闲、度假、旅游体验、健康养生等于一体的全方位、多维度休闲旅游产业链的服务大平台。展会以国际性港口风景旅游城市厦门为举办地，主动衔接和融入福建自贸试验区和"一带一路"发展大机遇，为福建乃至中国的休闲旅游产业搭建起与国际接轨的交流和采购平台，也为世界休闲旅游产业开辟一个了解中国、对接福建的有效平台。

在国家、省、市各级有关单位的协调指导下，2017 中国（厦门）国际休闲旅游博览会与第十三届海峡旅游博览会同期同馆举办。两个展会的合力，为展商和嘉宾带来更多品牌、经济上的扩大效益，真正实现资源整合、优势互补、扩大影响，对两个展会的品牌升级及厦门旅游会展产业的加快发展起到重要作用。

海峡两岸林业博览会：全国唯一设立的海峡两岸林业交流合作的国家级展会

2005 年，三明市获批设立大陆唯一的海峡两岸现代林业合作实验区。同年，三明市举办海峡两岸林业博览会，作为实验区的标志性项目和对台交流合作的示范窗口。

海峡两岸林业博览会由国家林业局和福建省人民政府共同主办，国台办、商务部为支持单位，联合台湾林业界的行业协会和基层组织共同襄办、协办。海峡两岸林业博览会创办以来，以"以林为桥、沟通两岸、加强合作、共同发展"的办会理念，围绕"发展绿色产业、建设绿色家园"主题，坚持林业特色，体现综合会展，突出对台招商，强化商品贸易，加快产业升级，是海峡两岸林业交流和综合性经贸合作的重要盛会。

海峡两岸林业博览会暨投资贸易洽谈会是全国唯一设立的海峡两岸林业交流合作与综合经贸活动的国家级展会。经过 13 年的发展，林博会已成为大陆五大林业展会和福建三大涉农展会之一，"逐步形成以林业为基本特色，具有博览、投资、贸易三大功能的综合性会展，展会影响力不断提升，受到海内外特别是海峡两岸业界的普遍关注"[1]。

海峡农博会·花博会

海峡农博会·花博会是在 1999 年创办海峡两岸花卉博览会的基础上发展起来的，由农业部、国台办、国家林业局、中国食品工业协会和福建省人民政府共同主办。从 2009 年开始，在举办海峡花博会的同时，又开办"海峡农博会"，两会结合，办会的规模、档次和实效进一步提升。

博览会具有四大特色。一是突出两岸合作。顺应两岸关系和平发展的大好形势，与台湾省农会、台湾省渔会等相关机构（团体）共同合作办会。专门设立台湾展区，邀请台湾各县市组团参展，展示台湾现代农业发展成就。精心组织一系列内容丰富、特色鲜明的两岸交流活动，增进两岸人民之间的相互了解。二是突出大农业概念。全面展示农林牧渔业产品，并包涵涉农加工、商贸流通、观光旅游、论坛研讨、文化创意等相关产业以及各种涉农项目成果。三是突出南方特色。不仅组织福建和台湾涉农企业（团体）参展参会，还邀请相关省份共同参与，充分展示南方农业的特色和魅力，努力打造我国南方最大的农业展会。四是突出现代农业。邀请有实力的涉农企业、高等院校、科研院所参展参会，展示农林牧渔业新品种、新技术、新机具、新农药、新肥料等"五新"，以及生物技术、信息技术、设施农业、太空农业等先进农业科技成果和专利技术，体现现代农业发展理念和发展成果。

海峡农博会·花博会已成为国内外较有影响、辐射海峡两岸的会展品牌，先后被人民网评选为"改革开放以来 30 个最受关注展会"，被中国展览联盟评为"中国十大政府主导型展会"，获"新世纪十年中国品牌展会大奖"。

海峡两岸茶业博览会

海峡两岸茶业博览会创办于 2007 年，每年举办一次，前三届先后在泉州、武夷山、宁德举办，自 2010 年起，海峡两岸茶业博览会固定在福建省旅

---

[1] 《合理定位　突出特色　市场运作　注重实效——打造永不落幕的海峡两岸林业博览会》，《福建林业》2013 年第 5 期。

游胜地、红茶乌龙茶重要产茶区武夷山举办,由福建省人民政府主办,并邀请国台办、农业部、国家质检总局、国家工商总局、中国国际茶文化研究会、中国茶叶流通协会、台湾省农会、台湾茶叶协会联合主办,南平市人民政府承办。

  海峡两岸茶业博览会旨在构建福建茶产业的发展平台,打响闽茶品牌,建设福建茶叶强省,促进海峡两岸农业合作与交流。以"生态、健康、和谐"为主题,突出"对台农业、海峡西岸""茶为国饮、闽茶为优"和"全国一流、可持续办"三大特色,是"集海峡两岸茶文化、茶产业交流和商贸、旅游为一体的大规模、高水平的中国茶业顶级盛会"[①]。

---

  ① 刘伟宏:《福建茶产业发展现状及对策研究》,《福建广播电视大学学报》2012年第2期。

附录二

当代闽台关系发展大事记

1895 年

4月17日　甲午战争后,中日签订《马关条约》,台湾与辽东半岛同时被割让给日本。

1937 年

8月　在厦门求学的台籍青年组织成立了"抗日复土同盟会",提出"站在祖国抗日联合阵线一边,收复失地,争取自由"的口号,这是抗战时期在大陆的台湾同胞组成的第一个抗日团体。

1938 年

6—7月　国民党福建当局以"日本特务"嫌疑为由,将散居在全省各地的台胞三四百人集中遣送到闽北崇安县境,"令其垦荒自谋生活"。

11月　李友邦到福建崇安台民垦殖所进行调查,积极筹备组织台湾义勇队。

1939 年

2月　以台胞领袖李友邦为队长的台湾义勇队在浙江金华成立后,留崇安的台胞陆续不断地前往金华参加义勇队或少年团。台湾义勇队是抗日战争时期由在大陆生活的爱国台胞组成的、有正规军编制的抗日武装队伍。

1940 年

2月　台湾义勇队由浙入闽，移驻福建龙岩，扩编为台湾义勇军总队。主要从事宣传鼓动、对敌政治工作、战地医疗、武装斗争等。

6月　台湾义勇军总队正式隶属国民政府军事委员会政治部。

1942 年

2月　以台胞为主的台湾革命同盟会在漳州成立，后改为以台湾彰化人谢东闵为负责人之一的中国国民党直属台湾党部，并由漳州迁到永安，开展了一系列抗日救亡、光复台湾的活动。

1944 年

春　国民政府批准成立国防最高委员会中央设计局台湾调查委员会，作为负责收复台湾工作的职能机构，陈仪为主任委员。

4月　国民政府成立中央设计局台湾调查委员会，李友邦为专门委员；台湾义勇队多次提供台湾问题资料，为做好接收台湾的准备工作献计献策，不少队员参加了中央训练团举办的台湾党政干部训练班。

8月　蒋介石接受原国民党福建省政府主席陈仪提出的不在台湾建立省政府，改设行政长官公署，作为过渡机构的建议。

1945 年

5月　谢东闵作为台胞唯一代表，从永安赴重庆出席国民党第六次全国代表大会。抗战胜利后，台湾党部全体人员由福建永安赴台参加接收工作。

8月　中共闽江工委成立，着手加强党在台湾的秘密工作。

同月　蒋介石任命陈仪为台湾省行政长官，不久又兼台湾警备总司令部司令。

9月1日　陈仪在重庆成立台湾省行政长官公署及警备总司令部临时办事处，开始筹划去台受降接收的有关事宜。

10月25日　中国战区台湾省受降典礼在台北市公会堂庄严举行。至此，中国将日本从甲午战争后窃据的台湾、澎湖列岛及其所属的南海、钓鱼岛等诸岛收回的一切法律手续均告完成。

12月　闽江工委学委会派人前往台湾，以开设商行为掩护进行活动，随着工作的开展，又派人去加强领导。

年底　中共闽江工委派胡允恭以"台湾全权特派员"名义赴台工作。

1946年

2月　李友邦领导的台湾义勇总队被国民党当局无故解散。

1947年

2月　中共闽浙赣区党（省）委设立城市工作部后，派骨干往福建省内各地及江西、台湾、浙东等地发展组织。

同月　二二八事件中，中共在台湾发展的成员大都积极参加了反对蒋介石集团暴政的斗争，有的还在事件中英勇牺牲。

1948年

2月　中央情报部负责人李克农指示华东情报系统，迅速安排东南地区的工作，并提出"重点在台、闽"。

秋　中共福建党组织在金门建立了交通站，并发展了10多位党员。

1949年

1月5日　陈诚奉蒋介石之命就任台湾省主席。

2月1日　国民党在台湾成立军管区，陈诚兼任司令。

3月15日　新华社发表时评《中国人民一定要解放台湾》。

4月30日　陈诚宣布以台湾为反共基地以图"光复大陆"。

5月　上海战役一结束，三野司令部就决定由十兵团入闽，解放全福建，建立攻取台湾的前进基地。

6月21日至8月14日　刘少奇率领中共中央代表团秘密访问苏联，寻求斯大林和苏联提供有关解放台湾的援助。

6月27日　中国人民解放军第三野战军第十兵团发布了进军命令，近15万解放大军和南下干部冒着酷暑进军福建。

6月下旬　蒋介石先后到福州、厦门，部署福州和漳厦防务。

8月17日　福州解放。福州原部分国民党党政人员随国民党军撤往台湾。

8月底至10月中旬　福建沿海城市相继解放。

8月　吴石将军离闽去台出任国防部参谋次长，中共华东局情报部又派朱枫由港赴台，协助吴石工作。

9月　中共福建省委台湾工作委员会成立，主任彭冲。

10月31日　金门国民党军第二十二团海巡大队100余人驾汽艇向人民解放军驻厦部队投诚。

10月　金门战斗失利。

同月　中央将福建列为恢复改建公路的重点省份，优先修建支前公路。

12月5日　"代总统"李宗仁托病自香港远走美国；蒋介石决定把国民党政府迁往台湾。

12月10日　台湾国民党当局宣布彻底封锁大陆沿海各港，闽台海上交通中断。由于军事封锁，台湾海峡无法自由通航，大陆沿海南北轮船运输被人为阻隔，福建沿海小轮船运输以泉州为界，南北无法直接通航。

12月23日　美国国务院命令第28号《关于台湾的政策宣传指示》中确认："台湾在政治上、地理上和战略上都是中国的一部分。"

12月31日，中共中央发布《告前线将士和全国同胞书》，提出1950年的任务是"解放台湾、海南岛和西藏，歼灭蒋介石匪帮的最后残余，完成中国统一的事业，不让美帝国主义侵略势力在我们的领土上有任何立足点"。

1950年

1月1日　《人民日报》发表元旦社论，将解放台湾作为新中国1950年的主要任务之一。

同日　张鼎丞在《福建日报》上发表《目前福建形势和我们的任务》的新年献词，指出："目前福建仍处在战争状态中，1950年必须以解放战争为中心任务，开展剿匪反霸运动，肃清沿海残敌，协同人民解放军解放台湾。"

2月 平息平潭岛、三都岛"大刀会"暴乱。

同月 华东军政委员会交通部拟定了修建华东支前公路三个计划草案，路线涉及江西、福建、浙江及广东4省，共分为4期进行。

3月1日 蒋介石在台北"复职"。

3月4日 台湾国民党军飞机2架轰炸福州闹市居民区，炸死居民102人，伤122人，民房被毁1600多间。

3月 根据中央军委和第三野战军的指示，第十兵团组织第二十九、第三十一军进行海上练兵，准备再战金门，并为解放台湾作准备。

4月 第三野战军发布《陆海空两栖作战训练纲要》，规定从1950年7月开始，进行陆海空协同登陆进攻合练，然后三军协同解放台湾。

5月初 国民党军准备撤出福建东山时，抓走铜钵村青壮年147名，从此铜钵村被称为"寡妇村"。

5月12日 东山岛解放，为解放台湾创造了有利条件。

5月16日 蒋介石在《为撤退海南、舟山国军告全国同胞书》中声称，要集中兵力确保台湾，提出"一年准备，二年反攻，三年扫荡，五年成功"以及"复兴中华民国"的口号。

6月6日 毛泽东在中共七届三中全会上再次提出解放台湾的战略任务。

6月25日 朝鲜南北内战爆发，美国政府立即对朝鲜实行武装干涉，并将干涉的范围扩大到朝鲜以外的亚洲地区，其中就包括我国领土台湾。美国积极扶持国民党军，利用金门、马祖等沿海岛屿，作为袭扰、窜犯的基地，企图达到在战略上牵制我军的目的。

6月27日 美国总统杜鲁门提出"台湾地位未定论"，并下令美国海军第七舰队的8艘舰只进入台湾海峡。

6月28日 政务院总理兼外交部长周恩来发表声明，"台湾属于中国的事实，永远不能改变"。

7月 福建军区确定"军事清剿、政治瓦解、发动群众三者相结合"的剿匪方针，在全省划了10个重点清剿区。

8月1日 福建人民广播电台对金门、马祖广播开播（后改为对台、澎、金、马广播，简称对台广播）。

8月5日　美国空军第十三航空队入驻台湾，并设"前进指挥所"。

8月　中共中央作出了"支援朝鲜人民，推迟解放台湾"的重大决策。

秋　福建土地改革首先在闽侯专区重点试验、局部开展，接着在福州市郊和各专区重点乡也进行了土改试点。取得经验后，全省土地改革从平原到山区，从沿海农业地区到山林、渔、盐地区分三批全面展开。

11月　中央军委毛泽东主席电令福建军区，限于6个月内消灭福建全省股匪，普遍实行土地改革。

1951年

1月16日　毛泽东就确保厦门和加强江浙沿海防务等问题，提出7点具体指示，强调要"对守军指战员进行深入的政治动员，加强纵深工事，务必长期确保厦门"。

1月　党中央指示福建省委要"加强战备，防止美舰庇护台湾国民党军队侵入东南沿海"。

3月底　福建全省股匪已告肃清，毛泽东主席两次致电嘉勉福建军区领导人。

4月30日　《福建日报》发表《再接再厉彻底肃清散匪》的社论，号召全省军民为人民的安居乐业，为建设新福建，为巩固海防，彻底肃清散匪而斗争。

4月　福建剿匪斗争取得辉煌战绩，基本肃清全省境内的股匪，福建军民共歼匪73600余名，毙俘重要匪首1670名，缴获长短枪27000余支、轻重机枪300余挺。

9月4日至5日　歼灭登陆国民党军福建省反共救国军"泉州纵队""永安纵队"500多人。

12月7日　国民党军500余人窜犯南日岛，人民解放军歼敌150余人，余敌登舰船逃窜。

年底　福建全省基本平息了匪患，保卫了革命胜利果实，巩固了新生人民政权。

1952 年

1月20日　中央军委和政务院发出关于武装护航、保证海上安全的命令，要求海军加强巡逻，打击国民党军的海上骚扰，保证航运安全；各商船也要建立自己的武装。

1月28日　国民党军驻金门之敌1000余人窜犯湄洲岛，遭到人民解放军英勇反击。国民党军撤离时抓走岛上群众近300人。

7月下旬　福建59个县市遭遇大水灾，福建军区立即发出《抗洪救灾紧急指示》，5800多名官兵立即投入抗洪救灾，救出灾民340多人和大批物资。

10月1日　《福建日报》发表中共福建省委书记张鼎丞《三年来福建人民的伟大胜利》和省农委副主任江一真关于全面总结福建土改的文章，宣告全省6199个乡的土地改革运动胜利结束。

10月11日　驻金门岛的国民党军纠集第七十五师、第十四师9000余人，从万湖、土地坪、岩下村和东户、西户一线登陆，大举窜犯南日岛。守岛的人民解放军1个连匆忙应战，依托有利地形顽强阻击，终因寡不敌众，大部壮烈牺牲。

11月15日　三野十兵团司令员叶飞在福建全省海防工作会议作报告，强调准备解放台湾。

12月27日　高炮第五二一团在厦门地区击落1架P-47型飞机。

1953 年

1月　福建省委作出《关于海防工作指示》，要求"沿海地区必须明确以发动群众，加强对敌斗争，巩固海防，整顿民兵组织，镇压反革命，捕捉特务，加强敌情侦察，保卫生产为中心任务，其他工作应结合这一中心进行"。

2月9日　福州利民运输公司的"鸭绿江""协兴""闽光"3艘轮船，在飞云江东南方齿头山与四屿间海面遭国民党军炮艇轰击，造成"协兴"一船沉没和其余两艘被劫及数十人死亡的重大损失。

3月5日　在福建厦门的角屿岛设立了大陆第一个对金门广播点——"对金门广播组"，天天对金门的国民党守军喊话。

7月15日　国民党军金门防卫部上将司令官胡琏率驻金门第四十五师、第十八师1个团及海匪大队共1万多人，分乘13艘舰艇，20余辆水路坦克在其海、空军配合下，于16日拂晓突袭东山岛。我守岛军民顽强抗击，在增援部队的驰援下，实施反击，粉碎了蒋介石军事集团退踞台湾后对大陆沿海发动的规模最大的一次登陆窜犯进攻，取得了东山保卫战的胜利。

8月　国民党金门守军成立马山广播站，进行"反攻心战"。

12月18日　台湾国民党空军飞行员陶开福、通信机械士秦保尊驾驶AT-6型教练机1架起义，降落在漳州附近的官田村。

是年，华东公安护航团成立，其中第一营驻在福州，专门负责对福州港的北线航运轮船提供驻船武装护航。

1954年

7月　中共中央鉴于朝鲜战争结束后的形势发展变化，作出重提"解放台湾"的战略决策。

8月　高炮第六十四、六十三、六十五师和炮兵第九师入闽。

8月　中央人民广播电台对台广播开播。

9月　根据华东军区党委1954年2月指示，福建军区部队从9月份起，积极进行解放台湾的准备工作。

9月　为了打击美国政府的侵略政策，在美蒋预谋签订所谓"共同防御条约"期间，福建前线炮兵部队两次奉命炮击大、小金门。第一次是9月3日，主要炮击敌舰艇；第二次是9月22日，主要炮击敌指挥机关、军事设施和压制敌炮兵。两次炮击，共击沉、击伤敌舰船7艘，摧毁敌炮阵地7处，毙伤敌1000余人。

10月　国务院、中央军委批准修建福州等地机场。

12月2日　美国与台湾当局签署了"共同防御条约"。

1955年

1月12日　台湾国民党空军第六联队第二十九大队上尉训练参谋郝隆年驾驶C-46运输机1架在福州机场降落起义。同机还有少校参谋王钟达、机械士唐镜。

1月18日　人民解放军浙江前线陆、海、空军联合作战,一举解放一江山岛,并迫使国民党军先后撤出大陈岛、渔山列岛、披山岛等岛屿。浙江被国民党军占领岛屿全部解放后,国民党军加紧对福建沿海的袭扰破坏活动,空中、海上袭扰与反袭扰斗争趋向紧张。

1月20日　上午,美制蒋机12架窜入福州上空,投弹10余枚,炸死炸伤市民100多人,烧毁民房4000余间,造成福州居民生命财产严重损失。我防空部队英勇抗击,击伤敌机2架。

2月初　福建军区召开作战会议,调整了部署,修订了作战方案,进行了必要演习,并派部队进占西洋、浮鹰、福瑶、北礵、台山列岛等岛屿。

2月11日　华东地区出海的一条铁路干线——鹰厦铁路动工修建,1956年12月竣工,极大地提高了福建前线战备条件。

2月23日　蒋空军飞行员刘若龙、宋宝荣驾驶PT-17型三九三号初级教练机1架起义。

5月13日　国务院总理周恩来在全国人大常委会会议上指出:中国人民解放台湾有两种可能的方式,即战争的方式和和平的方式。中国人民愿意在可能的条件下,采取和平的方式解放台湾。

5月30日　中央军委电示:以福建军区司令部为主,南京军区予以加强,组建福建前线指挥所,下设空军前指、海军前指。

5月　人民解放军在福州组建防空军部,并增加了防空高炮部队。

7月1日　根据沿海对敌斗争形势和恢复发展生产的需要,福建省委批准创办《渔盐民报》。

9月3日　国防部长彭德怀到福建军区视察,主要了解和指导福建军区的战备工作。通过调查研究,确定了"确保福(州)厦(门)、夹路(铁路)夹江(闽江)设防"的方针。

1956年

1月7日　台湾民用航空局台北旅行社飞行员韦大卫、业务员梁枫、事务员翟笑梧3人,驾驶蒋纬国的旅行游览专机1架起义,在福建南安着陆。

3月　中央军委扩大会议正式确定将积极防御作为保卫祖国的军事战略方针。积极防御战略方针的确立，回答了中国反侵略战争战略指导的基本问题。

6月28日　国务院总理周恩来公开发表《和平解放台湾》文告。

6月　中共福建省委对敌斗争办公室成立，刘培善任主任委员。

7月　组建福州军区。

8月7日　中共福建省委对台工作组成立。

8月15日　台湾蒋军空军军官学校少校飞行教官黄纲存，驾驶AT-6型高级教练机1架起义，在福建仙游着陆。

9月　国防部指示，驻福建部队当年即应开始国防工程建设，从此开始了大规模的国防工程建设。

1957年

1月13日　台湾国民党军舰5艘向湄洲岛海面发射炮弹1000余发，击沉当地渔船5艘，渔民死8人、伤17人。

3月　中共福建省委撤销对敌斗争委员会及其办公室，所遗日常事务改由省委办公厅直接处理。

5月1日　福建省军区正式成立。

6月24日　人民解放军以3000余发炮弹，对驻守小金门岛的蒋军第八十一师师部和经常活动的炮兵阵地实施突然的火力急袭，杀敌50余人，毁火炮1门及其他武器1部，并配合进行了政治攻势，有力地打击了敌炮活动气焰。

10月1日　国防部长彭德怀发布命令，全军官兵要为解放台湾、保卫世界和平而战。

10月　蒋介石在国民党"八大"会议上对中共的和谈合作建议作公开回绝。

11月28日，蒋介石下令出动11万国民党军，在台湾全岛范围内进行代号为"昆阴"的军事大演习，随后又将三分之一的地面作战部队重新布置到金门、马祖等前沿岛屿。

1958 年

3月　中共福建省委及沿海各地（市）县恢复设立对敌斗争委员会。

5月　国民党台湾当局组织"中国和平军"100余人，在福建长汀、宁化、清流、连城4县接合部进行武装暴乱。

7月　美国、英国先后武装入侵黎巴嫩、约旦，为台湾当局"加速进行反攻大陆的准备"提供了有利时机。

同月　中央军委命令航空兵部队紧急转场入闽参战，配合陆、海军炮击封锁金门。

8月23日　福建前线部队集中炮兵对蒋军金门防卫部和炮兵阵地等重要目标，以及停泊在料罗湾的国民党军舰船，实施突然、准确、猛烈的火力突击，史称八二三炮战。

8月24日　中国人民解放军福建前线广播电台开始对台广播，并在厦门、连江开设有线广播站，开展对金门、马祖国民党驻军广播喊话。

8月26日　国防部长彭德怀指示福建前线部队，严密封锁金门诸岛。

9月3日　中共中央军委发出《对台湾和沿海蒋占岛屿军事斗争的指示》。

9月4日　《中华人民共和国政府关于领海的声明》发表。

同日　美国国务卿杜勒斯宣称，美国与台湾当局"共同防御条约"适用范围包括金门、马祖。

9月6日　国务院总理周恩来发表《关于台湾海峡地区局势的声明》，痛斥杜勒斯。

同日　中国政府对美国军舰侵入中国领海首次提出严重警告。

9月8日　人民解放军再次炮击金门，国民党军舰艇、战车、飞机损失惨重。

9月24日　台湾国民党空军出动大批战机、侦察机对福建沿海强行侦察，福州空军战机予以迎击。

10月6日　由毛泽东起草、以国防部长彭德怀名义发表的《告台湾同胞书》由福建前线播发，宣布暂停炮击7天。

10月10日　台湾国民党空军出动大批战机对福建沿海进行挑衅，被人民解放军击落 3 架。杜凤瑞在此次战斗中牺牲。

10 月 13 日　福建前线播发毛泽东起草、以国防部长彭德怀名义给福建前线部队的命令，再停炮击两个星期。

10 月 20 日　由于美国无视中国警告，继续出动军舰侵入金门海域为台湾国民党军运输舰护航，中央军委决定提前恢复炮击。

10 月 21 日　美国国务卿杜勒斯抵达台北与蒋介石会谈，试图压蒋从福建沿海岛屿撤军，遭蒋拒绝。

10 月 25 日　国防部长彭德怀发表《再告台湾同胞书》，重申中国人的事"不许美国人插手"。

10 月 31 日　中央军委指示驻厦炮兵，炮击金门"双日不打单日打""以利其长期固守"。

12 月　海军福建基地正式成立。

1959 年

1 月　中央军委空军又决定，凡是具备参战条件的歼击航空兵部队和师（校）以上指挥员及指挥班子，都要轮番入闽参战锻炼。

2 月 2 日　平潭民兵配合海军击沉蒋军"六三"号炮艇，创造了渔民民兵劳武结合协同海军歼敌的范例。

6 月 30 日　福建前线部队释放 3 名国民党军俘虏回台湾。

7 月 7 日至 14 日　福建龙岩军分区和当地公安部门密切配合，破获上杭县反革命组织"中国人民革命建国党"，粉碎了其组织武装暴动的阴谋。

7 月 8 日　福建前线部队释放 12 名国民党军俘虏回台湾。

8 月上旬　台湾当局宣布放弃"武力反攻大陆"，并提出"稳定前线，确保金马，巩固台澎"方针。

11 月 28 日至 30 日　福州军区召开海岛工作会议，明确岛屿作战原则，对进一步加强岛屿守备起了重要作用。

是年，福州军区调整了守备部队的部署并明确其领导与指挥关系；划分了护渔护航区域；适时地加强了闽江口两侧重点地区的海上对敌斗争力量；并对海军、武工队、护航炮兵分别提出了任务要求，护渔护航取得显著成绩。

1960 年

2月18日至19日　美国1艘军舰侵入福建平潭至白犬岛海域，中华人民共和国外交部奉命提出第86次严重警告。

3月　海军福建基地在厦门召开护航护渔会议。会议决定在西洋岛、琯头、平潭、崇武和东山设立护航护渔联合指挥所，并明确海上的对敌斗争由海军统一指挥。

5月　福州军区与中共福建省委联合召开第五次海防会议。

6月17日　人民解放军福建前线部队就美国总统艾森豪威尔即将"访问"台湾发表文告，表示将向金门打炮"迎送"艾森豪威尔。

7月17日至18日　美国军舰1艘两次侵入福建海坛岛附近海域，中国外交部奉命提出第117次严重警告。

10月31日　蒋介石"巡视"金门、马祖。

1961 年

1月1日　蒋介石发表文告，针对大陆暂时经济困难，宣称大陆危机就是台湾的机运。

1月31日　蒋介石训示"救总"拟定"关怀大陆饥民救济办法"。

8月2日　空军高射炮兵第一〇五师五二七团和五〇三团一营，在福州地区上空击落蒋军美制 RF-101 型侦察机1架，首创高炮部队击落这种低空、超音速飞机的范例。

9月15日　福建前线司令部颁布《对国民党起义人员的政策和奖励办法》。

10月　福州军区举行大规模的反空袭演习。

12月　全年福州军区对空作战8次，取得了击落击伤敌机4架的战果，有力地打击了敌机的侦察骚扰活动，继续巩固了福建沿海地区的制空权。

1962 年

4月5日　台湾"救总"通过决议，采取"有效措施"向大陆飘（漂）送食品。

5月16日　中共福建省委决定将原有750名海防干部编制减去250人，保留500人，从事海防工作。

6月10日　中共中央发出《关于准备粉碎蒋匪帮进犯东南沿海地区的指示》，福建全省军民进入紧急战备状态。

6月27日　美国总统肯尼迪在记者会上表示，一旦中共军队进攻金门、马祖，美国军队将协同台湾蒋军作战。

7月25日　福建前线司令部奉命颁发《对驾驶飞机、舰艇起义的国民党海空军人员奖励规定和联络办法的通知》。

8月2日　根据中央军委指示，福建全省恢复经常性战备状态。

10月　福州军区举行大规模的抗登陆作战演习。

1963年

1月　福州军区召开海岛、支撑点战备建设现场会。

2月　解放军总参谋部在福州召开全军岛屿工作会议，罗瑞卿、杨成武、杨得志、杨勇出席并检查福建海防战备工作。

4月9日　特赦康泽等35名战犯，特赦战犯部分回福建、台湾。

4月15日　福建省《渔民海上对敌斗争工作二十五条》颁布施行。

6月1日　蒋军空军上尉飞行员徐廷泽驾驶美制F-86F喷气式战斗机起义，在龙田机场着陆。

6月20日　蒋军"反共挺进军第七十一支队"武装特务7人，在福建漳浦县将军沃登陆，因走投无路和惧怕被歼而向我方投诚。

6月21日　福建诏安军民全歼蒋军"反共挺进军第六十一支队"武装特务10人，受到福州军区司令部、政治部通令嘉奖。

秋　全国沿海海防工作会议在福建平潭召开。

10月21日　福清军民全歼在福清后屿村登陆的蒋军"反共挺进军第一四一支队"武装特务9人。

10月25日　莆田县铁炉公社民兵全歼蒋军"福建省反共救国军独立第九纵队"武装特务5人。

1964 年

1 月　福州护航领导小组成立，同时在三都、平潭、厦门、东山建立护航站，在琯头（属三都）、后渚（属平潭）建立护航分站。

3 月 5 日　海军福建基地护卫艇第三十一大队二中队，在平潭以北海面歼灭蒋军"国防部特情室"匪特 1 股。

3 月　中旬起，福州军区、福建省委联合组织大规模的整顿军民联防活动。

5 月 1 日　海军福建基地护卫艇第二十九大队，在东引以西、北礵以南海域，击沉蒋军情报局"海上袭击队"（又称"海狼袭击队"）塑胶挂机艇（又称"海狼艇"）2 艘，创造了 50 吨炮艇歼敌快速目标的范例，受到总参谋部、总政治部通报表扬。

5 月 7 日　海军基地护卫艇第二十九大队五中队，在西犬岛以南海域，击沉蒋军"闽北工作处马祖工作站"胶舟 1 艘。

5 月 16 日　海军基地护卫艇第二十九大队三中队，在马祖岛西北海域，击伤蒋军情报局"神斧大队海鲸两栖突击队"塑胶挂机艇 2 艘。

8 月 29 日　美军从日本嘉手纳空军基地起飞 1 架 C-130 运输机，在南海上空投放 1 架无人驾驶侦察机，从海南岛海口入境，经广西南宁、广东兴宁、福建漳州，从厦门出境，至台湾湖口靶场收回。这是美国首次使用无人驾驶侦察机侵入中国领空实施侦察。

8 月　福建省委专门召开扩大会议，对"小三线"建设和战备支前作了全面的动员和部署。

10 月 4 日　蒋军海军"大金门水面侦察队"下士赵宗礼驾驶 LCM-1279 号登陆艇起义，安抵厦门。

11 月 18 日　海军福建基地第二十九大队五七一/五七二号艇，在闽江口外半洋礁附近海区击沉蒋帮情报局"海狼袭击队"特务艇 1 艘，受到总参谋部、总政治部的通报表扬。

1965 年

6月　总参正式批复福建省地方军工厂的建设项目，以地方军工建设为主的福建"小三线"建设正式展开。

7月2日　海军福建基地护卫艇第二十九大队炮艇3艘，在闽江口海面全歼蒋军情报局特务1股8人，得到总参谋部、总政治部的通报表扬。

8月6日　人民解放军海军和台湾国民党海军在福建东山岛东南海域发生激战，国民党海军战舰"章江"号和"剑门"号被击沉，史称"八六海战"。

11月14日　海军福建基地担任护渔任务的舰艇部队，在崇武以东海域一举击沉蒋军美制护航炮舰"永昌号"，击伤大型猎潜舰"永泰号"，取得海上作战的重大胜利。

1966 年

4月16日　中华人民共和国最高法院奉命特赦57名战犯，其中部分人员回台湾。

10月15日　台湾国民党军"海狼艇"3艘、自杀艇1艘袭扰福州闽江口，被解放军福建前线海军捕获、击沉各1艘，自杀艇自我爆炸。

11月　国防部授予海军福建基地护卫艇第二十九大队（4273部队）五八八艇"海上猛虎艇"称号。

12月25日　蒋介石主持"国大宪政研究会"，发起"中华文化复兴运动"，对抗大陆"文化大革命"。

1967 年

1月13日　国民党空军RF-104G型侦察机1架在4架战斗机掩护下，飞临福建漳州地区，企图侦察晋江机场。解放军空军航空兵飞行员胡寿根击落国民党空军担任掩护的F-104型战斗机1架。

3月　福建平潭县潭东转场84艘渔船，途经马祖海域被国民党军抓扣16艘，船员132人。

5月　蒋军武装特务一股7人在崇武小岞附近被捕获。

7月28日　台湾当局"中华文化复兴运动委员会"成立，蒋介石亲任会长。

9月3日　台湾当局颁布《大陆来归人员奖励办法》。

9月19日　在西洋岛以西海域歼灭马祖潜特一股。

10月27日　福州市中级人民法院宣判2名美台派遣特务死刑。

1968年

4月3日　美国援助台湾的F-5A型战斗机大批运抵台湾。

5月17日　台湾《"中央"日报》头版头条报道毛泽东关于"文化大革命"是国共两党长期斗争继续的谈话。

1969年

5月26日　台湾国民党空军上尉教官黄天明、学员朱京蓉驾驶T-33型教练机起义，回到大陆。

6月22日　人民解放军福建前线部队释放在1965年11月崇武海战中俘虏的9名台湾国民党海军人员。

11月　福建省海防工作归省军区统一领导。

1970年

2月　福建省军区海防对敌斗争办公室成立。

3月　福州军区召开对台工作会议，重申毛泽东在1958年10月提出的"台、澎、金、马的中国人中，爱国的多，卖国的少。因此要做政治工作，使那里大多数的中国人逐步觉悟过来，孤立少数卖国贼。积以时日，成效自见"的指示，要求加强对台宣传工作。

7月10日　美国总统尼克松下令美国第七舰队停止在台湾海峡地区的巡逻。

7月14日　周恩来总理同法国记者在谈到中美关系时说，美国必须从台湾和台湾海峡撤走全部军队，中国人民一定要解放台湾。

1971 年

3月9日 台湾地区副领导人严家淦在台湾表示对任何"两个中国"的主张都坚决反对,重申"反共复国"是"既定国策"。

6月17日 美国声明琉球群岛交还日本,钓鱼岛主权由台日协商解决。

7月9日至11日 美国国家安全事务助理基辛格秘密访华。

7月16日 中美发表联合公报,公布基辛格访华情况,并宣布美国总统尼克松将访问中国。

8月18日至9月5日 福州军区组织全区部队结合作战预案进行战备演习。

10月25日 第26届联合国大会通过决议案,恢复中华人民共和国在联合国的一切合法权利并立即把台湾当局代表驱逐出联合国。

12月30日 中华人民共和国政府严正声明,钓鱼岛和赤尾屿、南小岛、北小岛是台湾附近的附属岛屿,和台湾一样自古以来就是中国领土,中国人民一定要解放台湾,也一定要收复上述岛屿。

1972 年

1月1日 蒋介石发表元旦文告称:目前国际流行台湾可能与大陆谈判的言论,纯属流言蜚语,台湾与大陆间只有铁与火的战斗。

1月31日 美国发言人表示,美台"共同防御协定"无限期有效。

2月21日至28日 美国总统尼克松访问中国;中美两国在上海签署了《联合公报》,中美关系由此开始向正常化方向发展。

4月7日 福建人民广播电台决定于5月恢复对金门、马祖广播。

7月10日 解放军陆军第三十一军高炮营在厦门地区击落蒋军L-19型侦察机1架。

1973 年

3月 中共福建省委、江西省委共同成立闽赣对台工作办公室。

7月1日 美国宣布停止向台湾提供军事援助,但仍向台湾出售武器装备和军事物资。

7月12日至15日　闽赣对台工作委员会第一次会议在福州召开。

7月25日　福建霞浦县三沙镇首次接待因渔事纠纷前来接受仲裁的台湾渔轮"玉祥"号及船员7人。

10月1日　福建人民广播电台开播台湾海峡天气预报节目。

11月　中共福建省委及各地（市）县委分别成立对台工作领导小组。

12月30日　美军从台湾撤走3个飞行中队和其他军事人员，共计3500人。

是年，谷牧副总理主持的国家十部委考察组在厦门港实地考察，厦门港被确定为商、军、渔港并存，以商港为主的港口。

1974年

1月4日　台湾宜兰渔轮"和顺丰2号"因机件故障漂至平潭大练岛附近触礁，当地渔民将其抢救脱险，船上8名台胞受到热情接待。

1月19日至23日　福州军区组织掩护我护卫舰编队安全通过了台湾海峡。这次航行是十多年来的第一次，为开辟金门以东航线并逐步形成一条习惯性航线提供了经验。

同月　中共福建省委对台办公室正式挂牌成立。

8月13日　因海上遇险被附近宁德渔民救起的台湾渔民林细弟，经公安部批准在霞浦三沙定居。

11月　福州军区在泉州湾地区组织第二十九军进行加强步兵营海岸防御演习。

是年，国务院公布晋江地区惠安崇武港辟为接纳台湾船舶的港口。

1975年

3月23日　叶剑英等接见全部被特赦人员，宣布给特赦人员公民权，能安排工作的安排工作，不能安排的养起来，愿意去台湾的给足路费，提供方便，去了以后又想回来，照样欢迎。

3月26日　美国宣布撤出金门、马祖的美国军事小组。

10月8日　被公安部释放的60名国民党武装特务从厦门乘船去金门。

12月4日　被公安部宽大释放的13名原国民党县团级以上人员，也陆续被厦门有关部门妥善安置。

12月18日　最高人民法院奉命释放全部原国民党政权县团级以上在押人员。

是年，福建省有关部门专门颁发了《关于接待台湾渔民工作的暂行规定》和《台湾与福建省物品往来的试行管理办法》，放宽了对到大陆探亲访友的台湾同胞携带物品的限制，并予以免税优待。

1976 年

1月29日　被宽大释放的6名美台武装特务人员，从福建沿海去台湾。

1月　福州军区召开海防对敌斗争会议，着重研究和加强守备部（分）队战备工作和沿海地区民兵工作的措施。

4月21日　福建崇武渔船1艘、渔民45人被台湾国民党海军抓扣拖往澎湖。经"心战"后，于28日放回。

5月8日　中央军委下达了《关于加强东南沿海战备的指示》。

6月25日　经在闽台胞积极推动，台湾省体育工作联络处在北京成立。

10月　福建全省恢复海防工作机构，与各地台办合署办公。

11月　解放军在福建诏安、漳浦、东山沿海地区举行三军联合演习。

1977 年

2月28日　廖承志在北京纪念二二八起义30周年集会上讲话，表示欢迎台、澎、金、马各界人士到大陆看看。

5月　福建沿海部分港口设立台湾渔民接待站。

1978 年

1月　年已八旬的台湾某运输船船员陈大灯回厦门定居。

3月22日至4月5日　在交通部、福州军区、海军及有关单位的通力合作下，有多艘船舶承担了南下、北上试航台湾海峡的任务，两批共6艘船舶通过台湾海峡南北通道。

5月19日　美国总统卡特在白宫发表谈话称，台湾与大陆的分歧只有通过谈判才能解决。

12月22日　中共十一届三中全会公报发表，指出："随着中美关系正常化，我国神圣领土台湾回到祖国怀抱，实现统一大业的前景，已经进一步摆在我们的面前。"

1979年

1月1日　《告台湾同胞书》的发表、停止炮击金门和中美正式建交，成为两岸关系发展史上一个历史性的转折点。自此，地处海峡西岸的福建，开始由"解放台湾"的海防前线转变为和平统一祖国的前沿基地。

同日　台当局发言人根据蒋经国的授意发表声明称："我们在任何情况下都绝不会同共产党进行任何形式的谈判……只有在中国大陆的人民摆脱共产主义时，我们才会坐下来同任何人谈判。"

1月　国务院批准福建沿海一批渔港为台湾渔轮停泊点。

同月　根据中共中央1978年11月7日的通知，恢复中共各省、地、县（市）委人民武装委员会和省、地、县（市）委书记兼任省军区、军分区、县（市）人民武装部第一政治委员的制度。

2月29日　遵照中共中央提出实现海峡两岸"三通"的指示精神，省邮电局即日起受理发往台湾的电报业务。

3月1日　省邮电局开始受理挂往台湾的电话业务，扩大收寄台湾邮件业务。

同日　美国驻台"大使馆"正式关闭。

4月30日　美国将其所有驻台军事人员753人全部撤离台湾。

5月16日　台湾国民党金门驻军连长林正谊（后改名林毅夫）游泳至厦门，受到相关部门热情接待。

5月　福州海运公司"闽海105"货轮，从大连经泉州，白天过金门东海域，驶抵厦门，从而结束了1949年以来人为的台湾海峡南北线断航的历史。

6月19日　福建省下发《关于接待台湾渔民工作的暂行规定》。

7月15日　中央决定在厦门试办经济特区。

10月15日　福州海运公司"鼓山"轮从马尾港沿台湾海峡直航香港，结束了1949年以来外贸运输靠租船的历史。

12月10日　蒋经国在国民党十一届四中全会上再次激烈攻击《告台湾同胞书》，并公布了他的两岸政策，即"不妥协、不接触、不谈判"的"三不政策"。

12月　福建的霞浦三沙、平潭、惠安、东山4个台湾渔民接待站正式启用，当年接待台胞近千名。

1980年

1月　福建省轮船公司和香港益丰船务有限公司合资经营的厦门至香港客运航线正式通航，每周一往返。至此，中断30年的厦门至香港客运航线得到恢复。

2月　经国务院、中央军委批准，台湾海峡开始恢复自由通航。

2月15日　国务院、中央军委批准民用船舶可以自由过往台湾海峡和金门以东航线。福州军区通知自4月1日起，民用船舶过往台湾海峡和金门以东航线，由各自组织实施。

3月30日　经国务院批准，福州、厦门、漳州、泉州对外开放。

5月　中共福建省委发出《关于做好我省台籍同胞工作的几个问题的通知》，批转有关部门《关于落实去台人员在大陆亲属政策的请示报告》，要求做好台籍同胞的政策落实、子女就业、干部培养和关心其生产、生活等项工作。

6月　福州军区高炮部队进行炮空合练和实弹射击演练。

7月26日　厦门大学台湾研究所成立。

11月15日　福建省轮船公司"鼓山"号轮船装载3400多吨红砖等出口物资，从福州马尾港首航新加坡。这是新中国成立后，福建船舶首次开辟东南亚航线。

11月　福建省首笔对台小额贸易成交。

是年，福建省五届人大常委会制定的《福建省县、社两级直接选举实施细则》规定，各地可参照历届人民代表大会各方面代表的比例，按照现有的台籍同胞的实有人数和工作需要，确定适当比例。这是大陆首次规定了涉台条款，规定台胞可以参加人大代表选举，首次明确了对台湾同胞在大陆政治权益的保障，是全国地方立法的首创。

1981 年

4月4日　中共福建省委常务书记项南在省五届人大三次会议上作《解放思想和特殊政策》的发言，分析了省情，再次强调80年代福建要搞好发展经济、华侨工作、对台工作3项任务和建设8个基地。

同月　福建省台胞联谊会成立。在福建省台胞联谊会成立大会上，项南作题为《福建应当成为统一祖国的基地》的讲话。

5月16日　中共福建省委作出《关于加强对台工作的决定》，指出：做好对台工作，实现祖国统一大业，是我们党和国家80年代三大任务之一。

7月1日　福建首家台资企业诏正水产联合公司在诏安注册成立，注册资本36万美元，拉开了台商在福建投资的序幕。

8月8日　国民党空军第五联队少校考核官黄植诚，驾驶F-5F战斗教练机（机号5361）起义，在福州机场着陆。

8月11日　据调查，福建全省共有台湾高山族同胞108户、407人。

9月30日　全国人大常委会委员长叶剑英发表谈话，提出解决台湾问题、实现祖国和平统一的九条方针政策。

10月4日　中共福建省委书记项南发表讲话，拥护叶剑英委员长关于祖国和平统一的重要谈话，并代表中共福建省委、省政府邀请台湾当局领导人来闽看看。

同日　福建省工商联负责人联名邀请台湾工商界同仁来闽商谈贸易。

10月15日　因"台"而设的厦门经济特区在湖里设立。

10月30日　华侨大学开设台湾省籍学生理工科预科班。

11月29日　台北县淡水渔民许仁林一行5人驾"金鱼发"台轮，专程到湄洲岛妈祖庙进香谒拜。这是两岸隔绝30多年后，妈祖祖庙接待的首批台湾香客。

1982 年

2月20日　福建省副省长伍洪祥出席在厦门举行的省各界纪念郑成功收复台湾320周年大会，发表了《发扬郑成功爱国主义精神，实现祖国统一大业》的讲话。2月21日，郑成功纪念像奠基典礼举行。

3月16日　省委决定将沿海地、县海防工作部改称为对台工作部。沿海地、县的对台工作办公室并入对台工作部。福州、厦门两市仍称市委对台工作办公室。

11月2日至8日　中共中央总书记胡耀邦到福建作经济调查并看望军民，指出：福建是四个现代化建设非常重要的地区，是我们社会主义祖国东南的一个橱窗，是吸引台湾回归祖国的一个基地，希望福建走在四化建设的前头。

是年，福建省为686名台胞、4599名台属落实政策。

1983 年

1月2日　莆田埭头一运输船途经金门岛时遭台湾军队炮击，死8人。

1月15日　福建省暨福州市党政军民举行春节拥军优属、拥政爱民大会，纪念延安"双拥运动"40周年。

春节　民革福建省委印制了1000张"但愿人长久，千里共婵娟"的精美贺卡，通过联系的"三胞"（台胞、港澳同胞、侨胞）及其亲属寄往台湾。

4月22日　国民党陆军航空队第一大队观测中队一分队少校分队长李大维驾驶U-6A型8018号校用观测机起义，在三都降落。

4月　福建相关部门开始向台湾输送以祖国大陆风光、故乡新貌及历史题材为主要内容的录像带，深受台胞欢迎。

6月13日　南安石井渔民在海上捞起一具从金门方向漂来的台湾国民党空军飞行员的尸体，闽台有关方面进行友好移交，开创了34年来闽台两地官方非正式接触交往的先例。

6月18日　专司对台贸易事务的福建新兴贸易公司成立。

6月30日　《关于来闽定居的台湾同胞安置工作的若干规定》正式印发，对愿来福建省定居的台湾同胞安置工作制定了11条规定。

8月　福建平潭、厦门、东山等对台小额贸易公司相继成立。

12月　福州军区、福建省人民政府决定，把沿海地区的军民联防，发展为军警民联防。

是年，省政府专门召开全省华侨办学工作会议，作出了《关于鼓励和支持华侨办学的若干规定》，随后又制定了《关于鼓励华侨捐资办学实施办法》，规定按照海外华侨及港澳台同胞捐资办教育数额的大小，分别由省政府授予金、银、铜质奖章以及荣誉证书、"乐育英才"横匾。

1984 年

1月1日　福建前线广播电台改名中国人民解放军海峡之声广播电台。

1月，台湾当局宣布：在国际学术、科技、教育、文化等方面的会议与活动中，台湾人员可以与大陆人员接触。

2月7日至10日　中共中央政治局常委、中顾委主任邓小平视察了厦门经济特区，要求"福建应该多做点台湾工作"。

2月　中共中央作出决定，将厦门经济特区扩大到全岛。

9月　由福建省文联主办的《台港文学选刊》创刊。

10月22日　《福建日报》发表评论员文章《发扬爱国之心、报国之情精神》，缅怀陈嘉庚先生的业绩，希望海外侨胞、台湾同胞、国内归侨和全国人民一道，为祖国"四化"建设和祖国统一大业贡献力量。

11月21日至12月3日　全国政协主席邓颖超视察厦门经济特区，要求福建，首先是厦门，要担负起实现祖国统一、争取台湾早日回归的光荣任务，希望对台工作既要争取上层，更应寄望于民众，既要从大处着眼，更要从小处着手。

1985 年

1月23日　国务院批复福州市进一步对外开放方案，要求福州"在加强对台工作，实现祖国统一中发挥重要作用"。

5月6日　《福建省八个基地建设纲要》在福建省第六届人民代表大会第三次会议上正式通过，成为全省人民的共同意志，其中"统一祖国基地"是八大基地之一。

6月14日 中央军委主席邓小平命令：经党中央批准，决定将11个大军区合并整编为7个大军区。福州军区与南京军区合并，整编为新的南京军区。

7月1日 福建电视台对台专题节目《海峡同乐》正式开播。

7月 台湾当局宣布对台湾间接输往大陆的转口贸易采取不干预政策。

9月2日 厦门人民广播电台对金门广播部成立（后改为对台对外广播部）。

9月 福建和台湾两省羽毛球队在香港举行友谊比赛，这是两岸隔绝以来两省体育界首次直接接触。

11月12日 平潭县边防缉私队在澳口查获"惠满顺"等3艘走私船，缴获大批美元、黄鱼、鲳鱼等钱物。

12月20日 福建省金门同胞联谊会在福州成立。

是年，习近平由河北正定调福建，1985至1988年，任厦门市委常委、副市长。其间，他领导制定《1985—2000年厦门经济社会发展战略》，把厦门经济特区放在国家改革开放全局和世界经济发展大格局中审视，明确厦门的战略地位、战略指导思想、战略目标、战略重点、战略对策，并把"加强对台的联系、促进国家统一"和"逐步实施自由港政策、建设自由港型的经济特区"有机结合起来。

1986年

3月21日 南京军区司令部发言人宣布，该部已奉命于1985年停止向台湾和金门、马祖诸岛空飘、海漂宣传品。

8月25日 台湾电视台原编导黄阿原为拍摄电视连续剧《台湾人的根》赴厦门采访。

12月 国务院颁布《台胞到大陆经济特区投资优惠办法》。

1987年

3月25日 福建平潭"闽平渔1651""闽平渔1652"两艘渔船，渔民26人，因遇台风驶入台中港避风，27日返抵平潭。这是两岸隔绝38年来福建沿海渔船首次正式获准进入台湾港口避风。

5月2日　国民党去台老兵成立"外省人返乡探亲促进会",组织掀起返乡探亲的请愿运动。

9月11日　福建平潭澳前镇等沿海港口成立红十字救护站。

9月13日至27日　台湾《自立晚报》2名记者绕道日本赴北京等地再到厦门、东山采访,成为两岸隔绝38年来首次赴大陆采访的台湾记者。这次采访报道后,岛内要求"三通"的呼声更加高涨,有力地冲击着台当局僵硬的"三不"政策。

10月14日　台湾当局正式决定开放民众赴大陆探亲,并在经贸往来、学术、新闻、体育等方面采取更为松动和弹性的做法,标志着海峡两岸人民交往实现历史性的转折。

10月16日　国务院办公厅发布《关于台湾同胞来祖国大陆探亲旅游接待办法的通知》,"热忱欢迎台湾同胞来大陆探亲和旅游,保证来去自由",台湾同胞"可以与大陆同胞一样"享有"同等待遇"。

11月2日　台湾红十字会组织开始发放赴大陆探亲证件,原籍福建的去台人员陆续回乡探亲。

11月3日　厦门"鼓浪屿"号客轮接回首批21名来大陆探亲的台胞。

11月20日　福建省台湾同胞联合接待小组成立。

12月9日　经台湾当局准允,台湾"茂福一号"渔轮直驶抵靠霞浦三沙港接运遇险获救的两名台湾同胞。

12月10日　福建省人民政府台湾事务办公室成立,与中共福建省委对台办公室合署办公。

是年,福建省政府办公厅专门下文,要求各级政府进一步加强支前机构,对支前委(办)机构的隶属关系、编制、规模作了具体规定。

1988年

1月10日　福建省首次"闽台同胞探亲晚会"在福州举行,著名剧作家曹禺及著名京剧表演艺术家李玉茹、谭元寿、刘长瑜等到会。

3月14日　最高人民法院、最高人民检察院发布公告,不再追诉去台人员在中华人民共和国成立前在大陆犯有的罪行。

4月25日 首批由台湾红十字会组织受理寄往大陆的台湾信件到达福建。

5月1日 福建19个台湾渔轮停泊点，可直接申办《台湾同胞登岸证》或《台湾同胞旅行证》入出境。

5月9日至14日 中共福建省委四届八次全体（扩大）会议在福州召开。会议决定在厦门特区和福州经济技术开发区内设立台商投资区和保税区。

7月 国民党十三大第一次提出《现阶段大陆政策》，确定在官方"三不"政策的前提下，"民间、间接、单向、渐进"开放两岸关系，把过去只做不说或半明半暗的做法，加以"公开化"和"合法化"。

9月11日 解放军福建部队发言人宣布，从即日起停止执行1962年颁布的对驾机、驾艇起义的国民党军官兵给予奖励的通知。

10月12日 在厦门浯屿海面厦门红十字会将落水获救的国民党金门驻军士兵许志淞移交台湾红十字组织。这是两岸红十字组织的首次直接接触。

11月3日 福建日报社主办的《港台信息报》创刊。

11月16日 在福州举办首届海峡两岸中医学术研讨会。

11月30日 "台湾同胞文艺交流会演团"首次抵福州演出。

1989年

1月1日 福建省台湾研究会成立。

同日 平潭首次向台湾渔船输送短期渔工劳务，当年输送900人。

1月18日 祖国大陆首家台胞律师事务所在福州成立。

4月17日 由台湾36家企业的董事长和总经理组成的台湾董事长代表团抵达厦门考察投资环境，洽谈商贸投资意向。

4月 福建中医学院成立台湾中医药研究室，并招收台湾学生，开大陆招收台生先河。

5月6日至9日 台湾苏澳港南天宫妈祖朝圣团345人，分两路抵达湄洲祖庙朝圣，其中224人乘渔船直航湄洲，此举为两岸隔绝40年来首例。

5月20日 全国台湾农业研究学术讨论会在福州结束，会议发出《致台湾农业科技界同仁书》，这在祖国大陆尚属首次。

5月　台北女杨明珠与厦门郎施景明在厦门登记结婚，成为海峡两岸40年来首例婚姻。

6月6日　国务院批准厦门经济特区及厦门市的海沧、杏林地区，福州马尾经济技术开发区内未开发部分，作为台商投资区。

6月　国务院批准福建沿海划定地区鼓励台湾投资者从事土地开发经营和投资办厂。

8月27日　福建省台胞投资贸易技术咨询服务公司在福州成立。

9月5日　福建指定霞浦三沙和平潭作为对台劳务合作试点单位。

12月5日　我国首座对台贸易专用码头——福建崇武码头通过验收，正式交付使用。

1990年

1月6日　福建省委、省军区、解放军驻闽部队、武警福建总队联合发文倡导开展"军民共学雷锋，共建精神文明，共同继承发扬古田会议精神"的"三共"活动。

2月21日　时任台湾"中国统一联盟"主席陈映真回到安溪县龙门乡石盘头村寻根祭祖。

2月24日至27日　国务院总理李鹏到厦门视察，实地考察了海沧区，与部分台商和三资企业代表进行了座谈，强调要利用福建的天时地利人和优势，创造良好投资环境，推进对台经济合作。

5月22日　省委书记陈光毅在福州会见由张平沼率领的台湾海峡两岸商务协调会大陆访问团，对他们致力海峡两岸经贸合作、促进"三通"的行动表示赞赏，并介绍了福建改革开放以来的发展情况和今后的设想。

6月25日　福建学者王耀华、刘春曙应邀访台进行南音交流。这是大陆赴台开展文化交流第一例，开闽台双向交流先河。

7月3日　福建省人大常委会会议通过《福建省台湾同胞投资企业登记管理办法》《福建省台湾同胞投资企业劳动管理规定》。这是福建制定的首批涉台法规。

7月21日　"闽平渔5540号"事件发生。当日，台军方将私自渡海入台的近 100 名大陆居民关押在密闭的船舱内并船遣返，致使 25 人窒息死亡。

8月13日　台湾军舰"文山"号在执行遣返"闽平渔5202"号渔船途中两船相撞，致船上 50 名大陆私渡人员中 21 人落海遇难身亡。

8月18日　福建省第一个以吸收台资为主的乡办投资区——福州福兴投资区正式成立。

8月　由台湾摄制的电视连续剧《草莽英雄》，突破台湾当局的禁忌，公开邀请福建长龙影视公司协助拍摄。

同月　福建省率先在全国成立省、市、县三级双拥领导小组及办公室。

9月5日　台湾《自立晚报》首次以四大版篇幅刊登《福建专刊》，并以显著版面刊发福建省省长王兆国署名文章及照片等。

9月11日至13日　海峡两岸举行"金门商谈"并达成有关海上遣返的四条协议。

12月14日　福建省"闽台经济文化交往促进会"在福州成立。

1991 年

1月10日至16日　新中国成立以来最大规模的双拥工作会议在福州市召开，首次命名表彰 10 个全国双拥模范城（县）。

2月5日至7日　中共福建省委召开全省对台工作会议，会议要求全省各级党委和政府把对台工作摆在全局工作的重要位置，进一步动员各方面力量，大力发展闽台经贸合作，扩大各项交流，促进海峡两岸直接"三通"。

2月8日　省委常委会会议研究决定：将"中共福建省委对台工作领导小组"改称为"中共福建省委台湾工作领导小组"，领导小组下设办公室，对内称"中共福建省委台湾工作办公室"，对外称"福建省人民政府台湾事务办公室"。

2月　台湾《中国时报》记者周梓萱、卢伯华来闽对闽台农业交流进行采访。

3月8日　台湾"三保警"杀害大陆渔民事件发生。

3月27日　一辆台湾游客大巴在莆田翻车，致 20 名台胞遇难。

3月　台湾"海峡交流基金会"正式挂牌运行，首任董事长辜振甫。

4月24日　解放军驻闽部队发言人奉命宣布，自即日起，一律停止对金门等岛屿台湾军队官兵的广播喊话。

4月　福建省人大常委会成立了台湾同胞工作委员会，专司涉台立法工作。这是全国省级地方人大中第一个专门的涉台立法机构。

4月28日至5月4日　台湾海基会以秘书长陈长文为首的代表团首访大陆并赴闽处理"三保警"事宜，此举使两岸交往进入新的阶段。

5月　台湾当局宣布终止"动员戡乱时期"，正式放弃"反攻大陆"的目标，同时在金门、马祖等大陆沿海岛屿结束长期的"军事戒严体制"。

7月8日至12日　台湾海基会以副秘书长石齐平为团长的代表团访闽，就合作打击海上犯罪交换意见。

7月21日　台军方无故枪杀石狮渔民的"闽狮渔案"发生。

8月4日　福建省批准漳浦旧镇为对台劳务输出口岸。

8月12日　福建省律师、中国红十字总会研究室主任庄仲希等赴台，看望因"7·21"渔事被扣石狮渔民。这是福建公职人员首次入台办理公务。

9月3日　省电视台推出首部向台胞全面介绍福建投资环境的系列片《希望的土地——台胞来闽投资指南》。

9月4日　平潭县澳前镇"闽平渔2004"和"闽平渔2005"一对渔船在276海区进行拖网作业时，遭台湾海上巡逻警察殴打，并抢走财物。

9月8日　省委书记陈光毅在1991年福建投资贸易洽谈会举行的欢迎酒会上致辞，表示将推动闽、滇、黔三省与台湾的经贸合作和技术交流向更大范围和更高层次发展。

10月10日　福建省纪念辛亥革命80周年大会在福州举行。陈光毅在会上提出，充分利用与台湾一衣带水的优势，进一步加强与台湾同胞的双向交流和合作，在实现祖国和平统一大业中发挥应有的作用。

10月15日　福建发布《关于鼓励外商投资农业综合开发的暂行规定》。

11月1日　中国华艺广播公司在福州成立并开播。

12月18日至19日　厦门举行经济特区建设十周年庆祝活动。江泽民、邓小平、杨尚昆、李鹏等为厦门经济特区题词。中共中央总书记江泽民出席大会并作重要讲话。他充分肯定了厦门经济特区的建设对带动闽南地区、加快经济发展以及推动海峡两岸的经济交往、促进祖国统一大业所作出的积极贡献。

12月31日　省政府颁布《福建省台湾同胞投资企业使用土地管理办法》。

同月　国务院批准东山口岸正式对外轮开放，福建省政府又将东山全岛辟为对外招商区域和台商农业投资区，并赋予一系列优惠政策。

是年，截至本年底，全省累计批准台商投资企业1139家，台商投资项目1167项，合同台资金额14.87亿美元，闽台经贸合作成为推动福建经济振兴的增长点。

1992年

1月14日　省政府正式批准开辟东山等29个农业综合开发区域，鼓励外商投资。

1月　福建省委"把闽台经贸合作作为我省新时期经贸工作的重点"，提出"以闽台经贸合作为重点，扩大吸收侨港台外资，开拓多元外贸出口市场"[①]的对外经贸工作思路。

2月18日　首次闽台文化学术讨论会在厦门举行。

2月19日　福建社会科学院台湾研究所成立。

3月23日　福建省委书记陈光毅在全国两会中外记者招待会上宣布：福建将采取20条新措施，进一步扩大对外开放，实现福建经济发展的新飞跃，其中包括"发展闽台经济合作与交流"。

7月2日　台北—马尼拉—厦门空中航线开通。

7月22日至8月8日　福建电视台《海峡同乐》节目摄制组赴台采访。

11月12日　国务院正式批准厦门市集美区列入厦门台商投资区。至此，厦门市除了同安以外，均为台商投资区。

11月　金门解除"战地政务"，回归地方自治，同时开放旅游观光。

12月20日　福建首家台商投资企业协会在厦门成立。

[①]《中国福建省委关于加快综合改革试验、进一步扩大开放、推动外向型经济发展的决定》（1992年1月30日），载中共福建省委宣传部、福建省档案局编《福建省改革开放三十年重要文献选编》（上），福建人民出版社2008年版，第395页。

12月30日　东南广播公司在福州举行开播仪式。省委常委、宣传部长何少川在讲话中希望东南广播公司进一步全面、系统、深入地宣传"和平统一，一国两制"的对台工作总方针。

1993年

1月1日　福建东南广播公司正式成立并开播。

6月11日　台湾《"中央"日报》首次编发福建专版，并刊登邓小平为厦门经济特区题词的大幅照片。

6月　厦门灿坤电器股份有限公司在深圳成功上市B股。

7月10日　省委、省人大、省政府联合召开全省立法工作动员大会。福建省人大常委会主任陈光毅在会上作动员报告，强调要抓紧制定涉台法规，特别是拓展闽台经贸、文化、科技等领域合作，加强闽台海上作业、治安管理、维护台胞合法权益等方面的法规。

7月　泉州台资企业远太企业开发有限公司中共党支部成立。

8月　福建少儿艺术访问团应邀赴台演出。

9月　对外经济贸易合作部、海关总署发布了《对台湾地区小额贸易的管理办法》，以鼓励和规范海峡两岸的民间小额贸易。

10月8日至17日　全国人大副委员长张克辉带领全国人大台湾代表团来福建视察。

11月1日至5日　海协会与海基会在厦门进行事务性商谈。

12月25日至1994年5月25日　妈祖信仰民俗文物展首次赴台展出，历时半年。

1994年

1月1日　由福建电视台筹组的东南电视台正式开播，其中《海峡新干线》是专门报道海峡两岸时事、民生、文化的新闻资讯类节目。

1月　福建省首家大型台货市场——厦门台湾商品总汇正式开业。

2月24日　金门县文化工商代表团一行26人绕道台湾、香港抵达厦门访问。

4月16日　省领导贾庆林、陈明义在福州会见港台12家新闻单位的记者，提出福建将进一步深化改革、扩大开放，特别是加强与港澳台地区的经贸合作。

4月22日　海峡两岸"连横学术思想暨学术成就研讨会"在福建漳州举行。

5月至6月　福州市闽剧院一团应邀赴台交流，并首次登上"军事禁区"马祖岛演出。

7月14日至8月29日　厦门金莲升高甲戏剧团应邀赴台湾、金门演出。

7月15日　福建省人大常委会通过《福建省台湾船舶停泊点管理办法》。

8月1日　厦门口岸签证机关开始审批签发一次有效的《台湾居民来往大陆通行证》，当年共为1064人次办证。

8月7日　台湾《工商时报》首次刊登江泽民总书记在省委书记贾庆林陪同下，参观台资企业技术产品博览会厦门馆的大幅照片。

8月10日　《福建日报》转载台湾《工商时报》发表的贾庆林的《深化改革，扩大开放，实现福建经济腾飞》和省长陈明义的《进一步发挥福建吸引外商台商投资的优势》的文章。

9月12日至21日　以《福建日报》副总编辑颜振育为团长的福建新闻采访团首次赴台采访。

9月16日　福建省人大常委会通过《福建省实施〈中华人民共和国台湾同胞投资保护法〉办法》。

9月29日　厦门市人大常委会通过《厦门市台湾同胞投资保障条例》。

10月10日至23日　全国人大台湾代表团一行在张克辉带领下视察《中华人民共和国台湾同胞投资保护法》在福建实施贯彻情况。

10月25日　漳州台商投资企业协会成立。

10月27日　福州台商投资企业协会成立。

1995年

1月1日　厦门市台商投诉协调中心成立。

1月13日至7月19日　福建东山关帝神像首次应邀入台接受朝拜，历时半年。

1月23日　福建省闽台交流协会成立。

1月30日　江泽民总书记发表题为《为促进祖国统一大业的完成而继续奋斗》的重要讲话，提出了推进祖国和平统一进程的八项主张和建议，精辟地论述了邓小平"和平统一，一国两制"的深刻思想内涵，集中、系统、完整地阐述了中共对台方针政策。

1月31日　省委、省人大常委会、省政府、省政协在福州举行春节团拜会。省委书记贾庆林在会上讲话，强调福建作为对台前沿，一定要认真学习、坚决贯彻江泽民总书记《为促进祖国统一大业的完成而继续奋斗》的重要讲话，不失时机地推进对台工作，早日实现海峡两岸直接"三通"。

1月　应台湾平信徒传道会邀请，福建基督教牧师团一行9人首访台湾，开创了闽台基督教教会交流先河。

3月21日　福州市颁布《保护台湾同胞投资权益的暂行规定》。

3月22日　在纪念"世界水日""中国水周"大会上，福建省宣布"精心组织实施跨海引水工程，尽快帮助解决金门民众用水的难题"，并已制定《福建向金门供水方案》。

5月　省委、省政府召开全省对台工作会议，提出加快构筑闽台经贸协作带，促进闽台交流交往，争创直接"三通"先行区，实现闽台关系新突破，为完成祖国统一大业多作贡献。

7月28日　福建省闽台科技交流协会在福州成立。

8月30日至31日　福建省建设"海峡西岸文化走廊"规划工作会议在泉州召开。这是《福建省闽东南区域经济和社会发展规划》的一个组成部分，涵盖范围为福州、厦门、泉州、漳州和莆田5市及所辖的43个县（市、区）的文化事业。

9月9日　首届海峡两岸商品博览会在厦门隆重开幕。

9月27日　福建省外经贸厅厅长陈祖武率福建经贸考察团访台。

11月14日　首届闽台姓氏源流研讨会在福州举行。

11月17日　中共福建省委书记贾庆林在福州看望来闽考察的海协会常务副会长唐树备，就对台工作交换了意见。11月18日，唐树备在省、市有关部门负责人的陪同下，考察了福州经济技术开发区的台资企业，强调发展两岸经贸合作，保护台商合法权益。

11月29日　世界客属首次在福建长汀公祭汀江"客家母亲河"。

是年，经南京军区批准，福建省国防动员委员会第一次会议正式决定把全省各级支前办纳入各级国防动员委员会机构正式编制。

1996年

1月11日　应台湾渔业界的邀请，福建省水产访问团一行启程赴台湾进行为期10天的访问。由水产界单独组团访问台湾，这在祖国大陆尚属首次。

1月24日　福建省台办副主任梁茂淦率领省经贸人士访问团应邀赴台参访。

1月25日　闽台经贸交流合作研讨会在台北举行。

3月1日　"厦门—澳门—台湾"空中客运衔接航线开通。

3月18日至25日　解放军南京军区在福建沿海实施海、陆、空联合作战演习。

5月13日　省长陈明义在福州接受路透社驻北京记者的采访，介绍了有关福建省"九五"计划、闽台交流、台资企业、民营企业和上市公司等方面的情况。

8月19日　"福州—澳门—台湾"空中客运衔接航线开通。

8月20日　交通部宣布，开放厦门、福州两港区作为与高雄港进行集装箱班轮定点直航的试点口岸。

8月　交通部和外经贸部先后发布了《台湾海峡两岸间航运管理办法》和《关于台湾海峡两岸间货物运输代理业管理办法》，采取实际步骤加速实现两岸直接"三通"。

9月27日　福建省人大常委会通过《福建省接受台湾同胞捐赠管理办法》。这是福建省在全国率先制定的保护台湾同胞捐赠行为的地方性法规。

1997年

1月24日至5月5日　湄洲岛妈祖祖庙妈祖金身首次巡游台湾，历时百天，朝拜信众千万人次。

1月　驻闽部队和武警部队在充分协商的基础上，共同制定《驻闽部队拥政爱民若干规定》，规范了拥政爱民工作内容，对遵守地方政策法令、支持地方两个文明建设、维护军政军民团结等问题作出了具体规定。

3月10日　台湾波音757客机被劫持至厦门，劫机嫌疑犯刘善忠由中国红十字会根据"金门协议"移交台方。

3月　福建省道教协会会长林舟率团对台湾道教进行环岛参访交流。

4月8日至12日　首届对台出口商品交易会暨台胞回乡旅游购物节在厦门举行，国务院副总理钱其琛出席开幕式。

4月19日　福建厦门港、福州港与台湾高雄港的集装箱班轮试点直航开始启动。厦门轮船公司"盛达"轮和福建外贸中心船务公司"华荣"轮分别由厦门、福州首航抵达台湾高雄港。

4月24日　台湾长荣海运的"立顺"轮由高雄港首航厦门港。

6月23日　福州长乐国际机场正式通航，同时受理台湾居民落地办证业务。

7月16日　根据"金门协议"，台湾当局首次遣返大陆劫机犯，嫌犯黄树刚、韩凤英从金门遣返至厦门。

7月20日　台湾当局坚持不予核准王永庆漳州电厂投资案。

7月22日至31日　厦门市副市长张宗绪率团访问台湾。

9月8日　升格后的首届中国投资贸易洽谈会在厦门富山国际展览城隆重举行。

同日　经国家批准设立的福州、漳州两处"海峡两岸农业合作试验区"正式授牌。

12月3日　由福建省汽车工业公司与台湾裕隆集团中华汽车公司合资的福建东南汽车项目，在福州青口正式启动。

1998年

1月1日　东南电视台节目通过台湾华厦卫星电视台在台湾落地，成为大陆首家在台落地的电视媒体。

1月　台湾中华道教总会理事长陈进富和台湾道教积善协会理事长臧忠望，率台湾道教积善协会大陆文化交流访问团一行200多人来福建参访。

3月9日　首届福建海峡两岸纺织服装博览会在石狮举办。

7月　以台湾道教总庙三清宫副主委黄姓煌为团长的台湾道教总庙三清宫福建文化交流访问团一行78人来福建参访，并参加了泉州元妙观"六月初七天门开"宗教活动，进行了科仪文化交流。

8月　在福建省委对台工作会议上，习近平提出：要把寄希望于台湾人民的方针贯彻到各项对台工作中去，树立为台胞服务就是为人民服务、为祖国统一服务的思想。

10月13日至23日　福建省副省长张家坤以闽台交流协会名誉会长身份率领经贸考察团一行9人，应台湾工业总会邀请赴台考察。这是祖国大陆第一位地方副省级领导率团赴台考察。在台期间，考察团先后走访了台北、新竹、台中、台南、高雄等地，会见了台塑董事长王永庆等近200位台工商界人士，考察了台塑六轻工程、统一实业、中华汽车、中华映管等台湾知名企业。

11月21日至12月20日　"闽台族谱暨家传文物特展"在台北举行，这是海峡两岸首次联合举办族谱和家传文物展。

11月25日　台湾海峡隧道论证学术研讨会在厦门召开，来自海峡两岸及海外的54位专家学者参加了会议。

12月17日　福建东南电视台与台湾华人卫视传播机构就东南电视台节目1999年1月1日起通过华人卫星电视传播机构的3颗联网直播卫星在全球华人区落地一事在福州签订协议。

是年，福建省妇联首次组团赴台，开启了闽台妇女团体交流大门。

1999年

1月1日　闽台新闻交流联谊会与台湾无线卫星电视台TVBS合作创办的电视专题节目《福建观察》在台湾TVBS新闻频道开播。

1月18日至2月6日　首届海峡两岸花卉博览会在漳州举行。

1月29日　福建省各界人士纪念江泽民《为促进祖国统一大业的完成而

继续奋斗》重要讲话发表4周年暨《告台湾同胞书》发表20周年座谈会在福州举行。省委书记陈明义在会上讲话指出，要努力探索闽台合作新形式、新路子，为祖国和平统一作出新贡献。

2月9日　台湾有关方面在金门将劫持大陆客机前往台湾的刘保才等5名劫机犯罪嫌疑人遣返厦门，移交我红十字总会代表。

3月4日　教育部正式批准福建中医学院和福建师范大学为祖国大陆可以单独招考台湾学生的试点院校。

3月9日　《海峡导报》正式创刊。

4月29日　福建省人民政府批准下发《福建省海峡两岸农业合作试验区规划》，并颁布实施《福建省海峡两岸农业合作试验区建设的若干规定》。

5月1日　厦门市"大嶝对台小额贸易商品交易市场"正式开市。这是祖国大陆首个经国家批准设立的对台小额商品交易市场，享受对台贸易的一系列优惠措施。

5月20日至24日　首届海峡两岸高新技术暨产品博览会在福州举行。

6月1日　福建省九届人大常委会第十次会议通过《福建省招收台湾学生若干规定》。

8月7日　福建师范大学、福建中医学院首次对台湾学生举行入学考试，截至此时，祖国大陆仅有这两所大学对台湾学生实行单独考试、单独招生。

8月10日　习近平在福州召开台商代表座谈会。

9月23日　"9·21"台湾大地震发生后，习近平代表福建3000多万人民慰问在闽的台胞代表，表示随时愿为台湾救灾提供一切可能援助，并组成救援小组随时准备赴台。

9月26日　由福建省汽车工业（集团）公司福州汽车厂和台湾裕隆集团中华汽车工业有限公司合资的东南（福建）汽车工业有限公司的东南汽车项目正式竣工投产。

10月12日　福建人民对台湾大地震深表关切，纷纷伸出援手。《闽台情同胞心》义演晚会把赈灾活动推向高潮，义演活动中各界人士共认捐赈灾款人民币2000多万元。

12月6日至10日　首次海峡两岸台湾移民史学术研讨会在福建漳州

举行。

12月27日至2000年2月23日　首届中华早期住民博览会在台湾举行，福建泉州木偶剧团、宁德畲族歌舞团随中华民俗技艺展演团赴台演出并观展。

12月28日至2000年1月7日　福建省妇女联合会主席率团赴台访问。

是年，福建各界愤怒批判李登辉"两国论"，李登辉祖籍地乡亲痛斥其数典忘祖。

2000年

1月1日　福建省委书记陈明义通过台湾《工商时报》和台湾无线卫星电视台TVBS向台湾同胞祝贺新世纪的第一个新年。这是福建省领导首次通过台湾电视荧屏向台湾同胞祝贺新年。

1月7日　海峡两岸农业科技交流中心在福建漳州成立。

1月17日　福建省台胞投诉协调中心在福州成立。

1月19日至27日　闽台海洋文明与社会生活学术研讨会在台湾举行，华侨大学校长吴承业率团出席。

2月10日　马祖"水部尚书平安民俗文化交流团"一行59人，搭乘"顺风"号客轮直抵福州马尾港转赴祖国大陆各地交流观光。

2月16日至23日　"中华传统文化研习营系列——'七彩录'中华传统研习营"在福建开营，台湾部分中学校长、教师41人赴闽参加。

3月1日　福建省省长习近平在福州会见台湾潘氏企业集团董事长潘方仁一行。

3月25日　闽台高校交流促进会在福州成立。

4月28日至30日　妈祖文化旅游节暨妈祖诞辰1040周年祈福盛典在莆田湄洲岛举行。

5月9日至12日　海峡两岸关系研讨会在厦门召开，张克辉、唐树备出席并讲话。

6月　福建福州（鼓岭）闽台合作农业科技示范园区建设正式启动。

7月2日至13日　首届闽台青少年寻根夏令营在厦门—泉州—武夷山—福州一线举行。

7月16日至21日　台湾台中大甲镇澜宫2000多名妈祖信众组团到湄洲祖庙和泉州天后宫谒祖进香。

8月28日　福州海峡两岸和平统一促进会正式成立。

10月1日至10日　海峡两岸商品展销会在厦门大嶝对台小额贸易商品交易市场举行。

11月18日至21日　台湾知名人士吴伯雄回福建永定寻根谒祖。

11月20日至21日　世界客属第十六届恳亲大会在福建龙岩市举行，王兆国、罗豪才、张克辉等出席开幕式，台湾知名人士吴伯雄以世界客属总会会长身份率团参加活动，并作了"两岸客家是一家人"的演讲，引起两岸同胞的高度关注。

2001年

1月2日　"两门"（厦门和金门）与"两马"（马尾与马祖）实现直航，从此拉开了闽台人员直接往来的序幕。

同日　金门的"太武"轮和马祖的"台马"轮分别直航厦门与福州马尾港，这是52年来金马地区客轮首次直航福建口岸。

1月28日　在一个中国原则的基础上，福州马尾与马祖签订《福州马尾—马祖关于加强民间交流与合作的协议》。

2月6日　在闽金门籍同胞首次从厦门直航赴金门探亲。

3月2日　在一个中国原则的基础上，厦门与金门签订《关于加强厦门与金门民间交流合作协议》。"两门""两马"签订交流协议，首次将一个中国原则写入协议，在两岸引起轰动。

春夏　南京军区、广州军区部队分别组织了以联合登陆作战为背景的实兵演习。

4月　闽台港澳妇女论坛首次在福建举办，这是有史以来闽台港澳知名女性最大规模的一次集会。

6月6日　海峡两岸信息技术与微电子产业发展研讨会首次在福州举行。

6月18日至23日　闽台青年支持北京申奥自行车骑行活动在福建省举行。41名台湾自行车爱好者中有18名是从台北经马祖直航马尾，再由厦门直航金门返台。

8月16日　台湾航空业界在祖国大陆参与的第一个投资项目——厦门国际航空公司与台湾航勤（澳门）有限公司合资建设的新货站在厦门航空港奠基，这标志着海峡两岸在航空领域的合作开始启动。

8月21日　海峡两岸海上交通史学术研讨会在泉州举行，两岸航运界和史学界专家100多人与会。

8月31日至9月2日　由晋江市总商会与金门县商业会联合主办的"晋江市名优特产品（金门）展销会"在金门举行。这是祖国大陆商品首次直接进入金门地区展销。

10月1日　厦门与金门联合举办"海中会"，两地派出代表共度中秋。

10月11日　在闽马祖籍同胞首次从马尾直航赴马祖探亲。

11月4日　台塑企业集团在厦门海沧投资2亿美元兴建的拥有3000张病床的"厦门长庚医院"破土动工。

12月20日　海峡两岸茶文化交流会在安溪举行。台湾省茶商公会联合会首次参与主办并组团前来参赛。

2002年

2月9日　181名在厦门的台商及家属直航金门，返回台湾过年。这是半个世纪以来，首批直航返台过年的台胞。

2月27日　厦门国贸集团租用的厦门轮船总公司"中洲号"货轮，运载1940吨沙石等建筑材料，从厦门同益码头出发，直航金门料罗湾码头。这是海峡两岸相隔50多年后厦门首次向金门直运货物。

5月4日　马祖"金航二号"运水船徐徐停靠福州马尾码头准备灌装2300吨自来水运往马祖，以缓解马祖地区的严重旱情。

同日　应马祖地区要求，福州马尾自来水厂向马祖紧急供水2300吨，12月22日，两岸有关方面还在福州签订了"'引晋（晋江）入金（金门）'通水先期规划合作协议"，金、马同胞多年来一直盼望的由大陆向金、马供水事宜有了实质性进展。

5月25日　"华航"空难事件发生后，福建沿海近200艘（次）渔船主动协助参与打捞搜救工作，共打捞起遇难尸体12具、飞机残骸等物品19件，交付台湾方面。

5月26日至31日　郑成功收复台湾340周年纪念大会在南安市举行，2000多名台胞及海外嘉宾参加了此次活动，共同缅怀民族英雄的光辉业绩。

7月　国务院批准增开泉州港为对台通航港口，与金门、澎湖地区直接往来。

同月　厦门在两岸金融合作中扮演先行先试角色，工行厦门分行与台湾彰化银行率先完成海峡两岸50余年来第一次直接通汇业务。

8月11日至13日　闽台高校大学生辩论赛在福州举行，这是海峡两岸大学生首次联手举办辩论赛。

9月3日至8日　国务院副总理钱其琛在闽视察对台工作，并作重要指示。

10月18日　第十三届全国书市在福州举行，台湾出版界首次派出代表团参展，共设立16个展位，展出图书四大类7000种。

10月28日　闽台之间首次采用TT（电汇）结算方式，结算马尾"明德一号"货船与马祖有关方面的贸易。

11月26日至29日　福建省新闻媒体采访团22人赴金门采访，这是祖国大陆新闻界首次联合组团赴金门采访。

11月29日　由台湾中华汽车公司投资的东南汽车二期轿车导入项目正式通过国家经贸委立项审批。

11月底　福建沿海地区与金门、马祖直接往来出现突破性进展，共组织实施直航个案328个，往返航次685个，运载旅客78503人次；在闽台商开始经由直航金门、马祖中转返台，"两门"（厦门与金门）、"两马"（马尾与马祖）实现货运直航。

2003年

1月至2月　防范"非典"期间，福建省通过"两门""两马"直接往来渠道主动与金马地区互通信息、互赠防治物资，本地的企业、市民和在闽台商还踊跃捐款捐物，帮助金、马及台湾岛内同胞。

2月14日至17日　闽南文化节在泉州举行。闽南文化节是中国传统优秀文化活动的一个部分，它从各个方面体现了中国民系文化，尤其是闽南文化的浓厚积淀和博大精深，彰显了闽南文化的丰富内涵和个性。福建还围绕闽台文化开展了闽南地方戏剧展示、闽南文化论坛、第二届闽南文化研讨会等一系列活动。

3月21日　海峡两岸最大的汽车合资企业东南（福建）汽车工业有限公司生产的首台轿车——菱帅轿车下线。这是福建省有史以来生产的第一辆轿车。

5月18日　第五届海峡科技成果交易暨经贸洽谈会在福州如期举办。"非典"时期，祖国大陆许多大型经贸活动都延期举办，福建省有关方面根据对自身防治"非典"能力的充分了解和把握，如期举办了"海交会"，并创下佳绩，在展位规模、参展台资企业、签约项目、合同利用外资额等方面均超过上届。"榕台经贸合作二十年成果展"成为"海交会"的一大亮点，凸显了台商投资福州20年的丰硕成果，再现了榕台合作的广阔前景与无限商机。

7月16日　两岸有效控制"非典"疫情后，金、马方面与福建沿海恢复了直接往来，并实行了固定航班。台湾同胞凭有效证件直接购票登船，并可在有关口岸直接落地办证。"两门""两马"航线已成为台湾同胞往返两岸的重要通道之一。

8月20日　《闽台文化关系研究丛书》在福州举行首发式，这套丛书共11册300多万字，是福建省社会学研究的一项重要成果，也是迄今内容最为翔实的研究闽台文化关系的丛书。

9月10日至21日　台湾著名乡愁诗人、散文家和学者余光中先生夫妇参加由福建省文联等单位共同举办的"2003海峡诗会"系列文化交流活动。这一活动主要围绕余光中先生的"原乡之旅"展开，包括余光中诗歌研讨会、余光中诗文朗诵会、余光中作品朗诵音乐会和"诗歌与音乐"专题讲座等。余光中先生还偕夫人范我存回到阔别多年的故乡泉州永春祭祖。

9月27日　正在海上作业的福建省漳州渔民放弃自己的捕捞作业，奋力救获台湾"经国号"失事飞机两名飞行员，并立即将飞行员交给前来搜救的台方人员，充分体现了两岸同胞患难与共的手足之情。

11月18日　纪念施琅将军暨清廷统一台湾320周年系列活动在福建省晋江市隆重开幕，3000多名海内外人士参加了本次活动。活动包括电视纪录片《施琅将军》DVD首发式、施琅雕像揭彩、施琅纪念馆落成、施琅与海峡两岸学术研讨会、首届中华闽南语歌电视大赛、施琅陵园公祭仪式等。

11月30日　首届海峡两岸高新技术成果（产品）博览会暨招商引资签约大会在石狮市开幕。

12月13日　物权法学与海峡两岸经贸环境研讨会在福州举行。来自海峡两岸的100多名法学专家学者和法律界人士出席了研讨会。福建是祖国大陆台湾省籍同胞最多的省份，物权法的立法对台湾省籍同胞的遗产继承、财产保护等都具有十分重要的意义。

是年，防范"非典"期间，福建有关方面向金、马支援21000只口罩和3台空气消毒机，金门也向厦门市提供了额温枪。

2004年

1月　福建省正式提出"建设对外开放、协调发展、全面繁荣的海峡西岸经济区"的战略构想。

2月7日至11日　严复孙女辜严倬云女士回到阔别67年的家乡福州，参加福建省纪念严复诞辰150周年暨学术研讨会，并到泉州、厦门探亲、祭祖。

2月11日　国台办例行记者会宣布推出5项便利措施，进一步简化台湾居民来往大陆、在大陆居留以及大陆居民往来台湾的相关手续。

同日，公安部授权厦门先行启动办理5年期"台湾居民来往大陆通行证"（简称"台胞证"），台湾居民首次实现在大陆办理5年期台胞证。

4月23日　全国首家台湾研究院——厦门大学台湾研究院举行揭牌仪式。

5月13日　福建省公安厅开始签发5年有效台湾居民来往大陆通行证。厦门、福州两市公安局也分别于5月13日和11月1日开始受理台湾居民来往大陆通行证申请，并负责受理、审批、签发台湾居民入出境签注。

6月17日　海峡两岸记者神州行联合采访活动在福州启动，这是两岸新闻媒体参与最多、历时最长、行程最远、采访内容最丰富的一次联合采访活动。

7月12日　由台塑集团投资的福建华阳电业有限公司第6台装机容量为60万千瓦的发电机组建成投产并网发电，至此，该公司装机容量已达360万千瓦，成为亚洲最大的火力发电企业。

8月28日　海峡两岸歌仔戏艺术节在厦门举办。台湾艺术家从厦金航线首次直航厦门参加艺术节。

9月8日至12日　在厦门举办的第八届中国投资贸易洽谈会首次召开闽台经贸合作与海峡西岸经济区建设研讨会，首次设立投资福建对口洽谈的对台招商项目区，台湾百大企业中有20多家参与相关活动。

9月23日　福建省宣布将开放福建居民赴金门旅游。12月7日，福建居民经厦金"小三通"赴金门旅游正式启动，首批3个旅游团组共55人赴金门旅游。

10月31日　首个妈祖文化社团——中华妈祖文化交流协会在莆田市湄洲岛成立。已有海内外215家妈祖文化机构申请入会，其中台湾地区58家。

11月4日　福建省委颁布《海峡西岸经济区建设纲要（试行）》。阐述了建设海峡西岸经济区的重要意义，明确了总体要求和战略目标，提出了构建九大支撑体系的任务。

11月12日　国家工商总局商标评审委员会认定福建台资企业厦门正新橡胶工业有限公司的"正新轮胎"为中国驰名商标，这是福建省台资企业的商标首次荣膺国家驰名商标。

12月1日　国家工商总局商标评审委员会认定新代文具有限公司的"西瓜太郎"为中国驰名商标。

12月25日　运载1600吨毛角石的福建货轮从宁德城澳港出发首次直航马祖。至此，福建沿海主要港口全部实现了与金门、马祖的货物直航。

2005年

1月15日　4名来闽投资多年的台商应邀参加了福建省政协九届三次会议。这是福建台商首次列席省政协会议。

2月1日　闽南之声广播电台正式开播。

2月24日　中国闽台缘博物馆在泉州奠基。

5月14日　首批13种台湾水果、36种深加工台湾农产品经由"马祖—马尾"航线运抵福州参加"海交会"展销。这是国台办宣布对台湾15种农产品实行进口零关税措施后，台湾农产品首次运抵福建。

5月17日　省委书记卢展工在会见参加"海交会"和"商交会"的主要客商时，首次用"五缘""六求"精辟概括了闽台关系的传承发展与努力方向。即闽台两地的地缘、血缘、文缘、商缘、法缘是两地合作的优势所在，两地交流合作正在进行和希望推进的是经贸合作、交通联系、旅游合作、农业合作、文化交流、载体建设等"六求"。

5月18日至22日　第七届中国（福州）海峡两岸经贸交易会、第二届中国福建商品交易会在福州举行。"海交会"期间，台湾农产品首次实现了零关税直航大陆的历史性突破，还首次设立了台湾农产品展区，举行了海峡两岸农产品贸易对接研讨会、海峡两岸数码科技和数码娱乐产业发展高峰论坛、海峡园开园仪式等高水平的两岸经贸文化交流活动。

6月6日　台湾29家旅行社与福建省21家组团社代表相聚厦门，参加海峡两岸旅行合作商谈会。双方达成共识，联手推出"两门""两马"连线台湾的双向旅游黄金线。

6月18日　第三届中国·福建项目成果交易会在福州金山展览城隆重开馆，并首次设立台湾馆。

7月9日　国台办、商务部、农业部联合批准设立海峡两岸（福建）农业合作试验区。

7月22日　由福建新华发行集团和台湾图书出版事业协会共同主办的"金门书展"在金门开幕。这是祖国大陆首次在台湾地区举办书展。

7月25日　位于厦金航线靠厦门水域上的JX-11号航标投设成功，这标志着海峡两岸携手建设的厦金航线航标工程全面竣工，厦金航线"有航线无航道"的历史宣告结束。

7月27日　福建省海峡文化研究中心暨福建省海峡文化研究会在福州成立。

7月29日至31日　首届海峡两岸图书交易会在厦门举行。120家台湾出版商携图书2万多种、5万多册参加交易会。此次交易会是首次在祖国大陆举办的以海峡两岸图书交流为主题的专业展会。

9月6日　首届海峡两岸旅游博览会在厦门开幕。会上闽台旅游业界签署了"海峡旅游区域协作备忘录"及"大金湖—日月潭"合作协议，此前还签署了"武夷山—阿里山"旅游对接协议。

9月7日　新党主席郁慕明访问福建，中共福建省委书记卢展工会见郁慕明。

9月8日　第九届中国国际投资贸易洽谈会在厦门隆重开幕。经国务院批准，本届投洽会正式由"中国投资贸易洽谈会"更名为"中国国际投资贸易洽谈会"，成为当时唯一经国务院批准举办的、以促进双向投资为目的的全国性国际投资促进活动。

9月9日　海峡两岸农业合作试验区论坛在厦门举行，论坛首次对外公布了《海峡两岸（福建）农业合作试验区发展规划》。

9月17日　亲民党主席宋楚瑜访问福建，中共福建省委书记卢展工会见宋楚瑜。

10月1日　以海外华人华侨和港澳台同胞为主要服务对象的福建海峡电视台正式开播。

10月11日　中共十六届五中全会通过的《中共中央关于制定国民经济和社会发展第十一个五年规划的建议》，第一次把"海峡西岸"正式写入了中央文件，凸显了福建在促进祖国统一大业中的独特作用。

11月14日　福建省正式设置省台办及各设区市台办的台商服务专线电话，这是祖国大陆启动的首个针对赴大陆投资的台商的服务专线电话系统。

11月　海峡两岸（三明）现代林业合作实验区成立，首届海峡两岸（三明）林业博览会暨投资贸易洽谈会在三明举行。

12月15日至19日　首届两岸（福建）优良家庭用品礼品博览会在台湾台中市世贸中心举办。福建成为祖国大陆第一个在台单独办展的省份。

2006年

1月12日至16日　中共中央总书记、国家主席、中央军委主席胡锦涛到福建省视察工作，并在厦门会见了台商代表。胡锦涛总书记表示，欢迎更多的台胞来祖国大陆发展，通过开展合作，造福两岸同胞。

1月25日　2006年两岸春节包机厦门—台北、厦门—高雄首航仪式在厦门机场举行，标志厦门新增航点正式启动。

3月5日至14日　十届全国人大四次会议在北京召开。会上，支持海峡西岸经济发展被写入《政府工作报告》和《中华人民共和国国民经济和社会发展第十一个五年规划纲要》。

4月7日　高雄市中小企业协会厦门联络处落户厦门总商会，成为台湾城市商会在祖国大陆公开设立的首个联络机构。同时，两地商会签署合作框架协议，这是两岸城市商会在厦首次建立起长效合作机制。

4月14日　两岸经贸论坛在北京隆重开幕。中共中央政治局常委、全国政协主席贾庆林提出，继续扩大福建沿海与金门、马祖海上客货运直航的功能与范围，推动福建沿海与澎湖的直航及两岸贸易货物经金门、马祖、澎湖的中转，加快直接、双向、全面"三通"的进程。

4月15日　农业部、国台办批准设立漳浦台湾农民创业园。

4月17日至21日　中国国民党荣誉主席连战及家人首次回到祖籍地漳州龙海马崎村寻根谒祖。在闽期间，连战还接受了厦门大学授予的法学名誉博士学位。

5月25日　两岸学者共同编纂"闽南文化研究丛书"和"闽南文化百科全书"课题正式启动，这是首次由海峡两岸学者共同参与编纂的大型闽南文化系列丛书。

5月27日　中国闽台缘博物馆在泉州建成开馆。该馆展示了两岸同胞同根同祖、同源同宗的地缘、血缘、文缘、商缘、法缘关系，是目前唯一反映大陆与台湾历史关系的国家级专题博物馆。

5月　福建出台了《鼓励和支持海峡两岸（福建）农业合作试验区建设的暂行规定》。

6月8日　145名旅客乘坐"泉州号"客轮由泉州港石井码头赴金门旅游，实现了泉州与金门的客运首航，开辟了大陆与金门直接往来的第三条通道。

6月22日　国台办批准设立霞浦台湾水产品集散中心，海峡两岸（福建）

农业合作试验区再添新平台。

6月24日至26日　两岸（福建）优良家庭用品礼品展销会首次在澎湖举办，实现了展品由祖国大陆货运直航澎湖等五项突破。

8月2日　《福建沿海地区与金门、马祖、澎湖间海上直接通航运输管理暂行规定》正式颁布实施。

8月7日至10日　首届海峡两岸青年联欢节暨中华文化青年论坛在厦门举办。

9月2日　由中央电视台、福建省广播影视集团和台湾TVBS电视台共同推出的大型电视系列直播《海峡西岸行》在福州举行启动仪式。《海峡西岸行》旨在向海内外观众全景展示海峡西岸经济区建设成就、福建人文底蕴、海峡西岸与台湾密不可分的"五缘"关系等。

9月7日　首届海峡西岸经济区论坛在厦门举行。论坛期间，闽台经济合作促进委员会成立，中共福建省委书记卢展工任名誉主任，福建省省长黄小晶任主任。

9月20日　以"书香两岸、情系中华"为主题的第二届海峡两岸图书交易会在台北市隆重开幕。

9月27日　4300多名台湾妈祖信众和在大陆的台商共7000多人组成的"2006年台湾妈祖联谊会暨大甲镇澜宫湄洲谒祖进香团"，在湄洲岛妈祖祖庙举行以"妈祖心·两岸情"为主题的谒祖进香祭祀大典和妈祖文化交流活动。

10月19日　海峡两岸农业合作成果展览暨项目推介会在厦门成功举办，这是大陆迄今为止规模最大的两岸农业合作盛会。

11月14日　台湾最大、全球第三大的薄膜电晶体液晶显示器设计、研发及制造公司台湾友达光电投资9000万美元在厦门设立TFT-LCD面板制造基地。这是《福建省"十一五"闽台产业对接专项规划》出台后，在闽落户的大型电子信息龙头企业，对提升福建电子信息产业发展水平具有重要意义。

11月　海峡两岸（三明）林业博览会暨投资贸易洽谈会升格为国家级展会，成为大陆林业对台交流合作的重要平台。

2007 年

1月31日　由福建省广播影视集团、福建省少先队工作委员会和台湾东森媒体集团联合举办的"2007 阳光海峡——两岸快乐小天使活动营"在福州五一广场开营。这是海峡两岸首次以少年儿童为主体的大型交流活动。

2月1日　厦门"五缘轮"和金门"泉州轮"分别从厦门五通海空联运码头和金门水头码头相对开出。厦门五通至金门水头航道被称为厦金航线"第二航道"，总航程 17.79 公里。

2月6日　福建省推出 10 项措施保障闽台信息产业对接。

4月8日至11日　第十一届台交会在厦门国际会展中心举办。经商务部批准，从本届台交会开始，"厦门对台出口商品交易会"正式更名为"厦门对台进出口商品交易会"。

4月20日　由闽台两地共同主办的大型电视综艺晚会《妈祖之光·相约东南》在台中县举行。晚会观众达 5 万多人，创下台中县有史以来文艺演出现场观众人数的最高纪录。

5月15日　澎湖籍货轮"全富"号从福州首航澎湖，闽澎两地货运直航实现常态化。

5月　"5·18"海交会期间，福建省工商局牵头 18 个省区市工商部门签署《保护台湾水果市场规范经营省际协作备忘录》，规范台湾水果市场经营，保护台湾农民合法权益。

同月　国台办正式批准设立海峡两岸（福建东山）水产品加工集散基地。

6月12日　以"和谐旅游"为主题的福建旅游展示推介会在风景秀丽的澎湖岛隆重开幕，此次推介会是祖国大陆省次在台湾地区举办的旅游展示推介会。

8月19日　由闽台港澳妇女团体联合主办的第三届海峡妇女论坛首次在台北县举办，来自闽台港澳的 250 多名代表围绕"亲情合作·共享和谐"的主题进行了交流。

9月17日　600 吨级台湾货轮"锦阳"号停靠福州马尾港。这是台湾大吨位小额贸易货轮首次直航祖国大陆，打破了以往大陆对台小额贸易台湾船舶吨位不超过 100 吨和交易金额不超过 10 万美元的限制。

9 月 20 日　国泰人寿福建分公司在福州开业。这是福建首家台资金融机构，将为两岸台胞提供便捷可靠的保险产品和服务，让在闽台商、台胞享受"两岸统一理赔"的便利。

9 月　福建与台湾澎湖两地旅游业界人士在福州签订《经营金马澎旅游组团社和澎湖地区接待社合同》。福建至澎湖双向旅游往来正式开通后，福州、泉州、厦门三地"澎湖游"首发团共 393 人，分别于 9 月 28 日和 10 月 2 日启程。至此，金门、马祖与澎湖全部实现对福建居民开放旅游。

10 月 11 日　福州马尾客轮"安麒"号首次直航马祖，标志着"两马"航线双向对开成为现实。

10 月 24 日　由台湾同胞捐赠的造血干细胞植入福建白血病患者体内，手术获得成功。这是台湾首次向闽捐赠造血干细胞。

10 月 26 日　第三届海峡两岸图书交易会在厦门举办，台湾前 100 大出版社参展，台版图书首次进入祖国大陆发行领域。

11 月 13 日　中共福建省委八届三次全会提出，进一步深化闽台交流合作，努力把海峡西岸经济区建设成为维护两岸共同家园、联系两岸同胞命运共同体、促进两岸人民交流合作的先行区。

11 月 17 日　首届海峡两岸茶业博览会在泉州举办，两岸 460 多家企业参展。

11 月 18 日　漳台族谱对接成果展在漳州举办，展出两地民间族谱近 700 册，是收集展出漳台两地民间族谱数量最多的一次。

12 月 1 日　《台湾农民在海峡两岸农业合作试验区和台湾农民创业园申办个体工商户登记管理工作的若干意见》即日起执行。

2008 年

2 月 6 日　海峡两岸电视人第一次联手制作的春节晚会——由厦门广电集团、台湾中天电视台和马来西亚 Astro 频道携手打造的闽南话春节联欢晚会与海峡两岸观众见面。

2 月 18 日至 21 日　"海峡西岸闹元宵，全球华人盼团圆"活动在福州、泉州、厦门举行。500多名台胞、侨胞欢聚一堂，共谋海西发展、齐盼祖国统一。

4月17日　首个展示闽台两地中医药发展渊源的博物馆——闽台中医药博物馆在厦门开馆。

4月29日至5月7日　由中华文化联谊会和省文化厅共同组派的福建文化艺术交流团一行150人赴台湾展演闽南传统文化艺术，推进闽台民间艺术交流和发展。

5月6日　由台湾台塑集团创办的厦门长庚医院正式开业，是台资在闽创办的第一家大型综合性医院。

5月10日　由福建省闽台新闻交流联谊会、中国华艺广播公司主办的"赢在海西"大型联合采访活动在福州举行出发仪式。本次活动至7月底结束，旨在全面反映改革开放30年来台商投资福建的历史进程和最新发展，集中展示海峡西岸经济区蓬勃发展的生机活力和美好前景。

5月17日　在厦门市博物馆举行闽台姓氏族谱和涉台文物展暨宗亲恳亲会，来自海峡两岸的宗亲与5000余册各姓族谱在此相会。

5月18日　第十届海峡两岸经贸交易会、第五届中国福建商品交易会在福州金山展览城隆重开幕。本次海交会参展的台湾县市首次由台湾中部地区扩大到全岛，全面展示台湾各县市风采。

同日　商务部和海关总署确定，在福建省增开霞浦三沙、东山铜陵、晋江深沪、厦门大嶝等4个对台小额贸易口岸为扩大开放试点，支持海西实行更加开放的对台小额贸易政策。至此，加上福州马尾、泉州石井，福建省有6个扩大开放试点口岸，是祖国大陆对台开放试点口岸最多的省份。

5月23日　福建省人大常委会审议通过《福建省促进闽台农业合作条例》。这是大陆首个对台农业合作地方性法规。

5月　以马英九为首的国民党重新执政后，在国共两党共同努力下，台海局势出现前所未有的相对和谐的状态，由此，两岸关系朝着和平发展的方向迈进。

6月8日　第二届闽台对渡文化节暨蚶江海上泼水节在石狮市蚶江镇开幕。国务院台办正式将闽台对渡文化节暨蚶江海上泼水节纳入2008年对台交流重点项目。此次台湾方面组织的参访团成员56人，涉及岛内各界人士。

6月13日　海峡两岸关系协会与海峡交流基金会在北京签署了《海峡两岸关于大陆居民赴台旅游协议》，福建列入首批开放大陆居民赴台旅游的13个省市和组织首发团的5个省市，福建省旅游有限公司、福建省康辉国际旅行社股份有限公司、厦门建发国际旅行社有限公司等3家组团社被国家旅游局特许为首批经营大陆居民赴台旅游业务的旅行社。7月4日，大陆居民赴台旅游首发团分别从北京、南京、上海、厦门、广州5个口岸出发。

6月27日　海峡之声广播电台和台湾非凡音联播网在福州签订《电台交流新闻集散合作协议书》。

7月4日　福建居民赴台旅游正式启动。首发团一行109人搭乘两岸周末包机厦门航点首发航班飞往台北，福建成为大陆居民赴台旅游率先抵达的省份。

8月13日至15日　中国国民党主席吴伯雄在福建展开为期三天的谒祖之行。

9月7日　国台办主任王毅在厦门举行的第三届海峡西岸经济区论坛上受权宣布了促进两岸交往的五项新政策。海西论坛成为惠台政策发布平台。

9月8日　由中央电视台与省委宣传部、莆田市委市政府联合举办的"海上明月共潮生"迎中秋大型民族音乐会在湄洲岛妈祖神庙天后广场举行，近万名海内外同胞观看了演出。

9月30日　大陆居民从福州、厦门、泉州口岸经金、马、澎赴台湾本岛旅游启动。

10月23日　海峡两岸首次在厦金海域举行海、陆、空联合海上搜救演习。

11月4日　《海峡两岸空运协议》《海峡两岸海运协议》《海峡两岸邮政协议》和《海峡两岸食品安全协议》在台北签署。根据协议，福建省的厦门、福州列入客运包机航点，福州、松下、宁德、泉州、肖厝、秀屿、漳州、厦门列入直航港口，福州、厦门列入邮件封发局。

11月17日　由台湾富邦金控参股的厦门商业银行成为大陆第一家台资参股银行。

11月27日　首届海峡两岸（厦门）文化产业博览交易会在厦门举行。

12月15日　闽台海运直航、直接通邮和空运直航正式启动，宣告两岸同胞盼望已久的两岸直接通航、通邮变成现实。福州、厦门、泉州口岸共10艘船舶参与海峡两岸海上直航首航，其中"金海缘"轮成为大陆首艘抵台北货轮。

同日　福建启动海峡两岸邮政及邮政汇兑业务，福州市邮政局成为大陆唯一水陆路邮件总包互换局。

12月17日　由台湾人寿与厦门建发股份有限公司合资设立的君龙人寿保险有限公司在厦门正式开业。这是第一家总部设在福建的两岸合资寿险公司。

12月18日　福州至台北客运包机首航成功，福州成为福建又一两岸空中直航航点。

同日　大陆首批地方媒体赴台驻点采访。《福建日报》记者林娟、《海峡都市报》记者翁芝光、东南卫视记者叶青林和黄晟搭乘两岸空中直航福州—台北首航班机赴台。

12月26日　涉台文物保护工程在泉州启动。福建省首批启动的有泉州天后宫、昙石山遗址、东山关帝庙、白礁慈济宫等15个保护工程项目。

12月31日　胡锦涛在纪念《告台湾同胞书》发表30周年座谈会上发表讲话，首次全面系统阐述了两岸关系和平发展重要思想。

2009年

2月6日　闽台首届鎏金铜佛精品展暨名家品鉴活动在福州开幕，60多座鎏金铜佛精品跨越海峡来到福建。这是台湾民间文物首次成批量到大陆展出。

3月23日　厦门市政府参访团启程经"小三通"赴台湾进行为期7天的交流活动。这是祖国大陆首次以地方政府名义组团赴台交流考察。

4月2日　《福建省人民政府关于支持台资企业发展的若干意见》出台，推出25条扶持措施帮助台资企业应对国际金融危机。

4月8日　大陆首个台资企业转型升级培训基地在泉州市挂牌成立。

5月14日　《国务院关于支持福建省加快建设海峡西岸经济区的若干意

见》正式发布，标志着海峡西岸经济区发展战略正式由区域战略上升为国家战略。之后，中共福建省委八届六次全体会议审议通过《福建省贯彻落实〈国务院关于支持福建省加快建设海峡西岸经济区的若干意见〉的实施意见》，提出设立福州（平潭）综合实验区。

5月15日至22日　首届海峡论坛在福建举行。这是迄今规模最大、人数最多、台湾各界参与最广泛的一次两岸民间交流盛会。

5月23日　福建省十一届人大常委会第九次会议审议通过《福建省促进闽台农业合作条例》，这是大陆首个对台农业合作地方性法规。

7月3日　闽台旅游业界在福州签订《福建旅游发展合作协议》，共同打造"海峡旅游"品牌。

7月中旬　北京大学医学部台湾学生周汝真被福建省皮肤病防治医院录用，北京中医药大学台湾博士生高家俊被福建中医学院录用，成为首批被大陆事业单位录用的台湾学生。

7月13日　"新金桥Ⅱ"豪华客滚轮从福州直航基隆，这是直航台湾本岛的第一艘大陆客轮。

7月28日　福建新大陆电脑股份有限公司投资收购台湾帝普科技公司股权的申请通过商务部核准，获得了商务部颁发的"企业境外投资证书"。

7月　福建省委、省政府作出设立平潭综合实验区的决定，将努力把平潭建设成探索两岸合作新模式的示范区。

8月9日　福建省经贸文化交流考察团抵达台湾展开为期7天的交流考察活动。在台湾期间，考察团全面介绍了海峡西岸经济区的建设情况，并宣布了十项惠及台湾同胞的举措，包括设立福州（平潭）综合实验区，探索实施两岸合作的海关特殊监管区域等。

8月10日　正在台湾参访的中共福建省委常委、副省长陈桦代表福建省红十字会向遭受"莫拉克"台风侵袭的台湾南部灾区捐款100万元人民币，这是大陆第一笔赈灾款。随后，福建各界积极募捐赈灾，体现了"闽台情深，共渡难关"的同胞情谊。

8月11日　台湾新大陆股份有限公司在台北挂牌成立。福建新大陆科技集团有限公司成为大陆首家赴台投资企业。

8月17日　漳州市芗城、龙海、漳浦3个县（市、区）的人大常委会按法定程序任命8名长期在漳州投资兴业、热心维权工作的台胞作为漳州法院涉台案件人民陪审员。这一举措是全国首创。

8月22日　由福建日报报业集团和台湾的旺旺中时媒体集团、民众日报社、澎湖日报社联合主办的首届海峡媒体峰会在福州举行。

8月23日　全国首个也是截至当时唯一一个国家级对台科技合作与交流基地在厦门市台湾科技企业育成中心正式揭牌。该基地主要包括以厦门火炬高新区、厦门软件园产业基地和各工业集中区为载体的科技产业合作发展基地等7个基地。

9月8日至11日　第十三届中国国际投资贸易洽谈会在厦门举行，并首次举办"台湾地区馆日"活动。

9月30日　妈祖信俗列入联合国教科文组织《人类非物质文化遗产代表作名录》，成为两岸首个信俗类世界遗产。

9月　福建在大陆率先成批次选派高校学生赴台湾高校进行为期一年的学习，全面推广闽台高校和台资企业"校校企"联合培养人才项目，率先开展闽台高校"分段对接"联合培养人才项目。

11月18日至22日　首届海峡两岸现代农业博览会暨第十一届海峡两岸花卉博览会在漳州举行。

11月23日　"中远之星"客滚轮从厦门直航台中，标志着两岸客货滚装直航实现常态化运营。

2010年

1月1日　厦门市"对台体育交流与合作基地"授牌仪式正式举行。

2月12日至15日　中共中央总书记胡锦涛来闽考察，看望在闽台胞，并向台湾同胞致以新春祝福。

2月27日　首届海峡两岸闽南文化节在泉州开幕。

5月5日至10日　福建省省长黄小晶率福建经贸文化交流团赴台，首度跨越浊水溪，以"走亲访友做生意"为主题，开展经济、文化交流活动，并宣布闽台合作十项先行先试。

5月21日　两岸航空运输第三次沟通工作会议在台北举行，增列福州、厦门航点为两岸货运包机航点。

6月19日　在第二届海峡论坛大会上，中共福建省委书记孙春兰发布招聘15名台湾专才担任福建事业单位管理职位的惠台政策。

6月20日　厦门获批成为两岸区域金融服务中心试点和第二批跨境贸易人民币结算试点，福建对台金融合作领域进一步扩大。

8月18日　福建省召开专家论证会，就修订《福建省实施〈中华人民共和国台湾同胞投资保护法〉办法》征求两岸法学专家，尤其是台湾法学界人士的意见，此举在全国地方立法中尚属首次。

9月4日　台湾中华航空开通厦门至桃园的货机往返航班。

9月15日　经司法部批准，省司法厅制定的《台湾地区律师事务所在福州、厦门设立代表机构试点工作实施办法》发布施行。这标志着福建省成为全国首个获准设立台湾律所大陆代表机构的省份。

9月19日至25日　第五届全国特殊奥林匹克运动会在福州举行，台湾地区首次组团170多人参加。

9月29日　由福建日报报业集团和台湾旺旺中时传媒集团联合主办的第二届海峡媒体峰会在台中市举行，这是迄今为止在台举办的规模最大的两岸媒体峰会。

同日　台湾中华航空开通福州至桃园的货机往返航班。

10月14日　首次海峡两岸地质灾害防治学术研讨会在福州举行。

10月18日　厦门输台52万个牡蛎种苗顺利在台通关，实现大陆输台贝类种苗零的突破，开创了海峡两岸水产品"大陆生、台湾养"的养殖新模式。

11月29日　福建省十一届人大常委会第十八次会议表决通过新修订的《福建省实施〈中华人民共和国台湾同胞投资保护法〉办法》。该办法自2011年1月1日起施行。

11月　厦门银行成为大陆首家获批开办人民币与新台币双向兑换业务的台资参股银行。

12月18日至19日　首届闽台茶乡交流大会在安溪县举行。

12月21日　中国邮政正式开通福州—台北邮货快递往返航线，福州由此成为大陆首个与台湾开展快递业务的航点。

12月25日　平潭海峡大桥、渔平高速公路通车，平潭综合实验区11个重大项目动工，标志着两岸共同建设平潭综合实验区全面推进。

12月26日　首批7家台湾地区律师事务所驻福州、厦门代表机构（试点）颁证仪式在福州举行，标志着两岸律师业进入实质性的交流协作阶段。

2011年

1月1日　《海峡两岸经济合作框架协议》（ECFA）正式实施，大陆首份ECFA原产地证书在福建诞生。

1月20日　福建漳浦和漳平永福两个台湾农民创业园的全体台湾员工联名给中共中央总书记胡锦涛写信，报告创业园一年来的发展情况，表达新春祝福。

1月30日　中共中央总书记胡锦涛给福建漳浦和漳平永福台湾农民创业园的台湾员工回信，勉励他们同大陆同胞一道，光大中华民族农业文明悠久传统，促进两岸交流合作，造福两岸同胞。

2月21日　作为国务院台办对台宣传的重点剧目之一，由省委宣传部、泉州市委宣传部、省广播影视集团、福建电影制片厂、海峡世纪（福建）影视文化有限公司联合摄制出品的30集重大历史题材电视剧《海峡往事》，即日起在央视电视剧频道（八套）黄金时间首播。

4月6日　省委书记孙春兰等在福州会见了中国国民党荣誉主席吴伯雄夫妇。

4月8日　经国务院批准的《海峡西岸经济区发展规划》发布，要求福建先行先试，努力建设两岸经贸合作的紧密区域、两岸文化交流的重要基地、两岸直接往来的综合枢纽。

4月26日　海峡旅游景区大联盟在泰宁正式成立。这是截至当时两岸最大的旅游同业组织。

5月20日　由省对外贸易经济合作厅联合福州市台江区政府、台湾中华电子商务产业协会共同建设的海峡电子商务产业基地在福州开园。这是全国首家两岸共建的电子商务产业基地，开创了ECFA项下海峡两岸电子商务合作的先河。开园仪式上，闽台有关方面签署了闽台电子商务合作备忘录。

5月31日　由闽台联合创作的《两岸一家亲》，入选中央电视台主办的"唱响中国——群众最喜爱的新创作歌曲征集评选活动"全国十优歌曲。

6月10日　福建出台《关于加快台湾农民创业园建设的若干意见》，推出一系列财税、金融优惠政策，加快台湾农民创业园建设。

6月11日至17日　第三届海峡论坛在福建举办，宣布了大陆各有关部门惠及两岸民众的四大方面新举措，涉及旅游、航空、海西和平潭规划等。

6月18日　在台湾台中市长荣桂冠酒店，首条全国统一的台胞公共服务热线——4001968111开通仪式举行。

6月28日　厦门居民赴台个人游正式启动。

7月29日　福建居民赴金、马、澎个人游正式启动。

11月17日　中央人民广播电台和中央电视台在权威新闻栏目的黄金时段，大篇幅报道福建省开展闽台合作打造文化产业链，以创意产业推动竹产业发展的成果，在听众、观众中产生了热烈反响。

11月18日　国务院批准《平潭综合实验区总体发展规划》，在通关模式、财税支持、投资准入、金融保险、对台合作、土地配套等方面赋予平潭更加特殊、更加优惠的政策。

11月30日　"海峡号"客滚船从平潭首航台中，这是当时大陆至台湾本岛航行时间最短的海上航线。

12月12日　福建湄洲妈祖祖庙翡翠妈祖像启程分灵台中，18日安座台中大甲镇澜宫。

12月26日　厦门经济特区建设30周年庆祝大会在厦门举行。胡锦涛致信祝贺，指出厦门经济特区为推动两岸经贸合作、文化交流和人员往来作出了独特贡献，强调更好地服务两岸关系和平发展。

2012年

1月15日　福建省政府出台《关于进一步促进台资企业发展的若干意见》，支持台资企业转型升级，加快发展。

1月21日　国务院正式批复设立福建省泉州台商投资区，实行国家级经济技术开发区的政策。

1月　大陆首个和最大的台商投资区——厦门市海沧区，不断先行先试，创新涉台司法服务，率先在大陆设立基层法院涉台法庭。

2月2日　国务院批复设立福建省漳州台商投资区。至此，福建省的国家级台商投资区达到6个。

2月14日　国务院新闻办在北京举行《平潭综合实验区总体发展规划》新闻发布会。

2月　平潭面向台湾招聘1名管委会副主任和5名专才。

3月24日至28日　苏树林省长率闽台合作交流团，以"叙乡情·话合作·促双赢"为主题赴台参访。

5月13日至21日　国台办和全国新闻工作者协会联合主办的"海峡两岸记者海西行"联合采访活动首次在福建举行，两岸近40家新闻媒体对海峡西岸经济区建设进行深入采访报道。

5月　厦门市海沧台商投资区率先在大陆设立海事涉台审判庭，为维护台胞台商台企的合法权益提供服务。

6月17日　第四届海峡论坛期间，首届海峡两岸婚姻家庭论坛在福建厦门举行。两岸婚姻家庭代表围绕"关怀两岸婚姻，共建美好家园"主题开展交流。

6月19日　中国联通在平潭举行"闽台一卡通"通信产品首发仪式。至此，两岸实现了移动通信互打一个价。

8月21日　海峡两岸第一条通信光缆——厦门至金门海底光缆建成庆典仪式在厦门举行，9月底正式投入运营。海峡两岸经由第三方通信的历史结束。

8月28日　福州居民赴台湾个人游正式启动。同日，海西11个城市居民赴金、马、澎地区个人游启动。

10月4日　台湾维新基金会董事长谢长廷夫妇一行回到祖籍地福建省漳州市东山县铜砵村祭祖。

10月26日至29日　第五届海峡两岸文化产业博览交易会在厦门举行。从本届起，文博会升格为国家级文化交流展示交易重要展会。

10月　中共十八大首次将"九二共识"写入党代会报告,指出"两岸双方应恪守反对'台独'、坚持'九二共识'的共同立场,增进维护一个中国框架的共同认知,在此基础上求同存异"。

11月1日　在公安部的统一组织协调下,福建及广东、广西等地公安机关在厦门向台湾执法部门移交"8·2"特大拐骗大陆妇女到台卖淫案10名台湾犯罪嫌疑人,并遣返了3名台湾通缉犯。

同日　福建省文化厅主办的"福建文化宝岛校园行"在台北启动,计划五年时间走入台湾100所院校巡回演出。

同日　《福建海峡蓝色经济试验区发展规划》获得国务院批准。福建将突出两岸合作,发展海洋经济。

11月6日　福州长乐至台湾淡水海底光缆开工铺设。

12月8日　以"两岸金融合作与厦门先行先试"为主题的中国经济50人论坛·海峡两岸金融峰会在厦门举行。

12月　福建省出台《关于支持福建农民创业园建设的若干意见》,确定首批9个省级农民创业园和10个省级农民创业示范基地。

2013年

2月18日　福建省海峡之星少儿艺术团在福州挂牌成立。该团是全国首个省级儿童艺术团体。

2月25日　习近平总书记会见中国国民党荣誉主席连战时表示:两岸同胞血脉相连,是一家人。

2月27日　台商黄益建向国家博物馆捐赠由原对外经济贸易部颁发的"闽台行"企业(有限公司)设立批准证书(外经贸资审字〔1986〕001号)。

3月9日至15日　由副省长陈荣凯率领的福建防灾减灾交流考察团在台湾参访。福建省气象局还与台湾大学签订《海峡两岸气象科技交流合作框架协议书》。

3月12日　财政部正式批复平潭对台小额商品交易市场的税收政策,同意对进入平潭对台小额商品交易市场的人员免税。这是继厦门大嶝岛之后国家批准建设的大陆第二个对台小商品免税交易市场。

3月21日　首个授牌的省级农民创业园——连江省级农民创业园举行授牌仪式。

3月22日　由海峡两岸关系研究中心主办,以"稳步推进,全面发展"为主题的两岸关系研讨会在福建平潭举行,这是国务院台湾事务办公室主任张志军履新后首次出席的两岸公开活动。

3月24日　两岸出版合作共同作业平台暨海峡书局股份有限公司在福州、台北同步启动。

4月8日　习近平总书记会见台湾两岸同胞市场基金会荣誉董事长萧万长时表示:"希望本着两岸同胞一家人的理念促进两岸经济合作。"

4月12日　厦门两岸贸易中心正式揭牌运营,它是厦门市落实两岸交流合作综合配套改革的重要平台。

4月25日　台湾教育主管部门发布公告,承认大陆191所高等职业院校学历,并开放台湾部分科技大学招收大陆专科(高职)学生赴台就读二年制学士班,即大陆专科应届毕业生赴台"专升本"。大陆确定在福建省和广东省开展专科应届毕业生赴台"专升本"试点。

4月　台湾屏东科技大学保育类野生动物收容中心赠送福州动物园的两只台湾红毛猩猩运抵福州。这是首例闽台动物交流项目。

5月18日　首届海峡两岸(福州)大学生创业创新大赛在福州海峡国际会展中心举行。

6月13日　习近平总书记会见国民党荣誉主席吴伯雄时表示:"我们两党应该以实现民族振兴、人民幸福为己任,促进两岸同胞团结合作,积极宣导'两岸一家人'的理念,汇集两岸中国人智慧和力量,在共同实现中华民族伟大复兴的进程中抚平历史创伤,谱写中华民族繁荣昌盛的崭新篇章。"

6月16日至21日　在第五届海峡论坛上,国台办、交通部等宣布31项促进两岸交流合作的新政策,福建省发布了7项对台惠民政策措施。

6月23日至26日　为进一步促进闽台经贸交流合作,福建省委副书记于伟国率经贸交流团赴台湾参访。

6月　海协会与海基会第九次会谈达成有关解决金门用水问题的共同意见。

463

同月　第五届海峡论坛期间，首次举办闽台"同名村、心连心"联谊活动周，闽台19对同名村签约结对子。

7月10日　由福建省旅游局和福建省台办联合主办的"万名台湾青年学子来闽修学旅游"活动正式启动，福建五年内将邀请台湾50多所高等院校万余名台湾青年学子来闽修学旅游。

7月26日　由福建省台办携手中国台湾网共同打造的"闽台在线"网站正式上线，为网友提供一个了解福建的窗口、获取闽台交流信息的渠道和沟通两岸同胞情感的平台。

8月6日　福建出台《关于进一步深化闽台农业合作的若干意见》，从安排专项资金、鼓励农业科技合作、实行财税扶持、提供用地优惠、强化金融保险服务等方面深化闽台农业合作。

8月12日至15日　首届海峡两岸档案交流合作研讨会在宁德举行，寻求建立两岸档案合作交流的常态机制，与会单位共同签署《海峡两岸档案交流合作框架备忘录》。

8月15日　福建省委书记尤权在福州会见了来闽参观考察的台中市市长胡志强一行。

9月6日　由国家旅游局和福建省政府主办、以"海峡旅游、合作共赢"为主题的第九届海峡旅游博览会在厦门开幕。此次旅博会期间，两岸旅游业界首次联手发布惠民旅游政策，挂牌成立闽台乡村旅游创意指导中心，成立海峡旅游教育联盟并联合签署《海峡旅游教育联盟厦门宣言》。

9月7日　福建省委书记尤权在厦门会见了中国国民党副主席蒋孝严。

9月30日　高雄首条连接大陆的海上定期客运航线——厦门至高雄海上客运班轮航线开通。

10月9日　福建海峡高速客滚航运有限公司的"海峡号"客滚船从平潭首航台北。

10月　习近平总书记在会见台湾两岸共同市场基金会荣誉董事长萧万长时表示，两岸应该"倡导'两岸一家亲'的理念，加强交流合作"。

11月21日　中国国旅（福建）公司与意大利歌诗达邮轮公司在福州签订2014年包船合同，确定从2014年3月起歌诗达旗下"维多利亚号"邮轮将以福建厦门为邮轮母港，开行以台湾为主要航线的 4 个航次。由此，福建迎来以厦门为邮轮母港的吨位最大、载客最多的邮轮进驻，也首次开辟以台湾为主要航线的豪华邮轮航行。

11 月 28 日　台湾永庆房屋中介股份有限公司的"永庆"商标通过"厦门市著名商标"认定，成为首个在大陆获得著名商标认定的台湾地区服务商标。

12 月 15 日　两岸实现全面"三通"五周年，闽台海空直航航线累计运送旅客达 1042 万人次。

2014 年

1 月　福建出台《闽台科技合作基地建设管理办法》，积极构建闽台科技合作基地。至此，全省共建立 30 家闽台科技合作基地。

2 月 18 日　习近平在会见连战时，表示"两岸同胞一家亲，谁也不能割断我们的血脉"，并详细地阐明了"两岸一家亲"理念的内涵及本质。

2 月 20 日　厦门五通客运码头迎来厦金航线开通以来的第 1000 万个出入境旅客。

3 月　台湾反服贸事件爆发，使作为 ECFA（《海峡两岸经济合作框架协议》）后续协商所签协议之一的《海峡两岸服务贸易协议》得不到签署执行。

4 月 11 日　台湾新竹妈祖信徒代表团 180 人，随带运载妈祖銮轿金身的车辆搭乘"海峡号"抵达平潭。这是台湾地区车辆首次直接换牌入闽。

5 月 22 日　两岸合作第一只人民币私募股权基金——华创（福建）股权投资基金在平潭注册。

6 月 17 日　平潭台湾商品免税市场正式开业。

6 月　"福建文化宝岛行"文化交流活动首度入岛，省歌舞剧院、福建京剧院、省实验闽剧院等六大省属院团共 400 余人，前往台南、高雄等地，为台湾民众献演歌剧《土楼》、京剧《锁麟囊》、闽剧《别妻书》等精品剧目。

6 月 20 日　大陆首个办理集中管辖涉台案件的检察室——福建省厦门市海沧区检察院涉台检察室正式挂牌成立。

7 月 7 日至 11 日　应中国国民党中央委员会邀请，福建省委书记尤权率福建省交流考察团访问台湾，开展以"走亲访友，合作交流，共同发展"为主题的参访交流活动。此次尤权率团到台湾参访,是福建省委书记首次率团参访台湾,也是首位省委书记登上金门岛。

7月15日 平潭综合实验区正式封关运作。

7月28日至8月1日 副省长郑晓松率福建经贸考察团赴台开展经贸考察,深入走访企业,与台湾工商界等领域广泛交流。

11月1日 在闽考察的习近平总书记来到平潭综合实验区,考察台资企业,看望台商台胞,与台商代表座谈。习近平总书记表示,大陆市场很大,完全容得下来自台湾的商品,完全容得下来自台湾的企业。

12月3日 台湾联电集团12吋晶圆项目正式落户厦门火炬(翔安)产业区。该项目总投资62亿美元。

同日 华创(福建)股权投资基金正式运营,首期募集资金规模为10亿元人民币。

12月30日 中国银监会先后批准台湾的合作金库商业银行、彰化商业银行、华南银行、第一商业银行在福建设立一级分行。

2015年

2月4日 台湾发生复兴航空坠机事故,遇难人员中有28人为福建游客。事故发生后,福建省立即成立应急协调小组,全力做好善后工作。

4月15日 《福建平潭与台湾地区间道路货物运输暂行管理办法》出台,允许经批准的台湾货车通过平潭至台湾客滚船舶,直接落地平潭,解决了以往"货通车不通"的问题。

同日 龙岩、海口正式成为第五批大陆居民赴台个人游试点城市。这是继厦门、福州(含平潭)、泉州、漳州后本省开放的第五个赴台个人游试点城市。本省由此成为大陆居民赴台个人游试点城市最多的省份。

4月16日 两辆台籍拖车搭乘"丽娜轮"到平潭,"台车入闽"正式实现。

4月21日 中国(福建)自由贸易试验区正式挂牌,成为深化两岸经济合作示范区是福建自贸试验区战略定位的重要方面。

5月4日 习近平总书记在会见中国国民党主席朱立伦时指出,"两岸交流,归根到底是人与人的交流,最重要的是心灵沟通","我们要更多关注两岸青年成长,为他们提供更多机会和舞台,让他们多交流多交心,成为共同打拼的好朋友好伙伴"。

5月15日　大陆首家台胞权益保障中心在福州揭牌。

5月17日　全国首个电子商务与服务外包统计公共服务平台——正统网运行周年发布会在福州举行。会上,福建省统计局与台北市电脑商业同业公会签署了"闽台新兴产业信息交流合作备忘录",标志着正统网闽台合作正式启动。

6月4日　福建省出台《关于鼓励和支持台湾青年来闽创业就业的意见》。至此,福建省经国台办授牌的海峡两岸青年创业基地有4个。

6月14日　全国政协主席俞正声在第七届海峡论坛上宣布,对台胞来往大陆免予签注,并适时实行卡式台胞证。

6月16日　全国自贸试验区首创的厦门两岸青年创业创新创客基地在厦门服务外包产业园正式挂牌,为海峡两岸有梦想的青年创业者提供一个创业乐园。

6月　在第七届海峡论坛·海峡妇女论坛上,全国妇联正式启动"姐妹情·一家亲"两岸妇女交流活动,用同文同缘的中华文化交流着血脉亲情、相知友情、温馨姐妹情,从此开启两岸妇女交流升级版,两岸姐妹携手迈上了新征程。

7月6日　台胞卢月香在福州领到了福建公安机关签发的大陆首张电子台胞证。

7月14日和29日　中国人民银行先后批准泉州、厦门开展对台跨境人民币贷款业务试点。

7月20日　经过20年的技术研讨和协商,大陆向金门供水项目合同在金门签署。

8月5日　即日起,福建省外居民可以在福州办理赴马祖、在厦门办理赴金门和澎湖、在泉州办理赴金门旅游事宜。这是福建对台旅游先行先试的又一举措。

8月25日　海峡两岸关系协会会长陈德铭与海峡交流基金会董事长林中

森在福州举行"两会"恢复协商以来的第 11 次领导人会谈，签署了《海峡两岸避免双重课税及加强税务合作协议》《海峡两岸民航飞行安全与适航合作协议》。

9 月 25 日　福建省第十二届人民代表大会常务委员会第十七次会议通过《福建省促进闽台职业教育合作条例》，自 2015 年 12 月 1 日起施行。这是大陆首部对台开展职业教育交流合作的地方性法规。

10 月 12 日　大陆向金门地区供水工程大陆段正式开工。

10 月 25 日　由福建省广播影视集团拍摄的六集历史文献纪录片《台湾·1945》在中央电视台纪录频道开播，该片全面记录了台湾光复与重建的历史。

11 月 3 日　"台平欧"海铁联运列车正式开行。

12 月 14 日　由福建炼油化工有限公司和台湾旭腾投资有限公司合资成立的漳州古雷炼化一体化项目奠基仪式，在古雷半岛举行。

12 月 17 日　省委副书记于伟国在福州会见了海峡交流基金会董事长林中森。

12 月 29 日　海峡两岸仲裁中心在平潭成立，为两岸企业提供更为便利的仲裁服务。

12 月 30 日　省委书记尤权在福州会见台湾新党主席郁慕明一行。

2016 年

1 月 6 日　国家工商总局、福建省人民政府联合发布公告，台湾居民在福建自由贸易试验区注册登记个体工商户的营业范围放宽至 129 项。

1 月　根据国台办等部委的通知，2016 年 1 月 1 日起，在福建全省范围内，台湾居民在 24 类行业可直接申请登记为个体工商户，无需经外资审批（不含特许经营），并取消对从业人员人数和营业面积的限制。

2 月　福建省与国家自然科学基金委员会正式签订关于促进海峡两岸科技合作联合基金第二期协议书，深度推进闽台科技交流与合作。

4 月 1 日　福建省首张省外居民可直达台湾本岛的一次有效往来台湾通行证在平潭签发。

4 月 24 日　首批来自台湾的货物搭乘"厦蓉欧"班列前往欧洲。"台厦蓉欧"班列正式连通，形成一条跨越海峡、横贯亚欧大陆的物流大通道。

5月4日　国家旅游局发布3项支持福建自贸试验区赴台团队旅游便利化的新举措，赋予福建自贸试验区更多对台旅游先行先试功能。

5月　台湾民进党再度执政，破坏了两岸关系和平发展的政治基础，同时极力迎合美国对华"新冷战"政策，"倚美拒统"，企图以阵营对抗取代两岸对抗，导致两岸关系严重倒退，由"热络"急转为"冰冷"。

6月11日　第八届海峡论坛期间，中共中央政治局常委、全国政协主席俞正声来到厦门海沧出席"乐业两岸　创享未来"青创先锋汇交流活动，与两岸青年创业、就业和实习代表进行了交流座谈。俞正声指出，我们要为两岸青年多创造些条件，让两岸青年多接触、多交流，增进相互理解，拉近心理距离，成为好朋友，这对两岸关系长远发展很有意义。

6月　国台办宣布福建晋江五店市传统街区、三明尤溪朱熹诞生地、南平武夷山朱子故里为海峡两岸交流基地。至此，福建共有国台办批准设立的海峡两岸交流基地10个。

7月28日　国家开发银行厦门分行牵头厦门7家银行组成银团，与台湾联华电子旗下联芯集成电路制造（厦门）有限公司签署10亿美元贷款合同，支持其集成电路制造。

8月　国台办公布第四批海峡两岸青年创业基地、示范点名单，福州海峡两岸青年创业孵化中心、厦门云创智谷、平潭台湾创业园、泉州福建闽台农产品市场名列其中。至此，福建共有国台办批准设立的海峡两岸青年创业基地、示范点8个。

10月9日　由福建省广播影视集团海峡卫视倾力打造的大型人文纪录片《天下妈祖》在两岸同步播出。这是首部以全球知名妈祖庙及其信众为主角的纪录片。

10月11日　福建东山关帝金身首次起驾赴台，展开长达70多天的环岛巡安活动。

10月15日　由闽南师范大学闽南文化研究院策划编辑的《台湾族谱汇编》首发式在北京台湾会馆举行。此次整理出版的200余部台湾地区民间族谱，均为首次披露。

11月　2016年两岸企业家峰会年会11月6日在金门开幕，11月7日在厦门闭幕。两岸900多位企业界人士踊跃参会，围绕"企业创新合作，产业融合发展"的主题进行讨论，达成许多共识，并签署多项合作意向协议。

11月7日　由福建炼油化工有限公司和台湾旭腾投资有限公司合资成立的福建古雷石化有限公司揭牌仪式在厦门举行。这是两岸石化业合作发展史上的一个重要里程碑。

2017年

3月14日　平潭综合实验区法院与海峡两岸仲裁中心联合聘请19名海峡两岸法律专才担任专家咨询顾问，其中包括9名台湾法律专才，这在全国法院系统尚属首次。

5月9日　平潭两岸快件中心正式启用。

6月17日　来自海峡两岸的百位新人在厦门第九届海峡论坛活动中举行集体婚礼。

6月30日　福建省出台《进一步鼓励和支持台湾青年来闽就业创业的若干措施》，从加强政策信息发布、拓展平台载体建设、加大政策支持力度、完善配套服务等方面提出12条具体举措，鼓励和支持台湾青年来闽就业创业。

7月1日和29日　"清新福建　梦想起航"——福建台资企业协会北区和中区征才博览会分别在台北和台中举行，由来自福州、厦门、漳州、泉州、莆田、平潭、福清等地的台资企业协会联合主办。征才活动共提供3000多个岗位，得到台湾青年的热烈响应。

8月16日　厦门航空在厦门举办首批60名台湾籍空中乘务员入职仪式。这批台籍乘务员于11月正式上岗。

9月　金砖国家领导人第九次会晤在厦门举行，台湾各界高度关注，"大国形象""台商机遇""一带一路""金砖＋""在闽台商首次参会"等成为台湾媒体记者的报道重点。

9月23日至10月9日　2017年是湄洲妈祖金身巡游台湾20周年暨妈祖羽化升天1030周年，应台湾鸿海科技集团、台湾新北市板桥慈惠宫及台湾妈祖联谊会的诚挚邀请，湄洲妈祖跨越台湾海峡，开展2017湄洲妈祖巡游台湾活动，传播"立德、行善、大爱"的精神，彰显妈祖文化在"两岸一家亲"中的文化核心作用，进一步促进两岸民间文化交流。为期 17 天的巡游活动，经台北、新北、基隆、桃园、新竹、苗栗、嘉义、云林、彰化、台中等 10 个县市，涵盖台湾 89 个宫庙，是历届巡游宫庙最多的一次。

10 月 31 日　大陆在台湾设立的第一个海外仓——台湾平潭两岸海外公共仓储在台北开业。

10 月　"两岸一家亲"的理念被写入党的十九大报告。报告中提出，将扩大两岸经济文化交流合作，实现互利互惠，逐步为台湾同胞在大陆学习、创业、就业、生活提供与大陆同胞同等的待遇，增进台湾同胞福祉。

同月　由福建师范大学两岸文化发展研究中心、文学院与台湾中华文化教育学会等两岸机构合作编写的高中语文教材正式在台湾出版，并在台北、台中、高雄等多所高中投入使用。

11 月 3 日至 6 日　第十届海峡两岸（厦门）文化产业博览交易会首次设立两岸顶级工艺艺术品展区，汇聚两岸工艺大师的顶级工艺艺术品；首设两岸人工智能展区，集中展示智能机器人、VR、AR 等智能产品；首次同场举办数字娱乐展，增进两岸青年之间的互动交流。

11 月　福建省率先设立福州传统文化促进会、福州唯美客文创聚落、漳州东南花都、湄洲岛妈祖文化影视园、中国闽台缘博物馆等大陆首批 5 家台湾青年体验式交流中心。作为大陆对台先行先试省份，今年福建持续加强对台交流基地建设，获国台办批准新增两家海峡两岸交流基地（至此共有 12 家），批准设立 6 家福建省对台交流基地。

同月　福建省推广台胞权益保障法官工作室创新成果现场会在福州举行。福州市创立台胞权益保障法官工作室，台办和法院以此为平台加强协商联动，建立健全涉台纠纷调处机制，服务台商台胞取得成效，并将这一做法推广到全省。

12 月 28 日　福建平潭至台湾"台北快轮"高速货运滚装航线首航成功。万吨级台北快货滚装船的投运，标志着两岸快货业务迎来新的发展机遇，也将推动平潭成为两岸货物的集散地。

是年，福建出台的进一步深化闽台教育交流与合作的若干意见，致力于提升层次、深化内涵、提高质量，不断增进两岸沟通了解、互惠双赢。

2018 年

1月22日　福建投资集团与台湾元富证券在台北签署成立闽台合资证券公司合作备忘录。

1月26日　在福建省十三届人大一次会议上，省政府工作报告提出启动"台商台胞服务年"活动，内容涵盖提供政策集成服务、转型升级服务、项目跟进服务、落实居民同等待遇等四大类21条举措，给广大在闽台胞更多获得感。

2月6日　台湾花莲县发生强烈地震，造成重大人员伤亡和财产损失。福建省委书记于伟国、省长唐登杰第一时间向受伤受灾同胞表示诚挚慰问，要求相关部门为花莲县乡亲和罹难者家属提供力所能及的帮助。福建各界以捐款、祈福、慰问等形式向受灾同胞表达关爱之情，福建省红十字会向花莲县灾区捐助100万元人民币。

2月8日　省委书记于伟国主持召开省委常委会会议，传达学习2018年对台工作会议精神并研究贯彻意见，要求逐一对照落实2018年对台工作会议的部署安排，进一步发挥独特优势，加快推进先行先试政策措施，深化闽台经贸合作和民间基层交流交往，支持台湾青年来闽就业和学习生活，推动闽台经济社会融合发展，为推动两岸关系和平发展、推进祖国和平统一进程作出更大贡献。

3月15日　福建省全面启动"台商台胞服务年"活动。

4月10日　厦门市颁布《关于进一步深化厦台经济社会文化交流合作的若干措施》，围绕为在厦门学习、创业、就业、生活的台胞提供厦门居民同等待遇，促进台资企业在厦门更好更快发展，提出60条具体举措。

4月27日　福建首度将台胞纳入省级劳模荣誉评选表彰范围，汤俊贤等5名台胞获评"福建省劳动模范"。

5月4日　福建首度将台胞纳入青年五四奖章荣誉评选表彰范围，范姜锋等2名台胞获得第十五届福建青年五四奖章。

6月2日　第十届海峡论坛·海峡百姓论坛在台湾新竹开幕。

6月6日　福建省发布《福建省贯彻〈关于促进两岸经济文化交流合作的若干措施〉实施意见》，推出更大范围、更多内涵的具体措施，为在闽台胞台企提供与大陆同胞、企业同等待遇，创造更多便利条件。

同日　第十届海峡论坛在福建厦门开幕，中共中央政治局常委、全国政协主席汪洋出席论坛并致辞，并就两岸经济文化交流合作情况进行调研。本届论坛围绕"扩大民间交流、深化融合发展"主题，聚焦海峡论坛十年历程，举办系列活动，引发两岸同胞强烈共鸣。

6月9日　福建首度将台胞纳入非遗传承人荣誉评选表彰范围，台湾石雕大师廖德良领取"福建省第四批非物质文化遗产保护项目代表性传承人"证书，成为首位获评福建省非遗传承人的台湾同胞。

6月18日　省总工会出台16条措施，以充分发挥工会组织优势，积极为在闽工作的台湾同胞提供与大陆职工同等待遇，促进闽台职工交流合作，推动融合发展。

6月26日　福建历代方志文献致赠典礼在新北市台湾世界宗教博物馆举行，同时还举行了《闽台历代方志集成》大型文献整理项目首发式。

7月9日　福建省文化厅制定出台《关于促进闽台文化交流合作的若干措施》，内容涉及文艺创作演出、公共文化服务、文化遗产保护、文化市场与文化产业、文化人才等方面共17条。

8月5日　大陆向金门供水工程实现正式通水，为金门的民生需求和建设发展解燃眉之急、免后顾之忧。

9月1日　福建省1217个受理点开放办理港澳台居民居住证申领，在闽居住的台湾同胞踊跃申请。据统计，在闽居住台胞首日申办量为2080例。

9月3日　福州市台胞投资企业协会会长陈奕廷获得福建省第一张台湾居民居住证。

9月10日　福建首度将台胞纳入杰出人民教师荣誉评选表彰范围，福建工程学院潘正祥教授获评"福建省第五届杰出人民教师"。

10月23日　福建出台《支持平潭新一轮对台开放开发的措施》，从对台采信、基层融合、创业就业、活动交流等方面，推动平潭"一岛两窗三区"建设，全力支持平潭新一轮对台开放开发和两岸共同家园建设。

12月1日　台湾富邦金融控股股份有限公司与厦门银行在台北签署战略合作备忘录，富邦金控以直接股东的身份入股厦门银行，成为台湾金融机构直接入股大陆银行首例。

12月4日至5日　2018两岸企业家峰会年会在厦门举行，年会共签约项目36个，涉及金额超过103亿元人民币；1400多名两岸工商界嘉宾参会，人数创历届之最。

2019年

1月2日　中共中央总书记、国家主席、中央军委主席习近平在《告台湾同胞书》发表40周年纪念会上的重要讲话中指出，两岸要应通尽通，提升经贸合作畅通、基础设施联通、能源资源互通、行业标准共通，可以率先实现金门、马祖同福建沿海地区通水、通电、通气、通桥。

3月10日　习近平总书记参加十三届全国人大二次会议福建代表团审议时指出，要探索海峡两岸融合发展新路，努力把福建建成台胞台企登陆的第一家园。

4月4日　首部两岸合作编纂的妈祖文化专志——《妈祖文化志》在台中市大甲镇澜宫首发。

4月28日　"筑梦第一家园·台湾青年就业广场"专区正式上线，搭建台湾青年常态化网络就职招聘平台。

5月　中共福建省委十届八次全会审议通过《关于探索海峡两岸融合发展新路的实施意见》，就加快两岸应通尽通、为台胞台企提供同等待遇和加大文化交流力度等出台42条措施，坚持以通促融、以惠促融、以情促融，努力把福建建设成为两岸往来最便捷、合作最紧密、政策最开放、服务最贴心、交流最活跃、情感最融洽的"第一家园"。

6月15日至21日　第十一届海峡论坛在福建成功举办，两岸83家单位和社会团体共襄盛举，规模超过往届。尽管民进党当局无理阻挠，禁限台湾团体、人士参加论坛，也无法阻挡两岸民间交流往来的热潮，逾万名台湾民众报名参加论坛，参加者首次高达四成。

9月25日　平潭海峡公铁大桥合龙贯通。

9月29日　庆祝中华人民共和国成立70周年闽港澳台四地联欢晚会在福州举行。晚会由福建、香港、澳门和台湾主持人联袂主持，四地演员同台献演，民众尽情表达喜庆之情。

10月21日　闽王王审知金身赴台巡游。

10月22日　南安凤山寺广泽尊王金身赴台巡游。

10月24日　由福建省台港澳办、文化和旅游厅主办，两岸音乐人共同创作演出的海峡题材音乐剧《第一家园》在福州上演，它讲述了两岸70年间深厚的情感联结与相互守望的感人故事。

10月29日　首批获大陆直接采认职业技能资格的70名台胞在平潭获颁国家职业资格证书。为推动"台胞台企登陆的第一家园"建设，福建扩大直接采认台湾地区职业技能资格范围，直接采认台湾地区职业技能资格由5个职业增加到20个。

11月1日至16日　陈靖姑金身绕境巡游台湾台北、新北、台中、台南、高雄、花莲、基隆等13个县（市），31个临水宫分庙接驻驾，举行祈福法会30多场，参与活动的台湾信众逾300万人。

11月23日　第32届中国电影金鸡奖颁奖典礼在厦门举行，这是该颁奖典礼首次在厦门举行。刘若英等台湾电影人及相关作品入围本届电影金鸡奖。

12月17日　福建省通信管理局率先发布"两岸一家亲"移动通信资费优惠试点方案，持有在闽申领台湾居民居住证的台胞可享受移动通信资费优惠，这是福建省贯彻落实"26条措施"的具体措施之一。

12月27日　连江黄岐向马祖近期供水工程正式启动，开启了大陆向马祖供水的新篇章。

是年，为增强台资企业在闽经营的家园感和获得感，经国家外汇管理局批准，"福建省特殊经济区域台资企业资本项目管理便利化试点"政策红利推广至全省台资企业。

是年，福建省有关部门积极推动两岸"小四通"，在通水、通电、通气、通桥等方面都取得新进展。同时，福建平潭、福州、泉州先后与台湾高雄、马祖、澎湖等地首次开通直航航线，厦门启用五通客运码头三期全新候船楼，两岸交流往来更加便捷。

是年，福建落实"31条措施"达100%，"26条措施"在福建先行先试已形成实践基础和实施案例。平潭率先试点向台商台胞颁发金融信用证书，全国首家两岸律师所联营办公室在厦门自贸片区挂牌，大陆首个台胞医保服务中心落地莆田，莆田市获批设立"海峡两岸生技和医疗健康产业合作区"等，让在闽台胞拥有实实在在的获得感。

2020年

2月16日　"天佑中华、祈福武汉"——海峡两岸妈祖宫庙携手抗疫线上祈福活动，分别在妈祖故乡福建湄洲岛和台湾台中同时举行，活动由福建湄洲妈祖祖庙和台中大甲镇澜宫、台湾妈祖联谊会共同发起举办。这是新冠肺炎疫情发生以来两岸首场线上交流活动，海峡两岸暨海内外广大妈祖信众通过新媒体直播平台共同参与本次线上祈福活动。

3月2日　台湾国乔石化股份有限公司泉港石化项目签约仪式以视频三方连线方式，同时在福州、泉州和台湾高雄举行。台湾国乔石化股份有限公司计划在福建泉州泉港石化工业园投资500亿元新台币，新建丙烷脱氢及聚丙烯项目。

5月16日　福建省向4名台湾同胞颁发了职业技能等级证书，包括公共营养师、芳香理疗师两类职业。这是大陆第一批面向台湾同胞颁发的职业技能等级证书。本年福建已推进14项专业技术职业资格直接采认、20项技能人员职业资格直接采认，平潭完成134项两岸职业资格比对，其中95项直接采认。

8月15日　第八届海峡青年节集中活动在福州市正式启动。本届青年节采用线下与线上相结合形式，精心设计了14项活动，重点做好"云上峰会""云加油""云直播""云游海峡"等4场线上交流活动，开展广覆盖、即时性、互动性、可持续的两岸青年交流，是新冠肺炎疫情发生以来规模最大的两岸青年交流活动。

9月19日　第十二届海峡论坛在厦门开幕。论坛创新线上线下结合的交流模式，包括近2000名台湾同胞在内的两岸各界代表参与论坛线下活动，9万名岛内台胞线上参与论坛大会，是新冠肺炎疫情发生以来规模最大、参加台胞人数最多的两岸交流活动。

10月　中共中央十九届五中全会通过《中共中央关于制定国民经济和社会发展第十四个五年规划和二〇三五年远景目标的建议》。建议中提出，支持福建探索海峡两岸融合发展新路。

12月1日　历时5个多月的首届"海丝杯"海峡两岸（泉州）工业设计大赛，在福建泉州台商投资区圆满收官。本次大赛以"设计赋能·新城创未来"为主题，面向两岸征集了2870件创新设计作品。台湾艺术大学刘禹彤的作品获大赛"智造＋科技创新"组金奖。

12月9日　2020两岸企业家峰会年会以视频连线方式在厦门市和台北市同步举行，两岸知名企业家、工商团体负责人、中小企业和青年创业者等700多人参会。与会两岸工商界人士热议共享"十四五"重大机遇、探索两岸深度融合新模式等议题。

12月26日　福（州）平（潭）铁路正式开通，标志着大陆距台湾岛最近的铁路正式运营，结束了平潭岛不通铁路的历史。该铁路从福州站至平潭岛，线路全长88公里，全程最快35分钟可达。

2021年

1月2日　福建省人民政府台港澳事务办公室向社会公布225条同等待遇清单，汇集了全省各地各部门陆续出台的一系列提供台胞台企同等待遇的优惠政策措施，所涉项目集中体现在经济、社会、文教、便利化等四个领域。

2月　国际期刊《自然》杂志发表了由厦门大学人类学研究所与哈佛医学院等全球43个单位共同完成的《Genomic Insights into the Formation of Human Populations in East Asia》（《东亚人类种群的基因组研究》）论文，在全球第一次公开中国台湾古人全基因组数据。研究发现，台湾3000至2000年前的古人与福建及其周边地区的古人、现代壮侗语人群有最接近的遗传关系，直接证明台湾少数民族所属的南岛语族起源于大陆东南沿海。

3月　习近平总书记再次回到自己曾长期工作过的福建省进行考察。考察期间，他要求福建省"要突出以通促融、以惠促融、以情促融，勇于探索海峡两岸融合发展新路"。

477

同年春　台湾地区遭遇几十年来最严峻的缺水问题。与厦门一水之隔的金门虽然也面临同样旱情,但受益于两岸供水工程,金门乡亲的生活用水得到充分保障,获得感和幸福感日益增强。自 2018 年 8 月 5 日正式通水以来,至 2021 年 11 月 27 日,大陆已累计向金门供水约 1634 万吨,日均供水约 1.35 万吨。

7 月 17 日　由闽南师范大学策划组织两岸学者联合撰写的《台湾通史》(六卷本)在北京举行首发仪式。该书的出版,标志着海峡两岸史学界"共享史料,共写史书"迈出坚实的一步。

8 月 18 日　海峡两岸最大石化产业合作项目——古雷炼化一体化项目顺利投产。

9 月上旬　福建新冠肺炎疫情发生后,在闽台胞台企纷纷以争当志愿者、创作抗疫歌曲、捐款捐物等不同方式参与抗疫工作,体现了两岸同胞血浓于水、守望相助的骨肉亲情。

10 月 28 日至 11 月 1 日　第九届海峡青年节集中活动在福州举办,并以线上线下结合、多点多地联动方式,在北京、上海、台北、台中等 20 多个城市同时举办。22 家台湾青年社团和民间团体、84 所海峡两岸高校参与相关交流活动。

11 月 29 日　中国共产党福建省第十一次代表大会在福州举行。大会部署了全省今后五年的工作,强调要坚决贯彻落实党中央对台工作决策部署,加快建设海峡两岸融合发展示范区,在探索海峡两岸融合发展新路上迈出更大步伐,为促进祖国统一发挥更大作用。

12 月 10 日　第十三届海峡论坛在福建举办,中共中央政治局常委、全国政协主席汪洋出席论坛大会并发表重要讲话。本届论坛采用线上与线下、集中与分散相结合模式,9600 多位两岸同胞共同参与,其中台湾嘉宾约 4600 人,相关话题在两岸主流新媒体平台上的阅读量近 10 亿。两岸同胞踊跃参与本届论坛的盛况,彰显两岸交流的强大民意基础。

重要参考文献

一、档案文献、著作类

中共中央文献研究室编:《毛泽东年谱（1893—1949）》修订本，中央文献出版社 2013 年版。

中共中央文献研究室、军事科学院编:《毛泽东军事文集》，军事科学出版社等 1993 年版。

中华人民共和国外交部、中共中央文献研究室编:《毛泽东外交文选》，中央文献出版社等 1994 年版。

中共中央文献研究室、中国人民解放军军事科学院编:《周恩来军事文选》，人民出版社 1997 年版。

中共中央文献研究室编:《周恩来答问录》，人民出版社 2016 年版。

中共中央文献研究室编:《邓小平年谱（1904—1974）》，中央文献出版社 2010 年版。

《粟裕军事文集》编辑组编:《粟裕文选》第 3 卷，军事科学出版社 2004 年版。

中共中央办公厅编:《中国共产党第八次全国代表大会文献》，人民出版社 1957 年版。

《中国人民解放军军史》编写组编:《中国人民解放军军史》，军事科学出版社 2019 年版。

《中共闽浙赣边区史》编写组编:《中共闽浙赣边区史》，厦门大学出版社

1993 年版。

中共福建省委宣传部、福建省档案局编:《福建省改革开放三十年重要文献选编》,福建人民出版社 2008 年版。

福建省政协文史和学习委员会编:《闽台交流纪实》,福建人民出版社 2011 年版。

福建省地方志编纂委员会编:《福建省志·闽台关系志》,福建人民出版社 2008 年版。

中共中央文献研究室编:《建党以来重要文献选编》,中央文献出版社 2011 年版。

中共中央文献研究室编:《建国以来毛泽东文稿》,中央文献出版社 1988 年版。

中共中央文献研究室编:《中共中央文件选集》第 18 册,中央党校出版社 1992 年版。

中共中央文献研究室编:《三中全会以来重要文献选编》上册,人民出版社 1982 年版。

厦门市档案局馆编:《见证:1938 厦门——日寇入侵厦门前后报刊史料汇编》,厦门大学出版社 2015 年版。

福建省双拥办:《关于党的十三届四中全会以来福建双拥工作情况的报告》,闽拥〔2003〕2 号。

刘华清:《在纪念延安双拥 50 周年大会上的讲话》(1993 年 1 月 10 日),中宣部宣传局等编《国防教育文选》,福建人民出版社 1994 年版,第 47 页。

胡锦涛:《在十届人大四次会议解放军代表团全体会议上的讲话》(2006 年 3 月 11 日),《人民日报》2006 年 3 月 12 日。

陈光毅:《在全国双拥工作会议上的汇报》(1991 年 1 月 10 日)。

《中共福建省第九届委员会第十一次全体会议决议》(2014 年 9 月 15 日通过)。

福建省人大:《福建省建设海峡西岸经济区纲要》(福建省第十届人大五次会议批准),《福建日报》2007 年 2 月 16 日。

中共中央文献研究室编:《江泽民论有中国特色社会主义(专题摘编)》,中央文献出版社 2002 年版。

重要参考文献

福建省统计局编：《2020 年福建省国民经济和社会发展统计公报》，2021 年 3 月 1 日。

孙春兰：《在中国共产党福建省第九次代表大会上的报告》（2011 年 11 月 15 日）。

刘传标主编：《对台政策文献汇编》，福建省海峡文化研究会 2006 年印刷。

李以劻：《蒋介石下野后在福州召开军事会议前后》，《文史资料选辑》第 32 辑。

林知渊：《政坛浮生录》，《福建文史资料》第 22 辑。

谢真：《抗战胜利后台东接管工作的回忆》，载福建省政协文史委编《福建抗日战争纪事》，福建人民出版社 2015 年版。

舒风：《走进福建六十年》，福建省文史研究馆编印。

聂凤智：《战场——将军的摇篮》，解放军出版社 1989 年版。

邹尔均：《回忆厦门经济特区的初创》，《党的文献》2010 年第 6 期。

［俄］A. M. 列多夫斯基著：《斯大林与中国》，新华出版社 2001 年版。

《邓小平文选》，人民出版社 1993 年版。

《习近平谈治国理政》，外文出版社有限责任公司 2017 年版。

中共中央党史研究室：《中国共产党历史·第二卷（1949—1978）》上册，中共党史出版社 2011 年版。

郑锦华主编：《中共闽浙赣边区史》，厦门大学出版社 1993 年版。

《福建日报社史》编辑委员会编著：《福建日报社史》第一卷，福建人民出版社 2002 年版。

何少川主编：《当代福建简史》，当代中国出版社 2001 年版。

中共福建省委办公厅编：《中共福建省委大事记（1949—1956）》。

刘启闽主编：《福建航运史（现代部分）》，人民交通出版社 2001 年版。

福建公路局史志编辑组编：《福建公路史》第 2 册，福建科学技术出版社 1993 年版。

中共福建省委党史研究室编：《福建改革开放 30 年》，中共党史出版社 2008 年版。

陶文钊主编：《美国对华政策文件集（1949—1972）》第2卷，世界知识出版社2004年版。

张海鹏、李细珠主编：《当代中国台湾史研究》，中国社会科学出版社2015年版。

福建省政协文史委编：《福建抗日战争纪事》，福建人民出版社2015年版。

郑立：《冷月无声——吴石传》，中共党史出版社2012年版。

林桶法：《1949大撤退》，九州出版社2014年版。

王丰：《蒋介石父子1949危机档案》，现代出版社2016年版。

汪毅夫：《闽台缘与闽南风——闽台关系、闽台社会与闽南文化研究》，福建教育出版社2006年版。

凤凰周刊编：《机密档》（一、二），中国发展出版社2011年版。

驻闽海军军事编纂室编：《福建海防史》，厦门大学出版社1990年版。

中共福建省委党史研究室：《中共福建地方史（社会主义时期）》，中央文献出版社2008年版。

丁固：《一个军事记者的足迹》，海风出版社2004年版。

福建省人民政府发展研究中心编：《福建综合省力：变化与特点》，福建教育出版社1997年版。

福建省地方志编纂委员会编：《先行的脚步：福建改革开放30年纪事·福建篇》，海潮摄影艺术出版社2009年版。

美国大西洋理事会对华政策文集：《美中关系未来十年（1983—1993）》，中国社会科学出版社1984年中文版。

王盛泽：《福建开放之初》，中国广播电视出版社2006年版。

中共福建省委党史研究室编：《缅怀项南》，中央文献出版社2000年版。

中共厦门市委党史研究室编：《中共厦门地方史专题研究（社会主义时期Ⅲ）》，中共党史出版社2005年版。

福建省经贸委课题组：《九十年代闽台经贸合作的发展趋势和对策》，1993年。

焦红辉主编：《源与缘：闽台民间风俗比照》，海风出版社2008年版。

秦风编著：《跨越海峡》，福建教育出版社 2007 年版。

福建省政协文史和学习委员会等编：《亲历福建 60 年》，福建人民出版社 2009 年版。

何绵山主编：《福建民族与宗教》，厦门大学出版社 2010 年版。

二、论文、报道类

吴明刚：《相逢一笑　共襄盛举——闽台关系 20 年纪实》，《福建党史月刊》1998 年第 12 期。

吴明刚：《唱响"对台戏"，打好"海峡牌"——十五大以来闽台关系发展纪实》，《福建党史月刊》2002 年第 9 期。

吴明刚：《海峡西岸经济区发展战略的演进及特点》，《福建党史月刊》2007 年第 3 期。

吴明刚：《十一届三中全会与海峡两岸关系的发展》，载《历史性巨变——纪念十一届三中全会 20 周年学术讨论会论文集》，中共中央党校出版社 2000 年版。

吴明刚：《坚如磐石的军政军民团结——建国以来福建双拥工作发展述评》，载《纪念馆研究文集》，海风出版社 2008 年版。

吴明刚：《三民主义在台湾的理论与实践述评》，载《纪念馆研究文集》，海风出版社 2008 年版。

吴明刚：《永安抗战文化活动的特点及历史地位》，《中共党史研究》2001 年第 6 期。

吴明刚：《福建改革开放的主要成绩、基本经验及启示》，《福建理论学习》2008 年第 5 期。

吴明刚：《关于两岸关系矛盾问题的几点认识》，载《纪念馆研究文集》，海风出版社 2008 年版。

吴明刚：《闽台文化与两岸关系的发展》，《福建党史月刊》2014 年第 24 期。

吴明刚：《福建在中国抗日战争中的历史地位与作用》，《福建党史月刊》2015 年第 11 期。

吴明刚：《新中国治国理政视域下的中共对台方略》，载《新中国治国理政历史经验——第十七届国史学术年会论文集》，当代中国出版社 2018 年版。

吴明刚：《改革开放促进两岸经济社会融合发展》，《福建日报》2018 年 12 月 10 日。

吴明刚：《台湾光复的历史因素及启示》，载《福建抗日战争史学术研讨会论文集》，中共党史出版社 2014 年版。

吴明刚：《闽台关系：两岸关系发展的生动缩影》，载《影像中国 70 年（福建卷）》，福建人民出版社 2019 年版。

张燮飞：《同心同德　共铸辉煌——福建统一战线 60 年回眸》，《福建党史月刊》2009 年第 20 期。

伍长南等：《闽台农业互动发展的思考》，《亚太经济》2011 年第 6 期。

郑清贤：《福建立法落实台胞"同等待遇"》，《人民政坛》2018 年第 5 期。

吴亚东：《闽开展〈台投法〉执法检查　落实保障台胞权益》，《法制日报》2014 年 5 月 27 日。

黄世宏：《一如既往大力推进闽台经贸合作》，《福建日报》1999 年 10 月 13 日。

孔繁雅：《劫波余后兄弟在　两岸同胞一家人——亲历从互打"宣传炮弹"到密切交流》，《台声》2021 年第 15 期。

梁茂淦：《项南与大念"山海经"》，《福建日报》2018 年 12 月 11 日。

杨亲华：《〈告台湾同胞书〉诞生记》，《百年潮》2019 年第 1 期。

王盛泽：《邓颖超情注两岸统一大业》，《福建党史月刊》2004 年第 2 期。

郑复龙：《新时期闽台经贸合作的阶段特点及成因》，《福建党史月刊》1997 年第 1 期。

陈明义：《解放思想抢抓机遇扎实工作　加快建设海峡西岸繁荣地带——在全省经济形势分析会上的讲话》（1997 年 6 月 14 日），载黄瑞霖主编《齐心协力推进福建新一轮创业——97·6 经济形势分析会思路与对策》，福建人民出版社 1997 年版。

林娟：《着力先行先试，率先突破提升——访省台办主任邓本元》，《福建日报》2007 年 1 月 19 日。

陈玲：《合则两利，通则双赢——我眼中的"小三通"》，《政协天地》2018 年第 1 期。

陈玲：《参政议政与两岸交流》，《海峡瞭望》2018 年第 1 期。

陈健兴等：《回首两岸"三通"5 周年》，《当代社科视野》2014 年第 1 期。

李非：《闽台旅游业交流与合作的发展》，《两岸关系》2006 年第 4 期。

陈朱：《闽台文化交流的三个阶段》，《中国文化报》2008 年 8 月 24 日。

李小健：《福建：涉台立法"试验田"》，《中国人大》2014 年第 15 期。

徐平等：《福建涉台立法回顾与展望》，《海峡法学》2010 年第 4 期。

林国平等：《闽台宗教文化交流及其对两岸关系的影响》，《闽江学院学报》2008 年第 1 期。

陈梦婕等：《先行先试，福建省大力推进闽台深度融合发展》，《福建日报》2017 年 10 月 12 日。

刘深魁：《2017 年闽台农业合作亮点纷呈，呈现稳定增长》，《福建日报》2018 年 2 月 13 日。

吴洪：《对台先行先试，福建自贸试验区一批新举措"走起"》，《福建日报》2018 年 12 月 19 日。

王裕禄：《敢闯敢试天地宽——写在福建自贸试验区挂牌五周年之际》，《海峡通讯》2020 年第 6 期。

长谷川清：《作为文化政策的皇民化问题》，《台湾时报》1941 年 1 月号。

王莹：《闽台文化交流规范化常态化》，《法制日报》2017 年 8 月 31 日。

薛志伟：《福建充分发挥区位优势，推进对台合作开放——闽台经济社会融合发展持续深化》，《经济日报》2018 年 6 月 5 日。

福建省台港澳办：《探索闽台融合发展新路——福建省贯彻落实惠台措施有作为》，《两岸关系》2021 年第 4 期。

阿榕：《要大炮，也要黄油》，《海峡通讯》2018 年第 2 期。

薛志伟：《福建：共筑两岸新起点，共促闽台新融合》，《经济日报》2018年6月4日。

裴贤等：《踩实步子走得稳——福建省聚焦服务备战打仗推进军民融合深度发展》，《中国国防报》2018年11月26日。

郑昭等：《牢记总书记嘱托，福建省推动军民融合深度发展》，《福建日报》2016年10月11日。

福建省发展改革委：《福建：立足区位特点，推动军民融合》，《中国经济导报》2016年8月3日。

林侃等：《改革激活力　发展增动能——牢记总书记嘱托建设新福建述评之一》，《福建日报》2017年9月20日。

邵敏等：《八闽大地聚力拥军为打赢》，《解放军报》2014年11月14日。

陈斌华等：《新形势下做好对台工作的根本指引——习近平对台工作重要思想初探》，《两岸关系》2016年第12期。

《习近平在福建（一）：习近平同志抓住历史机遇，对福建的改革开放作出了历史性贡献》，《学习时报》2020年6月15日。

黄世宏：《深入调查　当场拍板——福州市召开现场办公会为台资企业排忧解难》，《福建日报》1994年6月23日。

林侃：《福建平潭，开放开发》，《福建日报》2012年8月13日。

厦门市台办：《改革开放四十年厦门对台交流合作成果丰硕》，《两岸关系》2018年第12期。

李烈等：《闽台合作　再谱新篇——牢记总书记嘱托建设新福建述评之七》，《福建日报》2017年10月18日。

马寅秋：《大道之行，人心所向，不可阻挡》，《团结报》2019年6月27日。

王凤山等：《动力平潭　开放开发新平台》，《福建日报》2017年10月10日。

史杰：《顺势而为，大胆创新——福建自贸区挂牌两年来》，《两岸关系》2017年第6期。

张勇：《两岸交流二十年发展历程不平凡》，《人民日报海外版》2007年

11月3日。

朱力南：《福建省设立首批6家对台交流基地》，《福建日报》2017年10月23日。

朱力南：《多措并举服务台生就业创业》，《福建日报》2017年6月2日。

王凤山等：《平潭开放开发："不是百年一遇而是千年一遇"》，《福建日报》2018年10月25日。

李金枝等：《融入乡音乡情　深化旅游合作》，《中国旅游报》2014年7月16日。

炎延：《乡村游成闽台旅游合作新亮点》，《海峡瞭望》2017年第4期。

杨昆福：《台湾年轻人缘何"全面倾绿"国民党能急病乱投医吗？》，《台海》2020年第2期。

许雪毅等：《"共饮一江水，两岸一家亲"——福建正式向金门供水现场侧记》，《台声》2018年第16期。

陈思杰、陈精高：《福建向金门供水合同签订》，《中国水利报》2015年7月23日。

高建进：《福建向金门供水工程正式通水》，《光明日报》2018年8月6日。

周琳：《两岸一家亲，共饮一江水　福建向金门供水工程实现正式通水》，《福建日报》2018年8月6日。

李烈：《我省"台商台胞服务年"全面启动》，《福建日报》2018年3月16日。

汪闽燕：《"同等待遇31条"在福建已实施22条》，《法制日报》2018年4月28日。

郑清贤：《福建先行立法探路推动台胞"同等待遇"》，《海峡通讯》2018年第6期。

柴逸扉：《20省区市49地具体落实"31条"》，《人民日报海外版》2018年11月30日。

王玲：《2019年新年贺词》，《两岸关系》2019年第1期。

吴洪：《15名台青获选"创业之星"》，东南网2019年6月6日。

刘深魁：《台青西进，筑梦第一家园》，东南网 2019 年 5 月 20 日。

吴洪：《福建先行先试"26 条措施" 七成形成实践基础和具体案例》，新福建 2019 年 12 月 6 日。

路梅：《抗击新冠肺炎疫情——全国各地积极协助台企复工复产》，《两岸关系》2020 年第 3 期。

福建省台联：《积极投身防控疫情的一线战斗中》，《台声》2020 年第 3 期。

周琳：《传达学习贯彻习近平总书记重要讲话和重要指示精神》，《福建日报》2019 年 1 月 4 日。

黄世宏：《加强对台工作的领导 进一步发展闽台关系》，《福建日报》1998 年 8 月 15 日。

罗庆春：《习近平会见台湾客人》，《福建日报》2002 年 6 月 6 日。

潘绣文：《欢迎态度不变 支持力度不减》，《福建日报》1999 年 8 月 12 日。

罗庆春：《推进闽台交流合作 为祖国统一作贡献》，《福建日报》1997 年 9 月 28 日。

黄世宏：《不论海峡两岸关系发生什么情况 一如既往维护台商一切权益》，《福建日报》1999 年 8 月 11 日。

潘绣文：《震灾牵动八闽心 危难之际见真情》，《福建日报》1999 年 9 月 24 日。

吴宏雄：《福建在两岸经贸合作中起重要作用——习近平会见"台胞祖地行"采访团记者》，《福建日报》2002 年 7 月 3 日。

戴艳梅等：《开放发展 风起帆张——习近平总书记在福建的探索与实践·开放篇》，《福建日报》2017 年 7 月 20 日。

兰锋、胡斌：《习近平总书记考察福建纪行》，《福建日报》2014 年 11 月 17 日。

胡石青：《悠悠万事 统一为大——习氏父子与马氏父子都曾直接参与过两岸事务》，《环球人物》2015 年第 30 期。

《习近平总书记参加福建代表团审议 叮嘱这几件事》，《福建日报》2019 年 3 月 11 日。

后 记

  本书是作者主持的国家社会科学基金项目"当代闽台关系发展史研究"（14BDJ026）的最终成果。

  1986年吉林大学毕业后，本人就到中共福建省委党史研究室及福建省革命历史纪念馆工作，主要从事中共党史、中国革命史和福建地方史研究。工作三十多年来，尽管工作岗位和工作性质有所改变，但一直兢兢业业做事，刻苦钻研业务，积极参与有关科研学术活动。先后参与《中共闽浙赣边区史》《福建省志·共产党志》《走进新世纪（党的十五大到十六大）》《中共福建地方简史》《中共福建地方史（社会主义时期）》《福建改革开放30年》等重要项目的研究与编写，并撰写和出版《1933，福建事变始末》《从一大到十八大——中国共产党全国代表大会知识读本》两本著作。迄今，已公开发表各种论著100余篇（部）200多万字。

  在长期从事中共党史、中国革命史和福建地方史研究，特别是在编写社会主义时期《中共福建地方史》过程中，搜集、撰写了10多篇有关两岸关系及闽台关系发展的文章和调研报告，从而为本课题的研究打下了较好的基础。可以说，本书的编写既是长期以来致力于中共党史、中国革命史和福建地方史研究的需要，更是对两岸关系发展历史、当代闽台关系发展史研究系列成果的梳理、推进和提升。

  不过，在编写过程中，其难度远超当初的预想。本课题于2014年立项，研究工作都是在时断时续中推进。主要原因：一是由于种种原因，原3位课题组成员难以参与承担课题具体编写工作，其中两人当即退出，一人只做一些打印资料的工作，以致本课题实际上由本人独立承担；二是计划赶不上变化，由于工作任务繁重，以致课题研究时断时续，缺乏连续性。同时，外出征集资料的机会也较少。因而，本课题无法按计划（2017年底前）完成，不得不延期至2019年底。

在征集课题资料中，得到吴明其、孙强、王盛泽等同志的热心帮助；在课题的管理和经费使用中，曾云琦和杨卫东、梁艳、吴丽华等同志给予积极支持，在此，一并表示感谢！

吴明刚

2024年2月